八闽董氏宗祠文化大观

董正雄　董作钜　主编

厦门大学出版社

国家一级出版社

全国百佳图书出版单位

图书在版编目（CIP）数据

八闽董氏宗祠文化大观 / 董正雄，董作钜主编. --
厦门：厦门大学出版社，2023.6
ISBN 978-7-5615-9006-5

Ⅰ．①八… Ⅱ．①董… ②董… Ⅲ．①祠堂－文化研
究－福建 Ⅳ．①K928.75

中国版本图书馆CIP数据核字(2023)第098859号

出 版 人　郑文礼
责任编辑　章木良
封面设计　张雨秋
技术编辑　朱　楷

出版发行　厦门大学出版社
社　　址　厦门市软件园二期望海路39号
邮政编码　361008
总　　机　0592-2181111　0592-2181406(传真)
营销中心　0592-2184458　0592-2181365
网　　址　http://www.xmupress.com
邮　　箱　xmup@xmupress.com
印　　刷　厦门市明亮彩印有限公司

开本　889 mm×1 194 mm　1/16
印张　27
字数　480 千字
版次　2023 年 6 月第 1 版
印次　2023 年 6 月第 1 次印刷
定价　330.00 元

本书如有印装质量问题请直接寄承印厂调换

厦门大学出版社
微信二维码

厦门大学出版社
微博二维码

《八闽董氏宗祠文化大观》编委会

编辑部

主　　　编：董正雄（远洋）　董作钜（古槐）

副　主　编：董家樵（塘头）　董兆世（霞浦）　董敷传（霞浦）

　　　　　　董其勇（福鼎）　董炎星（连城）　董欣潘（大白鹭）

秘书处主任：董解生（琅岐）

秘书处副主任：董正敏（远洋）

编务人员：董亚成（龙海）　董尧灯（福安）　董国华（福安）

　　　　　　董正安（远洋）　董　雄（霞浦）　董其勇（仙游）

执　　　笔：董正雄　董作钜

图片拍摄：董正雄

八閩董氏宗祠文化大觀

中国人民解放军驻港部队原副司令员董文久将军为本书题写书名

福建省姓氏源流研究會董氏委員會

　　欣聞貴會將於2023年5月出版《八閩董氏宗祠文化大觀》，深感欣慰并致以衷心祝賀！

　　貴會為增進海內外董氏宗親的聯係，弘揚中華優良傳統文化和董氏前賢先哲智慧與美德，做了大量卓有成效的工作，出版了多部相關典籍，成績斐然，令人欽佩。

　　宗祠文化是民族文化不可或缺的组成部分。《八閩董氏宗祠文化大觀》的出版，將裨益於董氏廣大港澳臺同胞和海外僑胞了解源遠流長的宗族歷史和人文地理，為尋根溯源提供翔實依據；將啟迪吾董氏族人謹遵古訓，弘揚祖德，砥礪前行，再創輝煌，為中華文化世代薪傳，為中華民族偉大復興做出貢獻！謹再次對貴會出版《八閩董氏宗祠文化大觀》表示诚挚祝賀！

董尚真

2023年元月9日于菲律宾

旅菲侨领董尚真书贺函

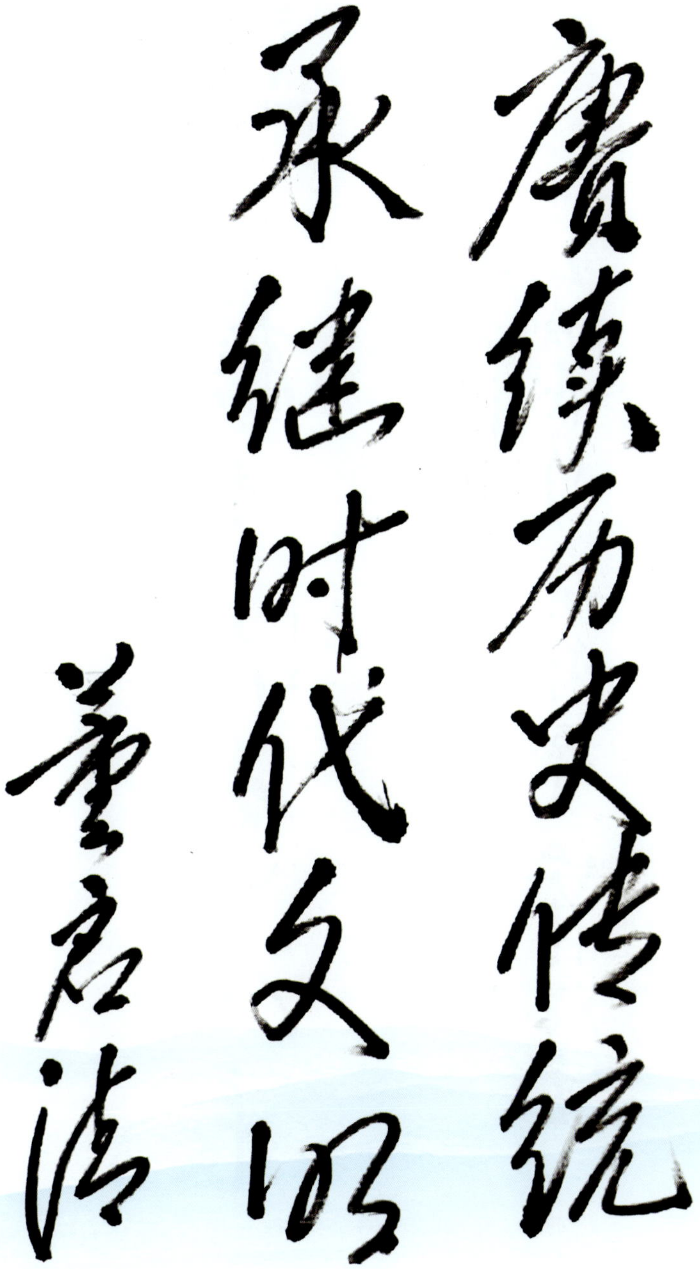

廣續歷史傳統
承繼時代文明

董启清

福建省民政厅原厅长董启清书"赓续历史传统，承继时代文明"

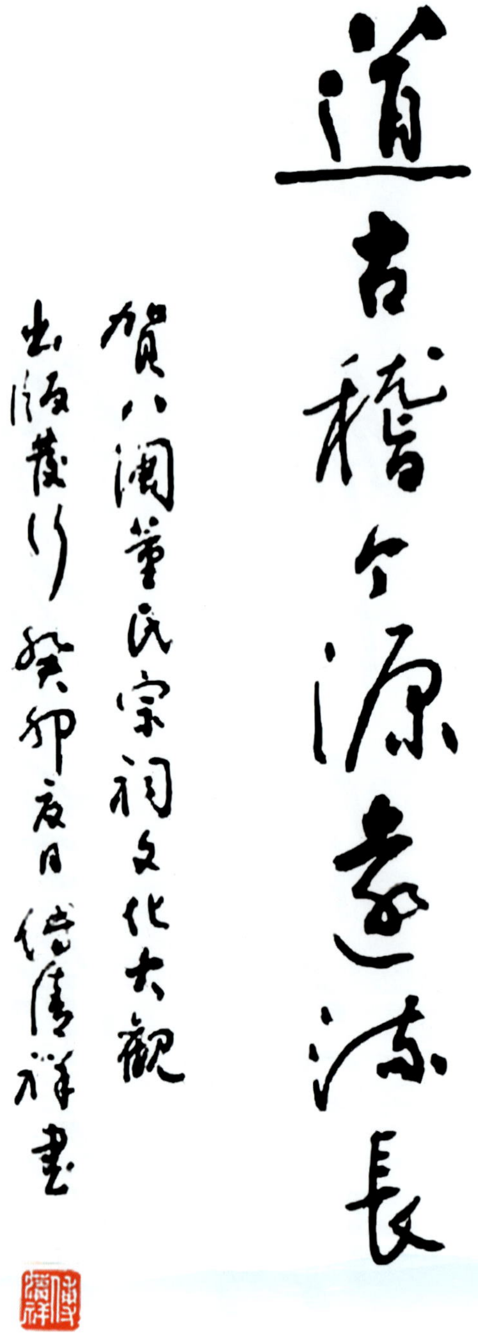

道古稽今源远流长

贺八闽笔民宗祠文化大观

出版发行 癸卯夏日 傅清祥书

福建省积善书画院院委、福建省人大书画院特聘书画师、福州大学享受国务院
特殊津贴专家学者傅清祥教授书"道古稽今源远流长"

彰显祖德 启迪后昆

董拔萃敬题

菲律宾中国和平统一促进会副会长兼秘书长董拔萃书"彰显祖德，启迪后昆"

喜祝八闽董氏宗祠文化大观编辑出版

家和万事兴

癸卯吉日董承耕

敬贺

福建董氏会老会长董承耕书"家和万事兴"

家書抵萬金

癸卯春水觀書

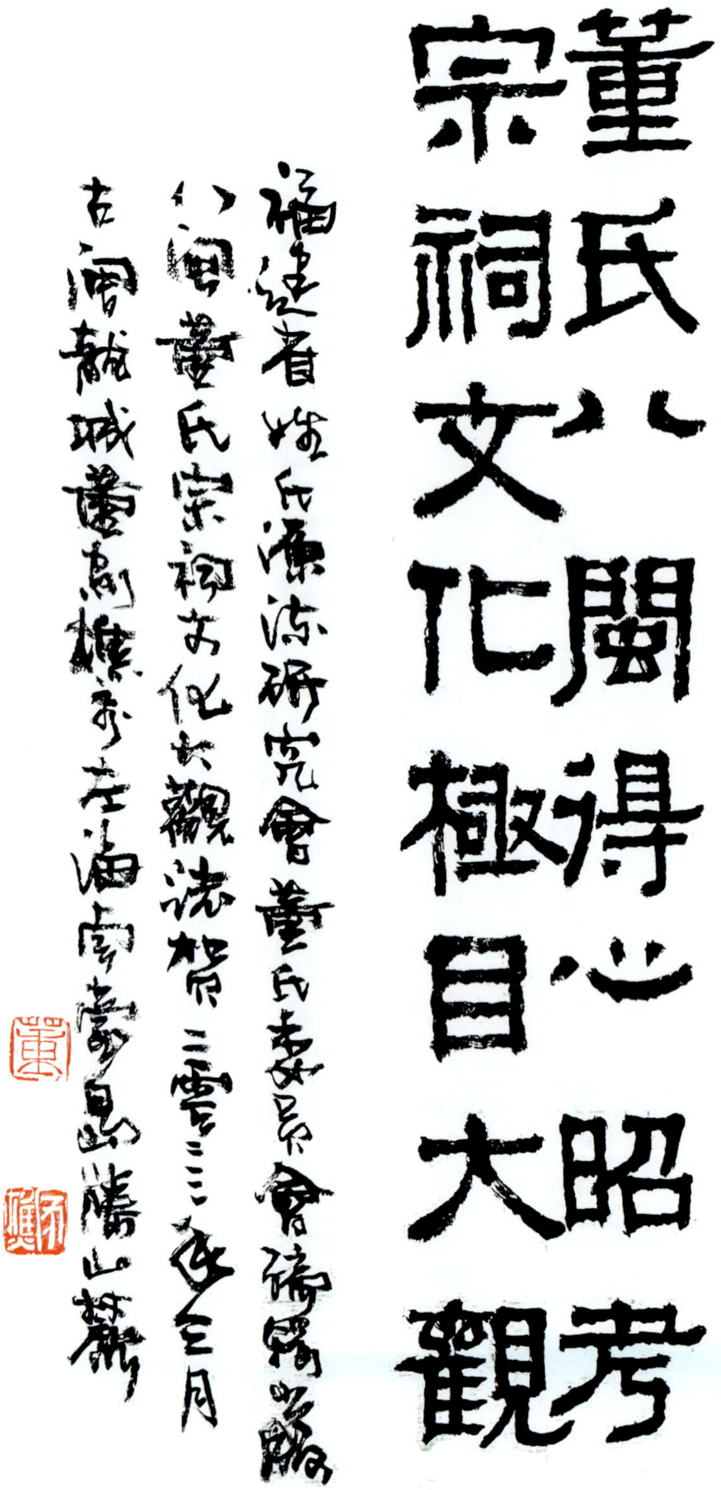

董氏八閩得心昭考
宗祠文化極目大觀

福建省姓氏源流研究會董氏委員會為福建董氏宗祠文化大觀撰述慶二零二三年三月

古閩郝城董家樵書于福安寧島臚山館

福建董氏会副会长董家樵书"董氏八闽得心昭考，宗祠文化极目大观"

铭祖德固所亲追
宗溯源崇礼仪重
文脉传承永续

贺八闽董氏宗祠文化头颅村樟长盛书

樟湖坂董长盛书"铭祖德固所亲追宗溯源，崇礼仪重文脉传承永续"

序

年前，老友董承耕来电，嘱我为《八闽董氏宗祠文化大观》写一篇序言，我自然应允了。这是基于约二十年前我参与董杨文化研究会活动的夙缘，在会上我结识了老会长承耕。他十分热心而且认真地指导过对董杨历史文化的研究和宗亲联谊，也颇有建树。我也随缘参访了一些董杨祠堂，写过几篇短文章。所以翻阅这部"大观"书稿，我并不感到陌生，而且饶有兴趣地阅读其中的篇章。

说实话，本书号称"大观"，并非故作惊人之语，而是有着相当的文化内涵的。即以结构论，篇、章、节、目俱全；以内容论，网罗全闽代表性祠堂，以及家族供奉的祠庙宫堂，不仅有聚居村落的历史地理、名胜古迹，还有名人轶事、家训族规、昭穆行次、民俗信仰、楹联匾额等等。总之，凡属宗祠文化之可称道者都尽量收载无遗，而且文字精简通顺。

最令人感兴趣的，是书中上篇"祠堂文化基础知识"的内容，分章介绍祠堂的起源与发展历程、祠堂文化的构成与内涵、祠堂建筑文化。这些内容对初学者而言，无疑具有启蒙、导读的作用，不必像当年孔夫子那样，"入太庙，每事问"，其好学精神可嘉，但也可见那时缺少这样的普及知识。

从本书中可以看到，董氏族人是如何重视祠堂建筑的，省内无论通都大邑还是穷乡僻壤，凡有董人居住的地方，必有大小、丰简不等的董氏祠堂建筑。实际上，在中国广袤的土地上，城乡各地都散布着大量的姓氏宗祠或类似的祠庙，这种现象可能只有在中华儿女聚居的地方才会出现。

要了解这种现象的成因，需要从宗祠的功能说起，由此探究它们存在的缘由和历史。

众所周知，宗祠（祠堂）是家族的圣殿，古人建宗祠为安妥先祖亡灵，使已故先人的灵魂有栖息之所；同时，又可按时（依农历节序或先人的亡期）举行祭奠、缅怀活动。这种做法源自上古先民"敬天法祖"的宗教理念。古人敬祀天地是在空旷之地、原野山冈之上，筑坛以祭，为的是祈求天神地祇降福赐祥；而祭祀先祖列宗则只宜在宗庙祖祠之内进行，为的是祈求先祖亡灵在冥冥之中庇佑自己的子孙。起初是由有地位和有权力者主持祭天祀祖活动，自然只能是氏族、部落的酋长，后来方国、王国建立起来后，就由王者组织并主持，这是他们的政治权力在宗教领域内的体现。

降及后世，人口繁衍，数量大大增加，家族散布于广阔的土地之上。氏族部落分解为家族、家庭，各个姓氏聚族而居，为不忘故家血脉，保留亲情乡愁，遂在各个聚居地合力建造宗族祠堂，以安妥先灵而供祭拜。因此，严格地讲，宗祠应是由古代帝王家的宗庙延伸、发展而来，这也就是孔子所说"礼失而求诸野"的遗意。

宗祠从精神蕴涵上说，是古代礼制精神的体现。"礼以别尊卑"，宗祠不仅充满了温馨的血脉亲情，而且严格遵循着伦理道德规范。因此，宗祠文化不仅体现出家族人群慎终追远、永怀先人的意识，而且反映出他们敦宗睦族、凝聚亲群的恋旧情怀。他们的人伦次序是按照血缘亲疏远近排列，同时又按长幼次序、官职地位和尊卑次序排列。正是这种礼制规约，造就了社会秩序的稳定，这是中国社会长期保持稳定的基础，也是民间社区自治得以长期实行的根据。当然，它的消极影响也是显而易见的，就是造成基层组织的僵化，减少了族群间的亲情凝聚力，也抑制了人才成长与发展的活力。

祠堂作为家族的圣殿，氤氲着家族亲情的氛围，是充满伦理精神和道德情怀的传统建筑空间。旧式农村是小农经济汪洋大海中的岛屿，正是借助中华传统文化精神的链条，它们才串联、集聚而成团结、统一的族群乃至民族集体，宗族社会的存在和基层自治方式的作为，保障了我国传统社会的长期稳定和文化绵延、精神传承。近代以来，由于教育发展和科学昌明，乡村的传统宗族社会受到冲击而解构，保守的封建宗族锁链被打破，农村社区内部思想文化发生渐变，人们的精神世界和社会组织开始向近现代转型，一代代年轻人有意无意地挣脱传统家族关系和宗族思想的羁绊，淡化宗族观念，自由奔向外域，回望宗祠，似乎已成孤寒旧筑。

然而事有轮回，如今的宗祠，不仅是坚执的乡土守望者的乐土，更是背井离乡者瞻依瞩望的圣殿，是宗人的精神皈依之地和魂灵栖息之所。宗祠也为游子和旅客提供了观览、游赏和考研之所。祠祭燕飨展示的是传统习俗，体现的是亲情回归、乡愁释解。宗祠内永恒的训诫是"入孝出悌""忠孝节义""礼义廉耻"，用大字书写，以石刻警示，令人过目不忘。祠堂内楹联长悬，标明家族渊源和世系传承，或有榜示的家训族规，以便族人时时瞻视。

祠堂记录姓氏文化，展现宗族传统，深藏着家族的文化基因和精神密码，还承载着家庭成员的厚重感情和共同记忆，诸如姓氏渊源、世系传承、郡望堂号、迁徙开基、文物胜迹、先哲名贤、祖德宗功、家训族规、族产公约等等。祠堂还有祭祀、议事、奖劝、救助、教育、文娱等功能，突出的是亲情，讲究的是伦理。因此，祠堂文化是中国传统礼制文化在基层村社的落实和象征。

综上所述，宗祠在各个宗族中具有重要的象征意义，发挥着巨大的作用，因此受到各个宗族的高度重视。这次福建省姓氏源流研究会董氏委员会的后贤们正是基于以上的缘由，通过长时间的努力和多人的工作，才编成全闽董氏第一部宗祠专著。本书史料翔实，内容丰富，体例较为完备，图文并茂，具有较强的可读性，也为研究董氏的历史文化提供了可资参考的丰富信息，这是十分可喜的事。因此我斗胆承诺，愿为本书作序，以申先睹后的感想，并借此表达敬佩与祝贺之意。

卢美松

2023 年 3 月于福州

（序者为福建省文史研究馆原馆长、闽都文化研究会评审委员会首席顾问。长期从事福建地方志编修、地方历史文化研究，以及地方历史名人著述的搜集、整理和出版工作。）

董氏

序

前　言

　　人有族，族必有祖；人有祖，祖必有祠。有了宗祠就必然会产生宗祠文化。宗祠文化是中华民族所特有的植根于百姓骨髓里的传统文化，源于深厚的历史文化内涵和久远的传统根基，千百年来始终为广大民众所接受。

　　宗祠，教人敬天法祖，是族人的精神家园、安妥祖先灵魂的栖息之所，是一个家族共同祭祀祖先的神圣地方，是传统文化的核心体现。据调查，福建省宗祠总数约有13270座，宗祠总数名列全国第一，宗祠文化是福建省重要的特色文化资源。

　　为传承中华文明，推动八闽董氏宗祠文化研究，我董氏会新一届领导班子非常重视宗祠文化的研究和传承，适时组织研讨确定，委派董正雄和董作钜二位老先生组织董氏文化研究室，同时确定以董氏文化研究室为主体，结合八闽各地董氏宗亲贤达组成《八闽董氏宗祠文化大观》编委会。董氏会期望编委会与八闽董氏宗亲一道，致力于宗祠文化的资料搜集、整理和研究，编纂《八闽董氏宗祠文化大观》一书，挖掘八闽董氏优秀宗祠文化内涵，达到保护、传承非物质文化遗产作用。

　　福建省董姓，文化厚重，人才辈出，且分散于全省49个县市，有150多个集居地，形成30多个董姓家族支系。所以，编纂本书，难度之大、责任之重可想而知。自编委会成立后，编委会成员精诚团结、不畏艰难，冒严寒酷暑，顶烈日寒风，走乡串户，深入大小宗祠。通过实地考察，拍摄照片，征集资料，核正史实，做好记录，推敲文稿，取得第一手资料。编委会以承前启后、尊重历史、去伪存真为原则，在编写各地宗祠文稿的过程中，力求史实可靠、重点突出、观点正确、语言简明，能较全面地反映该宗祠的历史文化内涵。在体例篇、章、节结构方面，以文字为主，图文并茂，简叙和解释宗祠文化内涵，普及宗祠文化基本知识。在记述本省各地董氏宗祠方面，从地理概况、宗祠大观、家族繁衍、祖训内涵、习俗传承、祠堂楹联、逸闻轶事、古今名贤、艺文类聚、名胜古迹、宗祠管理等诸多方面着手。全书辅以大量图片，力图借由镜头拍下散落在八闽大地上的这一颗颗如灿烂明珠的董氏宗祠，同时加以精辟的文字来叙述其文化内涵。

《八闽董氏宗祠文化大观》是继《八闽董氏汇谱》和《福建姓氏志·董姓》之后的又一新著作。它是一本集知识性、学术性、综合性和可读性于一体，图文并茂、内容翔实的福建省董姓宗祠文化著作，更是具有重要的收藏和研究价值的珍贵资料。本书追忆各地董氏宗祠那饱经沧桑的历史，记述面临失传的逸闻轶事及其久远的根系源流，描述各种建筑形制与人文构件，以便后人得以触摸那些铭刻历史的一砖一木，用虔诚之心感悟宗祠文化内涵和深沉的人生哲理。本书是福建省董氏族史上首部弘扬祖德，崇教重学，弘扬传统文化、浓郁血脉亲情的一部力作。它展示古建筑魅力，传承和记载先人留下的宝贵的物质和精神遗产，对促进当今社会和谐发展有着一定影响和作用。编委会与八闽董氏宗亲精诚团结、艰辛努力，历时四年勘编，圆满地完成本书的编辑任务，终于在2023年定稿，交由国家一级出版单位厦门大学出版社正式出版。

《八闽董氏宗祠文化大观》一书的成功出版，是八闽董氏文化研究的又一重大成果，也是第二届董氏会工作的重大成绩。其蕴意深远，泽被千秋；可鉴古知今，教育世人。为此，对于编委会和全体宗亲的默默奉献、辛勤劳作并获取的巨大成功，董氏会表示热烈的祝贺和衷心感谢。特别要感谢年近耄耋的董正雄和董作钜二位老先生。二老自2014年董氏会成立以来，为八闽董氏文化研究编纂了《八闽董氏汇谱》《福建姓氏志·董姓》，以及即将付梓的《八闽董氏宗祠文化大观》三部福建董姓史上前所未有的共近两百万字的著作，此三书可谓"三星联辉"。二老呕心沥血、全力以赴的精神值得我们学习。

最后，我们一定不负韶华，努力赓续传统文化，传承历史文明，为加强和推进传统文化工作继续前行。

福建省姓氏源流研究会董氏委员会　董正伟　董立耀

2023年春于福州

凡 例

一、本书以弘扬中华传统文化为宗旨，以承前启后、尊重历史、去伪存真为原则，图文并茂、全面系统地反映八闽董氏宗祠文化概况。

二、本书分"祠堂文化基础知识"篇和"八闽董氏宗祠文化"篇。前者简叙和解释宗祠文化主要内容，普及宗祠文化基本知识。后者主要按地区、家族记述各支系宗祠的祠史、祠观祠貌、家族繁衍、祖训与习俗、祠联及典故、传说与轶事、名贤与艺文、名胜与文物历史、宗祠管理现状等。编撰力求史实可靠、重点突出、观点正确、语言简明，较全面地反映祠堂的历史文化内涵。

三、本书时间范围上溯事物发端，下至 2023 年 3 月止。

四、本书纪年方式为：中华人民共和国成立前沿用历史纪年，加注公元纪年，如清咸丰八年（1858 年）、民国五年（1916 年）等；中华人民共和国成立后一律用公元纪年，如 1983 年、2016 年等。本书纪日方式为：采用汉字数字表示农（阴）历日历，如五月十五日、十二月二十四日等；采用阿拉伯数字表示新（阳）历日历，如 6 月 1 日、8 月 16 日等。

五、本书体例以文字为主，穿插图表，一般采用篇、章、节、目等层次结构。目及目以下序码为：一级为一、二、三……；二级为（一）、（二）、（三）……；三级为 1、2、3……或不标序码。

六、原则上，各宗祠的历史资料或初稿由各相关宗祠或该宗祠某族人提供的，送编辑部审编。本书在文后均予保留原署名。相关照片由个人或宗祠提供的，则保留原署名；其余大部分由本书编者所拍的照片，则署名从略。

Contents **目录**

上篇

祠堂文化基础知识

第一章　祠堂的起源与发展历程

　　祠堂建筑作为中国保存最多的一种古建筑群体，承载着我们伟大祖国五千年历史文化发展的印记，是中华民族源远流长、广博浩瀚的古代文明精华之一。祠堂作为文物建筑，承载了诸如历史、民俗、科学、艺术、建筑等信息，是我国珍贵历史文物中的重要组成部分。

第一节　宗祠文化概述

文化是一个国家、一个民族的精神家园，体现着一个国家、一个民族的行为特征及价值取向、道德规范、思想风貌。中华传统文化是以老子、孔子为代表的道儒文化为主体，是各类物质和非物质文化的总和。中华传统文化是中国五千年优秀文化的统领，是中华文化的底色。

中华传统文化在哪里？在学堂、中堂、祠堂。正是基于"三堂"的信仰支撑了生活，也是植根于"三堂"的生活留住了信仰。一代又一代中国人的思想与文化，通过道统的信仰而传递，通过学统的养育而传播，通过政统的维新而传承，通过学堂、中堂和祠堂而延绵。

学堂，是学习空间，教人读书明理，至今繁荣兴盛，千百年来"学而优则仕"的思想深入人心。

中堂，是生活空间和精神空间，教人仁义孝悌。说起中堂，农村人一定不会陌生，家家户户都有个中堂，俗称"堂屋"，设在房子最中间。正壁会有"香火"，上书"天地君亲师"等燃香供奉，也就是教人敬天、敬地、爱国、敬亲、尊师。在堂前你要谨言慎行，出堂外也要心存敬畏不能张狂，"头顶三尺有神明"，就是中堂文化向堂外的延伸，你的言行必须为自家祖辈负责。也有的中堂悬挂"福、寿、龙、虎"等寓意吉祥的大字，或者悬挂祖训、格言、名句书法题字等。现代城市居民多称中堂为会客厅。

祠堂，即宗祠，是公共空间，教人敬天法祖。祠堂是一座建筑的大观园，是一部浓缩的家族史，是乡愁的陈列馆，也是灵魂的栖息地。春祠夏礿，秋尝冬烝，四时八节，祭祀不断，祈祷祖先保佑家族兴旺、子孙繁衍。我们守护宗祠，守护的不仅是一座建筑物，更是守护着故乡，守望着根。

宗祠文化指的是以祠堂为中心的传统文化，既是权力的网络空间，更是多维的文化空间，是获得文化归属感与共享感的直接媒介。宗祠文化是传统文化的核心体现。祠堂有"慎终追远，民德归厚"的功效。祠堂里有祖宗的牌位，有家谱、家训、族规，让人自觉地遵纪守法，维护自家祖宗尊严。这种宗祠文化教育与当今创建和谐社会是一脉相承的，与依法治国理念遥相呼应。

2015年8月有关部门调查显示，福建省宗祠总数约有13270座，平均每万人拥有约3.3座。宗祠总数名列全国第一，每万人拥有的宗祠数也是全国第一。数量如此众多的宗祠，是福建省一笔宝贵的文化遗产。其中，八闽董氏人口8万多，共有大小不同规模的宗祠50多座，分布于全省各地。

（摘自《董道》第四期）

乡村堂屋

第二节　祠堂的由来

祠堂起源于氏族社会逐步解体之后，是由同一个祖先所生、自成系统的血缘亲属集团与地缘组织形成的宗族组织在居室外独立建造的祭祖、尊贤、求神的场所。汉代正式出现祠堂的名称。宗族通过祠堂尊祖敬宗的功能来体现封建宗法社会的根本原则，显示宗族至尊的族权。祠堂也就成为宗族祭祀的圣地，它象征着宗族的团结。日常生活中，人们通常把祠堂简单理解为死去祖先的家，神灵所聚之地，祭祀祖神阴灵的场所。

祠，原义"春祭"，秦末汉初学者毛亨传曰："春曰祠，夏曰礿，秋曰尝，冬曰烝。"堂，初指修建在墓地上的建筑，汉代多建祠堂于墓所。由此可见，"祠"和"堂"合成"祠堂"，原意是指为举行春祭而专门修造的建筑。当时的祠堂又称墓堂，构造比较简单，前有大门，进门即为享堂，是最早举行祭祀仪式及族人咸聚会议的地方。

祠堂自汉代出现后，经魏晋至隋唐发展都比较缓慢。到了宋朝，三品以上官员才可以建五庙（即父、祖、曾祖、高祖、始祖之庙），共9间；三品以下只能建三庙，共5间，中间3室，左右厦屋各1间；庶民则仍不允许立庙。因此，当时的家庙也成为一种政治地位的象征。

时至明嘉靖十五年（1536年），礼部尚书夏言上《请定功臣配享及令臣民得祭始祖立家庙疏》："臣民不得祭其始祖、先祖，而庙制亦未有定则，天下之为孝子慈孙者，尚有未尽之情。"提出"定功臣配享"，"乞诏天下臣民冬至日得祭始祖"，"乞诏天下臣工立家庙"。这三条建议都被嘉靖皇帝采纳了，"许民间皆得联宗立庙"，于是祠堂遍天下。

几千年来，祠堂的建造成了每一个宗族的举族大事，丝毫不得含糊，而且祠堂在无形当中也成为一个宗族的象征，所以祠堂的修建一直延续至今。

（摘自《董道》第五期）

第三节　祠堂的分类

祠堂按其规模与功能来看，有名人专祠和姓氏祠堂之分。

名人专祠是指官方或民间为国家和地方名人建立的纪念性祠堂，以弘扬历史名人的功绩、品德、气节等。名人专祠一般在堂中多有名人塑像或画像供后人瞻仰。同时，陈列与名人有关的研究资料、著述和文物等。名人专祠虽然在数量上无法与姓氏祠堂相比，但在历史意义上却在其之上，大多被列为文物保护单位或爱国主义教育基地。例如福州连江青芝山上的"董公祠"，福州于山上的纪念抗倭英雄戚继光的"戚公祠"就是典型的名人专祠。

姓氏祠堂是宗祠的主体部分，数量上远超名人专祠。姓氏祠堂最大的特征是内部设有神主堂，供奉祖先的神主牌位，而且龛前都有香炉、烛台等祭器；四周壁上有绘画、浮雕；柱上有祠联、楹联，横梁或壁上悬挂匾牌。大多有戏台、厢房，以供娱乐热闹之用。

此外，祠堂按属性可细分为家庙、支祠、家祠、特祭祠等。

家庙也称祖庙，古时称宗庙，以始迁祖为祭祀对象的属大宗祠、大祖祠，为整个宗族举行祭祖、议事活动的场所。

支祠，指族人从祖居地迁居他处，另开基业形成分支，建立的供奉最亲近的祖先的新祠。

家祠，也叫祖厅、公厅、祖屋，是祭祀列祖列宗、堂上公婆的祠堂，为同村、同姓、同房派的族人举行祭祖和婚丧嫁娶活动的场所。

特祭祠，指供奉那些香火不续的先人的祠堂。凡大祠堂均另设两座附属建筑：一是文昌阁，二是特祭祠。

（摘自《董道》第五期）

第四节 祠堂的堂号

堂号，本意是厅堂、居室的名称，后发展为家族门户的代称，是家族文化重要的组成部分。同姓族人为祭祀供奉共同的祖先，在宗祠、家庙的匾额上题写堂名，因而堂号也含有祠堂名号之义，是表明一个家族源流世系，区分族属、支派的标记；是家族文化中用于弘扬祖德、敦宗睦族的符号标志；也是寻根意识与祖先崇拜的体现。

每个姓氏、每个宗族、每个家族的祠堂都有自己的堂号。堂号的历史悠久，应用广泛，在中国宗法社会中有非常重要的意义和作用。从功能上说，堂号的意义主要是区别姓氏、区分宗派，劝善惩恶，教育族人。它对于敦宗睦族，弘扬孝道，启迪后人，催人向上，维护家庭、宗族和整个社会的稳定，都具有十分重要的作用。

堂号和郡望一样，都是中国姓氏文化中特有的概念。郡望往往可以作为堂号，但堂号一般不能用作郡望。一姓的郡望只有数个，多至数十个，但堂号往往有数百甚至上千个之多。

随着生命的繁衍、传承，家族就会不断扩大，迁居他处，另开基业，形成新的分支和新的宗族，也会派生出许多新的祠堂来，祠堂也就有了总祠、支祠、分祠之分，即所谓大祠堂和小祠堂，随之也有新堂号产生。

以下从不同角度对堂号进行分类。

一、以血缘关系为堂号

中国的姓氏文化，首先表现出来的社会心态就是对血缘关系的高度重视，不仅同一姓氏使用相同的（一个或若干）堂号，而且有血缘关系的不同姓氏也会使用同一堂号。

如著名的"六桂堂"，是闽粤一带洪、江、汪、龚、翁、方六个姓氏的共同堂号。据文献记载，这六个南方家族虽然姓氏不同，但共有一个先祖，追本溯源都是翁姓的后裔。

二、以地域为堂号

以地域来命名的堂号最为普遍，往往和各姓氏的郡望相关，也就是以郡望或地名作为堂号。董姓也有以郡望为堂号者，如陇西堂、济阴堂。

三、以先世的嘉言懿行为堂号

中国人向来有慎终追远的美德，往往对先世祖宗的嘉言懿行深感自豪，以此命名堂号，千古流芳。如董氏的良史堂，就是取自春秋时期晋国的史官董狐写史求实存真、不怕权势的美德。

四、以祖上的功业勋绩为堂号

在中华民族五千年的历史长河中，各个姓氏在不同历史时期都涌现出许多功勋卓著、名垂青史的历史人物，后人往往以此作为堂号。

如"三策堂"，据《辞海》记载：西汉董仲舒，广川（今河北景县西南部）人，西汉哲学家，今文经学大师，专治《春秋公羊传》。答武帝（刘彻）策问"贤良文学之士"的三个对策，即《天人三策》，从天人感应说出发，论证了"王者承天意以从事"的一套办法，最后归结到"诸不在六艺之科、孔子之术者，皆绝其道，勿使并进"，主张"罢黜百家，独尊儒术"。这不仅为武帝所采纳，而且开启此后两千余年封建社会以儒学为正统的局面。因之董姓人以"三策"为堂号，以志纪念。

五、以格言为堂号

在封建宗法社会，各个家族常以格言为堂号，以劝诫训勉后代子孙。

如"承志堂""务本堂""孝思堂""孝义堂""下帷堂""笃信堂"等。

尤溪西滨镇三连村董氏祠堂名"下帷堂"。《汉书·董仲舒传》载："下帷讲诵，弟子传以久次相授业，或莫见其面。""下帷"意为室内悬挂的帷幕，与外界隔绝，比喻专心攻读。

又如"正谊堂"，同样出自《汉书·董仲舒传》："正其义（谊）不谋其利，明其道不计其功。"后人归纳成"正谊明道"这一千古名言，深为世人所推重。其后代族人也引以为荣，琅岐董氏祠堂等便以"正谊"为堂号。

六、以祥瑞吉兆为堂号

古代人对祥符瑞兆十分重视，往往以之为本族堂号。

如"玉笋堂"，这是福建石狮永宁沙堤董氏宗祠。这个宗祠中最令人称奇的是其天井左侧耸立的一个"石笋"，高约3.5米，最大直径约1.5米，形同春笋。它是天然生成的，相传石笋吸取了日月的精华，具有灵性，在永宁有着"永宁十八宝，不敌玉笋好"的说法，因此沙堤董氏以"玉笋传芳"为堂号。

　　总之，堂号作为中国封建宗法社会的一种特殊产物，不仅是家族的徽号和别称，有明显的地域特征和血缘内涵，是对某一姓氏家族特色的高度概况，也是当时社会形态的反映。堂号的产生、发展，多与修族谱、建宗祠、祭祀祖先、宗亲联谊活动同时进行。同时，其历史悠久，流传甚广，寓意深刻而丰富，因而也是我们了解、认识和研究历史学、文学、姓氏学、人口学、民俗学等学科的重要资料。

（摘自《董道》第五期）

琅岐正谊堂

第五节　祠堂的功能

中国人讲究"落叶归根，魂归故里"，因而祠堂是少年时外出打拼，老来时回归故乡的群体之心灵依托。作为精神纽带的宗族祠堂成为乡愁的载体，多少游子与海内外族裔以血缘为基石，以亲情为纽带，不远万里回乡来追溯先人的足迹，寻找他们的"根"，"饮水思源"，"报本反始"，凝聚起共同的乡愁。

一、宗祠的传统功能

祭祖　祠堂是用来供奉祖先牌位、瞻仰祖先德能的场所。

正俗　祠堂是宗亲汇聚、议事、处理族内大事的场所，是寻根问祖、接待来访的活动地点。

珍藏　祠堂是纂修、珍藏宗谱的场所。

教化　祠堂是族人进行礼制、礼法、礼教宣传教育的活动场所。

二、现代宗祠的作用

在保持了祭祖和正俗作用的基础上，现代宗祠的作用主要体现在以下方面：

交流的基地　族人通过在祠堂内进行一系列健康有益的传统活动，加强团结、促进交流、增进友谊，最终达到互帮互敬、共同发展的目的。

乡愁的地标　宗祠成为海内外同胞追思祖德、维系亲情关系的纽带，可以增进认同、凝聚人心。

传承的平台　通过对祠堂文化内涵的理解，发扬爱国敬业、孝悌诚信、勤劳俭朴等道德风尚，承前启后，与时俱进，为家族、为社会、为国家多做贡献。

亲情的载体　家族建立一系列扶贫助残、标榜立新的制度，促进家族团结，推动社会和谐。

第二章　祠堂文化的构成与内涵

　　祠堂作为一种乡土建筑的艺术瑰宝，体现了中国古代社会宗族世家的特有礼仪和文化内涵，给后人留下了极其丰富、珍贵的历史文化遗产，对中华民俗文化和姓氏文化的研究具有十分重要的价值。祠堂文化主要包括祭祀文化、谱牒文化、教化文化、楹联文化和建筑文化几方面内容。其中建筑文化内容丰富，专立一章进行探讨。

第一节　祭祀文化

祭祀就是按一定的仪式，向神灵致敬和献礼，以恭敬的动作膜拜它，请它帮助人们达成所祈盼实现的愿望。祭祀，涉及博大庞杂的神灵体系，关联到祭祀文化的诸多元素。

"祭祀"意为敬神、求神和祭拜祖先，家族祭祀主要祈求赐丁降福，延续一脉香火，繁衍子孙后代。《荀子·礼论》中说："天地者，生之本也；先祖者，类之本也；君师者，治之本也。""故礼，上事天，下事地，尊先祖而隆君师，是礼之三本也。"而"报本之礼，祠祀为大"，祭祀在古代为五礼之首。因此，祭祀无疑也是宗族的头等大事，有各种烦琐而又庄重的礼仪规制程式，是中华传统文化的重要组成部分。古人云"追远溯本，莫重于祠"，"无祠则无宗，无宗则无祖"，祠堂存在的意义就显得格外重要了。

祠堂作为祭祖的圣地，其建筑就是以祭祀为中心而进行空间布局的。通常将大门、享堂、寝堂安排在同一条中轴线上，更加突出祠堂作为祭祀公共建筑的性质。享堂是祠堂的正厅，又称祭堂，是举行祭祀仪式或宗族议事之处，用材相对考究，空间最大。寝堂为安放祖先神位之所，是祠堂的核心部分，摆设严格考究，气氛凝重肃穆。正龛放的神主是本家族始祖，左右两边按左昭右穆次序，摆放家族现在的最长辈算起的祢、祖、曾祖、高祖四世的神主。超过四世的则将神主迁到配龛上去，而始祖是不迁的，永居正龛中间。这也就是所谓的"百世不迁"和"五世则迁"。如此，祖宗与子孙后代亲疏、长幼关系的排列顺序，变得井井有条，丝毫不乱。

祠堂中祭祀的对象就是祖先，祭祀本质是祖宗崇拜，也是血亲崇拜，崇拜者与被崇拜者之间必须具有血缘关系。祭祀活动按时间、性质、规模及所祭对象的不同，可以划分为诸多种类，如"常祭""专祭""特祭""大祭"等。通常，祭祖有春秋两祭与一年一祭两种形式，由各宗族自定。举祭地点大都在宗祠，少数在祖墓。人们对神灵的归顺，可以体现为跪拜叩头，也可以为焚香燃纸。但对神灵来说，最实惠的祭祀方式似乎还是献上丰厚的祭品。

人们通过对祖先的祭祀，强调家族亲属的上下尊卑伦序，宣传以孝悌忠信为核心的伦理道德，使族人受到道德人伦的洗礼；并且通过同姓血亲关系的延续，把所有家族成员联系起来，提升宗族内部的凝聚力和亲和力，达到敦亲睦族的目的。

祭祀活动

第二节　谱牒文化

祠堂是修撰和收藏宗谱、家谱、家乘等谱牒文献最重要的场所，也是谱牒文化最具体的表现形式之一。

宗谱是家族传世的瑰宝，宗族的档案，对宗族繁衍过程中的重大事件进行真实、详细的记录，大致包括谱名、谱序、凡例、谱论、世系谱、迁徙图、源流考、人物传、恩荣录、艺文志、遗像、坟茔祠庙图、五服图、族产、契约、字辈谱、族规、家训、领谱字号等内容。其作用在于正本清源、存史垂教。人们通过对族谱的修撰，严格地梳理了本宗族的血脉源流关系，达到明彝伦、序昭穆、正名分、辨尊卑之目的。

各宗族的族谱通过叙传、碑记等形式，详细记叙历代祖先中出类拔萃者，如显宦名儒、孝子顺孙、烈女节妇等，为后人树立起楷模，以激励后人奋发努力，耀祖光宗。例如一些优秀的家训、家乘、家规、家礼等文献，有关立志勉学、修身养性、待人接物的训诫和爱家、爱族、爱国的思想，在普及传统文化，规范人们的生活和行为方式，提高人们的文化教养，整齐家风，以至促进社会和谐稳定等方面都起到重要的作用。

第三节　教化文化

重视对后裔的道德教育、鼓励后裔积极上进，是中华文化的重要内容，是中国人能有较高的人文素质、道德水平的重要原因之一。自古以来，中国人对后裔的教育都是从小就开始的，内容丰富、形式多样。其中，家规族训的教育不仅在历史上起了重要的作用，其中的精华对当前实现中华民族伟大复兴也有积极的意义。

一、家规族训是中华民族共享的特色文化

制定家规族训之目的是教育后裔注重品德修养、鼓励积极上进，适应社会的变化、发展，做对社会有用的人。家规族训能够全民族共享共有，也与中华民族有宽阔的胸怀，能吸取一切有利于自己生存发展的知识、文化为己所用的民族特性有关。共享家规族训，使中华文化始终保持旺盛的发展势头。

二、家规族训的功用

长期以来，儒家学说是中华传统文化的核心部分，众多的家规族训也将儒家"修身、齐家、治国、平天下"的思想作为核心内容，作为规范后裔道德操守、为人处世的行为准则。因此，家规族训在中国社会演进的历史长河中，起了良好的作用。

（一）提升人民的道德修养，促进社会和谐

修身在家规族训中有重要位置，它要求人们在家中要尊长爱幼，和睦相处。在外要严于律己，讲求信用，友好待人。如果能厉行家规族训的这些修身要求，人们的道德修养必然是高的，人与人的关系必然是和谐的，互相帮助、取长补短、共同进步。

（二）传播传统文化核心内容的手段

尽管家规族训通常有众多版本，成文的年代和篇幅各不相同，但其主旨都是宣传儒家思想。与儒家经典著作不同之处，在于家规族训是用简洁的、带有结论性的语言来表述的。这样，不需要很高的文化水平就可接触、了解中华传统文化的核心内容，并在日常生活及社会活动中贯彻。应该说，中华文化能扎根于广大群众中，经久不衰，家规族训作为传播中华传统文化核心内容的手段，其作用功不可没。

三、家规族训的现实意义

家规族训属于中华传统文化，不可避免地存在一些片面的或对当代不适用的内容，但其主体及核心价值仍然有现实意义。

（一）坚定理想志向

明确而坚定的理想志向是事业成功的重要因素。家规族训宣传儒家"修身、齐家、治国、平天下"的思想，要求人们从小就立下为国家做贡献的理想志向。如果我们每个人都以为民族复兴、为国家富强做贡献为理想志向，那么在实现中国梦的奋斗过程中便可焕发出巨大的力量。显然，这是很有现实意义的。

（二）秉持自强不息的奋斗精神

自强不息的奋斗精神是中华民族的传统，《周易》说"天行健，君子以自强不息"，就是要求人们主动进取，百折不挠，为实现自己的理想而努力奋斗。家规族训中有不少是教育人们努力做事，不轻言放弃的。

我们要实现中华民族伟大复兴，要再创辉煌的时代，就要在经济、科技等社会的各个方面全面恢复中国在世界上所处的领先地位。这既需要我们坚定理想，更需要有自强不息的奋斗精神。

第四节　楹联文化

祠堂文化最直接的表现形式是祠堂楹联。楹联是我国文学艺术百花园中的一朵奇葩。祠堂虽大小不同，建筑风格各异，但却具有一个共同的特征，即祠堂中楹联随处可见。祠堂楹联历史悠久，内容丰富，多姿多彩；其用字遣词，凝练准确，生动含蓄；其引典造句，别出心裁，意义隽永。人们往往通过楹联以直抒胸臆、托物言志。

祠堂通过楹联的形式，将姓氏的发祥地，祖先的居住地、姓名字号、官位和嘉言懿行等内容进行艺术的再现，以达到纪念祖先、不忘故土祖根的目的。这种形式的对联称祠联，也称堂联，主要挂、贴、刻在堂屋前部的柱子上或祠堂的大门上。这些堂联大都出自地方名家之手，对仗工整，朗朗上口，具有相当的文学价值。

一、堂联与祠联

堂联习惯上又称祠联，但实际上堂联又不完全是祠联，而只是祠联中的一类，它们之间是包含与包含于的关系。

堂联与祠联有两个区别。

首先，祠联有通用祠联与专用祠联之分，其中专用祠联才是堂联。

通用祠联是各姓祠堂都可以通用的。其性质决定其内容不会和某个具体姓氏的特征产生关联，而是从一种普遍意义上的、对各姓都适用的内容着手，比如对祖先的崇拜及承继祖风、光耀门楣等。"祖德流芳思木本；宗功浩大想水源""树发千枝根共本；江水源同流万派""祖德振千秋大业；宗功启百代文明"都是比较典型的姓氏通用楹联。

专用祠联只能用于某个姓氏家族的祠堂，其内容和该姓氏的历史渊源、姓氏名人等紧密相关，具有该姓氏强烈的姓氏特征。比如"千秋良史；百代儒臣"，上联典指春秋时晋国史官董狐，下联典指西汉思想家董仲舒。人们一看便知这是董氏专用祠联，不可以用于其他姓氏，否则就会产生张冠李戴的效果，贻笑大方。专用祠联为堂联的原因就在这里。

其次，堂联的使用范围更广。通用祠联一般为祠堂专用，而专用祠联则使用范围较广，既可用于祠堂，也可用于个人居住的厅堂、书斋，以及其他公共建筑，如学堂、纪念物、山庄等。

二、堂联的文化内涵

堂联的产生，伴随着后人对祖先的怀念与崇敬，记录着本姓的辉煌与荣耀。每一对堂联的背后都有一个耐人寻味的故事和丰富的文化内涵。

（一）探本溯源，追寻祖根

人都有探本溯源，追问自己根在何处的天性。中国是一个有几千年历史的社会，家族观念深入人心，受此种文化的影响，中国人历来重视自己的来龙去脉，对自己的祖先十分崇拜和怀念。几乎每个姓氏都把"寻根联"作为本姓堂联的重要组成部分，缺此不可。

很多"寻根联"都是在追寻本支的开基始祖与发祥地，例如："陇西世泽；良史家声。""根深叶茂枝枝盛；源远流长代代兴。"

（二）彪炳先贤，彰显祖德

这类堂联都是通过记录本姓先贤的丰功伟业、道德文章、格言惠行，标榜先人的巨大业绩，体现家族的显赫声望，借以振奋家族风气，激起后人进取。这类堂联所占比重最多，涉及名人万千，汇集在一起，就是一部简明的家族发展史或历史名人汇编。

例如："织缣偿债；种杏成林。"上联典指历史神话故事，相传东汉董永卖身葬父，后与天上织女结为夫妇，织锦偿债赎身。下联典指三国董奉，居庐山为人治病，不收钱，愈者种杏，数年得十余万株。

"搏击咸称卧虎；文章屡世占鳌。"上联典指东海洛阳令董宣，字少平，圉县人，搏击豪强，莫不震栗，京师号为"卧虎"。下联典指明代编修董越的事迹。董越为成化进士，官南京工部尚书，著有《圭峰文集》。

（三）心系中华，不忘故土

中华儿女遍布天下，不管身处何方，对祖国、对故土的思念不会改变。他们为表达对故土先人的怀念，常常诉诸笔端，堂联就是其中的一种表达方式。其中一些由海外华人创作的堂联，字里行间寄寓着他们深深的木本水源之思、故国祖根之情。

例如董杨大宗祠联："根系古榕大宗同景仰；苗蕃四海骏业长振兴。"

三、董姓宗祠通用联

（一）四言通用联

"千秋良史；百代儒臣。"上联典指春秋时晋国史官董狐，亦称史狐，周人辛有的后裔，世袭太史。公元前607年，晋灵公欲谋杀赵盾，赵盾被迫出走，未越晋境，其族弟赵穿攻杀灵公于桃园。当时董狐任太史，认为赵盾身为正卿，"亡不出境，反不诛国乱"，罪责难逃，乃直书"赵盾弑其君"，以正视听，孔子以其"书法不隐"，赞为"古之良史"。下联典指西汉思想家董仲舒，其在景帝时为博士，潜心钻研孔子学说，被举为贤良。武帝时以贤良对天人三策，为江都王相和胶西王相。他提出"天人相与""君权神授"学说，宣扬"道之大原出于天，天不变，道亦不变"的封建神学体系。创立"三纲""五常"体系，教育上主张以教化为"堤防"，立太学，设庠序。建议武帝罢黜百家，独尊儒术，为武帝采纳，开启了此后两千余年以儒学为正统的局面。著有《春秋繁露》《举贤良对策》《董子文集》等。

"读书行路；种杏成林。"上联典指明代书画家董其昌，字玄宰，号思白、香光居士，华亭人，官南京礼部尚书。其书法从颜真卿入手，又先后学虞世南、王羲之、李邕，分行布白，疏宕秀逸，很有特色，对明末清初书坛影响极大。擅长山水画，讲究笔致墨韵，以清润明秀为特色，主张作画必须"读万卷书，行万里路"，对后来画论产生了积极影响。著有《容台集》《容台别集》《画禅室随笔》《画旨》等。下联典指三国时吴国侯官人董奉，字君异，住在庐山，为人治病不收钱，让治愈者种杏树，数

年间得十余万株，蔚然成林。故后世常用"杏林春满"等词来称颂医家。

"天人三策；兄弟五奇。"上联典指西汉思想家董仲舒。下联典指三国魏乐平侯、司徒董昭及其弟董访等人的事迹。董昭，字公仁，定陶人。

"双成笙韵；小宛香奁。"上联典出历史神话故事，相传王母命其侍女董双成吹玉笙，驾鹤成仙。下联典指明末秦淮名妓董小宛，其集古今闺帏韵事为《奁艳》一书。

"光前裕后；燕翼贻谋。"此为金门县董氏家庙联。

（二）五言通用联

"春风先入户；暇日偶窥园。"全联典指西汉董仲舒事。

"竹送清溪月；松摇古谷风。"此联为明代太常寺卿兼侍读学士董其昌自题联。

"贤者亦乐此；卓尔未由从。"此联为杨涛著《纪晓岚外传》第十五卷中之董姓厅堂联。

（三）六言通用联

"搏击咸称卧虎；文章屡世占鳌。"

"宗祧远承粤海；祠堂永著龙城。"此联为广西壮族自治区柳州市董氏宗祠联。

（四）七言通用联

"得好友来如对月；有奇书读胜看花。"此联为董其昌撰书浙江省平阳县通福门培风阁联。

"苍松翠柏窥颜色；秋水春山见性情。"此联也为董其昌所题。

"澄澄水映千江月；淅淅风筛一岸蒲。"此联为金代戏曲家董解元《西厢记》中联语。

"麝墨轻磨声韵玉；兔毫初点色

翻鸦。"此联也为董解元《西厢记》中联语。

祠堂楹联书法或正楷或狂草，其形式或短对或长对，与祠堂建筑风格一同构成一道文化风景线。

董氏祠堂楹联举隅

第三章　祠堂建筑文化

　　祠堂建筑精美华丽、古朴典雅、制作严谨、工艺精湛，是我国古代建筑的重要组成部分，蕴藏着极其丰富的历史信息和文化内涵，成为反映传统建筑和构成文化多样性的重要元素。深入研究祠堂建筑风格与特点，有助于我们全面理解丰富多彩、博大精深的祠堂文化。

第一节　祠堂建筑规制和布局

一、基本规制

祠堂建筑是我国古代建筑的重要组成部分，是探寻文明发展历程不可或缺的宝贵实物资料，蕴藏着极其丰富的历史信息和文化内涵。其反映了传统思想和社会观念，是不同社会发展阶段的见证。祠堂建筑以鲜明的地域性、民族性和丰富多彩的形制风格，成为反映传统建筑和文化多样性的重要元素，是有形文化遗产和无形文化遗产的综合体。它包括建筑与建筑间的组合形式和空间关系以及建筑内部空间与外部环境的联系。

在古代，祠堂的建筑是有规制的。明代祠堂大致分为皇帝的太庙、品官家庙和庶民祠堂三种。祠堂有明确的规定，品官家庙为三进，第一进三间，第二进五间，第三进三间，外加大门一座。庶民祠堂的规制则简陋得多："祠堂三间，外为中门。中门外为两阶，皆三级。东曰阼阶，西曰西阶。阶下随地广狭，以

屋覆之，令可容家众叙立。又为遗书、衣物、祭器库及神厨于其东，缭以周垣，别为外门，常加扃闭。"

祠堂主体建筑分布在中轴线上，偏房、廊庑分布两侧，左右对称，纵观全祠，高低错落，主次分明，规划统一，布局严谨。建筑规模多数在数间到数十间。大部分祠堂有高大的墙门、门楼、照壁、正殿、庑房、享堂等房屋建筑，正厅两侧有厢房等建筑。庭院植有树木花草，庄严典雅。祠堂建筑系统地运用木雕、石雕、嵌瓷这三大建筑工艺，装饰豪华，富丽堂皇，雄伟壮观，具有一定的艺术价值和历史文化价值。

祠堂建筑的纵向进深及横向路数，随祠堂规格、建造者财力及用地规模形态而变化，根据其家族的经济实力而定，主要有以下几种。

（一）单进、单路祠堂

由单座建筑（享堂）构成的祠堂，这类祠堂数量较少，是一种简式祠堂，例如沙县董氏宗祠。

（二）两进祠堂

由祠门、享堂构成的祠堂，两侧由两厢或廊道连接，近似民居院落。侧翼有时设置祠丁居住的别院附房。这是祠堂的主要模式之一。

（三）三进祠堂

由祠门、二门（也称仪门，其后部有时设有戏台）、享堂、寝堂（或后楼）构成的祠堂。侧翼亦可能有祠丁居住的别院附房。这也是祠堂的主要模式之一。

（四）四进祠堂

由祠门或门楼、二门、享堂、寝堂、后堂构成的祠堂，两侧可能有边路。此类祠堂为敕建的官祠，规格较高，由官方定期祭祀。

（五）三路四进式或边路三进式祠堂

中轴线保持三进或四进，并有左、右两路或一路，一进或二进式。

以下专门对闽南祠堂的基本规制做一介绍。

闽南祠堂建筑规模大小各有不同，但总体布局有共同之处，大体上可分为门前广场、戏台、大门、围墙、门厅、天井、拜堂（大厅、大殿）、寝堂、辅助用房等几个部分。按进深分，闽南祠堂可分为"一进""二进""三进"，或称"下落""顶落""后落"。两厢称"榉头"（"角头"），下落、顶落与榉头围成的天井，称"深井"。具体来讲，闽南祠堂有以下几类。

单落式　只有一进，正屋三间，正中为厅堂，一般用于小宗、支宗的祠堂。厅堂后部设神龛，前面就是祭拜的空间。正屋前有小院，正中设门墙或门楼。

双落式　前落是三间门厅，一般正中设有塌寿，有的还将两山墙伸出，形成三间塌的形式。也有的大型宗祠前落为五间，此时大门一般设于中柱柱缝之间，设有三道门。祠堂的大门屋顶一般用三川脊（三胎脊）形式。第二落是厅堂，大厅与大门之间左右围以榉头。大厅后部设雕琢华丽的公妈龛（神龛），或者设板壁，大厅正中的空间称"寿堂"，是主要的祭祀空间。大厅前设寮口，与榉头一起面向天井开敞。公妈龛后的空间称为"寿堂后"。

三落式　大型的祠堂可以再设后寝，以应"前堂后寝"的古礼。后寝存放祖先牌位，此时前厅一般开敞，祭祀时将牌位移至大厅，祭毕后奉回后寝安置。有的祠堂还可再增设护龙，作为辅助用房。

番仔楼式　这是受洋楼影响的祠堂形制，是将双落的前落或前后落改为二层楼房，在前落正面融入西洋的山头、拱券、柱式、栏杆等，构成中西合璧式的"五脚架"外廊。但在祠堂内部，依然常会设置精雕细琢的公妈龛。

二、祠堂的布局

明清时期，民间祠堂大都根据朱熹《家礼·祠堂》的设计来进行布局。这类独立于居室之外的祠堂，其中轴线上的一般布局为：大门—享堂—寝堂。享堂也称祭堂，是拜祭祖先神主、举行祭祀仪式及族众团聚之所；寝堂为安放祖先神主之所。

大门是宗祠的"门面"。闽南宗祠立面多以红砖白石砌成，墙身则用花砖组砌成万字堵、古钱花堵、人字堵、工字堵、葫芦塞花堵、龟背堵、蟹壳堵、海棠花堵等各式图案。大门中间为"塌寿"，其墙体用白石、青石砌成，称为"牌楼面"。大门门柱设石鼓或门狮，门扇黑漆金字，有的还绘有门神。

大门与享堂围成庭院。享堂也称厅事。享堂明间不设门扇，称敞口厅，是家族祭祀、聚会议事之所。享堂大厅中必设一根画满鲜艳彩画的、截面六角形的灯梁。闽南话中"灯""丁"同音，古时生了男孩的人家，要在灯梁下挂一盏灯笼，称"添丁"，向祖先报喜。泉州宗祠的梁架大多以红、黑色为主色调，称"红黑路"。有的宗祠

在梁架上绘制图案精细、色调富丽的彩画。两进的祠堂，在享堂后青柱间设供奉祖先的神龛。所谓"龛"，本是附着在墙上的小殿阁，祖先的神主牌位摆在阁中，前面用帷幕掩饰，后来简化成一种特制的巨大的长方形木桌，将神主放在桌上。其在闽南称"公妈龛"。公妈龛由柱、额、斗栱、门扇等构成，是一座牌楼式或橱柜式木作模型，往往绘上精美的彩画或贴上金箔。大的宗祠还设有"谱房"，记录全族丁口、房派、行辈、婚丧、奖惩等内容的族谱珍藏其中。族之有谱，犹国之有史，使家族的个体成员有使命感和归属感。

在古代，旌表忠孝节义和文武功名的仪式也在宗祠举行，褒扬功名、善行、寿考的牌匾常挂于宗祠的大门或大厅，有的还在大门前的石埕上树立石旗杆，使名臣善士美名远扬。泉州地区的宗祠前，往往有宽大的石埕，照壁旁立着石旗杆，有的还开半圆形的泮池，空间格局严谨而开阔。

宗祠家庙既有举行祭祀和其他活动的实用功能，又有教化、艺术和审美的文化功能，其建筑往往体现着"天人合一"、人文与生态和谐统一的思想。庄严肃穆的宗祠，给人一种时间的绵延

感、生命的接续感。侨民游子回家看一眼自己氏族宗祠的燕尾高脊，摩挲着那古旧的厅柱窗棂，似乎就在聆听长者讲述家训族规。

（摘自《董道》第五期）

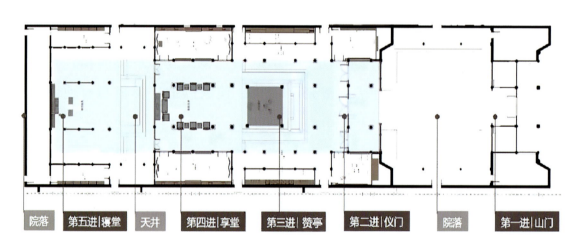

祠堂布局示意图

院落　第五进|寝堂　天井　第四进|享堂　第三进|赞亭　第二进|仪门　院落　第一进|山门

第二节　祠堂建筑主要结构

一、屋顶

古代建筑的屋顶式样非常丰富，变化多端。等级低者有硬山顶、悬山顶；等级高者有庑殿顶、歇山顶。此外，还有攒尖顶、卷棚顶，以及扇形顶、盝顶、盔顶、勾连搭顶、平顶、穹隆顶、十字顶等特殊的形式。祠堂一般采用庑殿顶、歇山顶、悬山顶、硬山顶的较多。

庑殿顶　等级最高的屋顶，四面斜坡，有一条正脊和四条垂脊，且四个面都是曲面，又称四阿顶。一般用于皇宫、庙宇、祠堂中最主要的大殿，特别隆重的用重檐。

歇山顶　等级仅次于庑殿顶。它由一条正脊、四条垂脊和四条戗脊组成，故称九脊殿。其特点是把庑殿顶两侧侧面的上半部突然直立起来，形成一个悬山式的墙面。歇山顶常用于宫殿中的次要建筑和住宅园林，也有单檐、重檐的形式，如北京故宫博物院的保和殿就是重檐歇山顶。

悬山顶　两坡顶的一种，等级仅次于庑殿顶和歇山顶，是我国一般建筑（如民居）中最常用的一种形式。其特点是屋檐悬伸在山墙以外，又称挑山或出山。屋面上有一条正脊和四条垂脊。

硬山顶　有一条正脊和四条垂脊。

庑殿顶

歇山顶

悬山顶

硬山顶

这种屋顶造型的最大特点是比较简单、朴素，只有前后两面坡，而且屋顶在山墙墙头处与山墙齐平，没有伸出部分，山面裸露没有变化。

二、山墙

山墙是建筑的侧立面墙体，有时也

指建筑两个侧面上部成山尖形的横墙，也称作规壁、鹅头、栋头等。它的作用主要是与邻居的住宅隔开，以便防火。其有四种形制。一是人字形山墙，比较简洁实用，修造成本也不高，民间多采用。二是锅耳形山墙，线条优美，变化大，实际上它是仿照古代的官帽形状修建的，取意前程远大，因形状像铁锅的

人字形山墙

锅耳形山墙

波浪形山墙

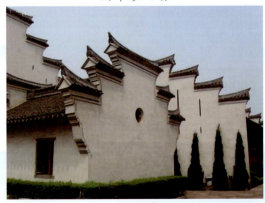

马头墙

耳朵，俗称锅耳墙。锅耳墙大量用在祠堂、庙宇的山墙上。三是波浪形山墙。造型起伏，讲究对称，起伏多为三级，实际是锅耳墙的变形，更像古代的官帽。四是马头墙。在中国长江一带，常见阶梯状的封火山墙，又称"马头墙"，其高度高过了屋瓦。

三、台基

建筑自身具有一定的重量，为保证建筑物建成后不会沉降塌陷，就需要在建造房屋前先制作一个平整坚硬的基础，即台基。台基由月台、台明、台阶组成。上台阶之后，到主体建筑（如大殿）之前，延伸出的平台叫月台，供人们举行祭祀、礼拜等仪式。月台之下部分叫台明，是台基的主体。低等级的台明是平台式，高等级的是须弥座。

普通台基　用三合土夯实，外砌砖石，高1～2尺，常用于小型祠堂建筑。整座台基称"阶基"，后来也称"台明"。台阶也称作阶墀，其中东边台阶称阼阶。

中等台基　较普通台基高，常在台基上边建汉白玉栏杆，用于规模较大的祠堂建筑或次要宫殿建筑。

高级台基　须弥座，又名金刚座。"须弥"是古印度神话中的山名。中国古建筑采用须弥座表示建筑的级别很高。一般用砖或石砌成，上有凹凸线脚和纹饰，台上建有汉白玉栏杆，常用于宫殿、

著名寺院和祠堂中的主要殿堂建筑。还有更高级的台基，由几个须弥座相叠而成，从而使建筑物显得更为宏伟高大，如北京故宫博物院的三大殿。

普通台基

中等台基

须弥座

四、廊庑

廊庑指堂下四周的廊屋，以及屋檐

廊（无壁）

庑（有壁）

下的过道或独立有屋顶的通道。

　　廊（无壁），仅供通行、遮阳、防雨、休息、游憩之用；庑（有壁），可以住人。

五、天井

　　一般的祠堂都有天井。因为祠堂纵深较长，如果没有开天井，厅堂会比较阴暗，而且祠堂是一个公共场所，经常办一些红白喜事，生活污水需要通过天井排放出去，所以天井一般还有放水功能。

天井

第三节　祠堂建筑主要细部构件

祠堂建筑是古代民居建筑中的一朵奇葩，通常都比民宅规模大、质量好，越有权势和财势的家族，祠堂建筑越讲究，成为家族光宗耀祖的一种突出表现形式。古建筑结构比较复杂，构件很多，这里重点介绍几个主要细部构件。

一、屋脊及装饰

屋顶向来是古建筑最富有艺术表现力的部分。祠堂的屋顶一般是庑殿顶、歇山顶、硬山顶，一般用板瓦、筒瓦覆盖。屋脊造型十分讲究，通常用瓦条、砖或脊筒垒砌。按其位置称为正脊、垂脊、戗脊等。脊中置宝顶，两侧置以仙人走兽，两端饰吻兽等构件。屋角飞檐翘角，有的起翘幅度很大，称翼角；封火墙的檐角通常采用卷草构成带状花纹，凌空飞舞，极富动感。

正脊是处于建筑屋顶最高处的一条脊，它是由屋顶前后两个斜坡相交而形成的屋脊。在一座建筑物的各条脊中，正脊是最大、最长、最突出的一条，所以也称"大脊"。

（一）屋脊

1. 船脊：较为古老的屋脊形式。正脊两端高翘，形似龙船，也称作龙船脊。

2. 博古脊：正脊的两端有图案的博古纹饰。

3. 陶塑瓦脊：用泥塑好的造型，经窑烧制好后安装到屋脊上，使建筑有丰富华丽的外部天际线。陶塑题材大多为

船脊

博古脊

人物画，在福建省大中型祠堂中比较常见。

4.清水脊：一种等级较低的屋脊形式。其两侧无吻兽，将脊的两端以30～45度的斜度向上起翘，称为"鼻子"（也有称"蝎子尾"，或"朝天笏"），下面做"鼻盘"，用有雕花的砖砌成，常雕有松、竹、梅等图案。

5.燕尾脊：闽南屋脊特有的建筑符号。正脊两端线脚向外延伸并分叉，中间凹陷，两端微翘的优美曲线犹如燕尾，所以称燕尾脊、燕仔尾。如果是五开间房屋，屋顶再多出两条燕尾，仿佛双燕飞翔。

6.凤尾脊：正脊两端起翘，虽与清水脊有点相近，但弯曲度大，起翘明显，又做成飞鸟羽尾之态，具有独特的地域建筑特色。

7.蝙蝠脊：正脊上雕刻装饰蝙蝠图样，蝙蝠的"蝠"与"福"谐音，借此表达美好寓意。建筑纹样变化相当丰富，有倒挂蝙蝠、双蝠、四蝠捧福禄寿、五蝠等，象征福从天降，预示家中遍福，子子孙孙都能富贵吉祥等。

（二）装饰

古建筑的檐角屋脊上常常排列着一些数目不等的小动物造型作为装饰，这些小动物一般叫作屋脊走兽、檐角走兽、仙人走兽、垂脊吻等。

1.吻兽：装饰在正脊两端形体最大的釉瓷质的兽像，称"正吻"或"大吻"；

陶塑瓦脊

清水脊

燕尾脊

凤尾脊

蝙蝠脊

垂脊上的叫"垂兽"；戗脊上的叫"戗兽"；围脊转折处的叫"合角吻兽"。

2.走兽：装饰在戗脊末端的釉瓷质的小兽，又称蹲兽。最前端的是仙人骑凤，仙人后以坐姿排列着一队蹲兽。根据建筑规模和等级不同，数目有所不同，多为一、三、五、七、九等单数。民间祠堂的庑殿顶、歇山顶建筑也有放置的，一般3～5个。

吻兽

二、瓦作

瓦作是屋脊装饰的重要建筑构件，根据瓦作的形制，可分为"大式"和"小式"两大类。大式瓦作用于筒瓦骑缝，材料使用琉璃瓦或青瓦。小式瓦作上不设吻兽，多用板瓦（向上略作凹曲的板状瓦），个别也用筒瓦（半圆状的瓦）。

中国古代皇宫、庙宇、祠堂的屋顶，多采用大式瓦作建筑。小式瓦作建筑一般均使用灰色小瓦，又称"蝴蝶瓦"或"灰瓦"，是小型祠堂建筑中大量使用的瓦件。它既可做底瓦，又可做盖瓦，甚至可用于叠砌屋脊和局部装饰。

走兽

瓦作

三、榫卯

榫卯是在两个木构件上所采用的一种凹凸结合的连接方式。凸出部分叫榫（或榫头），凹进部分叫卯（或榫眼、榫槽），榫和卯咬合，起到连接作用。它是木结构的灵魂，越有压力就会变得越牢固。

檩与柱的榫卯连接

四、斗拱

斗拱由水平放置的斗和矩形的拱，及斜放的昂组成。斗是斗拱中承托拱、昂的方形木块，因状如旧时量米的斗而得名。斗拱是中国木构件建筑中特有的构件，种类很多，形制复杂，是屋顶与屋身立面的过渡。

斗拱主要有三个方面的作用：一是位于柱与梁之间，由屋面和上层构架传下来的荷载，要通过斗拱传给柱子，再由柱传到基础，起着承上启下、传递荷载的作用。二是向外出挑，可把最外层的桁檩挑出一定距离，使建筑物出檐更加深远，造型更加优美、壮观。三是构造精巧，造型美观，如盆景，似花篮，是很好的装饰性构件。

斗拱

五、雀替

雀替是中国古建筑的特色构件之一。它通常被置于建筑的横材（梁、枋）与竖材（柱）相交处，作用是缩短梁、枋的净跨度，从而增强梁、枋的荷载力；减少梁、枋与柱相接处的向下

雀替

剪力；防止横竖构材间的角度发生倾斜。

六、梁架

中国古代木结构建筑梁架有穿斗式和抬梁式两种。其本质差异在于，穿斗式是指直接承接檩条的是柱子；而抬梁式是指除脊檩外，直接承托檩条的是梁。梁的形态有月梁、直梁之分，月梁为经过加工，略呈弓形之梁，直梁为平直之梁。除此之外还有一些非主流的结构。

七、额枋

额，匾额；枋，两柱之间起联系作

用的横木，断面一般为矩形。其是古代建筑中柱子上端联络与承重的水平构件。

八、格扇门

门框内分为三部分。上为格心，是用来采光与通风的部分。中为用木棂条组成格网，用纸与纺织品贴糊以避风雨。下为裙板，两者之间为绦环板，因为绦环板接近人的视线，所以上面多附有木雕装饰。在宫殿等大型建筑上，往往正面所有立柱之间都安装这类格扇门。

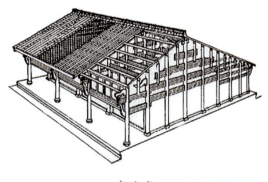

穿斗式

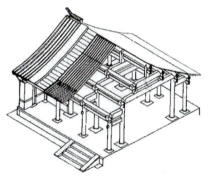

抬梁式

额枋

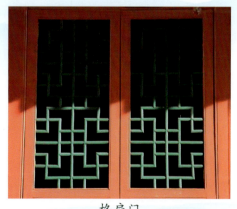

格扇门

石雕镂空窗子　　　　　　　　　　　　藻井

九、窗户

窗户的式样很多，可以是方格的、直条的、带图案式的，其中有盘长、梅花、冰裂纹、大桃子、圆圈、万字、寿字等。明清以后的宫廷中，格扇窗的细棂常有很细巧的图案，如三交六椀、双交四椀等菱花，周边并配以精致的雕刻，营造一种淡雅肃穆的气氛，与宫廷建筑中的富丽堂皇相协调；而一般民居中棂条多组成步步锦、灯笼框等图案。庭院建筑中则采用自由的、变化丰富的冰裂纹，以及冰裂纹加梅花等图案，显得飞动和轻盈。

十、藻井

古人受"井中有水，水火相克"的道理启发而构造独特的室内顶棚建筑装饰——藻井。藻井是中国古代建筑室内装修最重要的部位，是穹顶最神秘的诱惑。藻井有很多名字，常见的有龙井、绮井、方井、圆井等。藻井通常位于室内的上方，做成向上隆起的井状，呈伞盖形，有方形、多边形或圆形凹面。由细密的斗拱承托，周围饰以各种花藻井纹、雕刻和彩绘。

第四节　祠堂建筑装饰艺术

我国古代建筑装饰以雕塑和彩画为主，两者都具有悠久的历史和民族特色。雕塑赋予建筑造型以生动性、鲜活感，彩画则起着保护木料和美化建筑的双重作用。

鸿门梁镂空木雕工艺

一、雕塑

祠堂建筑中最常见的雕塑工艺为木雕、石雕、砖雕和泥塑等。

（一）木雕

木雕工艺大都体现在门窗、梁柱、额枋、雀替、斗拱、神龛等处的制作和装饰上。

雀替镂空木雕工艺

（二）石雕

石雕主要作为外观装饰，集中使用在台基、大门或厅堂、山头、屋脊等处，主要用于门当、石狮、柱础、角础、神案、牌坊等构件的雕刻。门当一般为鼓形，有的在石鼓上方还精雕卧狮。石狮成对，一雄一雌，摆放在祠堂大门前的两旁。

大木柱下均有石柱础。柱础有圆形、

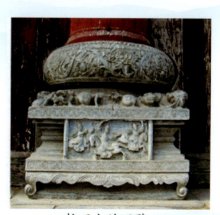

柱石上的石雕

砖雕"以文会友"

彩塑

六角形、八角形、上圆下方形、上八角下四角形。图案有圆柱纹、莲花纹、卷草纹等传统纹饰，有的还浮雕动物瓜果；不饰图案的也会刻上精致的轮廓线，增加观赏效果。祭祀用的神案一般用整块青石做成，神案正面刻纹饰，下部雕支脚，支脚下端雕八只虎爪紧扣地面。

（三）砖雕

砖雕主要作为外观装饰，一般多用于门楼、门罩等外部空间。它不怕风吹、日晒、雨淋，又有很好的观赏性，因而受到人们的喜爱。

（四）泥塑

泥塑也称灰塑或彩塑，是闽、粤、台古建筑盛行的一种在屋脊或墙上施以泥塑及剪黏的装饰。剪黏也称剪花或嵌瓷，即将陶瓷片嵌在泥塑形体之上，外观予人以眩目华丽之感。这种多彩多姿的装饰大都安装在门楼两侧、屋脊、封火墙当面、门窗上部，内容多为戏剧人物故事及吉祥图案。一个个生动的民间故事反映了中国文化精髓与精神内涵及民俗趋向，具有独特的审美情趣。

二、彩画

中国古代建筑非常注重色彩，《营造法式》对用色有过这样的描述："色调以蓝、绿、红三色为主，间以墨、白、黄。凡色之加深或减浅，用叠晕之法。"而在木材上采用涂漆和桐油的办法，不仅能提高建筑美观性，使整个古建筑显得十分活泼，分外绚丽，还能保护木质。

祠堂的绘画装饰主要有三类，即油彩画、水墨画、漆画。

（一）油彩画

油彩画主要用于门楼、梁架、雀替、窗花的木雕构件上，使这些雕刻作品更

祠堂梁架上的油彩画

水墨画

祠堂大门上的门神漆画

具真实感、立体感，更富艺术效果；还可以保护木质，减少风雨剥蚀的影响。在这些木刻的历史故事、神话人物、花鸟虫鱼等，涂上艳丽的油彩，更显得栩栩如生，光彩夺目。

（二）水墨画

水墨画主要用于藻井、照壁、窗户上方及横梁下、檐口处，有些画则直接画在祠堂的墙上。形状有条幅、斗方、扇面、圆或半圆等。内容大都是人物故事、花鸟山水。在横梁下、檐口处，则往往描绘二方连续纹样、角隅纹样、龙形凤尾纹样。与油彩画相比，水墨画显得格外清新淡雅。

（三）漆画

漆画大都画在祠堂的大门上。大门高大、宽阔、厚实，以黑漆为底，左右两扇大门绘制门神。门神分文臣武将，文臣魁梧睿智，武将高大威猛。门神的轮廓用棉花、石灰拌桐油捻成细长的绳状物黏合而成，形成有力的线条，显现出浮雕的效果。文臣的玉带、武将的铠甲则粘贴反光的金属，简直与真品无异。

第五节　宗祠文化相关器物

旗杆石　也叫"功名石"，是明清时期乃至更早些时候科举制度的标志和产物。凡在屋门口、祠堂门口竖立一对旗杆的，必是家中或家族中的人考中了举人或进士。因此，竖旗杆可用来彰显身份，昭示世人，并激励青年学子努力用功。一个地方的石旗杆越多，说明其人才辈出，人杰地灵。

神主龛　放置道教神仙的塑像和祖宗牌位的小阁。神龛大小规格不一，依祠庙厅堂宽狭和神牌的多少而定。大的神龛均有底座，上置龛，敞开式。祖宗龛无垂帘，有龛门。祖宗龛分台阶依辈序自上而下设位。少数多姓合祠者，也分龛依各姓辈序设位。因此，祖宗龛多为竖长方形，神佛龛多为横长方形。

龛均木造，雕刻吉祥如意图案和帝王将相、英雄人物、神仙故事图像，金碧辉煌。

神主牌　一种嵌在木座上的长方形

旗杆石

神主龛

小木牌，有的白底黑字，有的红底黄字，上面写着某某祖先名讳、生卒年月，原配继配氏姓，子、孙、曾孙名字。每一对祖先（夫妇）一块。

石狮子　狮子在中国文化中是吉祥喜庆的代表，一种瑞兽，百兽之王，勇不可当，威震四方，有群兽慑服之意，不仅可以避邪，而且可带来祥瑞之气。但摆放狮子有讲究，不能随意乱放，需要注意以下几方面问题。

1. 石狮子宜放在西北方。

2. 石狮子必须是一雌一雄，配搭成双，分清雌雄，左右顺序不可倒置。倘若其中一只破裂，应立刻更换一对全新的狮子，切勿把剩余的一只留在原处。

3. 石狮子头必须朝向屋外。摆放的地方宜高不宜低，前面应有开阔的空间。

石鼓

石鼓　将宅门的功能构件门枕石向外延伸并做成鼓形，称石鼓，又称抱鼓石。石鼓是传统建筑大门门墩的重要组成部分和装饰部件，属于建筑装饰石雕构件。

门前有一对石鼓，是功名的标志。在讲封建等级的年代，无功名者门前是不可立鼓的。可见石鼓是身份的象征。

照壁　中国传统建筑特有的部件，古人称之为"萧墙"。古时院落建筑必分院内与院外，为了保持院内建筑环境的安静与私密性，院内需隐，院外需避，院内外之间要隔一道小墙才能达到这种效果。

照壁从位置上分，位于大门内的称为内照壁，位于大门外的称为外照壁。形状有一字形、八字形等。著名的照壁

石狮子

照壁

有北京故宫博物院的九龙壁等。

照壁从材质上分，有五种，即琉璃照壁、砖雕照壁、石制照壁、木制照壁、砖瓦结构或土坯结构照壁。

一般来说，照壁的结构分为壁顶、壁身和壁座三个部分。壁顶的作用和房屋上面的房顶的作用基本相同，伸出的檐口可以保护壁身。壁顶有四面坡的庑殿顶和歇山顶、悬山顶、硬山顶四种形式。同样有铺筒瓦，中央有屋脊，正脊两端有正吻，垂脊两端有小兽，四角一样有起翘，具有和屋顶一样的各种部件

与装饰。

屏风　中国传统建筑特有的部分。它的作用是分隔、美化、装饰、挡风、协调、仪仗。祠堂屏风一般为落地屏风。

制作屏风一般使用木板，或以木料为骨，蒙上丝织品作为屏面，用石、陶或金属等其他材料做柱基。屏面饰以各种彩绘，或镶嵌不同题材的图画，用材珍贵，做工精细，画面丰富多彩，瑰丽夺目。华丽的屏风也是一种尊贵的象征。

香炉　焚香的器具。作为祭祀礼器的香炉被普遍使用。重视饮水思源、慎

屏风

香炉

终追远是中国人的美德，自古以来，中国人拜天地神祇，祭祀祖先，都要上香表示敬意，这是祭拜仪式中的一个主要环节。

香炉的款式很多，大、小，方、圆，长、短不一。圆形的香炉，都有三足，使用时一足在前，两足在后。质料也有铜、铁、锡、石、陶瓷之别，以示身价有异。炉身还刻着不同的花纹和文字，表示用途不同。

执事牌　反映了历史上该家族中当官者所任职务。

执事牌

篇后语

宗祠文化是中华民族所特有的一种传统文化，它具有深厚的历史文化内涵和久远的传统根基，千百年来始终为广大民众所接受。祠堂是族人的精神家园、祖先灵魂的栖息之所，是一个家族共同祭祀祖先的神圣之地。正所谓"祭祀祖先，教育来者"，"追远溯本，莫重于祠"，"无祠则无宗，无宗则无祖"。

如今适逢盛世，生活富足，新的家族祠堂在八闽大地拔地而起。为了让八闽董氏宗亲对宗祠文化具有基本的认识，更好地保护、利用、传承宗祠文化，本篇用通俗的语言讲述了祠堂文化的基本知识。从祠堂的由来、分类、堂号、功能，祠堂文化中的祭祀文化、谱牒文化、教化文化、楹联文化，祠堂建筑文化中的建筑规制和布局、主要结构、主要细部构件、装饰艺术和宗祠文化相关器物等多方面，以图文并茂的形式讲解了基本知识。

祠堂中的每一件艺术品仿佛都是一位寿逾千古的智者，向每一位拜谒他的后人娓娓讲述深沉的人生哲理，散发出浓郁的传统文化气息。

八闽董氏宗祠文化大观

下篇

八闽董氏宗祠文化

第四章　八闽董氏概述

　　董氏是海内大姓，华夏望族。八闽董氏有史记载自汉唐始，由中原及江浙等邻省，分别在不同时期迁涉而来，现今分布在全省49个县市。董氏集居地既有在城镇市集的，更多的分布在山区、岛屿。

　　八闽董氏多出鸿儒巨哲、闻人贤达。历史上有东汉"杏林始祖"、建安三神医之一的董奉，唐闽防御使董玠，五代闽越国大将军董思安，宋银青光禄大夫董兴，明代闽中七君子之一董养河、名宦重臣董应举、风高五柳董飏先，清代建功闽台之董长藩，近现代有出版业巨子董执谊及革命英烈董文阁等。此外，八闽董氏宗祠文化也非常丰富，全省计有大小不同的宗祠（支祠、家庙）50多座和众多祖厅（屋）。其中有名列福州十邑名祠的琅岐下岐董氏宗祠，以及"董奉草堂""董公祠"等历史名人专祠（纪念馆）。八闽董氏还拥有许多非遗和独特的民间信仰。

第一节　董氏入闽播迁与分布

福建董氏从东汉到清代，历经永嘉之乱时的衣冠南渡、开漳圣王陈元光的率部平乱、王审知率义军入闽等不同时期的迁徙繁衍，形成如今的八闽董氏一族。根据各支系族谱记载如下：

东汉时期，董奉的先祖由广川（今河北省衡水市景县）迁往陕西西安，经浙江宁波入闽，定居侯官董墘村（今长乐古槐镇龙田村）。这里是董奉的出生地。

唐垂拱二年（686年），陈元光率部从河南进漳州平乱时的董姓兵员迁居诏安县城。宋庆历年间（1041—1048年）后裔有董兴定居泉州。

唐乾元元年（758年），董玠任闽防御使，兼宁海军使和福州刺史而入闽。其次子董元礼留居福唐城（今福州市）。后裔分居长乐、福州、连江、罗源等地。

唐昭宗年间（889—904年），董祖由河南开封府入闽。董祖子董方祯迁居兴化府莆田县，董方禄定居罗源潮溪。

五代时期，董章随王绪和"开闽三王"由河南光州固始入闽。其子董思安官居闽国（景宗王曦时期）大将军，后晋开运二年（945年）退隐泉州。

五代时期，董期、董淮随王绪和"开闽三王"由河南光州固始入闽，董期定居长溪县（今霞浦县）西北，继寻至魁洋（今霞浦县柏洋乡政府所在地），两年后移迁董墩。数传至董旵，分居芦洋，继迁砚石村（今霞浦县溪南镇下砚村）。

北宋真宗、仁宗年间（998—1063年），董旺后裔先后由浙江吴屿（今泰顺县洲岭乡前埤村）入闽，分迁福鼎的点头镇、城区、白琳、店下、缙阳，以及福安、霞浦、宁德等地。

北宋末年，董昶由江西吉安府九都宁岐董家湾入闽，定居邵武府建宁绥安排前堡仁德坊。明正德年间（1506—1521年），其后裔董集森之六子董铜宝迁居建宁府建阳县兴贤中里翠岭乡（今建阳区徐市镇条岭村），后裔分居建瓯等地。

南宋绍兴年间（1131—1162年），董世兴由浙江余杭入闽，与泉州杨梦龄情同骨肉，以子附养杨家，承杨氏。传七世杨道会累官布政使；杨道宾登明万历十四年（1586年）进士，名列第二（榜眼），宋帝赐称为"董杨公"。今我国泉州、漳州、台湾地区，以及东南亚等地"董杨联宗"即由此而来。

南宋绍兴年间，董纯永由河北范阳入闽，定居福州琅岐。

南宋绍兴三十二年（1162年），董彦瑜由浙江温州府平阳县入闽，定居松溪。长子董仲珠住县城；次子董仲机住董坑。

南宋理宗年间（1225—1264年），董大一郎由江西抚州乐安流坑入闽，定居汀州新桥叶屋村下董。

南宋理宗年间，董关甫由江西入闽，定居建宁双溪、艾阳。

南宋末年，董杨发由江西牛栏角（今江西省瑞金市沙洲坝镇清水村）入闽，定居沙县高砂镇渔珠村。

南宋末年，董五十郎由直隶河间府任丘（今河北省沧州任丘市）入闽，三世董德源以闽博士在建阳考亭任教，后定居汀州府连城董屋山。

元大德三年（1299年），董万彤由浙江泰顺入闽，定居福鼎管阳镇西阳安仁村。元至正二年（1342年），董兰二、董兰四移迁管阳缯阳架屋定居。

元至正年间（1341—1368年），董政茂由豫章（今江西南昌）入闽，在巡视泉州任中殉职。其子董永嵩、董永寿送棺木回籍，路过清流县龙津镇里拔村左龙坊枣树下鱼子塘就地安葬，后裔在此定居。

元至正十六年（1356年），董念一郎由江西抚州乐安流坑入闽，定居汀州新桥叶屋上董。

元至正二十年（1360年），董懋模由江西抚州乐安流坑入闽，定居建宁府崇安平川（今武夷山市星村镇曹墩村）。

元末，董安保由湖广襄阳随明军入闽，奉命调驻仙游兴泰里，定居仙游朗桥葫芦下。

元末，董居安由江西南丰入闽，定居邵武府建宁县北乡蓝田堡（今建宁县溪口镇溪枫村）。

元末，董纯五九由浙江温州罗阳郡马基入闽，定居泉州府，四世董真在明永乐年间（1403—1424年）迁居安溪。后裔董绍使迁居福宁州廿一都大坪玉瑶冈（今福鼎市点头镇大坪村）。

元末明初，董悦中由浙江嘉兴入闽，定居闽县龙塘堡（今连江县琯头镇塘头村）。

明洪武年间（1368—1398年），董荣由江西抚州金溪县入闽，定居今武平县民主乡高横村。

明洪武十二年（1379年），董荀由盱水琴城（今江西省抚州临川董家堂）入闽，定居光泽杭西之五都，后迁居四都之水口村横南董家。

明成化元年（1465年），董琼举家由浙江省金华府金华县避难江右广信府（今江西省贵溪市）驻足，后恐前事再发，留一人守产业，余下兄弟数人入闽定居。董蒲八定居建宁府，董蒲九定居长乐县，董蒲十定居延平府南平县垂裕乡（今南平市延平区樟湖镇中和坊）。董蒲十一定居尤溪县十四都官台村（今尤溪西滨三连村）。

明成化年间（1465—1487年），董梓兴由江西临川入闽，定居邵武（建阳近界首乌石窝）。

明隆庆六年（1572年），董芳由江西盱水琴城入闽，定居光泽杭川八都。

明代中期，有支董姓人由浙江省温州入闽，定居诏安县城南诏镇、桥东镇。

明天启六年（1626年），董会泉、董近泉、董新泉、董林泉等兄弟偕侄董荣波（应壬）由福建南安迁居浙江平阳四十二都田贡（今浙江平阳县腾蛟镇田贡村）。后裔分别在明、清至民国初期返迁入闽，分布福鼎市贯岭溪底、点头七斗岗、桐城岐腰、佳阳梅溪、前岐武洋、店下街道、嵛山东角等地。

明崇祯年间（1628—1644年），董趋世业为酒库兼设水泉，由直隶保定府雄县（今河北保定市雄县）入闽，因路过福唐城（今福州市）遇阻而滞留居住。

清顺治、康熙年间（1644—1722年），董惟衡由浙江泰顺城南平溪入闽，定居福安东山，后迁居东坑墩上（今福安市社口镇龟龄村）。

清康熙年间（1662—1722年），董明所由浙江平阳县四十二都（今浙江平阳县腾蛟镇）迁居江南廿五都垟心（今苍南县钱库镇垟心村），其子董有抱迁居福鼎二十都梅溪（今福鼎市佳阳乡罗唇村梅溪）上董。董应所孙董宗义由平阳四十二都迁居福鼎梅溪下董。

清康熙年间，董隆桂由温州永嘉县衢溪迁居福鼎二都武洋（今福鼎市前岐镇武洋村）后池，董其彩迁居武洋斜岭头四箩洋。

清雍正年间（1723—1735年），董元锦由浙江苍南灵溪河口入闽，定居福鼎长屿三丘田（今太姥山镇巨口村三丘田自然村）。乾隆年间（1736—1795年），后裔董大粮迁居福鼎秦屿巨口村。

清乾隆十七年（1752年），董远清由江西建昌县入闽，定居宁化县石壁镇立新村。

清乾隆年间，董七郎后裔董应善由平阳廿五都乌石岭（今浙江苍南县钱库镇乌石岭村）入闽，定居福鼎八都汤家洋（今硖门乡柏洋村通家洋自然村），后裔移居硖门洋尾坪，继迁嵛山芒垱。另一支董七郎后裔董国生、董国聘由平阳廿六都繁枝（今苍南县藻溪镇繁枝村）分别迁居福鼎五都店下四斗（今福鼎市店下镇东岐村）、福鼎二都龟岭小岙（今福鼎市前岐镇龟岭村）。

清乾隆年间，董其寿由浙江平阳北巷入闽，定居霞浦盐田乡马迹岭村。

清嘉庆年间（1796—1820年），董懋柱、董懋怡两兄弟由浙江泰顺县雅阳坪下入闽，迁居福鼎十八都古林（今福鼎市叠石乡庙边村古林）。

清嘉庆年间，董朝炳、董朝琰兄弟由浙江平阳南港三十都观美双溪（今苍南县灵溪镇观美社区双溪村）入闽，定居福鼎山前街道山前社区董厝，后裔播迁桐山、桐城等地。

清代，董中惠由浙江泰顺县雅阳溪里麻园入闽，定居霞浦柏洋乡坑口溪边村。

清代，董士修由浙江泰顺平溪入闽，定居霞浦水门乡七斗岙楼下村。

（整理自《福建姓氏志·董姓》）

董姓图腾

第二节　董氏人口与主要集居地

一、董氏人口分布情况表

董氏人口分布情况表

市（区）别	区（县）数（个）	人口数（人）	各县（区、市）人口数（人）			
福州	12	28206	鼓楼区（2165） 马尾区（4902） 连江县（4211）	台江区（1363） 长乐区（7497） 闽清县（51）	仓山区（1476） 福清市（1629） 罗源县（1080）	晋安区（1976） 闽侯县（1062） 永泰县（794）
厦门	6	4240	思明区（1689） 海沧区（272）	湖里区（672） 同安区（184）	集美区（423） 翔安区（1000）	
漳州	13	3761	芗城区（336） 漳浦县（65） 平和县（53） 漳州台商投资区（69）	龙文区（29） 云霄县（437） 南靖县（987）	龙海区（1058） 诏安县（369） 华安县（25）	长泰区（112） 东山县（149） 漳州开发区（72）
泉州	12	13995	鲤城区（579） 石狮市（3269） 安溪县（3381）	丰泽区（3285） 晋江市（393） 德化县（153）	洛江区（1029） 南安市（608） 永春县（288）	泉港区（89） 惠安县（636） 泉州台商投资区（285）
三明	12	4447	三元区（265） 清流县（211） 明溪县（144）	梅列区（326） 宁化县（198） 将乐县（412）	沙县区（739） 建宁县（672） 尤溪县（896）	永安市（498） 泰宁县（50） 大田县（36）
莆田	5	6438	荔城区（358） 仙游县（2498）	城厢区（147）	涵江区（712）	秀屿区（2723）
南平	10	5995	延平区（1237） 建瓯市（540） 松溪县（1544）	建阳区（774） 顺昌县（160） 政和县（98）	邵武市（432） 浦城县（400）	武夷山市（440） 光泽县（370）
龙岩	7	6242	新罗区（1945） 武平县（108）	永定区（125） 长汀县（3490）	漳平市（120） 连城县（401）	上杭县（53）
宁德	10	11288	蕉城区（737） 寿宁县（129） 屏南县（47）	福安市（361） 周宁县（35） 宁德东侨经济开发区（38）	福鼎市（6573） 柘荣县（279）	霞浦县（2968） 古田县（121）
平潭综合实验区		57				

二、主要集居地

（一）福州市

1. 仓山区董姓

仓山镇湖边村 始迁年间、始迁人名讳与始迁地不详。今居村 60 余户 100 多人。

盖山镇后坂杨村 始迁年间、始迁人名讳不详，由江苏江都铁板桥迁入。今居村 20 余户 80 多人。

2. 晋安区董姓

鼓山镇远西村 明末清初，董玠二十八世董则齐、董则前、董则莞、董则对等，由长乐后董迁入。有东房董、十一头孝董、北社董、朝北里董，其中十一头孝董始迁一世董则对，清康熙五十八年（1719 年）迁入远洋。北社董、朝北里董、东房董的有关始迁人名讳不详。今传 14 世，居村 200 余户 600 多人。

3. 马尾区董姓

马尾区上岐村 清代，琅岐董姓宁房（即院前房）二十五世董大宝、董大行，及二十七世董宜绣先后迁入。今传 14 世，居村 50 余户 150 多人。后裔迁徙美国、澳大利亚等国家，以及中国香港、台湾地区。

琅岐镇下岐村 南宋绍兴元年（1131年），董纯永迁居闽海琅山（今福州市琅岐经济区琅岐镇）。今传 32 世，居村 1500 余户 4300 多人。分迁琅岐岛争丰、劳丰、劳光、乐村以及院前村。后裔迁徙美国、日本等国家。

琅岐镇董安村 明万历年间（1573—1619 年），董时用由连江琯头镇塘头村迁入。今传 15 世，居村 40 余户 100 多人。后裔迁徙中国香港、台湾地区，以及美国、西欧等地。

4. 长乐区董姓

古槐镇龙田村 宋太平兴国二年（977 年），董玠八世董琪由福唐城（今福州市）迁入。今传 42 世，居村 60 余户 260 多人。后裔外迁省内外及海外。

文岭镇后董村 宋代，董玠九世董思诚由福唐城迁入。今传 24 世，居村 500 余户 1100 多人。

文岭镇前董村 宋中叶，董玠十一世董舜俞始由十七都蔡宅迁入。后裔分福、禄、寿三房，又分支文岭石壁、董朱。今传 30 世，居村 970 余户 3000 多人。

金峰镇董朱村 南宋乾道五年（1169年），董玠十三世董康由前董迁入。今传 32 世，居村 300 余户 900 多人。后裔有 35 户迁徙海外。

梅花镇梅西村 明末，分别由前董董应凤后裔和后董地房董尔蔦后裔迁入。今传 7 世，分布在梅北、梅城、梅南、梅东，居村 200 余户 500 多人。

5. 福清市董姓

音西街道洋埔西楼村 始迁年间、始迁人名讳与始迁地不详。今居村 100

余户300多人。

音西街道林中村　明嘉靖二十四年（1545年），始迁人名讳不详，由福清海口迁入。今传15世，居村350余户800多人。

6. 闽侯县董姓

江洋农场彭湖村　始迁年间不详，董绰由德化县土楼迁入。今居村30余户100多人。

荆溪镇埔前村　清代，董天明、董天郁由琅岐迁入。今传12世，居村100余户300多人。

荆溪镇溪下村　始迁年间、始迁人名讳与始迁地不详。今居村30余户110多人。

上街镇中美村　始迁年间、始迁人名讳与始迁地不详。今居村20余户50多人。

7. 连江县董姓

东岱镇东岱街　宋末，董玠十七世董佺为避元军，独自泛舟由长乐文岭镇后董迁入。今传28世，居村300余户700多人。

琯头镇塘头村　元末，董悦中由福州府迁入。今传24世，居村200余户650多人。后裔迁徙中国台湾，以及美国等地。

琯头镇川石村　清代，董章由塘头迁入。今传12世，居村120余户600多人。分居秦川村50余户150多人。

筱埕镇官坞村　清代，董章后裔由塘头迁入。今传10世，居村40余户150多人。

苔菉镇后湾村　清代，董章后裔由塘头迁入。今传12世，居村200余户500多人。

8. 罗源县董姓

起步镇潮格村　唐昭宗年间（889—904年），董祖由河南迁入，董祖有子三，董方福、董方禄、董方祯。今传23世，居村200余户1000多人。

凤山镇城关　清同治年间（1862—1874年），董其昌由长乐龙田迁入。今传12世，居村100余户250多人。另有一支始迁年间、始迁人名讳与始迁地不详，居村30多人。

9. 永泰县董姓

富泉乡瑞应村　清代，董道俊由仙游钟山朗桥上尾迁入。今传9世，居村70余户200多人。

富泉乡芭蕉村　清代，董元润由仙游钟山朗桥上尾迁入。今居村20余户50多人。

梧桐镇西林村　清代，董仪肃由仙游县钟山镇鸣和、九狮迁入。今传11世，居村60余户200多人。

（二）厦门市

翔安区新店镇吕塘社区董水村　北宋中期，董简滋之子董元福、董元寿由泉州冷井迁入。后裔分居大六柱、小六柱、东树脚3个村落。今居村300余户1000多人。

（三）漳州市

1. 龙海区董姓

港尾镇沙坛村 明代，董端甫由石狮市永宁沙堤迁入。今传8世，居村350余户800多人。后裔迁徙至台湾地区漳化县二水村。

2. 长泰区董姓

武安镇金里村 宋代，董继宣由仙游迁入。今居村20余户50多人。后裔迁徙至台湾地区。

3. 云霄县董姓

云陵镇新兴社 清乾隆六年（1741年），董达领董姓族民移居云霄城内新兴社。时有部分董姓族民也由小坡村分别迁居顿坑村（今下河乡车圩村顿坑社）、乌螺（今马铺乡乌螺社）、郊洋（今东厦镇郊洋社）。今居村70余户200多人。

4. 诏安县董姓

南诏镇城关 明朝中期，始迁人名讳不详，由浙江省温州迁入。今传18世，有100余户300多人。

5. 南靖县董姓

梅林镇磜头村 明英宗正统年间（1436—1449年），董大一郎由龙岩岩山镇玉宝村迁入。后裔分迁下磜、石尾、庵仔角、岭下、背头坪等村。今传22世，居村300余户1000多人。后裔迁徙至台湾地区。

（四）泉州市

1. 丰泽区董姓

城东街道金屿地区 明代，董端龄迁入，始迁地不详。今传23世，居村700余户2500多人。

北峰街道马加埔村 始迁年间、始迁人名讳不详，由泉州金屿迁入。今居村30余户100多人。

2. 洛江区董姓

双阳街道前洋村董厝 始迁年间、始迁人名讳不详，由泉州金屿迁入。今传23世，居村200余户近900人。

万安街道塘西社区杏内 始迁年间、始迁人名讳不详，由泉州金屿迁入。今传23世，居村60余户200多人。

3. 石狮市董姓

永宁镇及沙堤村 元至元十一年（1274年），董善顺由晋江青阳迁入。今传20世，居村1000余户3000多人。

4. 南安市董姓

金淘镇毓南村 明嘉靖年间（1522—1566年），董漳来迁入。今居村90余户300多人。后裔侨居新加坡、马来西亚、澳大利亚、印尼等国家。

5. 惠安县董姓

黄塘镇省吟村许厝 清末，董东山迁入，始迁地不详。今传13世，居村40余户130多人。

黄塘镇接待村庵兜 始迁年间、始迁人名讳不详，由泉州金屿迁入。今居村60余户200多人。

6. 安溪县董姓

湖头镇产贤村 明洪武十三年（1380年），董伯义由泉州金屿迁入。后裔先后分迁湖头山都村寨边，白濑乡下镇村墘美、坪中，寨坂村中堀，凤城镇上西门等地。今传22世，居村900余户3000多人。

7. 德化县董姓

有济乡林后村　明嘉靖年间（1522—1566年），始迁地不详，董埕方迁入。今传18世，居村30余户70多人。

8. 永春县董姓

五里街镇埔头后山洋村　明嘉靖年间（1522—1566年），董秉成由龙岩迁入。今传18世，居村70余户200多人。

（五）三明市

1. 沙县区董姓

高砂镇渔珠村　南宋末年，董杨发由江西牛栏角（今江西省瑞金市沙洲坝镇清水村）迁入。后裔分迁高砂镇冲厚村。今传25世，居村70余户200多人。

虬江街道后底村　明洪武三十年（1397年），始迁人名讳不详，由高砂镇渔珠村迁入。今传24世，居村60余户200多人。

2. 永安市董姓

小陶镇上湖口村　明代，董惟兴由龙岩雁石镇云坪村迁入。今传27世，居村30余户100多人。

小陶镇中坂村　清代中期，董在祯由龙岩迁入。今传15世，居村30余户100多人。

3. 清流县董姓

龙津镇拔里村　元至正年间（1341—

1368年），董政茂后裔由江西抚州府乐安县望仙乡迁入。分两支，董永嵩后裔居左龙坊，董永寿后裔居右龙坊。今传29世，居村30余户80多人。

4. 宁化县董姓

石壁镇立新村　清乾隆十七年（1752年），董远清由江西省建昌府迁入。今居村30余户50多人。

安远镇增坑村　民国初，董关甫二十二世董先云、董先银、董先喜、董太生、董先标由建宁迁入。今传5世，居村30余户60多人。

5. 建宁县董姓

溪口镇艾阳村　南宋嘉熙年间（1237—1240年），董关甫由江西迁入。今传27世，居村150余户400多人。

溪口镇溪枫村　元末，董居安由江西南丰三十四都龙湖迁入。今传23世，居村60余户200多人。

6. 将乐县董姓

大源乡崇善村　明永乐年间（1403—1424年），董万宗兄弟三人由福州洪塘迁入。今传25世，居村100余户400多人。

7. 尤溪县董姓

西滨镇三连村　明万历年间（1573—1619年），董蒲十一由江西广信府（今江西贵溪）迁入。清咸丰十一年（1861年），部分族人分迁尤溪联合东边村。后因建设水口水电站，1991年迁居新村（含西滨下墩、三连、联合村）。今居村300余户1400多人。

（六）莆田市

1. 涵江区董姓

三江口镇后郭村田头　始迁年间、始迁人名讳与始迁地不详。今居村 150 余户 500 多人。

2. 秀屿区董姓

东峤镇东兴村东蔡等　北宋大观年间（1107—1110 年），董偃由莆田五侯山迁入。十六世董文吾随董禄林迁浔江村（今东峤镇前沁村）。今居东蔡、前沁、岭口、吴厝村 400 余户 2000 多人。

3. 仙游县董姓

钟山镇朗桥村、鸣和村　明永乐二年（1404 年），董安保迁入。今传 23 世，居村 700 余户 1600 多人。

（七）南平市

1. 延平区董姓

樟湖镇中和坊　明代，董蒲十由江西省广信府迁入。今传 18 世，居村 100 余户 300 多人。

2. 建阳区董姓

徐市镇盖溪村岭下　始迁年间不详，董铜宝由邵武府建宁排前堡仁德坊迁入。今传 17 世，居盖溪村 50 余户 180 多人。分居条岭村 20 余户 50 多人。

3. 武夷山市董姓

星村镇曹墩村　元至正二十年（1360 年），董懋模由江西抚州乐安流坑迁入。今传 22 世，居村 30 余户 100 多人。

4. 建瓯市董姓

玉山镇岭后村峡头等　始迁年间、始迁人名讳与始迁地不详。分迁岭后村峡头、玉山村、东山村，小桥镇富井村、上屯村、甘元村，川石乡等。今居村 40 余户 180 多人。

5. 浦城县董姓

永兴镇永平村　清初，董廷槐由汀州迁入。后裔分迁县城周边。今居村 60 余户 200 多人。

6. 光泽县董姓

止马镇水口村横南　明洪武年间（1368—1398 年），董荀由盱水琴城迁入。今传 19 世，居村 20 余户 50 多人。

止马镇亲睦村　明隆庆六年（1572 年），董芳由江西抚州临川董家堂迁入。今传 16 世，居村 50 余户 150 多人。

李坊乡石城村彭家边　清乾隆四十六年（1781 年），董芳之子董孟胜由亲睦村迁入。今居村 20 余户 50 多人。

7. 松溪县董姓

城关松源街道　南宋绍兴年间（1131—1162 年），董彦瑜由浙江平阳迁入。长子董海望，分东族，迁居城关；次子董海文，分西族，迁居董坑。今传 28 世，居村 500 余户 1600 多人。

（八）龙岩市

1. 新罗区董姓

雁石镇云坪村　明代，董万五郎五世一房董祖聪由龙岩新罗董邦村迁入。今居村 300 余户 800 多人。

岩山镇玉宝村　明代，董万五郎五世二房董祖和、五房董祖达由龙岩新罗董邦村迁入。今居村140余户400多人。

岩山镇芹园村　明代，董万五郎五世三房董祖善由龙岩新罗董邦村迁入。今居村20余户50多人。

铁山镇谢家邦村　明代，董万五郎五世六房董祖寿由龙岩新罗董邦村迁入。今居村30余户100多人。

2. 武平县董姓

民主乡高横村　明洪武年间（1368—1398年），董荣由江西抚州金溪县迁入。今传20世，居村30余户80多人。

3. 长汀县董姓

新桥镇叶屋村（下董、上董）　南宋嘉熙年间（1237—1240年）董大郎、元至正十三年（1353年）董念一郎及后裔先后由江西抚州府乐安县流坑迁入。今传24世，居村900余户2600多人。

4. 连城县董姓

莲峰镇南前村　明代，董贞由北团镇孙台村迁入。分布南街社区，东街社区，隔川镇松阳村、竹叶山村，揭乐乡揭乐村等地。今居村（社区）80余户300多人。

（九）宁德市

1. 蕉城区董姓

八都镇福口村　清代，董孝九由霞浦县下砚村迁入。今传17世，居村190余户500多人。

2. 福安市董姓

社口镇龟龄村　清康熙年间（1662—1722年），董惟衡由浙江泰邑城南平溪迁入，次迁东坑墩上。今传12世，居村20余户80多人。

3. 福鼎市董姓

沙埕镇大白鹭村　清乾隆年间（1736—1795年），董旭艺、董德廷、董日姜和董明抛先后由泉州石狮永宁沙堤迁入。今传14世，居村400余户1800多人。

沙埕镇川石村　清嘉庆年间（1796—1820年），董焕题自沙埕镇大白鹭村移居川石村。今传12世，居村50余户210多人。

沙埕镇水岙村　清道光年间（1821—1850年）董春淮，清同治年间（1861—1874年）董光星、董光晨兄弟自沙埕镇大白鹭村移居水岙村。今传11世，居村70余户350多人。

店下镇跳尾头村　清乾隆年间（1736—1795年）董德党、清嘉庆年间（1796—1820年）董德四，自沙埕镇大白鹭村移居店下镇跳尾头村。今传9世，居村40余户250多人。

山前街道山前社区董厝　清嘉庆年间（1796—1820年），董德瑞后裔由浙江平阳南港三十都观美双溪迁入。后裔分迁桐山、桐城等地。今传8世，居村100余户400多人。

管阳镇缙阳村　元至正二年（1342年），董兰二、董兰四兄弟由福鼎西阳安仁村迁入。后裔分布在管阳、桐山、桐城、前岐、秦屿、福安千诗亭、霞浦溪东（今迁东关）等地。今传30世，居村

300 余户 1200 多人。

点头镇大坪村玉瑶冈　清康熙年间（1662—1722 年），董绍使由安溪县来苏里迁入。其后裔董维山、董维传迁居鼎邑十五都点头镇。今居村 80 余户 300 多人。

点头镇大坪村七斗岗　清康熙年间（1662—1722 年），董其盛由浙江平邑四十二都北港明山前（今平阳县腾蛟镇）迁入。后裔播迁上海、福鼎城关、点头镇等地。今传 11 世，居村 40 余户 200 多人。

点头镇大坪村洋心　清乾隆年间（1736—1795 年），董世涉由浙江平阳北港贡尾（今平阳县腾蛟镇）迁入。今传 9 世，居村 10 余户 50 多人。

点头镇观洋村岐尾　清乾隆十六年（1751 年），董锡成由江南廿五都垟心董（今浙江苍南县钱库镇洋心村）迁入。今传 12 世，居村 30 余户 100 多人。

点头镇观洋村坡兜　民国十三年（1924 年），董廷采第三子董正芬由福鼎叠石乡庙边村古林迁入。分布在点头集镇和福鼎城区。今居村 10 余户 30 多人。

贯岭镇溪底村　清顺治至康熙年间（1644—1722 年），董有未由浙江平邑四十二都北港明山前迁入。后裔播迁苍南桥墩、桐山岭头、福鼎城关、崙山马祖等地。今传 13 世，居村 30 余户 120 多人。

白琳镇玉琳村鹅鼻后路　明崇祯十四年（1641 年），董如世由漳州南靖永丰里吴宅（今南靖梅林镇）迁居白琳天王亭，清顺治八年（1651 年）由福鼎白琳天王亭迁入。今传 15 世，居村 18 余户 50 多人。

店下镇店下街　清末民初，董士惜率秉暖、秉彩、秉同、秉勤、秉脱五子由浙江苍南县莒溪镇迁入。今传 8 世，居村 40 余户 120 多人。

店下镇东岐村四斗　清乾隆二十八年（1763 年），董国生由浙江平阳二十六都繁枝（今苍南县藻溪镇繁枝村）迁入福鼎店下四斗；董国聘及其子董文汉、董文智由浙江平阳二十六都繁枝迁居福鼎二都龟岭小岙（今福鼎市前岐镇龟岭村）。清嘉庆年间（1796—1820 年），董世游由前岐龟岭迁入店下四斗。今传 12 世，居村 50 余户 200 多人。

店下镇溪岩村文侯山　明永乐二年（1404 年），董玳子由建宁迁入。今传 15 世，居村 20 余户 80 多人。

佳阳乡罗唇村梅溪　清康熙年间（1662—1722 年），董明所由浙江平阳县四十二都迁居江南廿五都垟心，其子董有抱迁居福鼎二十都梅溪（今福鼎市佳阳乡罗唇村梅溪）上董；董应所孙董宗义由平阳四十二都迁入梅溪下董。今传 14 世，居村 70 余户 280 多人。

秦屿镇巨口村　清乾隆年间（1736—1795 年），董元锦三世董大粮由浙江苍南灵溪河口迁入。今传 11 世，居村 30 余户

100 多人。

前岐镇武洋村　清康熙年间（1662—1722 年），董明祖二世董隆桂由温州永嘉县衢溪迁居福鼎二都武洋后池，董隆桂四子董其彩迁居武洋斜岭头四箩洋。后世播迁福鼎山前、灰窑等地。今传 14 世，居村 30 余户 120 多人。

前岐镇西宅村三河溪　清初，董君秀由浙江苍南灵溪河口迁入。今传 11 世，居村 60 多人。

崳山镇鱼鸟村芒垱　清乾隆年间（1736—1795 年），董应善由浙江苍南县钱库镇乌石岭村迁居福鼎市硖门柏洋村通家洋。后裔移居硖门洋尾坪村，继迁崳山芒垱。今传 11 世，居村 20 余户 50 多人。

崳山镇东角村　清道光年间（1821—1850 年），董秉拖、董秉琢、董秉辛三兄弟由浙江平阳白湾（今平阳县腾蛟镇白湾村）迁入。今传 7 世，居村 20 余户 60 多人。

叠石乡庙边村古林　清嘉庆年间（1796—1820 年），董懋柱、董懋怡两兄弟由浙江泰顺县雅阳坪下迁入。后裔迁徙至中国台湾地区，以及美国等地。今传 6 世，居村 90 余户 200 多人。

桐山街道岭头村　清乾隆年间（1736—1795 年），董士荣、董思粹由浙江横阳江南十五都东庄（今浙江苍南县龙港镇东庄村）迁入。今传 9 世，居村 10 余户 50 多人。

桐城街道资国村岐腰　清乾隆年间（1736—1795 年），董仲国由浙江平阳县腾蛟迁入。今传 14 世，居村 100 余户 300 多人。

桐城街道岩前过岭　始迁年间不详，董乐国由浙江泰顺县罗阳迁入。董让国迁居福鼎城关小东门；董柱国、董经团迁居路边亭；董观国、臣国、平国等支后裔迁居福鼎城区。今传 8 世，居村 130 余户 500 多人。

4. 霞浦县董姓

溪南镇下砚村　北宋末年，董昷由长溪董墩（今霞浦柏洋董墩）迁入。今传 40 世，居村 400 余户 1600 多人。

柏洋乡董墩村　清乾隆年间（1736—1795 年），董天泽由霞浦下砚村迁入。今传 14 世，居村 50 余户 200 多人。

柏洋乡坑口溪边村　清代，董中惠由浙江泰顺县雅阳溪里麻园迁入。今传 9 世，居村 40 余户 90 多人。

海岛乡西洋岛宫东村　清末，董君达长子董一尚与长孙董有顺、董君达四子董子法由琅岐迁入，今传 7 世。民国时期，董君达后裔董金弟迁入，今传 4 世，居村 30 余户 120 多人。另一支董子贵，清末迁入，今传 6 世，居村 10 余户 30 多人。

崇儒乡溪东村　清咸丰五年（1855 年），董大椿由福鼎缙阳迁入。今传 9 世，居村 90 余户 300 多人。后因村庄上方有 1978 年建成的霞浦县溪西水库，为安全起见，全村移居县城郊区东关。

盐田乡瓦窑头马迹岭村 清乾隆年间（1736—1795 年），董其寿由浙江平阳北巷迁入。今传 10 世，居村 40 余户 100 多人。

盐田乡杨梅岭董岭头村、松港街道宝福里村 清康熙三十四年（1695 年），董珍养、董珍佳及堂兄弟董珍乾，由泉州德化迁入。董珍养、董珍佳移居杨梅岭之董岭头（今属盐田乡），今传 13 世，居村 60 余户 200 多人。董珍乾留居宝福里，今传 14 世，居村 50 余户 180 多人。

牙城镇麂岩下 清顺治十八年（1661 年），董日崇、董日华由福宁府东路六都饭溪迁入。因麂岩下厝基狭隘，移居麂新街和罗伍田头洋村。今传 13

世，居村 20 余户 100 多人。

牙城镇枣岭村 清顺治元年（1644 年），董振琳之子董奇俊与其子董士成由四都六斗坪（今属水门乡桥头村）迁入。今传 14 世，居村 20 余户 60 多人。

水门乡楼下村 清康熙年间（1662—1722 年），董士修由浙江泰顺平溪迁入。董士修六世董道炽后裔迁居青奥赤岭村；董道照、董道细后裔董敷养迁居瓜溪再迁水门街；董道发后裔迁永安。今传 10 世，居村 20 余户 50 多人。

5. 柘荣县董姓

城郊仙山村仙源里 明洪武元年（1368 年），董辅由浙江泰顺罗阳迁入。今传 23 世，居村 30 余户 100 多人。

（整理自《福建姓氏志·董姓》）

第三节　八闽董氏宗祠分布

宗祠文化是中国传统文化的重要组成部分，对于传承孝道、促进宗亲互助、维护社会和谐具有积极的意义。伴随着宗祠的修复与新建，传统宗族组织也在复兴，对乡村社区建设影响较大。

宗祠也称祠堂，是族亲供奉祖先神主牌位并进行祭祀的场所，也是乡村重要的公共空间，还是乡间交往休闲的重要场所。其通常拥有两进以上房屋所组成的院落式建筑建构，建筑面积要比普通民宅大得多。如今，祠堂建筑的豪华程度与族人经济实力通常成正比。

宗祠作为团结族人的公共建筑，需要日常管理与维护。围绕宗族事务与祠堂管理，家族组织都设有宗祠理事会。宗祠建设与维护的经费来源，以族亲自愿捐款的方式为主；还有不动产出租收入，如店面出租收益。福建很多宗祠在修复与建设过程中，还得到港澳台地区与海外的宗亲资助。

在当前城镇化与工业化的冲击下，传统宗祠文化的传承也存在一些问题。一是有些山村宗祠，因村民外迁，无人维护，随时有倒塌的可能。二是受城镇化建设的影响，有些祠堂被拆迁，但被视为普通民宅，无法异地重建。宗祠作为特殊的公共建筑，在法律上没有得到认可，在产权上也很模糊，使得宗祠在征地拆迁过程中没有得到应有的保护。

祠堂是宗族组织存在的象征。福建省宗祠数量很多，是全国各省份中宗祠数量最多的。我八闽董氏人口8万多，共有大小不同规模的宗祠50多座，分布于全省各地。

福建省董姓祠堂（现有的宗祠、家庙）一览表

地区	宗祠地址及名称	始建年代	重、修建
福州	晋安区鼓山镇远洋董氏支祠	清乾隆三十四年（1769年）	2005年
	马尾区上岐董氏宗祠	1947年	1997年
	琅岐开发区董氏宗祠	明嘉靖初年（约1522年）	1999年
	长乐古槐镇龙田村董厝董氏宗祠	宋初	1998年
	长乐文岭镇前董董氏宗祠	年代不详	2000年
	长乐金峰镇董朱董氏宗祠	明天启年间（1621—1627年）	清同治年间（1862—1874年）
	长乐文岭镇后董震龙董氏宗祠	宋初	1998年
	连江东岱镇董厝董氏宗祠	明初	2007年
	连江琯头镇塘头龙塘董氏宗祠	明洪武年间（1368—1398年）	
	罗源县起步镇潮格董氏宗祠	清嘉庆年间	1999年
厦门	翔安董水董氏宗祠	明末	2009年
漳州	龙海港尾沙坛后丰厚宅董氏宗祠	年代不详	2005年
	龙海港尾沙坛田墘官路下社董氏宗祠	明末	1942年
	龙海港尾沙坛后丰仁和堂董氏宗祠	年代不详	1920年
	南靖梅林磜头董氏祠堂湖洋祠	明末清初	2018年
	南靖梅林磜头董氏祠堂怀恩堂	明末清初	1986年
	南靖梅林磜头董氏祠堂福德堂	明末清初	
泉州	泉州丰泽区金屿董氏家庙	明正统年间（1436—1449年）	2013年
	泉州洛江区前洋董氏家祠	2010年	
	石狮市永宁镇沙堤董氏宗祠	明代	清嘉庆十年（1805年）、1930年
	石狮市永宁镇永宁董氏家庙	清康熙年间（1662—1722年）	1982年
	南安市金淘青山岭董氏宗祠	明嘉靖元年（1522年）	2002年
	安溪县湖头镇产贤董氏宗祠	明初	1998年
三明	永安市小陶镇上湖口董氏宗祠	清朝中期	2008年
	永安市小陶镇中坂董氏宗祠	年代不详	
	尤溪县西滨镇三连董氏宗祠	明成化年间（1465—1487年）	1991年
	沙县虬江街道后底董氏宗祠	明末清初	2013年（简单重修）
	沙县高砂镇冲厚村董氏宗祠	年代不详	
	沙县高砂镇渔珠村董氏宗祠	年代不详	
	建宁县溪口镇溪枫董氏宗祠	明末清初	2006年
	建宁县溪口镇艾阳董氏祖厅	清朝中期	2014年

续表

地区	宗祠地址及名称	始建年代	重、修建
莆田	仙游县钟山镇朗桥兴泰董氏尚书祠	明永乐二年（1404年）	1997年
	莆田市秀屿区东峤镇东蔡村董氏宗祠	北宋崇宁年间（1102—1106年）	2013年
南平	延平区樟湖上坂街牛岭董氏宗祠	民国三十六年（1947年）	1993年
	光泽县止马镇水口横南董氏宗祠	年代不详	2005年
	松溪县董坑董氏宗祠	清康熙年间（1662—1722年）	2011年
龙岩	新罗区岩山镇玉宝董氏宗祠	清朝中期	1987年
	新罗区雁石镇云山董氏宗祠	清朝中期	2011年
	连城县城南莲峰董氏宗祠	明嘉靖元年（1522年）	2003年
	长汀县叶屋上董董氏宗祠	明朝	2018年
	长汀县叶屋下董董氏宗祠	元朝	2015年
宁德	霞浦县松城街道青福宝福里董氏宗祠	年代不详	2017年
	霞浦县盐田乡杨梅岭董岭头董氏宗祠	年代不详	2017年
	霞浦牙城鹿岩下董氏宗祠	年代不详	2019年
	霞浦溪南下砚董氏宗祠	清乾隆年间（1736—1795年）	2019年
	霞浦柏洋乡董墩董氏宗祠	清朝	2003年
	福鼎市沙埕镇大白鹭董氏宗祠	1988年	2006年
	福鼎市管阳镇缙阳董氏宗祠	清嘉庆九年（1804年）	2014年
	福鼎市店下镇东岐四斗董氏宗祠	年代不详	2013年
	柘荣县城郊仙源里董氏宗祠	明洪武年间（1368—1398年）	2015年

第五章　八闽董氏名人专祠

　　乡贤是族群的精英楷模，是社会栋梁与柱石。八闽董氏人文历史积淀沉厚，达官显宦、鸿儒硕学众多。既有经世济民之良宦、贤良刚正之廉吏，又有济世名医；既有保家卫国之勇将，又有身负奇艺之巧匠。他们文能安邦，武能定国。他们的嘉言懿行影响着世人，历史记住了他们，族人尊崇他们，为他们建祠立堂，供祀千秋。

　　历史名人专祠与姓氏祠堂不同。它一般不举行族姓祭祀活动，也不进行修谱，而仅为了弘扬历史名贤的功绩、品德、气节而立。纪念祠不设神主龛、神主牌。一般在堂中多有塑像或画像，供人们瞻仰。同时，常附设有关研究资料及名贤著述或其他文物的展览厅（室）。祠堂的形制与普通姓氏祠堂大同小异，建筑风格多为明清风格。

　　本章选编五座不同类型的八闽董氏名人专祠、故居或书院（书屋），以飨读者。

第一节　福州长乐董奉与董奉草堂

仙人未可期　空山春复秋

董奉与董奉草堂

一、杏林始祖董奉

在中国医学界，有以"杏林"作为自己职业标志的；有以"杏林"命名医院的，如杏林医院；有以"杏林"命名学术研究团体的，如杏林学社；更通常是用"杏林春暖"来赞誉医风医德高尚、医术精湛的医生或医生团体。这些都源于一位古代名医董奉。他是杏林文化的开山鼻祖，史称"杏林始祖"。

董奉（220—280），东汉建安时期名医，字君异，号拔墘，长乐古槐董墘村人。东晋葛洪《神仙传·董奉》、宋初《太平广记》、南宋周守忠《历代名医蒙求》均记载董奉事迹，元末明初高启《高太史大全集》卷十八有《杏林为萧沈二医师所题》篇，明《南康府志》有董奉详细记载，明徐春甫《古今医统大

全》、清陈梦雷《古今图书集成医部全录》及《词源》《中医大辞典》《中医人物辞典》等均有条例记载。

（一）董奉行医

董奉少年学医，信奉道教。年轻时曾任侯官小吏，不久归隐，有慧根。在其家后山中，一面练功，一面行医。他医术高明，治病不取钱物，只要重病愈者在山中栽杏五株，轻病愈者栽杏一株，数年之后有杏万株，蔚然成林，郁郁葱葱。春天杏子熟时，便于树下建一草仓储杏，有需杏的人可用谷子自行交换。而他再将所得之谷赈济贫民，供给行旅，"杏林春暖"一词便由此而来。

此外，《大越史记全书》之《士王纪》还载有一个传说：丙午四十年（汉后主禅建兴四年），王（指士燮）薨。初，王尝病，死三日。仙人董奉与药一丸，以水含服，捧其头摇措之。少顷即

董奉像

开目动手，颜色渐平。复明日，旋能起坐。四日复能读，遂复常。

由于医术高明，人们把董奉同当时谯郡的华佗、南阳的张仲景并称为"建安三神医"。

（二）董奉传道

董奉的智慧还体现在他的养生之道上，他提倡心灵的静养以及食补。

1. 虚怀若谷，心态平衡

从医学的角度讲，一个人如果心胸宽广，就能及时释放因挫折所带来的不良情绪，及时排解心中的怒气和懊恼，从而促进人的心态平衡，这对心理创伤的医治与恢复极其重要。

2. 淡泊名利，知足常乐

董奉一生既不受功名所绊，又不为利益所累。他的知足常乐并不是对社会现状的满足和盲从，也不是不思进取，而是对生活、对大众的感恩，是对信仰和理想充满信心的表现。

3. 仁心长寿，爱心长寿

董奉是一位仁慈和善的长者，大爱无疆，德高艺精。他从容不迫地行走于世间，到处有朋友，四方有亲人。他为人心安理得，做事问心无愧，生活得开心愉悦，怎能不长寿呢？仁爱的心换来的是健康长寿的身体。

4.动静相宜，和谐增寿

董奉主张动静结合。他每天坚持练气功，以静养生，消除一切烦恼累赘，进到一种忘我的境界。他认为步行是所有保健方法中最好的，民间就有"百练不如一走"的说法。适度的步行可以让人越走越健康，特别是对平常用脑多、体力活动少的人来说，效果更明显。

5.内有一妪，相守延年

董奉在四十岁以前并未婚配。据葛洪《神仙传》所载，一直到了庐山开辟杏园之后，董奉才娶了县令的堂妹屈小姐为妻。道教并不主张禁欲，更不忌讳娶妻。只是在这之前，董奉由于人生旅途颠簸坎坷，未来得及娶妻婚配，建立家室。道教还认为，夫妻恩爱和睦能促进人的健康长寿。这一观点主要源自天地万物都是阴阳二气交合而生的理论，故男女之间的阴阳交合既是繁衍生命的神圣职责，也是阴阳关系和合、生命关系和合的必然需要。

6.食补两济，药食同用

饮食是动物维持生命、获取营养的途径。董奉是杰出的营养学家，他提出"食补两济，药食同用"的观点，发明了一道赣菜佳肴——藜蒿炒腊肉，将鄱阳湖的草变成了南昌人的宝；利用杏枣糕治病，针对的是儿童及年老体弱者；首创中国古代药酒运用之先例，用杏仁酒治胃胀。他以亲身的经验告诉人们：补益之法绝对不是依赖于药物，而是要靠食品。

（三）董奉传奇

"桃花谩说武陵源，误教刘郎不得仙。争似莲花峰下客，栽成红杏上青天。"这首小诗叙述的即是董奉在庐山悬壶修道，终成神仙的传说故事。董奉悬壶济世，以实际行动实践着他对医学的诠释，赢得了黎民百姓的爱戴和敬仰，留下许多传说与故事。

1.大爱无疆

董奉赈灾济贫，从不考虑个人得失。他不知疲倦地在庐山辛劳，以此实践他对"大同世界"的终极追求。他为人看病，不分贫富，不分老幼，不计恩仇，一视同仁。董奉接诊，总是那样满面春风地对待来人；董奉出诊，总是那样风雨无阻，有求必应。

2.藜蒿治疫

相传有一年春天，豫章（今南昌市）连降暴雨，山洪暴发，抚河决堤，城内低洼处一片汪洋，溺死人畜无数。大水刚退，城内名医万贵生一早就召集医堂内其他大夫和伙计说："大灾之后必有大疫。医者为病家性命之所托，责任重大，不可儿戏。对此大规模瘟疫治疗，我没十足把握。我知道有位神医，隐居在庐山，是位高人，医术远胜于我。今天我去请他坐镇豫章，救治众生。"说罢，万贵生急赶庐山杏林草堂，将来意向董奉说明，请他下山协助。董奉听到疫情情况，断定这是水灾过后流行的痢疾瘟疫，豫章城内肯定已蔓延无疑。人命关天，应立即带上杏脯粥方赶往豫章，但一时无法备那么多材料，且杏脯粥虽有些疗效，但不是对症的急救办法。董奉想到，离此不远的鄱阳湖畔盛产水蒿，当地人称为藜蒿，是清热祛邪治疗痢疾瘟疫的最佳良药，于是一面派人打捞收购，一面立即赶往豫章。不出所料，医馆内外挤满就诊的人。于是，董奉招呼医馆伙计抓紧垒灶架锅熬制藜蒿汤，向百姓施药救治。不几天工夫，蔓延全城的痢疾瘟疫得到控制，但拉回来的藜蒿还有六七车，过些日子只能当柴烧了。董奉便说："去掉叶子，把藜蒿嫩茎切成一段一段的，加上佐料就成美味佳肴，既可巩固疗效，又可预防痢疾，还可缓解水灾造成的菜荒，可谓一举多得。"就这样，藜蒿上了南昌寻常百姓家的餐桌，也有了这句话："鄱阳湖的草，南昌人的宝。"至今用赣菜宴请宾客仍少不了"藜蒿炒腊肉"这道菜。

3. 千金击墙

相传某年三月的一天，彭泽县周府少夫人临盆难产快两天了，几个接生婆和县城大夫都束手无策，产妇危在旦夕。经人指点，老员外吩咐管家星夜兼程赶往庐山杏林草堂，延请神医董奉救命。董奉一听事关两条人命，便随管家下山。董奉一到周府，叫来贴身丫鬟、接生婆和在场医生，逐一询问情况。之后轻声

对接生婆交代一番，便叫她回内堂伺候少夫人去了。这时，董奉见厅堂墙边有一筐铜币，便端起钱筐，走近内堂，举筐过顶，猛地往墙上一摔，串钱撞击石墙，铿锵之声不绝于耳。须臾，内堂传来一阵婴儿"呱呱"的啼哭之声。随后接生婆高声来报："母子平安！"话音未落，周府上下一片欢腾，无不称赞董奉是神医。这千金击墙救了两条人命，手段高明，令人费解，只见董奉慢慢道来："产妇难产是因为她身材娇小，平时缺乏运动，怀孕时营养过剩，以至胎儿过大。加上接生婆几轮催生发力，致使气血消耗殆尽，出现气血两亏，故需采用拨动气机下行之策。千金击墙，发出铿锵金石之巨响，必使产妇受到惊吓和刺激，从而激发肾气，催动肝胆之气血，瞬间凝聚身体之潜力下行，促胎儿产出。"一席话获得满堂喝彩。

4. 书符斩蛟

传说古代有一种能兴风作浪、引发山洪的母龙，叫作蛟。话说古代九江地区到处是江河湖汊，逢雨积水成渊，可谓旱涝绵连，百姓不堪其苦。于是，人们就在浔阳城东修筑了一座桥坝合一的水利设施，名曰通天桥。不料一年，先是久旱，后山洪暴发，通天桥决口，洪水四溢，淹没了农田房舍，百姓流离失所。洪水退后，人们开始对通天桥坝的缺口进行修复。有人说桥坝决口是水中妖孽作祟。为了一劳永逸、永保太平，

人们推举乡绅、族长到龙门沟杏林草堂恭请董奉为民除害，行"伐蛟之令"。董奉来到桥坝，仔细勘察后发现，通天桥决堤是蚂蚁筑巢穴居所致，遂以锦帛裹药饵于堤坝多处洞穴之内，以土掩埋，并嘱众人继续施工。数月后，桥坝合龙，水位上升，成千上万淹死的蚂蚁漂浮水面达数丈之长，随波荡漾，宛若神话传说中的蛟龙浮水状。于是，董奉"书符斩蛟"的故事就在民间传颂开来了。

5. 草堂求雨

相传董奉到了庐山后借居山下庙观，同时择地筑建草堂安居。这年正值禾谷抽穗时节，柴桑大旱，沟壑干涸，若不下雨，必失收而闹饥荒。县令丁士彦为了保赋税官粮的征收和头上的乌纱帽，抚治黎民百姓，便与府僚、官员商议："听说董道人有法术，应该能作法祈雨。"于是便置办酒菜，率随从寻至董奉尚在建筑的草堂，恭请董君施法降雨以解旱情。"要降雨容易。"董奉抬头望了望未封顶的屋脊，接着说，"贫道屋顶可见天，下雨了，我避何处？"士彦心领神会地说："先生只管行法祈雨，我马上派人将先生的房屋建好。"第二天，县令亲自带着官员、民工100多人，运来竹子、木材，盖好屋架，只差和泥夯墙，但没有水和泥。正欲派人到数里外的长江运水，董奉劝说："不必去挑水，傍晚就会下大雨。"众人于是席地面西而坐，候太阳下山。到了傍晚时分，果然电闪雷鸣，

下起大雨，雨水把远近高低的田地都灌满了，众人欢呼雀跃，拜谢董奉。正所谓："众人齐力筑杏林草堂，董仙施法降久旱甘霖。"

6. 驾羽升天

相传大约在西晋太康元年（280年）三月十五日，董奉升天。对于董奉的仙逝，葛洪《神仙传》载："君异在人间百余年，乃升天，其颜状如三十时人也。"《太一观董真人殿碑铭（并序）》载："旌幢处，千条之影盘空，羽驾行时，万朵之仙花出洞，竟望天门，隐隐而上。即知圣人遁世，俗眼何了之，千载累功，一朝现化。"董奉驾羽升天的故事如同凤凰涅槃，作为民众对医者的期盼和寄托，代代相传。此外，董奉还有"一丹两命""精炼百草，编制验方""祈雨除蟒，虎守杏林""掘井通河，符咒除害""匡庐千秋，六平升天"等神话故事流传千古。

二、董奉草堂

董奉草堂位于福建长乐国家森林公园之董奉山中心景区、福州市长乐区古槐镇辖区内。董奉山原名福山，后人为纪念曾在此山行医传道的神医董奉而易名为董奉山。它是长乐境内的主要山峰，也是福州不可替代的御风屏障，享有"一旗二鼓三董奉"之声誉。董奉山主峰海拔577米，气势雄伟，森林茂密，沟

鼙纵横。它集人文景观、地文景观、水文景观、生物景观、天象景观于一体，山高林密，空气清新，堪称中国之"神龙架"。董奉山脉一脉相承，三大景区连点成片。公园内山、泉、林、石各具特色，既承载着千年历史积淀，又独具文旅探幽之魅力。公园三大景区由董奉山中心景区、竹田岩景区和腊溪源景区组成，属城郊型森林公园。公园汇聚名人（董奉）、名山（福山）、名水（腊溪）、名树（千年奇岩红榕）和名果（青山龙眼贡果）于一体，真乃"绿水青山就是金山银山"。2008 年 12 月 25 日，经国家林业局批准，正式设立福建董奉山国家森林公园。2013 年调整经营范围后，更名为福建长乐国家森林公园。

董奉草堂面积 398.2 公顷。区内有中国长乐中医馆、"杏林望重"照壁、清代名医陈修园专馆"南雅堂"、"百草园"、建安"三神医亭"以及各种石刻景点。

草堂前有一杏林广场，广场外圆内方，寓意着天圆地方。沿着广场东西走向的中轴线，往西而行，迎面是一座高3.6 米的董奉雕像，为花岗岩整石雕刻。只见他身着宽袍大袖的汉服，左手持葫芦，右手背于身后，昂首挺胸立于风中，髯须飘飘，注视世间芸芸众生，眼中透出无限的忧伤和怜爱。

草堂的南大门前有一条人工凿就的顺势而下的溪流，溪上架着一座古朴的石拱桥，踏过桥，门额上由全国人大常委会原副委员长吴阶平题写的"董奉草堂"四个大字映入眼帘，端庄凝重，格调高逸。

进入门内，迎面是一座雪白如镜的照壁，上覆青灰筒子瓦顶，中间是中国书协原副主席刘艺的墨宝"杏林望重"。

中国长乐中医馆位于照壁的左侧，占地面积 700 平方米，建筑风格以汉末三国时代为主，就连馆内悬挂的 10 多盏桶式红灯笼，东两两面镂空窗格也是根据当时的风格进行装饰，具有很深的韵味。中医馆大门上的"杏林春暖"金字匾额由中国书协副主席苗子题书。

南雅堂位于中医馆的右侧，主要展览清朝名医陈修园的生平事迹。门楣上的"南雅堂"三字由中国书协原副主席刘艺题写。

草堂依山而筑，由南雅堂旁登山，便可踏上福山龙道。福山龙道全长 2300多米，路旁绿树掩映，四季花开不断。龙道左边是太极广场，占地面积 360 平方米，高 5 米的太极炼丹炉挺立着，丹炉前的广场地面还有一个灰黑两色石头拼成的太极图案。这一切似乎都在述说着董奉当年行医修道、炼丹济世的故事。

拾级而上，便会见到一组石雕，三位身着汉服的老者正围坐在石桌前，居中的是作为主人的董奉，左手边是张仲景，右手边是华佗。时空穿越，"建安三神医"齐聚于此谈医论道，气氛颇为热烈。这也是医者仁心的生动体现，所以

董奉草堂

此处景点名为"杏坛论医"。

福山龙道上建有多个亭台，其中第一座便是董奉亭。亭子为方形汉亭，亭前石柱上挂着"虎踞杏林春日暖；龙蟠橘井水泉香"的对联。对联中"橘井""泉香"也是医学典故。相传，西汉年间湖南郴州东门外有一位姓潘的姑娘在河边洗衣时遇奇怀孕，并生下苏耽，即后来的苏仙。苏耽长大后十分孝敬母亲，得异人授仙术、通医道、识百药，聪明勤奋，为民治病，造福乡里，后来跨鹤升仙。他走前对母亲说明年郡里将有大疫，教她用房前井水和井旁橘叶来熬汤，救治郡民。第二年，果如苏耽所

说，郴州发生瘟疫。当疫情发生后，苏母按照嘱咐取井水和橘叶熬汤救治了不少郡民。自此，橘井泉香这个典故就流传了下来。亭后石柱上书"鹤随仙去寻芝草；龙化人来问宝丹"，也是关于董奉的传奇故事。沿着龙道前行，董奉亭旁的深涧中有条长长的石脉，似裸露的龙脊，一直延伸到山顶。顺着龙脊，一路建有仲景亭和华佗亭。华佗亭为福山龙道最高亭，亭旁还有一处观景台。登临览胜，山石、田园、海天一线之美景尽收眼底。

"百草园"是董奉草堂三宝之一。它占地面积10多亩，种植金银花、枸杞、

月季、何首乌等30多种名贵中草药和1000多株银杏、大小杏花树等稀有药树。园内各种形状的石头上还饶有趣味地刻着"虎守杏林""玉兔捣药"以及各种中药联语和谜语等。

百草园南坪"玉兔捣药"景点旁边有一口古井，已有一千八百年历史，它也是董奉草堂三宝之一，俗称"仙井"。传说此井与董奉山著名天龙井同出一脉，其水清洌甘甜，当年董奉常以此泉熬制丸散膏丹，医好无数疾病。

在中医馆旁太极广场边缘竖立着一个硕大的宝葫芦，这也是董奉草堂三宝之一，往太极图边一摆，便打造出董奉悬壶济世的意境。看着它，依稀感觉它里面真盛着"灵丹妙药""琼浆玉液"一般。

妙哉草堂，有诗赞曰："草堂新筑傍溪水，药草飘香百鸟闲。郁郁杏林生意满，医仙还似旧时颜。"

三、杏林文化影响深远

董奉被后人尊为仙人，"杏林"成为医学的代称。许多医界和道教人士都对董奉有着极高的崇敬。唐代谢景先以医技闻名，他在董奉杏林故地建立草堂，为百姓治病；明代名医郭东也曾效仿董奉，在他所居的山下种杏千株成杏林；苏州名医郑钦谕的庭院也设杏圃，病人馈赠的物品多拿去接济贫民；元代名医

严子成在书画家赵孟頫病危时将他治愈，赵孟頫特意画《杏林图》相赠。因董奉擅炼丹药治病救人，使许多患者起死回生，所以在民间被百姓尊为仙师。晋代葛洪对董奉的道教医学及养生术颇有研究，进而深入阐述道家"清净无为"的思想，留下众多养生保健经验。北宋宣和二年（1120年），宋徽宗追封董奉为"升元真人"，以张道教。而在董奉身后，有关他的神异传闻更是越来越多，愈传愈玄，由此衍化出许多充满仙风道骨的传说。许多地方都建有尊祀董奉的庙宇、道观，如福州白马河畔就有一座具有400多年历史的"救生堂"，里面祭祀的主神就是董奉，这是长乐乡亲将它迁到福州尊祀的。国外医学界对董奉也十分崇敬，日本的"杏雨书屋"，同样是取意于"杏林"，其所收藏的典籍也多为中国医学的图书善本。

在长乐这片故土上，董奉赢得了更多的尊崇，后人盛传着他的神奇医术和高尚的医风医德。为纪念他，曾为他建"福山寺"；宋明年间还将"福山"改为"董奉山"；宋代长乐县令陈师韩曾写道："院雨萧萧锁暮烟，昔人曾见此升仙。静看今日流渠水，应是当年炼药泉。座上山川疑改旧，林中僧行尽长年。我来寄宿应怀古，始信乡民不妄传。"宋人蒋之奇也写道："便道行经董奉山，晨飧聊为解征鞍。青林漠漠岚烟重，白昼昏昏海气寒。县令来到寻旧马，仙人去后有

空坛。一丸曾遗交州药，应是当年炼就丹。"如今，落成于董奉山麓的董奉草堂已成为远近闻名的医德医风教育基地，董奉及其杏林文化所昭示的精神内涵已然成为长乐厚实的人文底蕴和城市品质的重要组成部分。

董奉创立的杏林文化已成为中华民族延绵不断的一个文化因子，在古人诗歌中频繁提及。如李白的"禹穴藏书地，匡山种杏田"、杜甫的"香炉峰色隐晴湖，种杏仙家近白榆"、王维的"董奉杏成林，陶潜菊盈把"、唐寅"人来种杏不虚寻，仿佛庐山小径深"等等。明清更多诗家以杏林和董奉为诗题，表达了他们的景仰追慕之情。这些诗句描绘了杏林仙境的独特风光和诗人的超然感受，再现了杏林中人与自然和谐相处，人与人之间信任互助的美好情景。

杏林文化体现了当时的人文文化，是中华传统医学文化与中国道教医学文化之融合。中国医道认为天人是对应的，追求天人和谐，才能维持阴阳平衡。和谐之法只有顺应自然，不能逆天而动。董奉认为人体内部是一个整体，人体与外部环境也是一个整体，它们之间相互联系、相互影响和相互协调，所以不可分割。这些反映"天人合一""天人相应"的思想，与他的道家思想同出一理，相辅相成。董奉信奉道教，一生不断精研道学，将道家内功练到极高境界。

代表着中华传统医学的杏林文化，不能不说是中华民族传统文化史上的一个重要文化现象。杏林文化的传承与发扬，不是来自官方导向、典籍传世、系统教育或师徒相授，而是来自民间民众。它的社会根源是历史悠久的中华民族对真善美、对理想健康永不停止的追求。杏林花发，甘雨回春，杏林文化所体现的正是根植于大众心中的美好寄托与追求。

第二节　连江塘头董应举与董公祠

不畏权贵尽忠节　福修桑梓亮高风

董应举与董公祠

名宦乡贤董应举是一位生活在明朝末年的良宦。董公名应举（1557—1639），字崇相，号见龙，连江琯头塘头村人，明万历二十六年（1598年）戊戌进士。从43岁始为官，至70岁被诬罢归，其间曾两次辞官在家3年，实际在位为官仅24年。

董公功绩人人敬仰。《明史》评价董应举："应举好学善文。其居官，慷慨任事；在家，好兴利捍患。比没，海滨人祠祀之。"他为官刚正清廉、爱国忧民。退居故里后，致力于修建寨堡防外患，兴修水利置义田，以及开发百洞山景点等公益事业。其美名远扬，最后在家乡

董应举像

善终，享寿 83 岁。

一、董应举家族

古邑连江，人杰地灵。董公千古，模范后代。

董公应举乃连江琯头龙塘董氏八世。琯头镇是闽东重镇，福建省著名侨乡。地处闽江口北岸，位于连江、马尾、琅岐三个县（区）中心地带，分"一区一线三岛"，隶属福建省福州市连江县。南临闽江与琅岐岛对峙，北靠覆釜山脉与江南乡相连，西连亭江。塘头村为琯头镇下辖的一个村，古称龙塘堡，今号龙城。

唐贞观二年（628 年），董氏先祖由兰溪迁福州府。约在元末，一世祖董悦中由福州府迁闽县龙塘堡（今琯头镇塘头村），悦中生三子：董喜（天房）、董嘉（地房）、董熹（人房）。董公应举是董悦中八世孙。

董应举在《先祖弘庵公事》一文中称其曾祖父生有四子：汝元、公著、汝宜、汝弼。汝元是永泰县的一名小官，死于任上。弘庵公仅是重公之三子，大哥汝元去世后，其嫂蔡氏守寡抚孤，为人可敬；二哥公著还要继续读书，小弟汝弼仅管种地，弘庵公只好承担起养家糊口的重担。应举之父，名世道，号龙泉。又据董应举亲撰《先慈马太孺人墓志》：在祖父的操办下，通过八姑沟通，其父娶长乐马克顺之女为妻，生有二女二男。长女一懿，次女妃姐。又几年，母亲生的男孩皆夭折，于是支持父亲娶妾王氏。王氏来后，母亲却又生了二男：长男应举，次男应赞。母亲生于嘉靖元年（1522 年）壬午六月二十日丑时，万历二十二年（1594 年）病逝，享年 73 岁，应举是年 38 岁。母亲一生在家相夫教子，在外讲求道义，连乞丐都十分敬重她推己及人的精神。死后得赠"安人"称号，另葬安庆里定安山。父亲一生乐善好施，热心做公益之事，诸如建社仓，买义田，扶贫济困，修桥铺路，筹建宗祠，纂修谱牒，筑堡防倭，构建乡里的议事厅等。父亲死于万历九年（1581 年），应举是年 25 岁。

应举，乳名信，字崇相，号见龙，嘉靖三十六年（1557 年）生。万历十五年（1587 年），即在母亲 66 岁那年，应举娶长乐岭南陈诩之女为妻，生一女。应举任太常少卿时，天启皇帝曾封诰陈氏为"恭人"，应举曾把弟弟的二儿子鸣玮过继为养子。后续娶刘氏为妾，生子福。其弟应赞娶本乡林迪卿之女为妻，生三男三女。三男依次叫鸣珂、鸣玮、鸣璁。应举在世时有四个小孙子。

董应举家族世系图如下：

八闽董氏宗祠文化大观

076

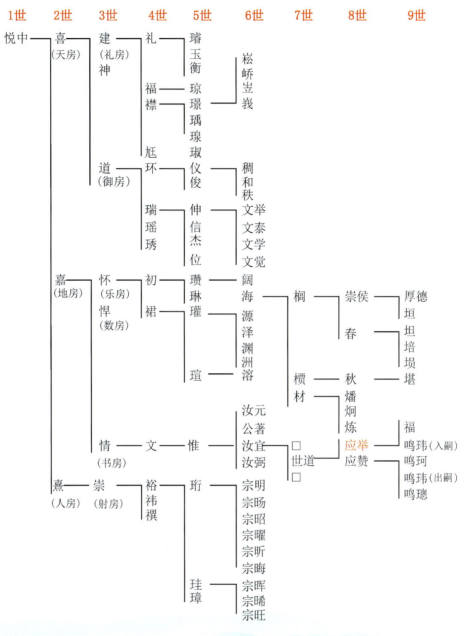

1世	2世	3世	4世	5世	6世	7世	8世	9世
悦中	喜 (天房)	建 (礼房) 神	礼	璿 玉 衡	崧峤岂崴			
			福襟	琼璟瑀琼琥				
			尫					
		道 (御房)	环	仪俊	稠和秩			
			瑞瑶琇	伸信杰位	文举文泰文学文觉			
	嘉 (地房)	怀 (乐房) 悍 (数房)	初裙	瓒琳瓘	阔海源泽渊洲溶	桐	崇侯 春	厚德 垣坦培埙堪
				瑄		槿材	秋燔炯炼	
	情 (书房)	文	惟	汝元 公著 汝宜 汝弼	世道 □ □		应举 应赞	福 鸣玮(入嗣) 鸣珂 鸣玮(出嗣) 鸣璁
	熹 (人房)	崇 (射房)	裕祎禩	珩	宗明宗旸宗昭宗曜宗昕宗晦			
				珪璋	宗晖宗晞宗旺			

二、董应举生平大事记

嘉靖三十六年丁巳（1557年）1岁，董应举生于龙塘，乳名信。

嘉靖四十二年癸亥（1563年）7岁，董世道为应举（署名董信）捐银二十两，助修龙塘堡。

万历十九年辛卯（1591年）35岁秋，董应举参加乡试，中举人。

万历二十六年戊戌（1598年）42岁春，应举中进士。

万历二十七年己亥（1599年）43岁，就任广州府学教授（从九品），因敢与税监李凤舍人争府学增地，且李凤在学宫前驰马，应举将其马匹扣留，名扬五羊城。之后几年均在府学任上。

万历三十一年癸卯（1603年）47岁，

升任南京国子监博士（从八品），向吏部执事提出议礼的揭帖。

万历三十三年乙巳（1605年）49岁，国子监考满博士，痛感朝政不修，上《感激时事疏》。冬获任南京户部陕西清吏司主事（正七品）。

万历三十六年戊申（1608年）52岁，在仓曹任上因公益而慷慨任事。十月仓差任满有《任满告大仓五显文》，表明廉正用事，神鬼可鉴之心。作《待罪录序》表明敢于慷慨任事。

万历三十九年辛亥（1611年）55岁，自上年五月以考功司主事到任。冬历考功郎中告归故里。

万历四十年壬子（1612年）56岁，告假在乡，继承父志，首捐八十三金购地，主持扩建龙塘堡。十月还就职吏部，上《条陈铨政疏》，对吏部旧制提出9项改革意见。

万历四十一年癸丑（1613年）57岁，告假居乡，在乡议浚孟溪，又捐金二十六两重振社仓。本年秋，兵备道吕纯如视师海上至龙塘堡，董鸣玮兴建四门石梁桥，为吕记功。

万历四十三年乙卯（1615年）59岁，在吏部考功司员外郎任上。因题复福建布政使窦子偁被参，退居乡里，初得仙岩诸洞，继而开辟青芝百洞山。

万历四十五年丁巳（1617年）61岁秋，赴南京大理寺丞任（正五品）。本年《崇相集》成，由叶向高作序。

万历四十八年庚申（1620年）64岁，《崇相集》再由吕纯如作序。

天启元年辛酉（1621年）65岁，召为太常少卿（正四品），提督四夷馆，秋上任。

天启二年壬戌（1622年）66岁，升太仆寺卿兼河南道御史（从三品），管理直隶至山海关等处屯田，安插辽民。

天启三年癸亥（1623年）67岁，屯田获得大丰收，十一月升都察院右副都御史（正三品），督理顺天等处屯田屯兵事务并赐敕书。

天启五年乙丑（1625年）69岁，四月升户部右侍郎，奉圣旨改升工部左侍郎（正三品）。七月奉敕总督钱法盐法敕印，奉兼户部侍郎。

天启六年丙寅（1626年）70岁，因疏请厘正盐规，触及盐监隐私，遭弹劾，魏忠贤传旨诘让，落职闲住。

崇祯二年，己巳（1629年）73岁，崇祯初复官，以老为由，辞不复出。

崇祯十二年己卯（1639年），卒于福州，享年83岁，朝廷赐谥"忠介"，追赠工部尚书。

三、慷慨任事，宦途坎坷

万历三十三年（1605年），董应举迁任南京户部陕西清吏司主事，照管草场近一年，对收草、草价、堆草、管理做了全面调查研究，提出了管理人员配备和草场每个环节的利弊与方法，有《议处中和桥未收马草》《续陈承草场事宜》等给上司的建议。

万历三十六年（1608年），应举在仓曹任上时发现其中管理不善，制度不合理，仓廒破损，储粮受损。司仓者往往无辜受累，在缜密调查研究后，应举利用仓廒剩余草席，集中调度使用，在不动用国帑的情况下，不拘泥于修仓职在工部的制度，在短短20个月中，改变了大批仓廒的面貌。

万历三十七年至四十三年（1609—1615年），应举先任南京吏部稽勋司主事，一年五转，再召为北京吏部文选司员外部（从五品）。在任荐用郑三俊、高攀龙、刘宗周等传见明史的忠正廉直名臣，同时又以亲身经历奏请改革吏部不合理部政。后因题复窦子偁被参辞官。

万历四十五年（1617年）被召为大理寺丞（正五品），敢于批驳刑部不公正的狱词，主持公道；并整顿大理寺的经费开支，修复静虚亭和仓院南公署、后堂、道路墙垣等。因再被言前事，再次辞官。

天启元年（1621年），召为太常少卿（正四品），督四夷，召集众议，量入而出解决了四夷馆经费短绌的困扰。并为主动抗金的义民毛文龙上《请救毛文龙疏》，请朝廷支持毛文龙的行动，以巩固边防。

天启二年（1622年）正月西平之战，明军再次大败，兵民死伤极为惨重，将士们十分狼狈地逃回关内。董应举怀着感时悲世的沉重心情写下了《悲辽西》一诗，并迅速向朝廷上了《危急效计疏》，详细分析指出：敌攻陷西平之后，必然进军广宁右屯，广宁一旦守不住，山海关就岌岌可危了，山海关一旦失陷于敌手，必然危及京城，而京城一旦失陷，天下就不堪设想了。救广宁就是守卫山海关，保守京城，就是保卫天下。他在疏中还向明朝统治者提出了八条建议：一、对于那些闻风丧胆，怯懦无能，不顾国家危亡，托故迁移家庭，保全自己一家老小的官员，要严厉制裁，以儆效尤。二、号召文武百官及四方英雄豪杰出救广宁，镇守各处的关口要塞，那些罢官在家赋闲而有治兵率军之才能的人，朝廷也应破格起用，务必要守住广宁。三、蓟东八十里的芦台是通往天津的咽喉要地，要令天津、蓟、辽速派一支军队来镇守此处，绝不能失去这个通向京城的关口。四、京城是天下的根本。五方走集，奸民所聚，人多混杂。要责令五城察院及兵马司严加盘查来京的行人，以绝奸弊，防止敌人混入京城做内应；并修缮城内营堡及各种防御器械，积极做好抗敌御侮的一切准备。五、打破向来论策取武举的常规，选拔真正精通武艺的人才，以备不测之用。六、命令把外地仓库的粮食运到国家仓库，以防敌攻打京城时城内无粮。七、在这多难之际，皇上要以卧薪尝胆的精神，励精图治。八、命令各级官员举贤荐能，推举能守边的人才，以备提拔使用。召吕纯如、徐光启等人进京，充分发挥他们的才能。

此疏写成后不久，努尔哈赤率军攻打明朝边境重镇广宁，明军三万人前来迎战，被努尔哈赤军队击败，全军覆没。努尔哈赤率大军进入广宁，攻占明朝城堡四十个。广宁失守后，董应举又上《保卫神宗疏》，指出：广宁既失，山海关就岌岌可危了，而京城的门户是通州。敌军必然会争夺通州，以此切断我们的咽喉要地。要守住京师，就要使通州之势与京师联络起来。因此，必须在通州沿河成对地建筑对敌台，对敌台上装备火器，选精兵强将在那里固守。如果敌兵到了，就用铳炮袭击；如果敌兵退了，就种田习武，开掘沟堑，先种榆柳，布下地网，使敌人的骑兵不能驰骋自如。在这前后，董应举还多次上疏朝廷，献计献策，如《请较演处所疏》《乞招辽兵知会疏》《报安插辽人支给成数疏》《进辽册疏》等。

天启二年四月（1622年），升应举为太仆寺卿兼河南道监察御史职衔，管理直隶天津至山海关等处屯田。

应举乃安置东北流民一万三千户于顺天、永平、河间、保定一带，并动用公款六千两买民田十二万余亩，连同闲田共十八万亩，广泛招募耕作之人，给予土地、农具、耕牛、种子等，使之开渠设防，耕种稻麦。所有住宅、仓库、场圃、运输器具等一应俱全，仅费款二万六千两，所收麦谷却有五万五千余石。朝臣异口同声赞叹其功，皇上又升应举为右副都御史，仍管屯田事。天津葛沽过去有水陆兵二千，应举都命他们屯田，以收入作为军饷，屯务大为兴旺。

天启五年（1625年）六月，朝廷以屯务既成，当兴办铸钱事，于是调应举为工部左侍郎，专理钱务，在荆州开局兴铸。不久，朝廷决定将两淮盐税收入作为铸钱资本，又调应举为户部侍郎兼理盐政。应举来到扬州，奏请修改盐务规章，建议商人补办积引，其增输金额可照正引之半。这项建议被部议反对，没有通过施行。应举正要再行陈述，却被巡盐御史陆世科抢先上疏弹劾，硬说应举从中谋利，阻碍盐务发展。陆是魏忠贤的党羽，此疏一上自然得到魏逆支持，魏忠贤传旨诘让，又唆使其党羽徐扬光再次弹劾董应举，应举有口难辩，遂愤而辞官，移居武夷涵翠洞讲学，后落职返回故梓。

董应举为官24年，政绩显著。逝世后崇祯皇帝追赠他为尚书，谥号"忠介"。董公的"忠"，正如时兵部尚书吕纯如在《崇相集》序中所说，是真忠。"介"，一方面指董公操守坚贞，以国家为重，敢做敢言，不畏权贵，不计名利，其间因言获罪，两次告假返乡，70岁那年遭宦官魏忠贤诘让，罢官闲住，73岁时，崇祯皇帝为其复官，董公以老为由辞不复出，可见董公之"介"。另一方面，在待人交友方面，人以其独立孤傲，是非清楚，不留情面，难以侍奉，谓其"介"。董公表面好像拒人千里之外，实际上却暗中帮助不遗余力，尤其热心乡梓，举办许多实事，诸如武夷讲学、修堡御倭、兴修水利、购置义田、开发名山等，被人们称为良师、益友、乡贤。

四、从事公益，开辟青芝

应举罢官回里后，致力乡间公益，兴修水利，置社仓义田，救济贫民，并开发琯头百洞山，募建青芝寺。

应举酷爱名胜，"晚于青芝山搜剔岩洞，爱八仙岩，筑庐居焉"。其足迹遍及青芝山，与子鸣玮一道，致力芟除芜秽，开拓景观，募建寺庙，使青芝山"众奇始出"，渐成一方名胜。他在《为百洞题》中云："山川到海别生奇，洞壑连天今始知。未省蓬莱能得似，直疑人在少安期。"又题："三岛十洲安知吾里是非，洞水福地得之海角焉奇。"他欢娱山水，经常邀请文人墨客同游青芝山，写了许多诗句镌刻在石壁上，为青芝山增添了许多人文景观。今青芝寺大士殿有一副字迹清秀的对联——"紫竹白衣丈室皈衣观自在；千岩万壑名山开辟董尚书"，极赞其开发百洞山的功绩。青芝寺左建有梅花楼，二层全木结构，雕刻精细，古色古香，内祀董公塑像。此外，董应

举的读书楼在今孟头溪边村孟溪源头处，人称"尚书楼"，旧址基石尚存。

五、民间传说

（一）掷金江中

应举少年时，就立志自立。他家有肥田多亩，价值二百余金。这块田地恰在两广总督陈瑞之子，时任礼部尚书陈长祚［长乐人，隆庆五年（1571年）进士］田界之中。陈长祚多次派人要买这块田地，应举以祖传祭田为由，始终不答应出让。陈长祚恼怒极了，企图陷害董应举。不久，陈长祚的同窗好友之子到福建督学，陈长祚即买通督学，诬告应举行为不端，要以"劣绩"罪名谋害应举，夺取良田。恰巧有一教官陈某，爱惜应举才学，又知其冤屈内幕，就暗中劝应举道："古人称识时务者为俊杰，怎能为几亩田地而自害其身呢？以你的才华，只要能谋上一官半职，还怕将来没有良田千顷家财万贯？再说，陈家愿出二百金购买，也不算强夺，请再加考虑，不可因小失大啊。"

应举勉强听从教官的劝告，收了二百金，但心中不服，就将银子掷于水中，发誓道："将来若不出人头地，誓不罢休！"谁知这话又被陈长祚听见，他叫来应举，狠狠地数落了一番。

受了羞辱之后，本来无意功名的董应举突然振作起来，仿佛变了一个人。

他到福清拜叶向高为师，然后躲进青芝山西侧的定光岩刻苦攻读，夏夜不怕蚊子叮咬，寒冬不避北风吹刮，日读夜诵，手不释卷。不上三年光景，正好赶上皇帝开科取士，大比之年，董应举连捷南宫北闱，得中进士，官居侍郎。而陈长祚之子却不学无术在乡间横行不法，应举闻知乃罗列罪状，函请福建巡按李凌云捕办。陈家闻讯后十分害怕，乃请大学士叶向高为调解人，将陈长祚之女嫁给董应举之子，以前所买的良田作为嫁礼全部送给董家，陈子也痛改前非不再为恶。后人将应举掷金处名为掷金潭。

（二）三人同行两宰相一侍郎

叶向高、董应举、李廷机三人当年在青芝山里苦读诗书，不是为了当隐士，而是心怀大志，欲治国富民。

相传有一日，他们游遍百洞山，流连忘返，直到黄昏时候才匆匆返回。当他们路过观仙洞时，山岭上刮来一阵清风。林涛声中，仿佛有女子轻歌曼舞之音；三人不约而同地驻足观望，但眼前暮色茫茫，一无所见。李廷机见时已不早，催促叶、董二人赶路。行不数步，走在后面的董应举忽然听到背后传来女子的笑声："三人同行两宰相。"他回首张望，茫然间又听到那女子的声音："回首看我是侍郎。"他感到惊奇，侧耳细听，却再也听不到别的了。回到住处，董应举向叶、李二人说了刚才的奇遇，三人都受了鼓舞，尤其是叶向高，他对李、董道："谋事在人，我们

还是读书要紧。"后来，叶向高、李廷机同朝为相，董应举也官居工部侍郎。

六、忠廉耿直，名垂青史

董应举为人具有浩然正气，慷慨任事。初做广州府学教授之时，就敢于与朝廷钦差税监李凤争夺府学旁边的土地。董应举爱谈论边塞防务，曾向朝廷抗疏极论，但是仅报闻而已。当辽阳陷没后，他邀朋友饮酒谈论此事，目张齿击，仿佛朔风猎猎射窗纸。这种刚直的性格在他的诗作中也有所反映。

董应举诗八首如下：

西山来青轩对月

地白钟声寂，山秋夜色多。
倚阑成雪界，按户即天河。
野气沉平楚，池光转碧萝。
忽闻清籁发，凄绝独如何。

憩栖霞僧房

昔人卧亦游，吾今游亦卧。
适来眼底山，知从梦中过。

秋日寻孔雀庵辑上人

林深不辨径，积叶翳寒泉。
屋角留残日，秋阶童独眠。
问师何所去，遥指隔江烟。
夕磬无人发，林中闻暮蝉。

金山作

南条一线自峨岷，拆楚分吴划到天。
独有妙高台上月，不为南北隔风烟。

六十四初度作二首

五岁脱荒乱，中年荷治平。
何图六十四，天下遍征兵。

老不任干戈，厌说胡尘起。
为问宗汝霖，当时六十几？

送王户部督饷延绥

（延绥旧在绥德，控制河套为易，
今在榆林，失险矣）

米珠桂草骆驼城，一线鱼河百万兵。
不信受降终隔虏，可能绥德更移旌。
黄沙漠漠笳声壮，朔气凄凄铁骑鸣。
谁继旧时崔少保，直将输挽作长缨。

丙寅闻边报

出山已办沙场骨，今日生还亦主恩。
忽报辽阳飞骑近，白头垂泣向江门。

董应举还著有《崇相集》一书。是书成于万历四十五年（1617年），由叶向高作序。经好友尹惺麓、孙凤林和门人胡君符出资刊刻，天启二年（1622年）又请益都董可威校读并作序。原书18卷1820多页，中国国家图书馆藏有明版本。民国十七年（1928年），琯江林焕章重刻《崇相集》缩为12册，由陈宝琛题写书名。

《崇相集》共十八卷，除诗一卷以外，其余为疏议、表、启、序、书、传、碑铭及杂文。董应举身处明末多事之秋，加之他热心国事，关心政治，所以他的诗文较多地与当时朝廷的内忧外患联系

董见龙先生祠内景

董见龙先生祠外景

在一起。

董应举多次上疏朝廷，献计献策，如《请较演处所疏》《乞招辽兵知会疏》《报安插辽人支给成数疏》《进辽册疏》等。收到《崇相集》里的这类奏疏不下数十，非常之多。董应举谈及御敌之事的其他文章和诗作在《崇相集》里也有不少，如《赠俞克迈治兵蓟门序》《沈将军歌》等。这类作品虽然艺术性不强，但由于其中蕴含了董应举对于国家社稷的关切之情，仍然有一定的价值。

七、三地同祀董应举

董公功绩人人敬仰。历史上前后建有三座祠：一座为"董司空祠"，在武夷山八曲御茶园通仙井左，武夷山人祭祀他，是因他开课讲学，授业解惑，传播知识，弘扬民族传统文化。因年代久远，现已毁没。另有一座"董见龙先生祠"，在福州城内府学里，现政府修复保存。还有一座是1995年塘头村董氏家族为纪念和宣扬董公为国为民、为家乡故里做出的历史功绩，由热心者自愿献资，在青芝山兴建的"董公祠"。

（一）董见龙先生祠

福州人建董见龙先生祠纪念董应举，一是为他的美文，二是为他的治水之道。他曾以满腔的热情和秀丽的文字，宣扬古城之四通八达的内河网道。他的《省城山川议》一文中有这样的文字："省城水法，龙腰东北诸山之水汇于溪，送入汤水关；龙腰西北诸山之水汇于湖，送入北水关，此二龙送水也。最妙洪、台二江之水，挟潮绕入西水关，环注而东，而海潮又自水部门直入，环注城中，与送龙水会，进以钟其美，退以流其恶，最为吉利。从来有水关而无闸限亦不闭塞者，以潮汐往来，非若他处有出无入之水，虞其泄漏也。"更为重要的是，他为美化福州环境付诸行动。《全闽明诗传》记载："曹学佺与董应举议塞龙腰……浚福州护城河，开浚西湖。"福州《西湖志》中也证实了董应举的这番作为，写道："崇祯八年，郡绅孙昌裔呈请重浚西湖。在籍董应举、广

西副使曹学佺相与开浚。"无论是宣传福州，还是疏浚内河，开浚西湖，都使当时百姓，乃至今日榕城居民深感董公远见卓识，造福后人。

董见龙先生祠位于朱紫坊花园弄府学里5号。这是一条没有路牌的狭窄弄堂，就在著名的芙蓉园附近。府学里有两个急转弯，在弄堂尽头，南端紧挨着协和医院新建的外科病房。祠始建年代不详，现存为清代建筑，保存较完整。占地面积335平方米，主座面阔三间，进深五柱，穿斗式木构架，双坡顶，马鞍式山墙。该祠一进一厅，祠厅两侧为厢房，厅朝南，前有天井、回廊围护，均铺条石，而祠门是西廊侧向朝西而开，门上的石匾额正书"董见龙先生祠"，其上为一竖立的石匾，上书"奉旨重修"。2007年，董见龙先生祠被列为区级文物保护单位。

（二）青芝山董公祠

连江家乡百姓建祠供奉董公的主要原因是，董应举在家乡大力兴修水利置义田，建寨筑堡防外患，兴办公益事业，以及开发青芝山。为铭记董公功绩，追慕董公风华，1995年连江县琯头镇塘头村董氏家族海内外后裔热心集资，经福建省建设委员会批准，建造了这座纪念祠，重塑全身塑像，陈列生平事迹，让人参观瞻仰。董公祠庄重、肃穆、宏伟的气势，以及董公睿智、威严的塑像，凝聚起一股感召人心的力量。

董公祠位于青芝山莲花峰下湖坪上，是一座沿袭明清风格的对称式仿古建筑，占地面积15亩，祠宽27米，深36米。主体建筑是由砖石和钢筋混凝土结合而

成，坐东北向西南。共立柱82根，主柱拔地而起，雄伟有力；柱根础石盘踞，坚实稳固；柱上梁、枋、檩、椽互相穿插，浑然一体，坚固而美观。梁架之间斗拱、雀替、鱼龙、垂花雕镂，彩绘装饰，大方而庄严，极具民族特色。

大门褐漆，青石横额"董公祠"。角门左额"人杰"，右额"地灵"。屏墙为双层翘角，气势磅礴。祠大门宽2.13米，高3.22米，上穹拱形，凝重肃穆。大门两侧边门宽1.08米，高2.76米，亦系拱形，门内各接花木小方井。两边墙帽有灰雕白象坐骑，安详自在。两侧稍低矮的风火墙与厢房山墙相连。前厅高5.35米，正殿高8.3米。硬山式屋脊镶嵌有"双龙吐水"和"二螭衔脊"，惟妙惟肖，生趣盎然。

董公祠环境优美，内涵丰富。祠前停车场旁依旅游古道。入口处有一对石狮，高大威武。拾级而上来到祠前广场，深31米，中间一条石道，直抵大门。祠背靠莲花峰，站在观莲石上，昂首仰视，可见一朵莲花含苞欲放。站在大门前远眺，能看到两座山峰，形似对视双狮。广场两侧有3组天然岩石，千姿百态。左边岩石形似鱼尾，尤为奇观，近处又有7块石头，人们想象为卵，叫作"鲤鱼产卵"。门前一对迎客石狮，笑容可掬。进入大门，屏门石柱上，镌刻林焕章书写的董公生前集语楹联："三岛十洲安知吾里非是；洞天福地得之海角益奇。"转入屏门是门厅，内壁镶嵌碑刻，天井排竖两块石头，上有福建省民政厅原厅长董启清题刻"双印"，意为董公一身两侍郎，执掌两颗印信。正中石阶宽

5.9米,寓董公59岁始开辟青芝山之意。台阶上青石雕制"丹墀"。踏阶而上正堂,当中供奉董公塑像,像龛额书"名宦乡贤"。廊前石柱有福建省人大常委会原副主任张明俊书写的楹联:"百洞玲珑看闽海生辉青芝献瑞;双狮对峙望八仙入胜菡萏钟灵。"另有一对青石雕制的龙凤石柱,龙飞凤舞,栩栩如生。门柱一副楹联:"盐铁兼司难得冰心同皓月;林泉归老依然风骨似梅花。"这是对董公品格的写照。上方悬挂"进士"匾额。中柱楹联"气足以夺奸佞识足以洞艰危堪称名臣一代;进能不愧匡扶退能不忘康济端宜崇祀千秋",刻画出董公的高大形象。中桁标高8.3米,寓意董公享寿83岁。楹联佳句共有33副,集书法名家的行、楷、草、隶、篆书法艺术之大成。

祠四周为园林小筑。祠前数棵老榕根深叶茂,祠后数株苍松古朴苍劲,左边梅苑寒梅傲雪,右边桂园桂子飘香,后坡果树硕果累累,山上林竹古木参天,鸟语花香,令人心旷神怡。更有一处悬岩幽壑,国民政府主席林森留有题刻"勺泉",泉水清澈,长年不竭。山高水长,海天气象,董公祠坐落其中,愈显得肃穆清幽。这正是祠因景而增美,景借祠而扬名,游客赞叹青芝山美景之时,往往同发怀古幽情。祠左右筑有两道围墙,全长210米。林间通道铺砌石径,漫步其间,别有一番心境。石椅石桌,供人小憩,谈天说地,自得怡然。园内小筑,一为"八仙居",是董公当年开山辟洞在八仙岩所筑小屋,作为休憩之所;一为"太虚堂",是董公曾在福州乌石山

董公祠正堂外景

北建的别业，因废久，今易地重建于此，以为纪念。太虚堂右上方有一摩崖题刻"乌石"，意为福州乌石山于此再现。

董公祠选址定向、建筑构思、楹联撰句、名家书法、石雕工艺和自然景观等方面都有独特之处，为江山增色，与胜景共存。特别是董公立身行事、高风亮节，更值得后人敬仰和传承。

青芝山董公祠，是对青芝山名胜开拓者董应举的真诚怀念，表达了对这位先贤的崇高敬意。董公祠中的董应举生平事迹展览，展示与董应举有关的遗址、遗迹、文献等资料，介绍他在官慷慨任事、廉正耿介、利国利民的精神，以及居乡诚心诚意调查研究，力促当政为百姓兴利除弊等事迹。董应举留存给后人的不仅是他开辟的青芝山名胜，更重要的是他的廉洁奉公和敢于与权阉做斗争的精神以及他的勤奋理政、无私奉献的优良品德，对于促进当今社会主义精神文明建设、传承中华优秀传统文化仍然有现实意义。

第三节　泉州董杨大宗祠

董杨一脉贻德泽　兰桂五洲绍箕裘

泉州董杨大宗祠

祠堂、宗祠，是一座建筑的大观园，是一部浓缩的家族史，是存放乡愁的陈列馆。每座宗祠通常都是一个姓氏、一个族群的圣地，供奉同一个姓氏的先祖。宗祠也有联宗建祠的。同姓联宗较常见，而异姓联宗相对较少。异姓联宗主要有三种类型：源于同一古姓的联宗；源于同一父系关系的联宗；源于入赘出继关系的联宗。但董杨联宗的背景却更为复杂，它既有同祖的渊源，又有兄弟情谊之美。董杨大宗祠作为中国乃至世界上唯一的一座异姓联宗的宗祠，它的存在对于中国宗祠文化而言具有特殊的意义。

一、董、杨、童三姓联宗源流考

（一）董杨联宗历史渊源

物有本末，水有源流，人之本源在于宗祖，考述董杨联宗之源流，促使董杨后裔对列祖列宗产生缅怀追思之意，进而敦亲睦族，克绍箕裘，黾勉互励，承先启后，使中华优秀传统文化弘扬于海内外。据传，董杨同祖联宗历经了3000多年的岁月，其中有3个重要的历史时期。

其一，据族谱记载，考董杨血统关系之渊源，当上溯自黄帝。史载黄帝二十五子，得姓者十四人，为十二姓，即姬、酉、祁、己、滕、箴、任、荀、僖、姞、儇、依是也。郑樵《通志》谓董杨均出自姬姓。盖稽考古籍所载，黄帝之裔孙飂叔安生子董父，豢龙事帝舜，赐姓曰董，遂以字为氏；又周宣王少子尚父，封于杨，曰杨侯，因而以邑为氏。可见，董杨自始原属同姓而分氏。迨至唐宋，复因两族先人之交好，遂尔联宗。

其二，传说杨明珠与董思安同为光州固始县传庆乡人，两人均随王审知入闽为官，其交好弥笃。后董思安起兵勤王，将幼子董兴托付给杨公照养。杨公欣然应允，将董兴视为亲子，加以抚养教育。12年后，董公重返泉州府任职，杨公亲自把已经长大成人的董兴归还董府，让他们父子团聚，留下"养如亲生"的佳话。此说因无正式材料可资印证，姑且存疑。

其三，《明史》及《董氏家乘》记载：上峰布政榜眼派，原董姓，祖籍余杭，因祖朝议郎仕于闽，与祖梦龄公情同骨肉之亲，以子附养杨家，承杨姓。传至七世祖贯斋公讳道会，登嘉靖甲子科举人，至隆庆戊辰科登进士，任布政；又万历丙子科，荆岩公讳道宾登举人，丙戌科及第榜眼，授东宫讲官、礼部左侍郎，赠礼部尚书，其男锡（缑）荫至刑部侍郎，题疏恳求恩准复董姓，奉神宗皇帝御批："既承久代，不准复姓，钦赐董杨公，仍以杨姓传嗣。"是以贯斋公（杨道会）、荆岩公（杨道宾）后世所设神主，题曰"董杨公"，因此便有了"董杨氏"之称。董杨大宗祠则是见证这段历史的重要史迹。晋江八都鳌西杨氏族谱中称"杨之先非杨姓也，董其姓也，为浙余杭人自宋朝议郎来监税同安"，也是重要考证。泉州董杨联宗诚为千古不朽之佳话。

（二）董童联宗历史渊源

盖闻童氏支族，其一始祖本姓"董"，董童本同宗也。《后汉书》载称：

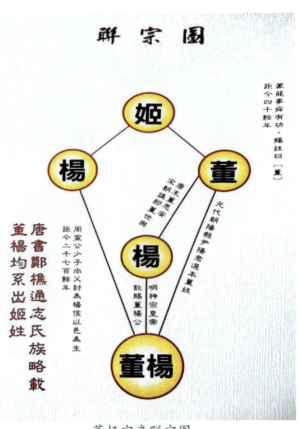

董杨宗亲联宗图

董卓，字仲颖，陇西临洮人也，性威猛有谋，少尝游羌中，尽与豪帅相结，膂力过人，双带两鞬，左右驰射屡有战功，灵帝时为前将军。因侍婢与吕布情通，董卓将军义责吕布，布遂含恨受王允密谋，杀害董卓，并夷三族。古有夷族之律，董卓后裔改姓避害，实属常情，此节与童氏谱牒所载极相吻合。又查《左传·昭公二十九年》《新唐书·宰相世系表》、凌迪知《万姓统谱》与郑樵《通志·氏族略》等史册之纪述：黄帝裔孙飂叔安有裔子曰董父，事舜有功，赐姓曰"董"。"颛顼生老童，子孙以王父字为姓"，或谓"颛帝曾孙陆终之子参胡姓董，周时为胡国。其后亦为董氏"。由上

八闽董氏宗祠文化大观

董杨大宗祠外景

可见，飂叔安系颛顼帝孙，而老童与陆终又是颛顼帝之子孙，是则董、童二氏之血统关系始自颛顼之后。再看《吴越春秋》记载"晋大夫童褐（注：《国语》作董褐）"，以此观之，春秋以前"董"亦可谓"童"，"童"亦可谓"董"。

董、童古通用，童篆作董，《说文句读》王煦曰"《汉书》董贤字犹多作此"，汉董氏二洗款识亦然；至于董之为董，经典多作此，正字当作董。

二、董杨大宗祠

泉州西街旧馆驿巷是条著名的老街巷，它起自西街，南接古榕巷，巷长约200米。巷内文化史迹丰富，有天室池、元代驿站、明代染织房遗址等，全球董杨大宗祠就坐落在这条老巷的南端。这是全国仅有的董杨联宗史迹，是全球董杨宗亲的朝圣地和精神家园。2001年列入泉州第五批文物保护单位。

董杨大宗祠始建于明天顺辛巳（1461年），是董杨道宾公祠堂原址，整体建筑承袭明清风格。原建筑为三开间拱照墙结构，祠宇虽代有修葺，但年久倾颓。清嘉庆年间（1796—1820年），派下裔孙炳荣追念先祖，准备重修，适杨滨海于戌辰（1808年）公车上京会试，高中进士。杨滨海归来后也怀此志，可惜上任不久便殁于官，夙愿未能实现。

道光丙戌（1826年），杨滨海伯父杨梅生时任司训，适告假归里，族人复议重修事宜，但耗费甚大，力薄难支。为筹集资金，族人群策群力，提出倡议：凡同姓者如果愿意捐资，可以进神主禄位于祠堂。此一倡议首先得到晋江曾坑杨云祥宗人的响应，随之而来的有福、泉、漳、台各外房支系的同姓者，集腋成裘，共襄盛事。

董杨大宗祠于清同治癸酉（1873年）破土动工，原来主祠三厅改为五厅，下向重建五间，护厝一列，购地扩之，历经五载，迄光绪丁丑（1877年）告竣。内阁中书杨浚为宗祠作志，翰林院编修龚显曾书之。这是董杨大宗祠第一次扩大规模，成为闽台地区董杨联宗的祖祠和祭祖圣地。

董杨大宗祠几经沧桑得以保存。1949年前，该宗祠有一段时间成为国民政府部门的办公地点，后来由于国民党军队三二五师进驻惨遭破坏。1949年后，宗祠为新峰街行政办公地点，部分为民兵队部，神龛被拆除，改为舞台，正祠改为会议厅。1960年后，作为鲤中街道

办事处，正祠经修缮，基本保持原貌。1996年鲤中街道办事处易址新建，宗祠转让给鲤中派出所，至此，宗祠全部拆除夷平。宗祠几易其主，后来经过多方的协调，最后归还董杨宗人。1998年由海内外董杨族人成立"全球董杨大宗祠重建执行委员会"重建。1999年，全球董杨童宗亲第五届恳亲会在泉州召开。大会上，董杨族人提议把"泉州旧馆董杨宗祠"改名为"全球董杨大宗祠"。随后，包括中国香港、台湾等地区，以及马来西亚、菲律宾、新加坡、泰国、印尼等国家的海内外宗亲，慷慨解囊，筹资约300万元着手重建。本着提高、扩大、前进的原则着手重建，修旧复旧，经过5年的努力，在2004年一座古雅庄重、明清建筑风格的"全球董杨大宗祠"终于落成。自此，宗祠成为海内外董杨

董杨大宗祠内景

八闽董氏宗祠文化大观

宗亲寻根谒祖的圣地。2001年，董杨大宗祠被列入泉州市第五批文物保护单位，同时成为侨乡名祠、姓氏谱牒研究基地。

泉州董杨大宗祠全称是"全球董杨大宗祠"，按照董杨联谊总会的说法，添加"全球"二字有海纳百川的寓意，因为闽南特别是泉州地区有许多旅居世界各地的族人。

宗祠建筑也展示了一个时代的高超建筑工艺。走进董杨大宗祠，可以看到这是一座承袭明清风格的闽南建筑，红砖红瓦红屋檐。大宗祠坐东向西，占地面积约一亩，为两落带单护厝、五开间硬山顶木结构建筑，随时可见精美、华丽、巧夺天工的砖雕、石雕、漆雕、瓦雕、木雕等饰品，精雕细琢，塑造形象栩栩如生，堪称传统建筑艺术和文化的完美融合之一。遍布祠内的精美作品都在讲述着董杨先辈的丰功伟绩，或是寄托董杨宗亲对未来的美好憧憬与祝愿，承载董杨独特的宗族文化，也展示着中华民族璀璨的建筑工艺之美。整座宗祠内饰富丽堂皇、古色古香、雕梁画栋、宏伟壮观，如同拭去蒙尘的珍珠，在西街双塔的辉映下，倍加璀璨。

董杨大宗祠的正殿供奉着三座神像，自右向左分别是西汉儒学集大成者董仲舒、东汉以清廉著称于世的贤臣杨震、董杨大宗祠直系后代代表人物明朝礼部侍郎杨道宾。东龛供奉太乙真人，西龛供奉杨延昭元帅。祠内还有清代重修碑记，是董杨同祖联宗的见证物。

以下是董杨大宗祠楹联：

祠宇翚飞光祖德；
香烟鼎盛茂孙枝。

经邦济世儒学宗师音尺先掊；
格物致知科技泰斗走尺后贤。

驾神舟乘羊角看鹏举银汗；
光民族扬国威喜龙兴中华。

仙子友英贤一局曾消千日瞬；
天王旌国手三军为浚万年川。

董杨一脉贻德泽；
兰桂五洲绍箕裘。

广川祖训昭百代；
弘农家风扬九州。

忠烈戍边庭匡扶宋室；
英雄出巾帼光照杨门。

提三尺剑肇开天国；
兴太平军爵号东王。

仁义贞廉祖德垂千载；
勇勤智信宗贤遍五洲。

根系古榕大宗同景仰；
苗蕃四海骏业长振兴。

三、泉州地区董杨宗亲福利基金会发展史

该基金会曾命名为"石狮董杨宗亲联谊会""泉州地区董杨宗亲福利基金会""福建省董仲舒杨震学术研究会对外文化交流委员会"等。

1935年，抗战时期，国难当头，为调解、平息族中纠纷，团结族人，赈灾济贫，在泉州晋江曾坑的教育界名士、乡绅杨孙岱先生倡导下，晋江、南安、惠安、金门等地的族亲齐聚泉州市区中山路宝发银楼，成立联谊会。创会初期，命名为"石狮董杨宗亲联谊会"，以血缘关系为纽带、团结联谊为宗旨，以谋求生存发展为目标，开展一系列工作，辐射整个泉州地区。后因工作需要，更名为"泉州地区董杨宗亲联谊会"。

1978年后，国家实施改革开放政策，海外各地侨胞和港澳台同胞纷纷回乡寻根谒祖，探亲旅游，经商贸易等。为适应形势发展需求，1981年旅菲侨领杨其仁（晋江上宅）、董伦意（石狮永宁）、杨妈愿（晋江南霞美）、杨海章（惠安屿头）、杨华彬（晋江曾坑）、董光溪（石狮永宁）等宗长回家乡探亲。在他们的热心带领下，各村落董杨族亲热烈响应与积极投入，不少村落重新恢复董杨宗亲联谊活动和早年创建的迎祭董杨先祖的民俗活动。

1990年通过董妈祚宗长的引荐，联谊会派出董伦助、杨德仁两位宗亲往广州机场迎接台湾地区杨清钦宗长到董杨宗亲联谊会参加盛典活动，向其介绍计划筹资建设会址的困难情况。杨清钦理事长大力支持，率先捐资10万美元。

联谊会在1991年、1992年两度组织访菲募捐70万元，加上杨清钦的捐款，共有100多万元，开工兴建一座占地面积200多平方米的六层大楼——"董杨历史文化纪念馆"作为会址。在兴建过程中，各村落董杨族人出谋献策，慨解义囊，热心奉献。落成时杨清钦宗长亲率台湾地区赴大陆工商考察团莅临石狮市，与旅菲董杨宗亲回乡团诸位侨领共同为会馆剪彩。是时，旅菲侨领董光溪宗长热心捐资10万元，给本会作为教育、救灾基金，故将"泉州地区董杨宗亲联谊会"更名为"泉州地区董杨宗亲福利基金会"。

为了扩大联谊活动范围，1995年2月20日在省社会主义学院杨式猛、杨青主持召开申报会，参加人有卢美松、董伦彬、董文瑞、杨清法、杨德仁等47位。3月28日福建省社会科学界联合会审批通过、5月10日福建省民政厅社会团体管理办公室审核批准成立"福建省董仲舒杨震学术研究会"，并批准设立福州办事处和泉州办事处。同年11月13日福建省董仲舒杨震学术研究会全体会员在福州市工商联召开成立大会，确定

首届各部门负责人，杨成武将军为名誉会长，杨清钦宗长为荣誉会长，杨式猛为首届会长。该会是以学术研究为基础、血缘关系为纽带、联谊交流为平台，肩负学术研究与宗亲联谊双重任务的省级民间社团组织。

2008年5月25日，福建省董仲舒杨震学术研究会第四次代表大会在石狮市隆重举行。大会选举了以董承耕先生为会长的第四届领导机构。会上，省民政厅民间组织管理局领导宣读《关于同意福建省董仲舒杨震学术研究会设立对外文化交流委员会的批复》，董承耕先生向"对外文化交流委员会"会长杨炳宣先生授牌、授印。自此，"泉州地区董杨宗亲福利基金会"就正式更名为"福建省董仲舒杨震学术研究会对外文化交流委员会"。

西汉大儒董仲舒、东汉太尉大清官杨震，被泉州地区董杨族人尊为先祖而虔拜与奉祀，族人并对"正谊明道""廉垂四知"的祖德祖训加以传承发扬。每年正月二十四日，大宗祠都举行春祭活动。

自20世纪30年代迄今（中间因历史原因中断多年），每年一度举行恭迎祖公庆典，由各村报名、公平竞选、轮流主办。全程由福建省董仲舒杨震学术研究会对外文化交流委员会负责管理执行。其研究制定了《送祖迎祖规章制度》《送祖迎祖信物规范》，并主持举办每一届迎祖活动，使恭迎祖公庆典活动步入正轨。

恭迎祖公庆典活动的意义不仅在于

董杨族亲合影

祭祖，更是以宣传祖德家风作为重点，突出"正谊明道""廉垂四知"的祖德祖训。特别是2004年还组织了一个"正廉历史文化研究会"，宣传儒家学说的尊师重教，宣传清廉为官，为人民服务，符合时代要求。

从每次迎祖、接祖实况来看，祖公每到一个村落，该村落从人文社会到经济发展，从村容村貌到公益慈善配套，都得到巨大的改善。迎祖迎来村庄的一派新气象，迎来社会的安定和谐。迎祖祭祖融入闽南民俗文化节，也是一种新的拓展举措，迎来海峡两岸民俗文化之交流、增强共识，共谋发展之双赢。

泉州地区董姓和杨姓的迎祖活动有很强的凝聚力和生命力。每年更有浙江、广东、江西等地及海外的宗亲前来谒祖参祭，无形中已成为当地民俗文化的一个组成部分，同时也增强了董杨族人的情谊。正因为如此，不仅受到广大宗亲的欢迎，也得到政府有关部门的重视和支持，它对弘扬中华文化，传承祖德宗功，倡导反腐倡廉，构建和谐社会，都是大有裨益的。

历年迎祖单位名录

年份	迎祖单位	年份	迎祖单位	年份	迎祖单位
2000	南安李西杨氏	2008	晋江后洋杨氏	2016	惠安屿头杨氏
2001	石狮沙堤董氏	2009	惠安洛阳头杨氏	2017	石狮曾坑杨氏
2002	石狮永宁董氏	2010	泉州江南亭店杨氏	2018	晋江林格杨氏
2003	后官聘杨氏	2011	泉州双阳前洋董氏	2019	晋江布泽杨氏
2004	石狮山边杨氏	2012	石狮山边杨氏	2020	南安李西杨氏
2005	晋江下伍堡杨氏	2013	泉州城东金屿董氏	2021	泉州金屿董氏
2006	泉州马甲梧宅杨氏	2014	南安李西杨氏		
2007	南安五宝杨氏	2015	晋江东石郭岑杨氏		

四、全球董杨童宗亲恳亲大会活动

由于历史原因，国内联谊活动曾一度中止。1948年杨孙岱定居菲岛，在海外倡导组建菲律宾董杨宗亲会，得到董杨族亲热烈响应和积极支持。1949年11月由泉州旅菲侨胞曾坑杨孙岱、永宁董清耀、沙堤董群康、林边杨邦表、亭店杨文郎、潭头杨金指、湖格杨文伟、南霞美杨世那、屿头杨荣标等共同倡议发起，经当地政府注册，于1950年3月19日正式成立"菲律宾董杨宗亲总会"。总部设在马尼拉市扶西亚描山道示街1734号。其办会宗旨是：秉承董杨远古同姓、唐宋联宗之精神，以"正谊明道，廉垂四知"为祖训，暨崇德报本，祀奉明神宗钦赐董杨公之神位，借以敦宗睦族，联络宗谊，使旅菲董杨二姓宗亲发扬团结互助亲爱精神，共谋侨社福利，维护国家权益，联络中菲友谊。

菲律宾董杨宗亲总会自创会以来，在菲律宾各地设有多个分会。经各届理事会的不懈努力，不仅在阐扬祖德、敦宗睦族、济困扶危、团结族人、助教兴文、奖掖后进方面做了大量有益工作；而且为弘扬民族精神，促进中西文化交流，加强世界各地华侨华人的联系，推动菲律宾经济的发展及国际经贸交流，发挥了积极作用，赢得了菲华侨社的赞誉及居住国当局的肯定。

自1975年中菲建交后，尤其随着中国改革开放的不断深化，菲岛董杨宗亲返八闽故里寻根谒祖、观光旅游及从事经贸活动者日益增多，菲律宾董杨宗亲总会与福建相关社团也建立了友好合作关系，双方交往日趋密切。

随着世界董杨宗亲联谊活动不断增多，1973年10月8日由菲侨董培基、台胞董渊源等发起，在台北成立董杨两姓宗亲的世界性联谊社团——全球董杨宗亲总会，会址在台北市重庆南路1段63号重南大楼。

全球董杨宗亲总会的宗旨是：秉承董杨远古同姓、唐宋联宗之精神，以及"正谊明道，廉垂四知"之祖训，敦睦宗谊，团结互助，同谋福利，发扬中华文化，支持各地宗亲及社会公益事业。全球共有60多个董杨宗亲团体，主要分布在中国大陆、台湾、香港等地，以及日本、韩国、马来西亚、新加坡、菲律宾、缅甸、文莱、美国等国家。

1995年，全球董杨宗亲总会和菲律宾董杨宗亲总会联手发起首届"全球董杨童宗亲恳亲大会"，在台北召开，汇集全球董杨童宗亲参与。大会每年举行一次，各地团体轮流举办，一直延续至今。

历届全球董杨童宗亲恳亲大会列表

届	召开时间	承办地点	主办单位
1	1995年3月25日	台北	全球董杨宗亲总会
2	1996年4月20日	马尼拉	菲律宾董杨宗亲总会
3	1997年10月6日	台北	全球董杨宗亲总会
4	1998年10月27日	砂拉越古晋	马来西亚砂拉越董杨宗亲会
5	1999年10月20日	泉州	泉州地区董杨宗亲福利基金会
6	2000年10月28日	曼谷	泰国杨氏宗亲总会
7	2001年9月20日	新加坡	新加坡杨氏总会
8	2002年9月28日	雅加达	印度尼西亚杨氏宗亲总会
9	2004年11月8—12日	泉州	泉州地区董杨宗亲福利基金会

届	召开时间	承办地点	主办单位
10	2005年9月22—25日	河南灵宝	全球董杨童宗亲恩亲大会
11	2006年9月28日	高雄	全球董杨童宗亲恩亲大会
12	2007年9月13—17日	砂拉越美里坡	全球董杨童宗亲恩亲大会
13	2008年10月10—13日	马尼拉	全球董杨童宗亲恩亲大会
14	2009年9月11—15日	砂拉越诗巫	砂拉越第三、六、七省董杨童宗亲会
15	2011年11月1—3日	金边钻石岛	柬埔寨杨氏宗亲恩亲大会
16	2012年10月30日至11月2日	新竹	全球董杨童宗亲恩亲大会
17	2013年10月25日	泉州	福建省董仲舒杨震学术研究会对外文化交流会
18	2014年10月14—17日	台中	全球董杨童宗亲恩亲大会
19	2015年11月12—14日	泉州石狮	福建省董仲舒杨震学术研究会对外文化交流会
20	2016年10月21—23日	河南洛阳	河南洛阳河洛董氏文化研究会
21	2017年10月13—16日	马尼拉	菲律宾董杨宗亲会
22	2018年10月	河北衡水景县广川	全球董杨童宗亲恩亲大会
23	2019年10月23日	金门	全球董杨童宗亲恩亲大会

全球董杨童宗亲第22届恩亲大会（河北景县）

第四节　福州三坊七巷董执谊故居

传家经史赖谁通　　闽都合璧记成双

董执谊故居

对于这条街这座房子，记忆只有一墙之隔。

记忆，隐藏在街面门面之后。记忆，浓缩在白墙青瓦之间。那些已经褪色的历史，如今依然清晰地封存在这个空间散落的碎片里。

一砖一瓦，一草一木，所有色调，所有味道，都折射出一种亘古不变的温度和柔和的光芒，连绵不绝。

门外边，三条坊、七条巷。

门里面，三口池、七口井。

人在坊巷里，也在天地间。

关于三、七的来历，有上古传说：灵龟负书，出于洛水，数列九宫，左三右七……

"三"，三生万物，生生不息。

"七"，七日来复，其命维新。

三坊七巷自晋代发端，于唐五代形成，到明清鼎盛，如今古老坊巷风貌基本得以传续。董执谊故居就坐落于三坊七巷主干道的南后街。故居系清代建筑，两座毗连，周以围墙，内有三池七井。主座前后二进，西墙外花厅，廊下为花园，园中鱼池一口，园南一座方亭，有花窗走廊环绕，这里正是《福州古厝》一书的封面景观。

故居副座门前一株火红的石榴树，象征唐朝一对青年男女在东山榴花洞吟诗作对的爱情传奇，已成为都市年轻人的网红打卡地。《闽都别记》正是从这个美丽的桥段开始，贯穿宋元直到清初，其中风俗掌故、民间传说蔚为大观，包括脍炙人口的陈靖姑、郑堂、洛阳桥等故事。《闽都记》《闽都别记》，一座城两千年的故事，两部书两百万的文字，曾经就封印在这一座房子里面。

走进这方唐宋的城，这条明清的街，这座百年的厝，我们生活中被称为历史的东西，依然可以真实地被触摸到。不论是有心还是无意，池水井水，惊鸿一瞥，都会留下影像，成为记忆中的一部分，彼此映照。所有的时空，所有有情的生命，都可在这一刻的映照中被一一唤醒。

一、一匾和合：仁与恕是生命的灵光

它，是古厝的门匾；它，悬挂在大门的门楣。它的形制、命名和寓意，表达着中国人对人生的理解。

董执谊故居又称"贞吉居"，是进士出身却遭连降九级、赋闲家居二十五年、专心兴办文教的陈宝琛题赠的。原

匾的另一面还刻有"味芸庐"，是董执谊从福建谘议局议员退隐之后，开设的刻印经史及医药书籍的书坊之名。"贞吉居""味芸庐"本是同一块匾的两个面向。

贞，不忘记人为万物之灵最初的出发点；

吉，普天同庆、祥和美好的祈望；

居，平凡人的平凡居所。

当年董执谊父亲董炳章（谱名道行），在清代台湾地区儒学教育中，也是一位不能不提的人物。而站在董家父子背后，董家妈妈一手撑起了董家的传奇，功不可没。她就是董炳章夫人陈氏，一位名门闺秀，爷爷陈兰泰做过南平教谕，是林则徐的四舅父兼私塾老师，因为教

董执谊故居

导林则徐成才，入祀乡贤祠。1928年版的《闽侯县志》记录了董家妈妈的事迹：

> 乡贤陈兰泰女孙，归董炳章。董故贫，氏自女红中馈，以及井臼、浣濯诸琐屑皆若习之有素，行之有条理，且能先事拮据，使夫一心向学。及夫任上杭、淡水校官，俸入稍丰，而氏勤俭如故，一簪一珥数十年不易。在上杭日，夫岁舍絮衣百袭，一日或携幼来，主者告以童服尽，氏闻之，急褫子藻翔之襦与之。

董炳章热心公益，一年为穷人捐出一百件棉袄。有年冬天，有人带着个冻得瑟瑟发抖的孩子来，管事的人翻找一遍，为难地说，哎呀，儿童棉袄已经都被领完了。她正好看到，便拉过自己的儿子藻翔（董执谊），把儿子身上的棉袄脱下，披在那素不相识的穷孩子身上。妈妈急公好义、先人后己的善心被小小的董执谊看在眼里，长大后，他也成了个公益心满满的人。

味，同甘共苦之味；

芸，万物有情，众生平等；

庐，结庐在人境，外户而不闭。

董执谊退隐之后，开设了书坊，除经史典籍之外，还印制长乐籍的清代医学大家陈修园著录的医书，如《神农本草经读》《医学三字经》《时方妙用》《时方歌括》等。陈宝琛主持省会慈善事务时，邀请公推出任的董执谊为协理，参

与管理普济堂、冶山善社等机构，开展育婴、敬老、济贫、劝葬等公益事业。当时从鼓楼都司巷至城隍庙的通路狭小，不便于孤寡老人前往领取救济金，有人倡议加以拓展而苦于无处筹款，后来董执谊用《闽都别记》重刊付印所得的余资拨入，使工程得以完成。

《老子》曰：夫物芸芸，归根复命。

《周易》云：无往不复，贞下起元。

"贞吉居""味芸庐"一匾和合，展示主人的襟抱和旨趣：其大无外，文教为先；其小无内，善举为本。这其中充满中华传统哲学意味，有着"参赞化育"的儒者仁心，以及"普救含灵"的慈悲情怀。和合之间，是一种诗意的和谐。大门虽设而常关，平时进出只用小门。门楣之上，和合之间，用舍进退适时转换。

有容乃大，是它的气魄。

二、两杼寒梭：情与理是通行的大道

步入正座大门，穿过一进小院落，就到了老宅中最大的一处建筑"两杼堂"。一百多年前，这里是董家族人砥砺品行、涵养心灵和传承家风的地方。如今，祖先的灵脉仿佛就栖息在这里，守护着这座厅堂，守护着四个题字：寒梭两杼。

有人说：董炳章5岁丧父，由母亲

织布供养、教导读书，于台湾任上逝世后，只留下14岁的董执谊。两代人的求学、成长，得益于祖母、母亲、姑母织布机旁的谆谆教诲。两杼，是感念母教的无私伟大。

"杼"的本义是在织布机穿梭的织布工具。两杼，顾名思义是两把梭子，类似两把刷子、游刃有余的意思。梭子之所以奇妙，在于通过交错浮沉，联系经纬纵横，在变与不变之间，交织出纹理斐然而独一无二、经天纬地又不可思议的旷世杰作。两杼，也是崇敬祖辈"与时俱进""持经达变"的中道直行。

那是浮动着野蛮与文明、烽火与尊严的年代。清同治十三年（1874年），日本侵入台湾，董炳章受船政大臣沈葆桢指派赴台"抚番办塾"，出任台北府前身淡水厅的儒学教谕。淡水厅地旷人稀，面积接近全台湾岛四分之一，只有沿海汉人和高山族部落世代垦殖。

> 故今之筹台者，自当以淡水为枢要，势使然也。地薄边陲，为沿海七省藩卫。

由于特殊的地理位置，这里成为沿海七省海防的重要门户。当时淡水一带素有好争讼、多械斗的恶俗。究其原因，是信仰、语言和习俗的差别，导致为了抢夺土地和水源而时常发生争斗。董炳章到任之后，所到之处以振兴教育、奖掖人才为己任，深感淡水"兴教化、开民智"责任重大，必须先从士人风气入手，着力改变和纠正这一现象。

> 时台民素好讼，炳章力革之，士习为之一变。

当年除了开设公办"书院"、免费"义塾"外，还开办培养高山族师资的"社学"和招收高山族子弟的"番塾"，组织人员编写教材：

> 开辟榛莽路，教尔通言语。得为中华人，为尔设义学。……
>
> 鸟兽有毛羽，人当有衣冠。……所以男与妇，岂无衣冠志。
>
> 脸宜常洗净，日日不可间。烈日戴草帽，不可任晒爆。……

这些工作从教导山民识汉字、说汉语起步，改掉旧的生活方式，渐进式地了解、认同中华人文精神，融入中华多元一体的民族大家庭。可以说为台湾地区后续的近代化到现代化的发展，奠定了文化的根基。

1875年，沈葆桢奏请清廷下诏设立台北府，董炳章参与筹建。从此，台北成为北台湾的政治重心，重要性与日俱增。1877年，董炳章因辛劳过度"卒于官所"，年仅49岁。从淡水厅、台北府的"筚路蓝缕、开山创业"开始，董炳章亲历台北从莽荒走向文明的初创时期，矢志承传以三坊七巷为代表的中华文化道统。国的存亡荣辱，家的生死离别，柔肠百回的每一封家书，注定也是大义凛然而无怨无悔的。

当人们从观景望远镜中，穿越时空

的迷雾，眺望海峡的时候，一定不会漠视101大楼和三坊七巷之间千丝万缕的文化渊源。

中，天地万物最神秘的一个点。国与家，理与情，严与慈，刚与柔，大千世界的平衡就决定在某个微小的点上。

如何在万事万物的交错与浮沉中，找到恰如其分的那个点，或许就是站在堂下的每个人当下思考和卜问的切入口。

三、三楹小筑：承与启是巨人的肩膀

穿过两杼堂，绕过后院的天井，有一个很小的夹道，在深邃幽玄的尽头处，可以看见光亮，给人的感觉非常神秘。尽管周围的墙皮已经斑驳，顺着夹道走进来，居然豁然开朗，有假山，有鱼池，有亭台，有楼阁。

> 廿载羡私居，苟有苟完，居处敢忘先圣训；
>
> 三楹成小筑，肯堂肯构，贻留尤望后人贤。

有人说"三楹小筑"的名字取自董执谊撰写的楹联手稿。这里介于主座、副座之间，前后通联、左右逢源的建筑寓意也正好体现了"苟有苟完"和"肯堂肯构"。意思是：有条件时扩充整修，不求华丽，朴素简单些就好；重要的是，为子孙后代做一个发扬祖业、光前裕后的表率。

由于父亲长年在福建、台湾等地从教，所以董执谊对乡土文化沿革甚有兴趣，同时也十分留意闽台历史渊源。当年花厅院子的橱子里，曾经摆满了千余块木刻书版。那是明代王应山所撰的《闽都记》。旧版多有毁损，董执谊不惜重金补版重新刊印。

到了1956年，董执谊的孙子董家鄂、董家遵、董珊、董碧辰等鉴于国家对古籍的珍视，继承祖父的遗志，特将家藏《闽都记》旧版进行重新修整，于书扉页下方另镌"藕根斋藏版"五个小字，刊刷两百部以满足各方需要。董执谊次孙董家遵作小跋，略言刊印始末：

> 《闽都记》一书于闽中郡县、沿革、山川、形胜搜罗广博，文辞简赅，足补郡志所未详。其版虽经道光间重镌，年久尚多残缺。先祖执谊公，素研考据之学，尤留心乡事，凡有益桑梓之举，每悉力以赴。曾辗转求得是书原版，勘补收藏，嗣因抗战军兴，家人转徙，藏版渐致剥蚀。近适余兄弟多在里门服务，乃就力之所及，整修付印，以供考古问俗之助，亦借以副国家维护地方文献及先人保存乡贤遗著之意云尔。

《闽都记》的重版刊行，凝聚着南后街董家几代人的心血，董家对乡邦文献的保存与弘扬可谓不遗余力。董执谊的长孙董家鄂（岳如），是福州有名的诗人。次孙董家遵，1949 年前就是中山大学社会学系主任，并任中山大学图书馆馆长直至院系调整。此后改任历史系古代史教研室主任，始终淡泊名利、敬贤爱才。当年辞受中国科学院历史研究所第二所所长之聘的陈寅恪，也乐于在董家遵主持的教研室工作。三孙董珊，是福建省文史研究馆馆员。四孙董碧辰一家，父母子女八人从教，1993 年获颁福州市政府首批"教育世家"匾牌。

每个生命不可能来无影、去无踪，都是生命这棵大树上承前启后的一个节点。历代人传承并默守着的，不过是那份最初的美好心愿和信念。同一个屋檐下，这份心力就像薪火一样，常常不由自主、奇妙、和谐地燃烧着。

百年桂树欣欣向荣，鱼塘池水汩汩灵动，小径穿梭，亭廊捧读，不变的是文人风雅。书香氤氲，滋润人的心灵，绵长而深远。

四、四时生意：春与秋是日常的功课

冬至这一天，老福州的风俗是要搓圆吃"米时"，象征时来运转。

与天地相合，顺应自然，是中国人历经数千年岁月轮回造化出的生命观。抬眼所见，春秋流转中变换的不仅仅是日月星辰，还有四季的霜华。

董执谊母舅陈少希，因翁同龢保举而被光绪帝重用，赐进士出身，官至江苏按察使，特别爱重董执谊，辞官还乡后，还时常"杖履追陪，讲论不倦"。可是当陈少希调江苏任上时，虽屡次电招董执谊前往咨助，董氏却一心不在官场，坚辞不去。

1909 年，董执谊 46 岁，被公推选举为福建省谘议局首届 75 名议员之一。谘议局是清末政府为预备立宪而设立的，可以说是地方议会的雏形。董执谊担任两年的谘议局议员，当时议案多从减轻百姓负担和维护谘议局职权着眼，由于督抚阻挠，许多难以实行。

董执谊转而将热情投入文化事业，整理史志，襄助公益。他心中的榜样，是"见龙在田"的见龙先生，就是明万历进士、大理寺丞董应举。当年在福州府学内原有一座祠堂，是纪念这位造福百姓政绩卓著的乡贤的，因年久失修将要倾毁，董执谊决心重新修复。

春来草木芳菲、姹紫嫣红，繁华中更需保持清醒。此时在天井小池塘种植下莲藕，归根复命，观照初心，但求始终不负。董执谊自号"藕根居士"，并将书斋取名为"藕根斋"，即是不忘初心之意。

夏日骄阳，万物滋长。入夜，在小花厅庭前倚卧，遥望广寒之宫，父亲董炳章手植的月桂树投下一片高洁的清凉，褪去心头炎炎暑热。

秋风萧瑟，落叶缤纷，有幽兰独秀。

四时生意　一室古香

董执谊自拟楹联

董炳章自号纫兰，取意《离骚》"纫秋兰以为佩"，有君子修德之意。

冬寒料峭，梅花自有傲骨，气节最高。董执谊晚年激赏冬梅，幸存的一帧个人影像，即摄于小花厅梅树之前。时逢国难，他与诗友们在梅前焚香祷祝，最常吟诵的就是"何方可化身千亿，一树梅花一放翁"。

"四时生意，一室古香。"执谊公自拟的这副楹联，曾经就悬挂在庭院旁的廊柱上，用小篆书写，文字大体对称，饶有趣味。

大自然的一切生长收藏，究竟是有是无？经历过多少千娇百媚的生和回归寂灭的死之后，春藕、夏桂、秋兰、冬梅，在时空的无尽幻化中得到了永生。

修德修身，积善积福，不争一时，只争千秋，这是中国人不朽的生命观。

听，风从东南方吹来。隔着朱紫坊、三坊七巷连片的青瓦歇山屋顶，老宅西北角的后花厅正准备迎接早春的消息。

冬至有期，春天不远。千年的闽都古城即将迎来新千年的复苏。

五、五朝沧桑：浮与沉是岁月的勋章

《闽都记》《闽都别记》，两部有关城市沿革、风土传奇的古籍，与福州这方古城的命运息息相关，也与董执谊和董氏故居有着一段不解之缘。

《闽都记》，明朝王应山撰，是福建最有价值的地方志之一，弥足珍贵。清末社会动乱，木刻书版已多有毁损，董执谊不惜重金辗转收购，并请工匠精心补版，藏

《闽都别记》书影

于自家保护。

而《闽都别记》全书多达401回，是120多万字的长篇小说，仅此而言，就可称得上"古代小说之最"了。这样一部描写城市千年变迁、足以担当地方史乘之助的作品，纵观全国，也着实罕见。围绕这部书，至今仍有许多未解之谜，比如作者"里人何求"到底是谁，创作过程又是怎样，百多年来，众说纷纭。但无论如何，由藕根居士（董执谊）于1911年首次刊行问世是不争的事实，是一个无法绕过去的历史存在。

有人说，"董"字可拆解为"艹一里亻"，即"草野一里人，里人隐草野"的意思。董执谊将编纂者署名"里人何求"，一语双关，寓意纂者"何可求""何用求"，并非别有一个人名叫"何求"，而是纂者爱惜羽毛，将自身隐于众多闽都原创者"（乡）里人"之中。脱胎于小说家言的《闽都别记》，早年不登大雅之堂，正如林纾译《巴黎茶花女遗事》，别署"冷红生"，也在情理之中。

《闽都别记》从唐末黄巢军入闽写起，到第225回入宋，第253回入元，第258回入明，第343回入清。重大历史事件大约写至第349回施琅攻克台湾（1683年）为止。到了1911年（辛亥），全书印成之时，福州反清"革命事起，闽都又困兵燹者三日"，执谊公在初刊跋言中这样写道。

纵观《闽都别记》全书，历经唐、宋、元、明、清5朝，前后近1000年的时间跨度。多少悲欢离合，多少治乱兴废！古老的闽都，至少2200岁。在这里，时间可以被看见，可以被听到，可以被触摸，而有时却只有用心才能感受得到。署名"里人何求"的《闽都别记》最终成书于1911年，正是封建帝制覆灭之时。而藕根居士董执谊为诸多草根人物立传的殷殷初心，百世可鉴。

故居门前有着刻书铜塑，每天来此留影的游客络绎不绝。胶卷蚀刻下影像，雕版镌刻下文字，留下永恒的刹那，还自然以公道。

时间是无情的，时间又是最有情的。

六、六扇门楣：学与思是文明的星火

董氏故居大门临街的一排六扇门，颇具传统特色。门后通往迎客的小花厅，那里摆放着一套木刻屏风：

能知足，便不辱；能读书，便不愚；能孝亲，感明神。

能教子，延宗祀；能勤俭，灾殃免；能谦和，吉祥多。

屏风的这一面刻满家训格言，是给家人看的。另一面朝外，刻着王阳明行书大字《客座私祝》，是写给访客的：

但愿温恭直谅之友来此讲学论道，示以孝友谦和之行；德业相劝，过失相规，以教训我子弟，使毋陷

而董执谊的文史研究，从经史根柢和地方文献入手，重视民间素材、掌故及钞本的发掘整理，重新发现话本材料蕴藏的人文价值，认为就像对待棋牌游戏一样，不可简单斥之为市井庸俗。"虽属稗官，未始非吾闽考献之厄助，博弈犹贤，不可废也。"后来，董执谊次孙董家遵报考厦门大学社会学系，立志于中国社会学研究，在20世纪30年代就组织开展广东岭南地区民俗的田野调查，后任中华人民共和国第一任中山大学社会学系主任。董执谊的经世致用思想对董家遵的立业志向也发挥了重要深远的影响。

于非僻。戒之戒之！

民宅常见吉祥图案作为建筑装饰，而在这里，悬挂更多的则是书法。抽象的文字，隽永的意蕴，诉说着主人对后世子孙好学敏求的祝愿和期许。

董执谊曾在凤池、正谊书院（福州一中前身）求学，后投考西湖之畔的致用书院，是谢章铤（曾主持庐山白鹿洞书院讲席）晚年看重的弟子，陈宝琛、陈衍、林纾都是同门师兄。林纾从翻译《巴黎茶花女遗事》之后的20多年间，与人合作翻译域外小说计180余种，其中不乏世界名著。他看到西方小说通过描写人生阅历，寄托哲理之思，即使表现为荒诞不经，其宗旨亦在干预现实社会，透过西方繁荣强盛的表面，揭示种种弊端，从而间接推动社会改革与进步。

六扇门上，匾额"贞吉居"的字迹依然清晰。那是陈宝琛的亲书，题写于戊戌年（1898年）。贞，《说文解字》解作"卜问也"，可以解释为正确的提问。"贞吉"这个词，在《周易》经文及象象传中出现50多次。古人遇到疑难事，占卜以问之，供决策参考。古人相信，上天会赐福给正确提问的人。

提出问题，也许比解决问题更为重

要。如何提问？如何创新思考？往往需要创造性的想象力。古往今来，学问的演进、科学的进步，哪一个不发端于此呢？匾额下的六扇门，仿佛开合自如的六爻，而"正确提问"恰似开启智慧大门的金钥匙，从过去笔直地通往现在和未来。

六扇门下，对于提问，我们怎么能不心怀恭敬呢？

七、七井甘泉：圣与贤是泉水的叮咚

故居正座一直往里走，在深处的尽头，有一处古朴静谧的空间。过去，这里除了供奉祖先之外，还供有文昌帝君和魁星的金色塑像。它们都是古代神话中主管文运兴衰的星宿，在士人学子心目中具有至高无上的地位。

三坊七巷董氏一门，以文教经史起家，家中供奉文昌与魁星本也不足为奇。董执谊77岁所作感怀诗有"枉说孙曾逾百指，传家经史赖谁通"之句，或以此来鞭策后辈。

董执谊长孙女董胜璋，是中山医科大学教授，享受国务院特殊津贴。四房碧辰之子董琨，曾任中国社会科学院语言研究所副所长、博士生导师，为国内汉字及语言学的知名学者，是2015年商务印书馆新修《辞源》第三版的3位主编之一。碧辰之女董珍和先生张学丰在澳大利亚悉尼开办大同中文学校，担任

正、副校长。后辈中还有19岁毕业于北京大学的旅美化学博士董浩等，不必一一列举。

还有一位不得不提到的人物——林庚白，他是董执谊的亲外甥，二姐的托孤幼子。因为董执谊的大姐也嫁到林家，林庚白幼时父母双亡，得到董氏大姨兼伯母双重亲情的关爱。后来他8岁负笈到北京读书，13岁以第一名成绩考入京师大学堂，17岁成为孙中山秘书，曾任宪法起草委员会秘书长、立法委员等要职，并较早开始研究马列主义、社会主义，与中国现代各党派关系密切。40岁迎娶同乡才女林北丽（林徽英堂妹），取二人名字各一字出版诗集《丽白楼自选诗》，成为民国一代奇才。有诗《梦董氏姨母》："母党凋零见亦稀，姨来入梦镇依依。南街一别情如昨，孤露相亲往已非。"回忆往昔在南街依依惜别亲人的断肠场面。

2015年，在董家古厝隆重举办了一场跨国婚礼，董珍之女张小禾与澳大利亚人梅迪在牵手七年之后喜结良缘。成长在海外的新郎新娘也都十分热爱中华传统文化。梅迪（当时名字为"梅友"）曾参加2011年央视春晚，与大山一起表演相声《四海之内皆兄弟》。在梅迪影响之下，他的父母和妹妹甚至也学会了一些简单的中文。

古老的汉字，亘古的魅力。古人相信只要心诚，就可以穿越时空心心相

印。借助文字，今天的人们在璀璨星光的指引下，依然可以与往圣先贤心驰神交。

月夜的星光下，老宅的老井，终于又可以汲上久违的一壶水。

对于董家人，古井甘泉，永远是汲取不尽的泉源。

八、八闽情深：乡与邦是民族的根脉

汉冶城图、晋子城图、唐罗城图、梁夹城图、宋外城图、明府城图。翻开《闽都记》卷首，六张历代福州古城地图赫然在目。它们形象地记录了福州城两千多年来，所经历过的一次次脱胎换骨的成长演变。

闽都，顾名思义乃八闽之都。"八闽"，一种说法是源自衣冠南渡后的八姓入闽。1700年前，西晋八王之乱、永嘉之乱，使中原汉族首次被迫向南大规模迁徙，史称衣冠南渡。唐代安史之乱之后是第二次迁移，北宋靖康之乱后又第三次大举南迁。

当年，中原的先祖移民们跨越千山万水，进入福建。他们是开拓者、冒险者、探索者，他们要克服内心恐惧，要突破重重阻碍，为了"复建"心中桃花源式的梦想家园而努力。他们用双手和智慧创造了一个新的世界。

而福州城最早的历史，还能上溯到春秋时代。两千多年前，著名冶炼家欧冶子就曾在冶山池畔铸造宝剑。冶山，就是福州古称"三山藏，三山现，三山看不见"中的"三山藏"之一。闽越国成立后，无诸以冶山为中心，建立起福州历史第一座城池"冶城"。这里有许多唐宋以来名人的摩崖石刻，还有林则徐出生地、孙中山先生讲演场，使之成为福州城市变迁发展的出发点，也是复兴福州城市精神的策源地。然而经数十年的战乱纷纭，冶山已是面目全非，董执谊忧心忡忡，写下诗歌《野望》，满是家国之痛、乡邦之思：

无诸百代古山河，城郭都非垒更多。

紫陌青畴兵气满，登高弥望感如何。

每当国家危难之际，为了守卫文明火种，重拾民族精神，总有可歌可泣的动人故事。因为他们深信：文明之火、文脉之泉，需要呵护，才能生生不息；需要薪传，更需要心传，才能发扬光大。

1930年，董执谊会同陈衍、于君彦、施景琛、欧阳英、刘通等人筹组古迹古物保存会，从泉山（冶山）入手，历时两年修复自汉迄清的古迹；还主持重修了福州文庙，协修城隍庙；等等。至于《闽都记》卷首地图，连同精美木刻雕版，也因为董执谊临终时的郑重嘱托，孙辈们小心翼翼，在抗日战火中才得以妥善保存。

三坊七巷董家，系出长乐鳌峰董氏。董仲舒二十八世孙董玠，于唐末由河南固始入闽任防御使，留次子元礼居福州繁衍至八世至珕公，又三传至舜俞，始迁至长乐鳌峰之东畔，为鳌峰董氏之始祖。鳌峰，因如巨鳌背负山峰，故名。鳌乃传说中的海中大龟，女娲炼五色石补天，断鳌足以立四极。鳌峰董氏自董珕二十三世孙迁文岭石壁，分支为福、禄、寿三房。其中寿房有一支，自董炳章中举迁徙福州，卜居南后街，已历7世，至今160余年。

流离失所的记忆尚未消散，幸存的文物似乎仍然在提醒我们那些史无前例的年代。

九、九转乡愁：梦与歌是复兴的摇篮

1940年，董执谊77岁，目睹日寇肆虐横行，山河破碎，百感交集。

匆匆齿豁且头童，生命依然坐蝎宫。
田海连年生浩劫，侏离何日挽浇风？

早在1932年5月9日，董执谊和陈衍等爱国士绅在于山戚公祠集会，抗议政府5月5日签订的《淞沪停战协定》，并在厅前题刻。第二年11月，十九路军就是在这里策划"福建事变"，在董执谊等人题刻旁又刻"国魂"二字，连同祠内前后题刻的"醉石""誓雪国耻"和郁达夫的《满江红·三百年来》等，成为福州城800年来抗金、抗倭、抗日光辉历史的缩影。

"三百年来，我华夏，威风久歇。"每个中国人的心底都有一种乡愁。这种乡愁，是对过往的温情和敬意；这种乡愁，让人们对生活升腾起更多更美好的希望。

别名《双峰梦》的《闽都别记》问世以来，承载了无数闽都游子的乡愁。尤其近40年来，海峡两岸多次组织专家重新点校、注释、发行，屈指算来总共已有9个版本。最新一版是2016年福建人民出版社的三卷校注本，距董执谊初版刊行（仅油印25部）已逾百年。这些新的版本，彻底改变了过去一书难求的局面，可以说使这部书重获新生。

无论从家乡的怀抱走出多远，人们对家乡总还是念念不忘。

当年台湾淡水的学子们不辞山海险阻，护送董炳章灵柩回到福州，安葬于文山里。后来董执谊也合葬于此。巧合的是，陵园位于今天的福州软件园内，已被列为福州涉台文物。软件可以不断升级，硬件却只能修旧如旧，而文化就是一种软件，是城市发展的凝聚力、感召力，更是不可或缺、源源不断的助力和潜力。

国泰民安需要文化的力量，而文化贯穿古今，历久弥新。

当年，入闽先祖筚路蓝缕、开山越岭，勇于冒险、敢于开拓；而今天，闽都乡亲海纳百川、锐意创新。《闽都别记》的传奇一定还会不断续写。

有福之州，三山并峙、一水环抱的大舞台，每个闽都人都终将释放出自己的灿烂。

他们的气度、品格、歌咏、梦幻、理想、追求，与古老的闽都城共存、共生，也会延续至未来……

附录：

董执谊故居楹联

文章首列举贤书，
策擅天人不愧豢龙世族；
丰采共瞻强项吏，
风生莘毂独标卧虎威名。

祖泽世簪缨，物望首推明甲第；
帝廷资黼黻，史才长继晋春秋。

春风化雨振铎两岸；
秋水生云成梦双峰。

闽越千秋纸贵双峰梦；
文章两杼芸香一脉风。

古厝隐幽香攸关文脉；
海山涵远梦留付史谭。

赞十邑传奇春风共沐；
圆千秋梦想海月同辉。

海不扬波家国英雄梦；
道其盛德古今天地心。

瀛海播同文丹心远志；
家山圆夙梦时雨新虹。

（本篇由三坊七巷董执谊后裔董茸等供稿）

第五节　武夷山董天工与《武夷山志》

五曲层峦毓秀深　全记先生一寸心

武夷山董天工与《武夷山志》

董天工（1703—1771），字村六，号典斋。福建崇安（今武夷山市）人，为曹墩董氏十二世祖，清雍正元年（1723）拔贡。曹墩董氏先祖董懋模，字仲达，元季由江西抚州乐安流坑迁徙入闽，定居建宁府崇安平川曹墩（今武夷山市星村镇曹墩村）。

一、地理概况

武夷山市位于福建西北部、闽赣交界处，市域面积2813平方公里，辖10个乡镇（街道）、115个行政村。武夷山是座历史悠久的文化名山，是典型的丹霞地貌，亿万年大自然的神奇造化，形成了奇峰峭拔、秀水潆洄、碧水丹峰、风光绝佳的美景。1999年12月被联合国教科文组织列入世界文化与自然双重遗产名录，成为全球第23处世界文化与自然双重遗产地，2021年10月成为全国第一批国家公园。武夷山生态环境优越，保存着地球同纬度最完整、面积最大、最典型的中亚热带原生性森林生态系统。空气清新指数一级，负氧离子每立方厘米含量高，被誉为"天然氧吧"，还被誉为"蛇的王国""昆虫的世界""鸟的天堂"，列入世界生物圈保护区。武夷山历史文化厚重，拥有彭祖文化、闽越文化、朱子文化、茶文化、柳永文化等特色文化资源。宋代时期被儒家称为"闽邦邹鲁""道南理窟"，是朱子理学的发祥地，南宋著名理学家朱熹曾在这里生活、著书、讲学长达50年。武夷山是世界六大茶类中乌龙茶和红茶的发源地，为"万里茶道"起点、首个"中国茶文化艺术之乡"，武夷岩茶（大红袍）制作技艺被列为国家首批非物质文化遗产。武夷山是旅游度假胜地，被列入全国首批

董天工雕像

AAAAA级风景旅游区、首批国家全域旅游示范区，拥有各类景区景点36处。武夷山的自然景观独特、稀有、绝妙，素有"碧水丹山""奇秀甲东南"之美誉，境内有三十六峰、七十二洞、九十九岩，九曲溪、天游峰、玉女峰、大王峰等景点闻名海内外。武夷山是原中央苏区县，是闽浙赣和中央革命根据地重要组成部分，被誉为"红旗不倒"的革命老区。这里曾发生过著名的"上梅暴动"和"赤石暴动"，方志敏、粟裕等革命前辈曾在这里战斗过，被称为闽北苏区的"红色首府"和抗战时期的福建"红色都城"。武夷山交通体系完善，集航空、高铁、高速公路于一体的现代立体交通网已经成型，形成航空1.5小时、高铁3小时的经贸交流经济圈，成为重要的南接北联通道。

星村镇位于武夷山市西南麓，距市区、火车站20公里，距飞机场16公里，交通便利。东接兴田镇、武夷街道，南和西南与建阳交界，北靠洋庄乡，西北与光泽县、江西铅山县毗邻。星村镇拥有国家级重点自然保护区、国家级重点风景名胜区、国家级生态乡镇和森林公园4颗璀璨明珠，被誉为"武夷岩茶第一镇"，自古就有"茶不到星村不香"的美誉。星村镇地处武夷山世界自然与文化"双遗地"的核心区，是武夷山九曲溪起点竹筏码头所在地，辖15个行政村、1个居委会，是中国乌龙茶、红茶的发祥地。星村镇还是武夷山市南部较早开展革命活动的重镇，是武夷山市重要的老区之一。全乡有741人参加革命，革命烈士206名。

曹墩村是福建省武夷山市星村镇所辖的行政村，位于九曲溪上游，是通往保护区、龙川、玉龙谷等景区的必经之路。距度假区15公里，距武夷山自然保护区35公里，面积仅0.6平方公里。曹墩历史悠久，史前已有先民居住，盛唐时曹墩有施、曹、安、夏四大家族。至宋代市场繁荣，曾有"平川府"之称，因南宋朱熹作《九曲棹歌》末句"九曲将穷眼豁然，桑麻雨露见平川"而得名。

清代曹墩隶属福建省建宁府崇安县周村里南乡，全村下设5个社：上社、中社、后社、石山社、新社。彭、董两姓是曹墩村里的望族。中华人民共和国成立后，曹墩隶属建阳地区崇安县星村乡，由于曹墩土地肥沃，浙江、四川、闽南各地的移民蜂涌而入，使曹墩日益繁华。如今曹墩姓氏繁多，据现有人口统计，1610人中有92姓，其中以董、彭、吴、刘、黄居多。

曹墩的街区布局具有闽北民居的典型特色，有古民居和吊脚楼，多建于清代。这些房屋都有江南流行的马头墙，有门楼、照壁、前厅、厢房、后厅、书楼、闺阁及后花园。厅大室小，冬暖夏凉，每进以天井采光，屋内雕梁画栋，古色古香。曹墩村庄布局特色就是"绿水穿村流淌"，前街后街都有清澈的河水潺潺流过，保障村民的生活，而且可以排污防病、及时防火。曹墩人家家户户都有养兰花的习惯，各种兰花，风姿百态，其中有一种独特的兰花，被村里人称为"董公兰"。

曹墩地灵人杰，历史上曾出过状元1人，举人几十人。元初理学家杜本曾在曹墩隐居多年，构筑"思学斋""怀友轩"，号为"聘君宅"，会友著书立说，创作了大量赞美武夷山的诗篇，名传一时。更有清代学者董天工（为曹墩董氏十二世祖）编纂《武夷山志》，誉满天下。

二、曹墩董氏

元至正二十年（1360年），董懋模由江西抚州乐安流坑入闽，定居建宁府崇安平川，繁衍生息，形成曹墩董氏一族。传至二十二代，现武夷山市有426人，分布在星村镇曹墩村、红星村、朝阳村、黄村村和兴田镇双西村。

《流坑迁居与发展记录》载：元季十七世祖仲达公，与清江杜清碧游学闽中。入武夷，梦神人语曰："逢曹便住。"明日过曹墩，曰："殆神授耶？"从詹假馆。有詹景仁者，尝为抚州路总管府节推，知公名家子，遂以族女赘公。居无何，詹女娠矣。公复去曹墩，客游荆舒间。詹女已而诞子炜，累世遂易詹为望族。

曹墩董氏从第十五代起字辈如下：

司文宗正纪，诗礼衍家修。

怀忠承祖训，循直绍春秋。

辅佐明庭盛，恩光远宇周。

传芳启哲嗣，世泽万年留。

曹墩董氏前世简明世系图如下：

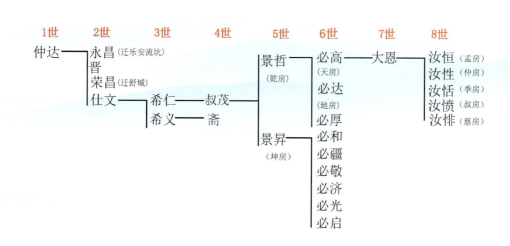

八闽董氏宗祠文化大观

| 8世 | 9世 | 10世 | 11世 | 12世 | 13世 | 14世 | 15世 | 16世 |

8世
汝恒（孟房）
汝性（仲房）
汝恬（季房）
汝愤（叔房）
汝怦（慈房）

9世
学林
学柱（出继汝性）
学棣
学衍
学极
学柱（仲房）
学郴
学枢
学和
学栋（富房）
先标（贵房）
学新（出继汝怦）
学新（继子）

10世
诚思、高思
仲思、仕思
会期、文成、树懿
诗思、睿思、潘哲、贞思
厚思、远思

11世
有年、增贵、增福、增寿
鸣墀、祉、禄、禧德
林裔、兰孙、鸣时、百孙、二孙
建勋、茂勋、一勋（贵一房）（贵二房）
尉勋、元勋、华勋

12世
天荫、天命、天庇、学文、绅文
天策（缙房）、天星（绅房）
天德、天达、天健、天聪
天工
天灼（乾房）、天众（元房）、天民（亨房）、天牧、天池（利房）、天范（贞房）
天佑、天秩、天叙、天开、天眷、天章、天颜、天泽、天球、天枢、天赏

13世
勤（诗房）
敕（书房）
劭（礼房）

14世
国珩、国珽（位房）
国球、国瑛
国珠（恭房）、国珍（宽房）、国琳（信房）、国琅（敏房）、国璠（惠房）
国璋（松房）、国瑄（栢房）、国琬（桧房）

15世
司镇、司正（育房）、司任（创房）、司谟（华房）、司均
司衍（富房）、司直（贵房）、司夒（忠房）、司弼（恕房）、司揖（传房）、司和（厚房）、司揆（高房）、司垣、司翰、司鼐（乾房）、司献（元房）、司献（亨房）、司典（利房）、司启（贞房）
克和、克文、克照、克成、克薪、克文

16世
文焕（时房）、文荣（出继司正）、文衡（辂房）、文杰（冕房）、文荣
文淳（安房）、文清（信房）、文渊（怀房）
震申、文辉（文房）、文炳（质房）、琼林、琼晏（发房）、文煦、文江（强房）、文柱（刚房）、文芳（毅房）
文源（继子）、文涛、文源（出继司衍）、文远、文达
载采（继子兼祧）、若采、予采（继子）、耀采、惠采（继子）、服采（继子）、亮采
文沄、惟康、惟嵩、文洸、文华、文彩、文耀、文靖
文浩、文忠、文明、文英（出继克薪）、文英（继子）、文淮、文海、文浩（出继克和）、文沩、文海、文汉

三、古代名贤

董仕文，讳炜明，明永乐十二年（1414年）岁贡入南京国学，升上舍。

董大恩，字子推，号弁山，明嘉靖岁贡，任广东三水县训导，升广宁县教谕，寻署邑篆，升湖广桂东县，致仕归。

董茂勋，字尧如，号伟庵，由廪贡任惠安县司训，诰赠奉政大夫。

董天工，字材六，号典齐，由拔贡任宁德县训导，调台湾漳化教谕，俸满升观城县知县，补选香河县知县，升奉政大夫，安徽池州知府。

董浩，字左之，候选千总。

董文炳，字玉衡，军功六品衔。

董宗彝，字锡光，守城御敌阵亡，奉旨优恤世袭云骑尉。

董书典，字观进，军功五品衔。

董国球，号序东，由举人考授知县，特任九江府经历，兼署广饶九南道库务。

董司垣，号映廊，咸丰壬子（1852年）副科举人，咸丰己未（1859年）科举人，举孝廉方正，历任福宁、龙岩、邵武教谕。

董步云，乾隆丁酉（1777年）科举人。

四、董天工其人

董天工少年时聪敏好学，慷慨有大志，"公少敏颖，博学多才，落日琴书，凉云笔砚，翠影轩中，日破万卷，著述风流，纶巾羽扇"。后考中拔贡，涉足字场，曾先后任福建宁德县训导，山东观城、河北香河知县，在任期间，清廉勤政，业绩可嘉，因治蝗有功升为安徽池州知府。

董天工性爱山水，特别钟情于武夷山，在其母逝世回乡守孝3年期间，在武夷山天游景区接笋峰留云书屋后筑"望仙楼"，聘得好友张景山等人亲九曲，登幔亭，涉云间，游精舍，饱览武夷山水，对武夷山的川岩洞壑、楼台景观、圣贤仙佛、碑记诗歌一一进行考证，编纂了《武夷山志》8册24卷流传至今，为后人研究武夷山的历史提供了珍贵的资料。董天工又为汉董仲舒《春秋繁露》一书做了注释，著作还有《石鼓图记》《金山志》《留云诗钞》等。

董天工在宁德为官期间，奉清政府之命调台湾省任教谕，大力普及文化教育，并根据自己在台湾岛的所见所闻编辑了《台海见闻录》4卷。

董天工生前得朝廷重用，因而死得其所。其68岁时因病卒于武夷山，墓葬于幔亭峰下今大王阁后山。董天工墓长约5米，宽约1.5米，石板封墓门。墓葬现保存完好，墓前竖石碑一方，高1.4米，宽0.54米。碑文为："嘉庆十三年岁在戊辰大吕月吉旦，皇清品授奉政大夫董公典斋一府墓，子敕、勤、劻，孙国球、

董天工墓

斑、珠、□、珍、瑛、琅、瑄、璠、璋、琬同顿首百拜。曾玄孙繁衍不及备载。"可见董天工的政绩还是颇有建树的。

后人有诗赞曰：

万卷楼台畔，千秋有旧此。

编成繁露注，撰就武夷书。

灾弭香河日，官升池群初。

锦衣归梓里，花诰锡门间。

五、董天工与《台海见闻录》

董天工热心教育事业。乾隆十一年（1746 年），董天工跨海东渡，任台湾省彰化县教谕。彰化县旧称半线，也叫磺溪，原为高山族同胞聚居地。董天工到任后，亲自撰文执教，创办学校，广收学生，普及文化教育，改变当地不良的习俗。董天工为高山族同胞教育做出贡献，台湾民众对其多有感念，至今彰化县一些地方现在还有董天工祠，纪念这位为普及台湾教育事业而呕心沥血的曹墩人。

董天工根据自己在台岛眼见耳闻的事实，"靓山川之秀美，水土之饶沃，风俗之华丽，物产之丰隆，有见有闻，退而识之，稽成文献，编册成书"。董天工所著《台海见闻录》总共 4 卷，内容涉及台湾地理、建置、田赋、风俗等。于乾隆十八年（1753 年）刊行，为闽台文化留下一部不可多得的史料，现珍藏于中国国家图书馆。

《台海见闻录》卷二载："番俗成婚后三日，会亲宴饮，各妇艳妆赴集，以手相挽，面相对，举身摆荡，以足下轩轻应之，循环不断，为两匝圆井形，引声高唱，互相答和，摇头闭目，备极媚态。"有诗曰："妙相天魔学舞成，垂肩璎珞太憨生。分明即是西番曲，齐唱多罗作梵声。"（《台湾文献史料丛刊》第 7 辑标点本第 36 页）高山族舞蹈的种类很多，按内容分有丰收舞、庆婚舞、祭舞、丧舞等，按人数多寡和形式分有集体舞、单舞、对舞等。"聚薪燃火，光可烛天"，男女老幼，尽情欢饮，翩翩起舞，这是丰收舞和集体舞的场景。"番女十数辈，挽手拥一猫踏，跳掷旋转而歌，歌毕而哭"（道光《彰化县志·风俗志》），这是丧舞的场景。众多男女互相交叉牵手成一字形或环形，自右向左移动而舞，这是祭舞的场景。董天工所描述的庆婚舞并不完整，实际上参加婚宴歌舞的还有男子，人们还戴着各种配饰，如女子头上戴野花或草箍，项间饰以玛瑙或螺贝串珠；男子则头戴草箍，插鸟羽，手戴各式臂镯，腰围鹿皮，成群结队，痛饮至醉，便到户外跳舞。

《台海见闻录》收录了十多首文人咏台湾"七里香"的名诗，如："雪魄冰姿淡淡妆，送春时节弄芬芳。着花何止三回笑，惹袖犹余半日香。""素华真可胜梅妆，点点琼葩点点芳。翠玉缤纷怀洁白，浓香暗惹绿衣郎。"七里香又称月橘，古代称为芸香、芸草或山矾。

六、董天工与留云书屋

董天工性爱山水，情钟武夷山，在回乡省亲期间，遍览武夷名胜，收集旧志诗文，亲加考订，编纂《武夷山志》8册24卷。《武夷山志》详细叙述了武夷的山水、形胜，历代所受封赐，并详尽介绍了历代到过武夷山的诸多名臣、官宦、隐士、僧道等，还记录了一些古建筑的兴废更替及山中古迹、物产等，为后世研究武夷山的自然与人文提供了极其珍贵的历史资料。

董天工为编纂《武夷山志》吃尽苦头。为了避开尘世喧嚣，潜心研读史料，他选择了武夷山三十六峰中的最险一峰——接笋峰上的留云书屋隐居下来。接笋峰是武夷山云窝景区一绝，千仞绝壁临水，三面绝壁连接山峰。接笋

高山族舞蹈

董公亭

峰北面高耸着两列奇峰即仙掌峰、天游峰；南倚隐屏峰。峰峰对峙的峰脚下是著名的"茶洞"。历代都有名羽雅士在洞内卜筑隐居，如宋代刘衡建"中隐居"，明代李钟鼎建"煮霞居"。康熙五十三年（1714年），董天工的父亲董茂勋别出心裁，沿溪探索，终于看中云窝的接笋峰。他悬梯为路，搬运砖块，打造石条，在半山腰处构筑书屋。此处悬崖凸显，书屋匿于峭壁脚下，石条为基，砖墙为壁，雨不可袭，无须盖瓦。书屋面积不过 20 平方米。在此人迹罕至处建书屋，算是个奇迹工程。因接笋峰常年云雾缭绕于峥嵘山石间不去，所以董茂勋命名为"留云书屋"。清《武夷山志》载，康熙五十四年（1715年）冬，大理学家、文渊阁大学士李光地到武夷山策划扩建武夷精舍之余，曾至此造访，与主人纵论义理，切磋学问，并为撰《留云书屋记》，还题了"留云书屋"匾。后董茂勋年迈，无法攀登接笋峰，留云书屋寂然于悬崖峭壁上。

董天工早有承继父亲编纂《武夷山志》遗愿的志向，可是身在官场的他，公务缠身，久未如愿。任职期间，因治理蝗灾立功受封，被朝廷提升时，不幸其母去世，其弃官返回武夷山守孝。为静心养性，董天工足穿芒鞋，身背书囊，头戴竹笠，跋山涉水，来到几乎与外界隔绝的接笋峰悬崖上，蛰身于父亲构筑的留云书屋内，清除荒草，又用俸禄盈余修了一个"望仙楼"。于是他在悬崖峭壁间生活着，很少出山。一年四季食物匮乏，就以流泉野菇补之，寂寞时仰望星斗流云。蛰身岩洞中的书屋，静心披阅史籍，勤勉考据山水方位，实地踏勘古代人文遗存，两个寒暑过去，终于在乾隆十六年（1751年）完成了《武夷山志》这部鸿篇巨制。

董公已逝 250 多年，后人为纪念他，还建立了许多纪念祠，如我国台湾彰化还建有董天工祠。而在董公故里也建有一座董公亭。

如今，董公故里曹墩已辟为"乡村

风情、农家旅游"村向游人开放。南来北往的游客，在董公故里欣赏那老牛水车的美丽田园风光，口尝那独具农家特色的"董公家宴"，喝着那味道香醇的"董公家酒"时，对董天工的敬慕之情不禁油然而生。原董公故居后花园"影翠轩"中那棵铁树平添新叶，长势特别旺盛，仿佛预示着董公故里的旅游开发事业生机勃勃，蒸蒸日上。

曹墩村头董公亭及亭记，让人既能饱览四周美色，又能缅怀逝者。

董公亭长12米，宽4米，高5米，为矩形亭，共五榀十柱，纯木结构。双重檐，八角向上翘起，仿佛一只展翅待飞的雄鹰。亭正梁上写着"风调雨顺，国泰民安"的字样。

七、董天工与《武夷山志》

《武夷山志》是迄今为止研究武夷山风景名胜、奇闻怪趣、地理特征、三教（儒释道）同山、物产习俗、羽流隐士、诗词书画、摩崖建筑、石刻景观等自然和文化资源的权威史料。董天工与其他著作者不一样的是：他是把身心都埋入武夷奇山秀水的怀抱中去创作、去编纂的。他在遍览武夷山水、收集旧志诗文的基础上，吸收前人的创作经验，成功地把《武夷山志》编纂成武夷文化的集大成者。董天工对明代衷仲儒编的《武夷山志》、徐表然编撰的《武夷山志略》，

清代王梓编的《武夷山志》、王复礼修撰的《武夷九曲志》4种不同版本进行考证、订正，以自己的创新思路来定稿。

1998年底，福建省武夷山市为武夷山申报世界文化与自然双重遗产。当齐全的文本资料送到联合国教科文组织时，令世界遗产委员会官员们感到吃惊的是：与武夷山同样出名的，还有一部详细记录名山人文历史的山志。它就是清代武夷山籍学者董天工编纂的《武夷山志》。加拿大人文地理学博士生导师尤里·希尔金称：《武夷山志》作者在200多年前就能用当代归类法、系统法、图示法来编纂地理文化史，是非常了不起的。

八、董天工艺文

董天工不仅为汉董仲舒著《春秋繁露》一后做注释，而且著作颇丰，有《金山志》《石鼓图记》《留云诗钞》等。修志的同时，董天工还写了许多武夷山的风景诗，仅收入《武夷山志》中的就有20多首。著录相关诗歌如下。

棹 歌

武夷仙迹护山灵，凤管鸾笙彻太清。
我欲赓歌无觅处，渔舟载酒听溪声。
一曲停桡甫上船，回看万壑拥晴川。
大王亘立千峰揖，锁尽前山暮紫烟。
二曲轻盈碧玉峰，镜台斜照现娇容。
娉婷不似巫山媚，秀色贞姿翠几重。

三曲长悬不系船，停桡遮莫是尧年。
云封烟绕晴光照，古色陆离真可怜。
四曲楮天峭壁岩，岩泉滴滴雨氄氄。
鹤鸣嘹亮金鸡舞，影落空山声满潭。
五曲层峦毓秀深，紫阳书院树云林。
茫茫千古谁绍统，全寄先生一寸心。
六曲峰回溪水湾，荡舟似度玉门关。
渔郎欲觅胡麻饭，扫净尘缘心自闲。
七曲溪高浪激滩，雪花滚滚溯流看。
尤怜飞瀑天壶泻，点入波心春水寒。
八曲莲峰摩汉开，水光反照影潆洄。
桃源有路登仙境，引得游人次第来。
九曲幽穷更渺然，白云深处见平川。
秦人鸡犬今仙去，千古长留一洞天。

宿冲佑观有感

家住平川九曲终，顺流溯邸万年宫。
秦封月满坛壝冷，汉祀云深蝶梦空。
石榻高眠听玉笛，瑶台长啸度金风。
当年朱户今何在，蔓草荒烟对碧穹。

大王峰

巍然一片石，雄镇万山纲。
月照青鸾舞，风吹白蜕香。
危梯空碧落，鸟道接扶桑。
六六群峰拱，应推仙鳌王。

幔亭峰二截

幔亭彩屋宴曾孙，金管玉笙透古村。
奏罢宾云仙饮曲，虹桥飞插绝攀援。

溪流寒玉胜吹竽，沉醉曾孙果有无。
芳草萋萋猿鹤怨，犹传仙幄宴欢娱。

玉女峰

不道姑仙立水中，亭亭秀色态融融。
湘江解佩翻成梦，巫峡行云化作虹。
新月难描新宇翠，晚霞敢拟晚花红。
贞心铁石尘缘断，独对寒潭凌太空。

卧龙潭

俯瞰寒流日午阴，神龙蟠屈九渊深。
藏头束角一团玉，摇尾梳鳞万点金。
秋水盈盈浮绿鸭，岩泉滴滴鼓瑶琴。
炎天望汝施甘泽，果尔飞腾喷澍霖。

小九曲晚过

四曲寻真别有幽，小蹊曲曲九相侔。
岩逢峡潦架虹板，路到穷崖乘扁舟。
得句敢轻题石壁，行歌却喜逐沙鸥。
夜来偶听疏钟醒，不似吴江古渡头。

步文公《行视武夷精舍》韵

溯流谒先生，讲堂曲水半。
虬松蔽阴阴，平波荡涣涣。
结庐隐屏前，仰窥天游观。
奇岩倚碧落，秀石冲霄汉。
千绪坠茫茫，谁汇百川灌。
洪惟我先生，道蕴阐一旦。
贤知得其趣，诞先登于岸。
颛蒙未入室，勤求示考按。
迄今缅徽风，精舍时辉奂。
团垣绕古树，苍翠堪珍玩。

我来值花朝，百花正熳烂。
时闻好鸟啼，声声如相唤。
乐极已忘归，尘缘岂能绊。
尚愿山中客，朝夕不厌伴。

登接笋峰

为爱白云深，结庐在五曲。
曲水数潆洄，回环几道绿。
仰看仙掌泉，跳跃雪花瀑。
巍巍接笋峰，亘亘千寻矗。
凭槛思旧游，历历惊心目。
绝壁摩铁索，盘旋鸟道复。
龙脊石千层，鸡胸路称足。
直上小隐屏，履险如平陆。
寒蝉咽凄风，山鸟鸣古木。
倦游复下梯，快觅离骚读。
是时天雨渥，涧水响林谷。

游云窝有感陈司马二首

孤臣遁迹寄他乡，卜筑云窝一草堂。
五曲寻真仙掌近，地邻精舍溯流芳。

谁道遗徽今变迁，幼溪书屋叔圭传。
英雄一去豪华尽，物是人非真可怜。

留云书屋漫吟

接笋峰高迥物华，谁将玉叶锁山家。
朝曦影射浑如雪，夕照烟飞散作霞。
屋筑深岩环绿竹，轩留闲地种仙芽。
却怜徽国讲堂近，景仰芳踪心意奢。

天游观

绝壁巉屼冲汉开，山僧礼斗近三台。
铁龙喷洒岚阴黑，白鹤翻飞紫气皑。
午夜声稀敲玉磬，清晨气爽步仙台。
世人欲学长生诀，曾到天游游几回。

三仰峰

曾到天游路百盘，三峰叠起势巉屼。
琳宫咫尺乾坤小，贝阙攀跻日月寒。
仰视沧溟红错落，俯瞻丹壁翠凝团。
巡檐不尽古今意，炼石何人遗灶丹。

第六章　八闽董氏宗祠

　　人有族，族有祖，祖有祠。姓氏祠堂是宗祠的主体，数量上远超名人专祠。

　　福建古称八闽，在这片广袤地域上，许多姓氏族群的祖先是由中原南迁的移民，他们带来当时先进的中原文化，世代相传，始终滋养着后代子孙。这是福建八闽祠堂文化的一个重要特征。

　　由于地域经济文化发展不平衡，沿海城镇地理环境优越，其祠堂无论在数量还是建筑规模档次上，一般优于山区、海岛，但它们各具特色。本章林林总总编选了八闽董氏50多座大小不一的祠堂，以供鉴评。

第一节　福州地区董氏宗祠

福州，别称榕城，简称"榕"，隶属于福建省，位于福建省东部、闽江下游及沿海地区，是福建省省会，福建省的政治、文化、交通中心，海峡西岸经济区中心城市之一。福州建城于公元前202年，具有2200多年的历史，是中国历史文化名城。周显王二十五年（前344年），福州已为越王勾践后裔的属地。西晋太康三年（282年）设立晋安郡。南朝、隋唐时期，福州曾作为丰州、泉州、闽州、建州的州治。唐开元十三年（725年）改设福州都督府。这是福州命名的开始。五代改称长乐府、东都。宋代设福州路、福安府。元代设福建行中书省。

明、清两代是福州府府治。民国元年（1912年）后是东路道、闽海道的驻地，以及福建省会和闽侯县治。民国三十五年（1946年）1月1日划福州城区及近郊，正式成立福州市。中华人民共和国成立后，是福建省辖市和福建省省会。下辖鼓楼、台江、仓山、晋安、马尾、长乐6个区，县级市福清市，闽侯、永泰、连江、罗源、闽清5个县，以及平潭综合实验区。

福州地区有董玠、董纯永、董悦中、董方禄4个支系近3万董氏人口，分布在27个集居地，现存10座规模相当的董氏宗祠。

长乐董玠世系宗祠简介

董玠其人 董玠，益州（今四川）人，唐乾元元年（758年）任福建防御史兼宁海军使、福州刺史，驻节新宁县（现长乐古槐）。史载董玠治闽时"闽海其波不扬，民请留焉"。董玠任满奉诏入京，应民意之请留次子元礼居福唐城（今福州市）。据长乐董氏谱志载，董玠系蜀汉名臣董和十四世孙。董和、董允父子为三国时蜀汉重臣，深得丞相诸葛亮赞许。

董玠世系 董玠在闽后裔分为二支系。一为董玠八世孙董琪，于宋太平兴国二年（977年）由福唐城迁入长乐敦素里（今长乐古槐），是为古槐董氏始祖。琪三传至舜俞，于宋大观二年（1108年）由世居十七都蔡宅旁迁至二十四都鳌峰之东畔前董（今长乐文岭前董），舜俞是为前董一世祖。宋乾道五年（1169年）董康分支又迁入金峰（今金峰董朱），董康为金峰董朱一世祖。一为董玠十世孙思诚，于宋端拱二年（989年）由福唐城迁入长乐之黄岐沙里，思诚孙舜都又迁至二十四都艾石山下震龙境，即今文岭后董，故思诚为震龙后董之一世祖。元朝，董玠十七世孙董佺迁至连江东岱，是为东岱董氏一世祖。明末清初，董玠二十八世孙则对等四人先后由后董迁至鼓山凤洋浦尾，即今福州鼓山远西村。

董玠世系董氏第二十二世至六十九世行第昭穆世序如下：

前二十四世：继汝宗世廷甫有善则尔永孝述祖道谊传家政美德隆积庆

后二十四世：允崇文学英俊齐彰观光上国奕代联芳贻谋克绍赐福孔长

董玠支系现存完整宗祠六座：古槐江都董氏宗祠、文岭后董震龙董氏宗祠、文岭前董鳌峰董氏宗祠、金峰董朱董氏宗祠、鼓山远洋董氏支祠、连江东岱董氏宗祠。此外，尚有数十座祖厅、公婆厅。

八闽董氏宗祠文化大观

江都司马第　帝世蓁龙家

长乐古槐江都董氏宗祠

一、地理概况

古槐江都董氏宗祠坐落于长乐区古槐镇龙田董厝村，亦称古县董氏祠堂。古槐是长乐南乡重镇，地控南乡与长乐区枢纽，曾为新宁县治所达137年之久。古槐地处长乐中南部，东连文武砂街道，西毗罗联乡，南接江田镇，北与鹤上镇接壤。古槐俗称古县，旧统善政乡十一都廉风、建兴二里和十二都敦素里、崇贤二里。唐武德六年（623年）立新宁县时，县治即选在敦素里（今古槐）。这里因易生槐树，故又称古槐。唐人应秋试每在八月，俗有"槐花黄，举子忙"语，谓槐树方花，乃学子赴举之时，以槐取名，或含此义。

唐上元元年（760年），防御使董玠因其地卑湿，将县治移至吴航头。沧海桑田，今非昔比，千年历史积淀，世代

古槐江都董氏宗祠外景

古槐江都董氏宗祠内景

繁衍，古槐董氏族史必然非同一般。古槐董氏为新宁古县最早的姓氏，现董厝村紧靠新考证发现的新宁县衙故址——元明西境。另外，长期流传于当地的古地名"上董境""下董境""福船洋"分布在龙田大部分地区。二十年前，古槐群众重修石碧山寺庙时发掘出一块镌刻有"董玠"名字的残碑，后不知去处，可佐证当时董氏族群分布于古槐大部分地区。此外，据古槐董氏另一分支三溪董氏的记载："三溪乡谚曰'先有廖董，后有陈潘'。"三溪潘氏为今日名门望族，亦始迁于唐末，其也认定董姓先于潘姓，三溪有座古桥，原称廖厝桥或董厝桥，未改成潘厝桥，直至清代一次重修，仍尊董姓者担当缘首。董姓留名古碑，担

当缘首者多处可见。可见，当时董家人丁兴旺，住地覆盖古槐及南部地域，确为"千年老董"。

古槐董氏宗祠背倚董奉山国家森林公园，在其南麓，面向东海，坐西向东。建祠时间不详，原祠址未见记载，宋太平兴国二年（977年）古槐董氏方迁移此地，此后选址卜筑宗祠。据谱载，宋熙宁年间（1068—1077年）与明清几度重修，故建祠至今逾千年，是古槐地区较早的一座祠宇。1958年祠堂曾被政府征用为粮食仓库，1980年经族人多方争取，方归还古槐董氏。因年久失修，祠况不佳、墙倾柱朽，唯恐倒塌，1997年古槐董氏族人多次发出倡议，成立宗祠重建理事会，由董桂官任理事长，主持重建

工作。此项重建工作得到族人，包括海外宗亲，长乐前董、后董、金峰董朱宗亲的大力支持，宗祠于1998年11月修竣。在建祠过程中，海内外族人及兄弟宗亲共捐资逾百万元。

二、祠堂大观

古槐董氏宗祠占地面积2300平方米。祠堂为硬山顶钢梁结构，前墙高16米，门前雄踞一对2米高的石狮。祠堂正大门上方保留原祠"江都董氏宗祠"石雕，左右仪门额"入孝""出悌"。祠前两副门联分别为"江都司马第；帝世豢龙家"和"史才光晋承；理学著江都"。祠宇融古今建筑为一体，四周风火高墙，气势雄伟壮观。祠堂为二进，第一进为屏墙、戏台，戏台柱联"贬佞惩奸借青史诛邪扶正；褒忠敬孝勉世人守法奉公"。此联借史警今，训诫后人，具有现实的教育意义。第二进后厅设有神主龛，龛上供奉开基始祖董玠等神主牌，壁挂历代先贤画像。龛前长案，高烛台、铁鼎一应俱全。厅堂上下，画栋雕梁，虽说不上华丽，但功能全面，实用大方。

三、家族繁衍

唐乾元元年（758年）董玠任福建防御史，驻节新宁县，县治为今古槐。董玠治政有方，因有德惠于民，民请留焉，遂留次子元礼居于福唐城。元礼玄孙董禹，禹生绍裘，裘生四子曰：璘、琪、琳、珉。宋太平兴国二年（977年），董琪由福唐城卜居于敦素里平川，即今古槐董厝，故董琪为古槐董氏始祖。琪三传至舜俞，迁二十四都鳌峰，分支衍成前董，前董又分支衍出金峰董厝（俗称董朱），而后董的始祖为董璘，后董又分支连江东岱董氏和福州鼓山远西董氏，故而这些董氏都是同宗同源。古槐董氏始由董琪繁衍至今已42世，达千年以上。据《古县董氏族谱》记载，2011年修谱时统计，居本村60余户260多人，迁国内各地223户860人，迁国外52户170人。

古槐董氏有史记载迁居此处已逾千年，前期族史记述因年代久远，动乱变迁而难以存留。据长乐后董及前董留存族谱记载，古槐董氏近现代曾有两次修谱。一次在清同治九年（1870年）乡进士董浚明主修，并存谱序；一次在民国初年，由清举人、民国福建省参议院代议长董子良主修。因旧谱遗失，数代人冀望修谱之梦难圆。迨至2010年，族人董福寿为继其父、原古槐董氏族长董谊财遗愿，第二度由加国返乡任"古县董氏重修族谱理事会"主任，并推举退休教师、长乐七中原校长董作钜为主编展开重修族谱工作。历经一年多艰辛努力，终于修成，《古县董氏族谱》付梓面世，现谱存古槐董氏宗祠理事会。

古槐董厝简明世系图如下：

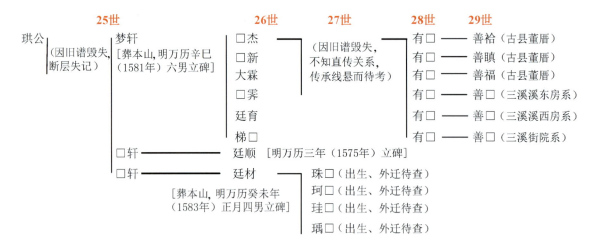

古槐董氏郡望为"陇西"，前此曾用过"江都"为郡望。古槐董氏堂号有两房为"正谊堂"；有一房为"杏林房"，这可能与东汉时期"建安三神医"之一、"杏林始祖"董奉有渊源。据记载，汉董奉居住闽侯县董墘村，即今长乐区古槐董厝村附近。

四、祖训内涵

古槐董氏尊崇先祖董仲舒，以董仲舒"正谊明道"为祖训。

董仲舒曾为江都易王相。易王是汉武帝的兄长，《汉书》说他"素骄，好勇"。易王问事涉及征伐霸道，所以董公一本正经地答道："正其谊不谋其利，明其道不计其功。"意思就是仁人君子做事以"正其谊"为原则。"谊"即义，义即"事之宜"，即事情该怎样做就怎样做，便是"正其义"。至于结果有没有好处，用不着特别打算，因为大利就在大义之中，义外求利，不仅不是义，而且终究也无利可言。同样，做人以"明其道"为原则，道即人类该走的道路。做人该怎样便怎样，就是"明其道"。至于走下去有没有功效，也用不着特别计较，因为功效是其次，道义才是第一。符合道义的原则，一时也许看不出功效，最后还是有功效的，只是事前用不着特别计较。如果事前处处计较功效，便将妨害道义的原则，其结果往往是悖离道义，并且终究也无功效可言。俗语说"君子乐得为君子，小人白白做小人"，就是这个道理。要知小人与君子的分别，就在于此：君子是明其道而不计其功的，小人恰相反。例如做一个孝子，必是做子女的心中认为对父母应该孝顺，便孝顺父母。如果处处计较孝顺父母有什么功效，有多大功效，有功效或功效大的便做，否则不做，则此人必非孝子，且势必成为一个势利小人，哪还有人看得起他？

五、祠堂楹联

古槐董氏宗祠面墙有两副祠联。第一副为中联"江都司马第；帝世豢龙家"，此联董氏祠堂多数采用。上联典出江都相汉大儒董仲舒；下联典出董氏得姓始祖董父，董父善驯龙，舜帝喜之，赐姓豢龙氏。第二副为边联"史才光晋承；理学著江都"，上联泛指董家文风强盛，诗礼文章，世代传承；下联典出汉大儒董仲舒"废黜百家，独尊儒术"。

六、逸闻轶事

古槐董氏因旧谱遗失，许多历史传说与族人轶事无记载流传。但在历代口耳相传中，有"杏林始祖"董奉悬壶济世、救死扶伤的千古传说与近现代二则族中轶事，值得一提。

（一）"杏林始祖"董奉其人及传奇

董奉，东汉年间与华佗、张仲景齐称"建安三神医"，于史料记载散见于《神仙传》及地方志。如《仙鉴》记载："奉在人间百年，其颜色常如三十许人。"《长乐县志》载："汉董奉炼丹处也，尝有神人裸身散发，人见之必获福，故又名福山，岩曰董岩，峰曰董峰，为一方巨镇。"明诗人方定《凤山丹灶》写道："翠山巍巍注远眸，董仙曾向此中游。棋盘丹灶留遗迹，白鹤不

来知几秋。"大多将董奉写为仙风道骨，非凡神圣。

董奉确为人间医圣，他行医布道，造福苍生，至今还流传着"杏林春暖"的佳话：董奉医术精湛，医德高尚，行医施药从来分文不取，只要求受医者痊愈后在后山种植杏树，轻患者种一株，重患者种五株，日久蔚然成林，故曰"杏林"。董奉每于杏熟时，便设一草仓贮之，以杏易谷，用于赈济贫困乡民，故今尚有人用杏核与粥同煮，称之"真君粥"，实为纪念董奉也。于今，在福州台江白马河畔尚建有"救生堂"奉祀董奉。

据记载，董奉一支系经广川迁陕西西安，后经浙江宁波到福建侯官（今福州长乐），后又到江西庐山。汉时福建侯官董墘村，即现今福州市长乐区古槐董厝村，是董奉青少年时期生活及行医活动区，而今古槐董氏有一房号为"杏林房"，其与世称"杏林始祖"的董奉有何渊源，仍待考究。

（二）近现代族中轶事

1."饔口讨食"

古槐董氏"杏林房"第三十四世祖董述潭是位传奇人物。据传述潭少年时家贫，但志不疏，勤奋劳苦，成家立业。传说述潭公娶述潭嬷时"眠床八只脚"，就是说婚床是用两张长椅架一块床板而成，可见何等寒酸。述潭嬷做了一个梦，梦中人说"你要去饔口讨食"，醒来觉梦

语是下下签，"饕口"有多大，能讨得食？后述潭公往闽中经商，将本地日杂、麻布、干海产等贩往山区，运回土纸、牛骨粉（可做田园肥料）、笋干等山区特产。一次述潭公雇船往闽江上游，行船至尤溪口雍口，见此处山场广大，人口密集，于是在此处停留，并开设"昌盛"商号。由于诚信经商，体恤民情，让当地山民赊账，日久月积山民便将山场、山林典当变卖给商号。10余年间述潭公便置办了方圆数百里的山场、山林，成了尤溪雍口一方名绅。此后，述潭公回乡盖房建坟、培养子孙。现今"述潭厝"乃是古槐四方八里最大的古民居，该屋为二进六扇五间，两边均有10间连排偏榭，建筑面积达1012平方米。述潭公非常看重子孙教育与培养，他育有五子一女，其中第五子国儒乡试中式为国子监生，其孙子才、子良均中举，故荫封为"皇清文林郎"。因"饕"与"雍"谐音，所以梦语成真，传为古今佳话。

2. "董厝祠做戏还钱"

古槐董厝自1998年祠堂修竣后，每年都有请各地戏班演数场戏，大多为族人还愿所请，但端午节必定是以祠堂名义献演，而戏资乃是由各房子弟捐献的。原来事出有因：董厝祠堂先前被征为粮食仓库，所以演戏的事也无从谈起；20世纪80年代虽经董家族人多方努力争取，讨回了祠堂，但祠堂破旧，旧戏台也拆了，所以要想演戏也是"天方夜谭"了。故有人断定董厝祠演不了戏，董厝人没办法做戏，有欠债耍赖的人更是说："要我还钱可以，等董厝祠做戏的时候。"此语一时还很流行。听到此话，古槐董氏族人慷慨愤然，于1997年5月动工重建宗祠，1998年11月竣工，翌年端午节立马请戏班演戏，此后端午演戏亦成习俗。

七、古今名贤

古槐董氏后裔中曾出现过许多杰出人物，因旧谱毁荡无存，新修族谱仅能从部分方志记载中查找数位名贤人物。

（一）古代名贤

董梦麟，宋大观三年（1109年）进士。

董士岳，宋进士。

董应宣，宋进士。

董时贡，明举人，初为楚王师，继为鲁王师。

董浚明，清同治乙丑（1865年）科进士，授文林郎，拣选知县。

（二）近现代名贤

董述潭，皇清文林郎。

董子才，光绪年间举贡，江苏溧阳候补知县。

董子良，光绪二十八年（1902年）举人、副贡，民国初年省参议院议员、代议长。工诗文，著有《弓园诗钞》。其中之一为：

坞尾江楼观竞渡

流光匆匆近端午，三日竞渡此风古。
谓投角黍吊屈原，惊走江鱼须击鼓。
后人谁复知此意，胜负只以力为赌。
金鼓未衰甲胄兵，丁壮欢腾父老苦。
况我年来爱读骚，众醉莫醒宁忍睹。
主人风雅觅新题，置酒招我来兹土。
楼高百尺俯台江，群龙出没难悉数。
耳边又闻爆竹声，争鸭夺标舟三五。
曷不努力事耕田，负有何伤胜何补。

八、名胜古迹

古槐因原为新宁县县治，加之"杏林始祖"董奉曾在该处悬壶济世，且古槐历来文风鼎盛，名人辈出，所以名胜众多。

（一）董奉山

传说山上曾有神人散发炼丹，人见之必有福，故名福山。后因汉董奉在此行医布道，悬壶济世，而改称董奉山。乾隆《福州府志》注"福山今名董奉山，属长乐县"，民国《福建通志·山经》中载："福山在廉风里。"廉风里即今古槐。古籍称董奉山为长乐之东岳，可见地位显贵。董奉山以名山、名水、名人、名树、名果的原生态，享誉福州东南，现为国家森林公园。古槐董厝和古槐董氏宗祠就位于董奉山的南麓。

（二）董奉草堂

董奉草堂位于董奉山南麓，是董奉山国家森林公园中心景区，为纪念"杏林始祖"董奉而修建的。草堂依山而筑，具有鲜明的汉代风格，四周遍植杏树，百草芬芳，韵味深远。董奉草堂现建有中国长乐中医馆、"杏林望重"大屏风、南雅堂、杏园等建筑群。同时，采用借山引景手法，先后建了杏林广场、太极广场、董奉雕像、杏坛论医、华佗亭、仲景亭、董奉亭和福山龙道等景点，可供游人登高览胜，纵观山石、田园、海域之美。

（三）玫瑰山庄

玫瑰山庄坐落在董奉山南麓。这里群山环绕，怪石嶙峋，整座山庄规模宏大，错落有致，是一处融宗教（天主教）、文化交流和旅游观光于一体的旅游胜地。山庄取名"玫瑰"，因为此花是纯洁至爱的象征，意在告诫人们应修身立善，普爱世人。

（四）古县董氏七星墓与祠堂墓

古县董氏七星墓位于距古槐约20公里的罗联乡马台大橹峰南麓，古墓地上部分已毁，仅余下遗址。据先前曾经到过此地扫墓的族中老者回忆，祖墓墓埕三重，规模宽敞，气势恢宏。南朝七峰为案，故号"七星墓"。墓前青石墓碑，碑前盖有"恩荣亭"配屏风式题刻，造工精巧。据传当年造墓花费6年时间，在闽安镇采得上等花岗石，水路运输，卸在长乐坑田码头，由民工抬石上山，每天只能一个来回，千辛万苦，可见一斑。1958年人民公社化运动，开发万宝山，号召家家户户圈猪积肥，拆墓石砌猪圈，就这样七星墓一带地面墓石都拆光了。于是数百年古墓只留下供人回忆的遗址，实属遗憾。

现今仅存的古墓有：董奉草堂内第二十五世祖梦轩墓，第二十六世祖廷财墓，第二十六世祖杏林廷顺墓。这三座古墓如何能在董奉草堂这个中心景区内保存下来？事缘2000年长乐市委、市政府发掘长乐历史名人"杏林始祖"董奉，于是选择毗邻古槐董厝的董奉山南麓建造董奉草堂，迁走了草堂规划区内百来座坟墓。但市委、市政府办公会议决定：留下董家三座古墓，由政府出资维修其中一座，其余两座由董家出资维修。于是，这三座墓就成了古槐董氏仅存的"祠堂墓"。董氏后裔经常前往维修后的古墓祭扫瞻拜，古墓也成了草堂景区内的文物。

（五）古民居"述潭厝"

"述潭厝"又称"杏林房"，为古槐地区较有特色的古民居。述潭厝建于清道光年间（1821—1850年），是由古槐董氏"杏林房"第三十四世述潭公起盖的。坐南向北，大座六扇五间，前后两进，东两各有偏房10间（西边已倒塌）。全座宽22米，深46米，建筑面积1012平方米，现为古槐仅存的最大古厝。述潭厝选址讲究，它夹峙在两山之中，厝东面有一小岭，古驿道由此穿过，当年亦是车水马龙，挑工轿夫穿梭如织之地；房后有一排高大榕树（1958年大炼钢铁运动时烧炭被砍光），遮天蔽日，整座房子犹如座椅，稳稳当当。该厝为土木结构，四周风火高墙，前后天井，上下二进均有回廊相通，柴屏门槛，斗桁雀替，石阶柱础，一应俱全。而中天井砌盖两大水池，用于防火。遗憾的是，在1958年公社化运动时，曾被征用为古槐公社卫生

述潭厝

院，1961 年归还族人，但厅廊门扇等房屋结构均遭破坏，经多年维修方复原状。2009 年述潭公后裔再次集资进行全面维修，力求修旧如旧，维持原状，使之具有文物保存价值。

（六）文昌祠（濠井书室）

在封建社会，读书人都祭拜文昌帝君，而供奉文昌帝君的建筑称为文昌祠（或文昌阁）。古槐自唐武德六年（623 年）设县治起，就学风兴盛，境内好几处建有文昌祠，其中有十二都董厝濠井书室。不久前，在龙田"蟒天府"墙边发掘一古碑（题名碑），碑文详尽记录董厝董家人捐建濠井书室的过程：溯自先曾祖秀岩公命，伯祖致远公肆业及伯祖游庠处祀文昌帝君而建祠之举，有志未逮焉。丁巳岁，子侄立文、光社议建祠。英因体先人遗意，出公帑壹千两正，共襄厥事。乃就濠井古迹，拓地开基饬工庀材，越三年而告竣。落成之日，喜后人之克承志也，因勒石以垂不朽云。以下为捐资者芳名，均为董氏先人，撰文者董钟英。此祠于 20 世纪 50 年代末 60 年代初湮灭倒塌，70 年代初在其遗址（董厝祠堂后）尚有一堵残墙断壁。

（七）元明祠（新宁县治遗址）

在古县十二都有两境，祀土谷神，一曰元明东境（已圮），一曰元明西境，即古新宁县衙所在地。古槐自唐武德六年（623 年）起设县治达 137 年，新发现考证的旧县衙遗址与董厝村及祠堂近在咫尺。

（八）新宁桥

新宁桥位于十二都敦素里平川，董厝村西南一里许，建于宋代。因敦素里平川曾是新宁县治，故此桥名"新宁桥"。桥长 9.5 米，桥宽 2.8 米，石构二墩，桥面铺 10 条石梁，每条石梁长 5 米、宽 0.5 米、厚 0.45 米。明弘治年间重修，清乾隆、嘉庆年间又两次重修。桥旁立有"新宁桥"石碑，曾断为三截，后经多方查访，始觅上、下两截复原立于桥右。因年代久远，风雨侵蚀，字迹模糊，但依稀还能辨认：董厝先贤董永龙为"都缘首"（第一名），捐纹银 20 两，尚有董孝华、董孝大、董孝瑞、董孝芳等先贤芳名上列。目前此桥基本完好，1995 年 8 月 15 日，经长乐市人民政府公布为市级文物保护单位。

（九）宋苏才翁龙潭石刻

苏才翁龙潭石刻位于董厝西南半里许龙溪龙潭旁，镌于悬崖之上，分 2 行直书，每行 3 字，字径为 35 厘米。文为"苏老涧，濯缨石"，另刻款识一行，计 15 字，字径 4 厘米，文为"庆历八年戊子二月住持沙门文灯立"。《福建通志》载："庆历中，闽观察使苏才翁游憩于此，临流濯缨，书'苏老涧，濯缨石'于右。"其石刻之左，还有一幅大观庚寅年（1110 年）题刻。1986 年 4 月 29 日，经长乐县人民政府公布为县级文物保护单位。

九、宗祠管理

在不同历史阶段，宗祠有着不同的管理形式，但一定要与当时社会体制相适应。古槐董氏宗祠的管理就是沿着这样的轨迹进行的。

据村中老者的回忆，1949年前，祠堂里有公田即"祠堂田"。每年公田租金收入用于"摆暝"（宗族祭祖聚会），其中留置部分用于奖掖读书生员和公益事业。公田由三房头轮流，各房再自行安排轮值。此时宗祠管理是族长主持下的轮值制。1950年实行土地改革，取消了公田，这些公田都分给了缺田的贫困宗亲，祠堂没有了固定收入，族长是名义上的，直至1958年，宗祠管理长期处于看管形式，一年也开不了几次大门。1958年，古槐董氏宗祠被国家征为粮库。1978年，热心家乡宗族事务的董依夏因身体原因由闽侯风机厂提前退休回家。他见整个家族没有祠堂。于是联合董谊财、董庆钊、董桂官、董依勤等乡亲多方奔波，努力争取。终于在1980年使宗祠归还董厝，并筹集资金补偿粮库和用

于祠堂的维修。于是，祠堂门又可以重开了，直至1984年宗祠管理主要由董依夏负责，董谊财辅之。此时宗祠管理处于恢复阶段。1984年董依夏因积劳成疾，英年早逝，此后宗祠管理主要由在乡族长董谊财负责。1997年古槐董氏宗祠因年久失修，处于风雨飘摇状态，重建宗祠迫在眉睫。于是，董谊财首倡重建宗祠，筹备成立重建古槐董氏宗祠理事会，董谊财因年事已高，担任名誉会长，推举廉能奉公的董桂官担任理事长，主持宗祠重建工作。重建工作得到海内外古槐董氏宗亲和前董、金峰董朱、后董兄弟宗亲的响应，前后筹集捐款逾百万元。宗祠于1997年5月重建动工，历经一年零六个月的施工，于1998年11月竣工。此后，宗祠理事会又新建了敬老院，铺设下水道和环村大道，修建公厕等公共设施，使村容村貌大大改观，提高了乡亲生活幸福指数。这阶段宗祠管理是发展阶段。2012年，董桂官因年事已高，不便参加外出活动。目前，宗祠管理由族长董作炽主持，具体祠堂事务由董国添执行管理。

东挽白马日月涌　西来瑞气震龙连

长乐文岭后董震龙董氏宗祠

一、地理概况

后董村，位于文岭镇东南部，辖后董、大垱尾、小垱尾、龙口下、新厝5个自然村。与石壁村、山边刘村、龙塘村、前董村相邻。后董村人勤物丰，空气清新，人杰地灵。该村以董姓为主，董玠九世董思诚于宋端拱二年（989年）迁至长乐之黄岐沙里，后思诚孙舜都公卜迁二十四都艾石山下震龙境（今长乐文岭后董村）。

二、宗祠大观

震龙董氏宗祠坐落于长乐区文岭镇后董村，始建于宋初，历经沧桑，于宋淳熙十五年（1188年）重建。

今逢改革开放，全村侨居外国的人员日渐增多，经济面貌焕然一新。全村族人

震龙董氏宗祠外景

踊跃集资794000元，1998年重新修建宗祠。宗祠坐东向西，祠前堂水玉带环腰。占地面积约1200平方米，四柱三间结构，二重担歇山顶，凌空翘角，巍峨壮观。

祠宇融古今建筑为一体，四周风火高墙，气势雄伟壮丽。大门上方额"震龙董氏宗祠"，字楷书，苍劲有力。正大门有一对联，左联为"江都旋马第"，右联为"帝世蓁龙家"。宗祠前方建成祖厅，祖厅三落直进，专供丧事之用。祠左屹立震龙碑，碑下建有尊王庙，祠右建起松鹤亭，亭下为后董文化中心。

后董还有地房的凤彩堂和永利公世系港咀严德堂。

地房凤彩堂房厅记

震龙董地房世祖凤公，字汝彩，号万腾。公善察山川地势，慧悉地灵脉气，建凤彩堂房厅于震龙董氏宗祠左翼，建造年间不详，房厅朝向坐甲庚兼卯酉三分。

凤彩堂房厅坐落于燕窝之侧，此穴脉乘群峰竞秀，山峰嶙峋峭奇，巍峨高耸的岐山主峰穿山过峡、透地入首脉之灵气。前有泰贤山玉峰作案，后面飞燕展翅为座山，左边震龙碑回首作印，右边树挡顶峰峦护街。厅前日月二池，明堂朝水屯聚，形成日月拱照、华光映堂之势。外堂内河秀水，犹如玉带环腰，环抱堂前而过，真乃燕雁交翅，龙虎交会，山环水抱，荫发财丁之地也。

后裔子孙英才辈出，专家教授、华侨富绅、达官贵人、才子贤人，荣耀门庭，福泽流衍，富贵绵长。有诗赞曰："观音山麓燕窝穴，艾石山下震龙碑。凤彩堂前日月池，地灵人杰出英贤。"

永利公世系港咀严德堂记

严德堂地处长乐区文岭镇港咀牛背山下，坐东南朝西北，背靠桃剑峰，面朝莲花笔架山，左旗鼓，右蛇龟。南起填沙湖，东湖支流绕厅前入海，前有峡梅省道，并左距金峰商贸集镇4公里，右距梅花古老渔港约1.5公里，交通便利。

严德堂建于1947年，厅堂结构五柱八榻七间，故又名"八捐七"，是中共长乐县庐北区委会、文岭（梅花）支部开展革命活动的旧址。严德堂始祖董仁堂公，字家冕，娶文岭郑珑郑氏细妹，生六男二女，家境清贫，与母同甘共苦，开创家业，率儿孙围海堤开垦塘园，又在石壁乌咀围堤垦荒沙园，种蛏养殖，并在牛背山、万宝山等处开荒种番薯和造林。打破千年旧俗，在正月初一日儿孙同心同德开工劳动、默默探索。

从后董搬出迁入港咀，繁衍生息，迄今繁衍相传有5世，20余户100余人。后裔兴旺发达，人才辈出，分布各行各业，再创佳业。"严德堂"的严德二字乃祖训，让后人不忘始祖创业仁德为人、开拓进取的精神，再展宏图。

三、家族繁衍

董玠九世董璘公生二子，长曰思诚，次曰思谨，思诚公于宋端拱二年（989年）由福唐城迁长乐之黄岐沙里，思诚孙舜都公卜迁二十四都艾石山下震龙境（今后董村），今传24世，居村500余户1100多人。

后董有两个重要分支。一是东岱分支，董玠后裔十七世董佺，官授南宋秘书郎，同进士出身。宋末，因世运变故，为避元患别震龙（长乐后董别称）独自泛舟入迁连江县永福乡永贵里岱堡之南牛路下董厝角（现名董厝路），该地离连江县东门20里。迄今历790多年，人丁

震龙董氏宗祠内景

发达兴旺。董佺公被尊为迁居东岱董氏一世祖。至今已传28世，居村300余户700多人。

另一支是在明末清初，长乐沿海倭寇横行、生灵涂炭，为避倭窜长乐，后董村有董玠后裔二十八世董则齐、董则前、董则茂、董则对等人，携眷迁居至福州鼓山镇远洋乡远西村谋求生存发展。今传14世，居村200余户600多人。

震龙董氏简明世系图如下：

11世	12世	13世	14世	15世	16世	17世	18世	19世	20世
舜都公	绵公	鲍公	垣公	靴公	梁公	佺公（别迁连江东岱）			
					栋公	钟公（迁建阳）			
					铸公	砥公	伯安公	德义公	
					铎公	砺公	伯宁公	继宗公	

（继宗公为震龙董氏一世祖）

21世

龙公	字汝厚，行一，乃天房始祖，别迁待考	（天房）
凤公	生娶卒年月俱失详	（地房）
熊公	字汝渭，行三，未立后嗣	
罴公	字汝吉，行四，其后裔繁衍河南一带	（世房）
銮公	字汝翔，号万顷，行五，生前出大富，乃人房始祖	（人房）
鲲公	字汝南，行六，未立后嗣	
鲵公	未立，夭殇	

四、祖训内涵

震龙董氏祖训

一训孝顺父母。人之一百行，莫大于孝，家庭中有善事父母，克供子侄者，理合褒嘉，呈请给匾以旌孝行。

二训敬老尊贤。高年硕望，模范具焉，国家且有优待之典，族姓可无推崇之文？今与子姓约，尚敬礼之，毋或敢忽。

三训和睦亲族。子姓繁衍皆祖宗一脉分支之亲，忍漠外视乎？凡我族人尚笃亲亲之谊，方不愧为望族。

四训勤读诗书。报国荣亲，诗书之泽甚大。凡我子姓有志诵读者，品行文章着力砥砺，或列黉序或掇巍科，非特宗祖有光，亦副族人之望。

五训诚实正业。工农商贾各有专业，敦本务实乃克有成。凡我子姓宜执其业，实其职者方为董家令嗣。

六训早完钱粮。钱粮为惟正之供，输纳实臣民之分，凡我族人宜各早完，毋累亲族。

七训疏财仗义。凡我子姓救危助弱，资助贫困族亲脱贫致富者，均应嘉其名，表其彰。

五、古今名贤

董泰齐，字永坦，清进士，曾任知县（据墓碑记）。

董高德，字政群，1944年加入中共地下组织从事革命工作，历任中共长乐梅花支部书记、庐北区委委员。1949年后毕业于福建人民革命大学，后任连江县公安助理员、武装部副部长、副区长、书记等职，1989年正处领导岗位上光荣离休。

董铭华，武警部队上校军衔。

董明亮，任福建省高级人民法院副院长。

董明光，毕业于南京农业大学，历任晋安区王庄街道办事处主任、晋安区新店镇党委书记，福州市火车站地区综合管理办公室主任（副处级），陕西省延川县委常委副县长，福州市晋安区人大常委会副主任等职。

董凌，工科硕士，任农业银行福州分行网络金融部经理、信息中心主任。

董碧仙，女，毕业于北京大学法律系，曾任福建省高级法院法官培训中心副教授，福建省高级法院民庭庭长助理、副庭长、庭长。2020年任省高级法院审判委员会专职委员（厅级）。

董水观，字德颖，空军团职干部，曾任福建省人民政府第十一办公室处长、福州市公安局纪委、特警支队副主任等职。

董明煌，字隆洋，曾任空军某部副团长，2016年团职转业至福建省国有资产管理委员会，任平潭综合实验区国资局副局长，现任福建省国资委副处长。

董翱翔（天祥），字隆翔，海军上校军衔，曾任海军福建基地某部教导员、副处长、团政委。

董立开，字美祥，任福建省财政厅政府和社会资本合作（PPP）项目中心主任（处级）。

董城水，字美德，毕业于清华大学工程物理系。任海军某部司令部参谋、副科长。后历任长乐区（市、县）潭头镇镇长，中共长乐区（市）委政法委副书记、长乐区（市）社会治安综合治理办公室主任。

董良坚，字家兴，高级工程师、国家一级注册建筑师、国家注册监理工程师、福建省政府投资项目评审（咨询）专家，任福建建工装配式建筑研究院有限公司副总经理、福建省粮食工程设计院院长。

董建秋，厦门大学生物学硕士，任福建省协和医院肿瘤研究中心研究员。

董少明，字德明，福建师大博士，先后任职于晋安区法院、福州市纪委，现就职于福建省委改革办公室（财经办公室）。

董立耀，字美帅，毕业于福建财会管理干部学院，会计师。曾任连江县政协委员会委员、福州市工商联常委、福

建省房地产评估专家委员会常委，现任福建正德集团董事长、福建省姓氏源流研究会董氏委员会执行会长。

董航，字德卿，先后毕业福州大学厦门工艺美术学院、南昌大学，硕士，副教授，任福州理工学院系主任。

六、主要景点

后董村旧称震龙二十四都，本境有许多名山胜景，主要有棋山、马头山、后门山、东房山葫芦穴、六房山、科安山、观音碑、艾石碑、震龙碑，并有摩崖石刻"震龙"。震龙后董湖泊池塘有填沙湖、日池、月池、八卦池、全球池、大池、米槌池、石井港。其中，石井港于乾隆二十年（1755年）由董、薛、徐、陈等姓同造，载入《长乐县志》。村中有古井一口，位置在艾石碑边，井塔石上刻载系明万历年间建造。另有外头井和龙口井。

（一）后董文化中心

为弘扬社会主义荣辱观，营造新农村文化氛围，2010年后董村民倡议建设后董文化中心。当时后董的经济条件相对较差，但后董董氏宗亲为了美化村容村貌、改善人居环境、丰富文化生活、提升生活品位，筹备组充分动员董氏宗亲及董家女婿、远洋董氏及各震龙支系董氏宗亲，群策群力、众志成城、聚沙成塔，建设后董文化中心。2011年开工

后董文化中心

士，也在长乐潭头二刘村、古槐镇及三溪村等地都留下了石刻。

朱熹究竟为何在此处留下石刻？为何没有署名？"震龙"两字的含义是什么？这些疑团现在已经不可考证，但都不妨碍后董的"震龙"石刻成为研究朱熹在长乐活动、教授理学的重要历史文物之一。

（三）白马尊王庙

震龙境白马尊王庙建于后唐清泰二年（935年），先后经过了清道光二十四年（1844年），民国壬申年（1932年）和1982年的3次重修。最近的第四次由后董荣寿园配合全体村民捐资乐助315000元，于1995年春开始兴工修建，并扩建大殿及后座，至1995年冬工程告竣。扩建后的白马尊王庙气派万千，肃穆壮观。本乡及外地群众以及侨居外国的人士皆来此庙焚香并叩求祈祥赐福。特别每月初一、十五日，本乡和外地的善男信女

建设，经过一年的艰苦努力，在2012年建成一座建筑面积1300多平方米、耗资300多万元的气势恢宏的后董文化中心，其犹如一颗镶嵌在艾石山下的耀眼明珠。

（二）摩崖石刻

后董村山水秀丽，村后山有观音岩，好像观音菩萨端坐山顶。村边还有一块80平方米的镜岩，宛若一面镜子，镜旁有一块高13米、宽5米的岩石，其上刻"震龙"两个大字。二字楷书，径4尺，载入《长乐县志》，相传"震龙"石刻系南宋理学家朱熹之手笔。

根据相关历史记载，庆元二年（1196年），朱熹为避"伪学"禁，游学于长乐，不仅在长乐培养了一批理学人

"震龙"摩崖石刻

后董龙山洞白马尊王庙

来供香求神的络绎不绝。事业有成的村民均于每年正月初九至十五日请来戏班在后董食堂公演戏剧，举行"谢神"庆功演出活动。村民每年还于正月初九日在白马尊王庙内供礼"摆暝"敬神，灯光灿烂，通宵达旦。

（四）观音寺

2000年所建，后山顶有一处观音像，仔细看还有脚踝和脚板，俗称"一踏天"。寺边还有青泉古井和童子拜观音古迹。

（五）观音堂

1999年，在山水清静的后董湖里井地方建起观音堂，占地面积数百平方米。堂中端坐大慈大悲的观世音菩萨，庄严慈祥。左右有数尊金身塑像，形象生动。

（六）文昌宫

1999年，后董村民董良光在白马尊王庙右侧，原大王宫旧址建立一座文昌宫，殿内端坐文昌帝君与大王夫人塑像。宫内设左中右三殿，供村民焚香祈福。

（七）亭桥

后董骑街桥，乃祖经公于清乾隆年间（1736—1795年）建造。新塘桥，乃震龙董孝传于嘉庆丙辰年（1796年）倡造，载入《长乐县志》。1995年2月，董家冕后裔集资2万元修建一座董堂桥。1999年，震龙董氏宗祠右翼山坡上新建一座松鹤亭，供村民歇凉观景。

（八）日月池

后董村的日月池实际是两口池，位于后董村震龙董氏宗祠前方，近的一口呈圆形，叫作"日池"；远的一口呈月牙形，叫作"月池"。

一般大厝、祠堂或祖厅只挖一个半月池，因为建房子需要的泥土，往往就地取材，挖着挖着，一口半月池就出来了。极少像震龙董氏宗祠这样挖两口水池的。可能当年震龙董氏宗祠也只有一口半月池，但是先人在池中间修了一条路，将半月池切为两半，一半形状好像新月，一半则接近圆形，或许这就是日月池的由来。

然而，真正令人佩服的是老祖宗们在其中所展现的生活智慧。池内的水是流动的，可作为日常生活所需要的水源，用来饮用、洗涤等。万一发生火情，池里的水就成了消防用水。平常池内也会养鱼或是放养鸭鹅，这也是农村肉品自给自足的重要供应来源。

（九）后董古厝

文岭镇后董村 57 号为一处古民居，建于民国时期。古厝为土木结构联排房屋，两侧为砖石垒成的高墙，呈长方形，整体呈灰棕色。房屋呈两层结构，二楼设有木质阳台，样式仿美人靠。为保障安全，该房屋后方转角位置设置为圆角，目前该处古民居四周地面均已硬化，并设有排水渠，部分房间也已改造成现代砖墙结构。

（十）清泉古井

清泉古井位于后董村观音岩下，不知开凿时间，村里的老人说至少也有上百年的时间。古井在 1974 年得到重修。重修后的井沿为四方形，1.5 米见方，由 4 块青石相嵌而成，一块青石上刻着"震龙清泉井　公元一九七四年秋造"字样。水井内壁为圆形，井水清澈见底，至今仍有不少村民前来取水，用于酿酒、泡茶。

（长乐后董董氏理事会提供资料，严德堂部分由严德堂始祖仁堂公四子董高德撰写）

陇西世家绳祖武　鳌峰望族裕前光

长乐文岭前董鳌峰董氏宗祠

一、地理概况

文岭镇位于长乐东北部，地处闽江口南岸，东面临海，西接金峰、潭头，南界湖南，北与梅花毗邻，总面积33平方公里，海岸线长13公里，是长乐唯一的滨江滨海乡镇。这里山川隽美，景色宜人；人文荟萃，底蕴深厚。这里拥有天塌湖、东湖、棋山公园、既济堂等一批自然人文景观，滨海基干林带生态型绿色通道、滨江湿地与珍稀候鸟、海鸟

鳌峰董氏宗祠外景

特色生态资源，将发展为"临空产业强镇、宜居生态新镇、和谐文明之镇"，具备较强的旅游开发潜力。

前董村位于文岭镇东北部，辖下店、禄房、富朱里、山仔边、树笼、磨兜和赤岐7个自然村，全村970余户，人口约3252人，其中旅居海外200多人。前董村现有耕地面积1476亩，林地面积4000多亩，以农业、养殖业为主，种植土豆、白萝卜、红薯等；企业以鳗场、虾场为主，村里共有10多家养殖场，年产值亿元。

二、宗祠大观

鳌峰董氏始祖舜俞公，乃唐乾元元年（758年）闽防御使、福州刺史董玠公十一世孙。舜俞公于宋中叶播迁长乐县二十四都鳌峰东畔繁衍生息，裔孙枝繁叶茂，人才辈出。后裔于宋后叶大兴土木，建成鳌峰董氏宗祠。宗祠堂号为"正义堂"，坐落在下店自然村，三落透后。迄今悠悠千载，历尽沧桑，垣墙倾圮。

时逢改革开放深入发展，国富民强，百业待兴。于是，村中有识之士发出筹建宗祠倡议。族人董旺盛撰《重建鳌峰董氏宗祠碑记》详尽记述："正值世纪之交……国运昌隆，为尊宗敬祖，弘扬先祖灿烂的文化遗产，再创鳌峰精神文明，在族人董志灯、董美耀、董诗权、董国利、

董增利等倡议下，我村于庚辰夏组成了以董增利为理事长的重建祠堂理事会，并卜吉日鼎建。董氏子孙同声呼应，兄弟姐妹慷慨解囊竞助，共筹得资金贰佰捌拾万元人民币。吾族上下，同心同德，群策群力，历二年余新祠终于壬午秋竣工，圆了鳌峰董氏子孙几代人的夙愿。"

新祠坐落于下店，傍鳌峰，临东海，枕棋山，群山环抱，水秀山明。宗祠由祖祠、中厅和"陇西鳌峰楼"等组成。砖混结构，坐北朝南，占地面积1800平方米，建筑面积1350平方米。祠内每座建筑，创意新颖，博采众长，别具一格。

新建"陇西鳌峰楼"呈三层牌楼结构，筒形琉璃红瓦闪光耀眼，燕尾翘脊，屋脊顶安放双龙戏珠饰物，楼面中间悬挂"陇西鳌峰楼"金色大字，阳光下金光闪闪。祠前有200多平方米的埕地，连通村道，道旁建有休闲过廊等。大门口一对雌雄石狮把守，避邪祛秽。登上三级青石台阶，宗祠大门两旁一对青石龙柱浮雕栩栩如生。左右"入孝""出悌"两仪门。

沿着宗祠大门中轴线进入中厅，中厅主要为祠堂祀事、聚会及平时宗亲休闲场所。中厅之后是祖祠，祖祠是二进砖混结构。中轴线由大门、天井、厅堂、公婆龛组成。天井两旁扶梯上建有阁楼，左"钟楼"、右"鼓楼"，连接着厅堂，厅堂左右两边墙壁上镶嵌着陶绘的"二十四孝图"。厅堂由一对青石镂空大

龙柱和两对磨光白色石柱
支撑大厅，大厅明间不设
门扇，为敞口厅，是家族
祭祀、聚会议事之所。两
对白色石柱有"鳌族四围栋
宇极云露蔚骏；峰开一鉴
岁时荐蘋藻馨香""先业溯
陇西支派遥引原一脉；家
声绍江都祠堂屹立足千秋"
两副对联金光闪闪。厅中
悬挂各兄弟宗祠送来的贺
匾。在大厅后设有三间橱
柜式木作红底贴上金箔的
供奉祖先的精美神龛，神
龛之上悬挂红底金字额匾"世德堂"。

鳌峰董氏宗祠内景

青石白壁、斗拱举天、重檐如画，
庄严肃穆、金碧辉煌、古韵悠扬的前董
宗祠给人们带来独特的美感。"红墙琉璃
放光芒，雄狮抱球下山冈。天湖玉带环
腰过，疑是天宫落海疆。"它以宏伟的身
姿，巍然立于长乐北乡，雄踞东海之滨。

前董董氏兴旺发达，支系大、人口
多，经济条件优越，又分福禄寿三房。
为了宗族活动的方便，各房又分别设置
有鳌峰福房、六房、树桅、下屿头、树
桅新厅等多个福房祖厅，以及董道标公
祖厅、乾元里祖厅、孝辉房祖厅、陇西
鳌峰永藩公祖厅、禄房宜厅、鳌峰寿房
祖厅、寿房上店顶祖厅等。每个祖厅建
筑都别具一格，美轮美奂。

前董董氏宗祠和多座祖厅的价值，

不仅在于建筑富丽堂皇、美轮美奂，更
在于让董氏后人通过各种建筑形制与人
文构件，去触摸铭刻历史的一砖一木。

三、祠堂楹联

前董鳌峰董氏宗祠的祠联经典丰富，
富有内涵，精美贴切。有的祠联还是宗
亲董作烈先生专门为前董量身定做的。

三落厝对联：

春露秋霜克明祀事；
水源木本永荐孝恩。

观宗祠巍峨地灵人杰；
庆祖德浩荡物阜民安。

衍派恭龙世泽长丕振；

支分江都家声永宏扬。

先辈建宗祠物华天宝；
兰桂树善德人杰地灵。

祖祠对联：

江都家声远；鳌峰世泽长。

史才光晋承；理学著江都。

江都司马第；帝世纂龙家。

盛世创业兴隆繁俎豆；
纪元伊始旺族必达贤。

鳌峰胜地延衍派福聚人宁；
余香佳景永飞腾长发其祥。

鳌族四围栋宇极云露蔚驳；
峰开一鉴岁时荐蘋藻馨香。

先业溯陇西支派遥引原一脉；
家声绍江都祠堂屹立足千秋。

允崇文学英俊齐彰观光上国；
奕代联芳贻谋克绍赐福孔长。

这些祠联中，有两副具有特色。其一，"先业溯陇西支派遥引原一脉；家声绍江都祠堂屹立足千秋"，此为溯源联。上联典出长乐董氏溯源均为陇西董氏一支流派系，即汉大儒董仲舒之后裔，为陇西望族；下联呼应上联长乐董氏开基祖为董玠，是江都相董仲舒后裔。此联道出前董的前世今生，是副难得的溯源联。

其二，在神龛"世德堂"旁有一副祠联："允崇文学英俊齐彰观光上国；奕代联芳贻谋克绍赐福孔长。"初究不像祠联格式，但词组意境隽永，字韵铿锵有声。这实际是董玠世系的后二十四世昭穆排行，尚有前二十四世排行："继汝宗彦，廷建有善，则尔永孝，述祖道谊，传家政美，德隆积庆。"因昭穆使用年代久远，许多村庄失传或前二十四世将使用完成，不知如何接续，前董祠堂便将后二十四世昭穆作为祠联镶刻在神龛旁，使用时十分方便，且有章可循。

四、家族繁衍

长乐古槐董的另一支自珙公三传至舜俞，至宋中叶始由世居十七都蔡宅之旁，迁至二十四都鳌峰之东畔大启室宇之前董（今长乐文岭镇前董村），福禄寿三房又分支文岭石壁，宋熙宁年间（1068—1077年）又分支为金墩（金峰）董朱。今逾千载，人口逾万，衍发35世。其中，前董的福房分支相对人数较多。

前董董氏简明世系图如下：

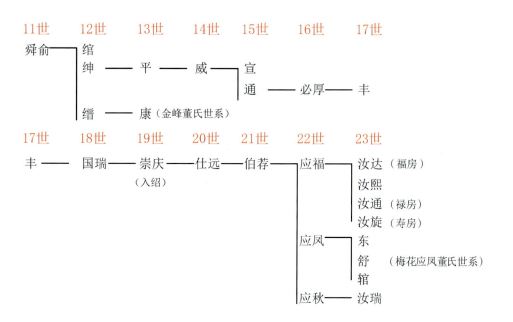

11世	12世	13世	14世	15世	16世	17世
舜俞—绾						
绅	平	威	宣			
			通	必厚	丰	
缙	康（金峰董氏世系）					

17世	18世	19世	20世	21世	22世	23世
丰	国瑞	崇庆（入绍）	仕远	伯荐	应福	汝达（福房） 汝熙 汝通（禄房） 汝旋（寿房）
					应凤	东 舒　（梅花应凤董氏世系） 辐
					应秋	汝瑞

五、逸闻轶事

（一）天塌湖的传说

其一，因为天塌湖是由山、沙围海而成的，免不了湖中有巨物。相传很久以前湖中有两头千年巨鼋，经常兴风作浪。其中一头巨鼋升天时，天昏地暗、狂风骤雨、迅雷掣电，庄稼、房屋被毁无数。人们便惧怕另一头巨鼋升天，于是多方拜神求佛。恰附近棋山寺有一得道高僧，点化金犁金耙坠入湖中，令巨鼋两眼失明，才将其镇住。前董尚有民谣传唱："上、下湖出万种景致，下湖出头青盲鼋。"

其二，相传只要有人家有十子连续车水，就会把天塌湖抽干，得到金犁金耙。某年间，天大旱，天塌湖水干可见底，一户人家集九个儿子和一个女婿一起在湖上置多架水车抽水，准备抽干湖水，妄想得到金犁金耙，过午时，湖水几可见底，只见金犁金耙唾手可得。这时一女子送来点心，叫道："姐夫，快来吃点心啦。"刹那间天昏地暗大雨倾盆，湖水又慢慢升高到岸边。金犁金耙美梦终成空谈。

其三，相传从前天塌湖在端午节有龙舟竞渡。有一年，一农妇梦见龙舟划到天上去，觉得不吉利，就将裤带偷偷系在去划船的丈夫身上。第二天，两艘竞渡的龙舟竟然真得划到云霄中去了，就在人们惊慌之际，一艘龙舟掉了下来，原来那个农民身上系着裤带，以致不能上天。现在，天塌湖边棋山烟台峰上依然有一块寸草不生的地形如龙舟，传说这就是当年龙舟落下的地方。

（二）建既济堂的传说

既济堂又称帝爷庙，建在磨兜自

然村旁的山岭上，此处信众众多，香火鼎盛，名播长乐北部。传说，村民乾元公在海边撒网捕鱼，头网收网时，一条鱼都没有，只网到从闽江上游漂来的木雕神祇牌，于是将其抛向大海的远处。又连下两网，每网打不到鱼，且又网到木雕神祇牌，乾元公对着木雕神祇牌说："若您助我连续三网都能网到满网黄鱼，我就将您带回，供在家庙顶礼膜拜。"果不其然，乾元公连续三网满载大黄鱼，于是将木雕神祇牌带回家，供在屋旁的家庙。由于香火日旺，名播乡里，所以村里人择地磨兜岭，建起既济堂，后又在其东边建起帝君祠，现在又在左边建起大王宫。

（三）祠址勘定的传说

据说那时鳌峰山边杂居着几个不同姓氏族群，有马、桑、钱、刘、高、李、许、吴、董姓，大多数从外地迁徙而来，董氏只是其中一族。据说，古时许家一户女儿与董氏男子结亲，出嫁上轿那天，许女不肯上轿，哭哭啼啼。许氏父母问其缘故，许女便请求父母将许家一块种植黄麻的菜园地作为随嫁礼物，以便日后自己搓麻线织布帮衬丈夫生活。父母点头允之，许女才肯出嫁董家。日后，董氏就在这块麻园地上建起祠堂，建祠时西北角还差一小块，请求土地主人转让遭拒绝，因此祠堂建成后还是凹一角。

六、名胜古迹

（一）棋山寺

棋山寺位于前董村棋山上，始建于唐咸通二年（861年），寺院周围松竹并茂，叠翠重重。

寺名的由来与棋山传说有关。据民国《长乐县志·山川》记载："在二十四都者曰棋山，上有石台，广平可坐，传有仙对弈于此，至今台旁不生荆棘。"又记载："棋山寺在二十四都，唐咸通二年（861年）里人王俸建"，"清康熙间毁，嗣建后座，雍正间又建前座，余尚未尽复"。

棋山寺是长乐二十四都中最具盛名的禅寺，寺前有两口填沙湖，水清如镜。上湖背后小山丘形似金线吊葫芦等地，景色迷人。棋山寺背后有棋山、骏马山、烟台姆山三座山丘紧紧相连，树木茂密，尤其春秋季节，这里花香鸟语、水光山色，非常迷人，历代不少官宦吟咏于此。

唐宋佛教鼎盛时期，这里的寺庙规模相当庞大。虽然曾经战火所毁，但屡毁屡建，显示了顽强的生命力。2006年还从地下挖掘出戒石（俗称"金刚手指"），颇为珍贵，是长乐区为数不多的古代佛教设施的器具实物，由此还可以看出棋山寺的悠久历史。

宋朝县令徐俯有《棋山》一诗提到棋山寺："风驭云軿去渺茫，石奇松老尚苍苍。留题尽有争先意，谁识棋山是道场。"明初，闽中十才子之一的邑人陈亮也有一首提到棋山寺的诗："久耽丘壑游，未历棋山路。偶访招提居，夤缘入祇树。"

自明朝后期开始，倭寇横行于东南沿海，寺院深受其害，毁于兵火之中。及至清初，又有僧人于此间结庐而居，大兴宗风，复建禅院，但已无旧时规模。即便如此，清乾隆间邑人董绍安还是用诗赞美了棋山寺："棋峰耸峙势峥嵘，俯瞰江涛入眼清。天际红光浮锦屿，山间紫气绕梅城。仙盘曾托仙人迹，梵刹时闻梵呗声。名胜由来传此地，好将佳景拟蓬瀛。"

曾任中华民国司法筹备处处长、内务部司长、参政院参政、国会议员、安徽省省长等职务的李兆珍也为本寺留下碑文，现今还保存着。

中华人民共和国成立后，守备部队驻扎于此（1956 年），并重建 30 多间房屋作为营区使用，今殿后仍存有营房 10 多间。1996 年部队迁移之后，附近的村民、华侨开始了棋山寺重建工作，创造出古今交融的现代建筑，使棋山寺"清幽中见繁荣，庄严中具华丽"而闻名遐迩。

重建后的棋山寺占地面积 26400 平方米，建筑面积 3970 平方米。整座寺院沿山势自然上升，层次分明。中轴线上由南至北依次有山门、天王殿、大雄宝殿，西侧有僧寮，再后还有五观堂、念佛堂。主体突出，巍峨壮观，寺院四面

棋山寺

天塌湖

密林相围，漫步其间，让人有种说不出的美感。

（二）天塌湖

天塌湖又称"天宅湖"，位于前董村棋山，分为上湖、下湖，面积将近200亩，是两眼相连的"双子星"的山间湖泊，上湖高于地平面约30米，下湖高出地平面10多米。

天塌湖周边散布着猫仔山、猪母山、金银山等大大小小的小山丘，犹如"大珠小珠落玉盘"。

上文提到的压制天塌湖巨鼋的传说，更像是先民们在生态和谐方面对后人的一种告诫。在这个传说里，鼋象征了百姓们惧怕的自然灾害，犁和耙代表农耕社会人们用来改造自然的工具。只有合理地使用犁和耙，才能预防和抵挡自然

灾害，因而要敬畏自然，要与自然和谐相处。因此，天塌湖作为古代文岭这一带的民间水利工程，千百年来一直起着蓄水、排洪、灌溉的作用。

（三）既济堂

既济堂建于清朝，至今已有300多年的历史。经历多次重修，最早的一块重修碑是清朝道光甲辰年（1844年），而最近的一次重修则是在2010年左右。

重修后的既济堂蔚然壮观，大门采用徽派风格的台阁式门楼。既济堂分为两进，后进为正殿，供奉着彩塑人物。其中一块"敬神如神在"的牌子，更让每个身临其境的人都有一种心灵上的触动和慰藉。

（四）古井

前董村有水井数口，大都年代久远，

不知默默地陪伴了村民多少春夏秋冬。

一口古井位于前董村祠堂附近，由于周边地势抬高，村民给水井添加圆形的井沿。这就让这口井呈上小下大的宝瓶状，井沿四周刻着"福水流长"四个字。

一口古井位于三岔路口，井沿原来是四块青石相拼而成的四方形，因为周边修路，地势抬升，又在井沿上先后加了两次水泥。井沿上写着"禄房　公元一九八二年"。

一口古井位于民居深处，四块青石围成四方形井沿，石上分别刻着"东南屏秀"四个字。离水井不远，倾覆着一个具有明朝风格的石臼和洗衣服用的石槽，想来也和水井一样，逐渐远离人们的生活。

一口古井位于民居中，井沿用水泥涂抹，井沿外侧为四方形，内侧为八角形。井沿外侧刻着"兴村井　重建于公元一九九二年春三月十一日"的字样。附近老人说他们从小就用这口井，前几年还有出国回来的人专门到这口井里装了水，说是要带到国外去。

（五）鼠屿

前董东北临石壁村，石壁海滩不远的波洲岛又叫鼠屿，岛上设有灯塔，是南来北往船只的航标。它与"猫屿"以及附近的"猪脚山"好像在演绎着"猫鼠争吃猪"的故事。

（六）朱子祠

原址为旧书斋、学堂，始建于理学大兴的明朝中叶，时长乐素有"海滨邹鲁"之誉，人才辈出，历久不衰。当时前董村有识之士于农耕之余，推崇圣贤倡导，勤学苦练，重教兴文。于是兴义学，培育村中英才，族谱中有义田记载，专门用于兴办义学。2017年春，村中老人会为了重现"天光云影，源头活水"的意境，大力倡导尊师重教，因此在旧书斋、学堂遗址旁重建了"朱子祠"，用于教育勉励后人。

（七）下店清代古厝

前董村下店213号是一座清代古厝。土木结构，六扇五开间，前有埕，埕的周边有披榭，房屋外墙为土石结构，两侧马鞍墙依然精美。据介绍，该古民居厅堂内原有精美壁画数幅，但因长久无人维护，现已全部褪色脱落。目前我们能够看到的雕花，如梁托、柱托等，都非常精美珍贵。今庭院地面已全部硬化，两侧的厢房也全部改造成现代砖墙结构房屋。

（八）节孝祠

古代原为表彰守节、殉节的妇女而设的专祠，多以士子为褒扬母亲养育之恩为名而建立。在理学之风兴盛之时，多以"贞"为主，褒扬女子在丈夫死后自愿守寡守节、侍奉公婆等恪守贞节、坚贞不渝的妇德。前董村古时有此节妇，因而设立此祠纪念之。

七、习俗传承

（一）游神

文岭的游神、迎神是乡村里举行的一项重大的习俗活动。一般在农历的五月初四日，游神常以村为单位，或以姓氏宗亲为单位，有时数村联合，用敞篷大轩抬着当地供奉的神祇塑身，或由人顶着供奉的神像，在锣鼓和鞭炮声中结队巡游村境，用当地老百姓喜闻乐见的形式祈祷国泰民安。

（二）新风

前董历史文化底蕴深厚，素有"彬彬向学，兴仁让仁"的优良传统。随着经济的发展和生活质量的提高，"崇尚文明，重视教育"正成为富裕起来的村民的新追求。若干古迹、遗址被逐步地修复和保护，许多重要人物的史迹不断被挖掘和展示出来。特别是在"美丽长乐"大行动中，深入开展"讲文明、讲卫生、改陋习、树新风"活动，重塑尊老爱幼、知书达理、热爱自然等传统道德文化，使村民正确应对新时代的一些新情况、新问题。农民自办的扇舞、钱鼓舞、太极柔力球、腰鼓等健身队伍逐渐壮大。民间演出、主题会演不断创新开展，群众文化娱乐生活日益丰富多彩。

此外，前董村"两委"、宗祠理事会和老人会积极扶持热心文化公益事业的农户组建文化大院、文化中心户、文化室、图书馆等，引导先进文化进祠堂，将祠堂建成村史馆，以激励后人。

如今前董村在建好前董休闲公园后，斥巨资、大手笔修建"天塌湖"上湖，挖底清污，堆砌湖岸，修建栈道，驾设小桥，修造亭台，并计划与棋山风景区连片开发，发展周边游、农家乐旅游项目，使旅客在湖光山色中流连忘返。

社会主义新农村的文化建设是在农村生产发展的基础上社会事业全面发展的过程。它是一个动态的复杂的系统工程，要从实际出发，抓住重点，长远谋划，积极推进。

（三）捐资助学

前董村历来崇风重教，注重家教文风，历代名人辈出，科举中式屡有记载。近年来，随着经济发展，村民更加重视文化教育，用于教育扶助和奖优的教育基金，这几年也有不同程度的提高。特别是 2019 年，前董村有 2 名董家子女考入北京大学，轰动附近乡村。为此，镇、村联合召开表彰大会，村"两委"、老人会都给予奖励。

八、丰富物产

（一）特产粉干

文岭、石壁等地生产的粉干有几百年历史，闻名国内外。福建省粮油食品进出口集团有限公司定点在此生产出口米粉干，所生产的"白鹭"牌粉干曾获得农业部优质农产品称号和首届中国食品博览会银奖，远销欧美、东南亚等地区。

（二）红薯

红薯又称金薯、番薯。长乐种植红薯的历史可追溯至明朝，几百年来不断优化改良，加上长乐靠海的得天独厚的地理环境，沙壤土肥沃，土质疏松，土壤有机质含量高，种植出的红薯个大皮薄，食之甘甜无渣。

前董村以现代科学方法种植红薯，每年生产红薯可达10000多吨，优质薯苗千万株。2019年，由该村65户村民组成的长乐区富农达农民专业合作社，被评为省级示范合作社。合作社的带头人是"80后"董锋渠。"一生只求能种好这颗长乐番薯"，这是董锋渠追求的目标。董锋渠在日本打工多年，2012年回国后决心在家乡种植红薯。于是他发起成立了种薯合作社，种植基地达500多亩，年产红薯可达10000吨，带动周边100多户农民就业。同时，他们与省农科院作物研究所达成战略合作协议，获得种植优质紫色甘薯品种"福薯24"的授权，合作研发新品种、新技术，销售范围辐射福建乃至新疆、甘肃、山东、江西、湖南等地。目前，富农达农民专业合作社先后获得"长乐番薯"绿色食品标志，以及注册"富农薯""先薯亭"商标品牌。

九、古今名贤

董则坚，廪生，清康熙己亥年（1719年）拔贡，名春栋。

董尔咸，清康熙间监生，名文泓。

董道鑴，崇安县学训。

董执谊（1863—1942），字藻翔，号藕根居士，长乐文岭镇前董村人。清光绪二十三年（1897年）举人，出任盐官、谘议局议员。归辞后在南后街开设"味芸庐"书坊，主营地方文献和书籍。董执谊将清乾隆年间（1736—1795年）流传于福州的钞本《闽都佳话》进行整理、修订，编辑成书后，改名为《闽都别记》刊行。积极参与清末福州古迹的保护活动，主持重修福州文庙，协修城隍庙和明代名臣董应举祠。他还曾协修过《福州府志》。其手辑的《近人荣衰文件汇订》，是研究清末民初福建省世家宗族的原始资料。

董家遵（1910—1973），著名社会学家、历史学家。祖籍福建长乐，出生于福州，自幼接受私塾教育。1930年，由福建省立福州高级中学考入厦门大学社会学系。1932年，因仰慕孙中山先生的革命思想，转学到广州中山大学社会学系。1934年毕业后，经朱谦之等著名学者的推荐留校任教，历任社会学系助教、讲师，1940年晋升副教授，1942年晋升教授。1949年春，兼任社会学系主任。

中华人民共和国成立后，留任社会学系教授兼主任，并一度兼任校图书馆馆长。1952年院系调整，转任历史教授，兼中国古代史教研室主任。1973年1月7日因病去世。董家遵的学术研究生涯开始于中国社会学，后转入中国社会史研究，最后转入中国古代史研究。20世纪三四十年代，他尤其致力于中国古代婚姻史、家庭史的研究，在中山大学《社会科学论丛》季刊等杂志上发表一系列重要论文，对中国古代婚姻制度的起源、形式及其演变，特别是对古代收继制度、内婚制与外婚制、国家婚姻政策、离婚与寡妇再嫁等重要问题，都有系统论述，对先秦两汉魏晋南北朝家庭史问题提出了不少值得重视的见解，在一些方面实有开创之功。这些论文有《论汉唐时代的离婚》《汉唐时"七出"研究》《唐代婚姻研究》《从汉到宋寡妇再嫁习俗考》《我国收继婚的沿革》《中国收继婚之史的研究》《论古代法婚年龄》《明清学者关于贞女问题的论战》《历代节妇烈女的统计》，后大部分收入其遗著《中国古代婚姻史研究》中。这部遗著显示了董家遵在20世纪中国婚姻史、家庭史研究方面的成就。2004年，中山大学出版社出版了《董家遵文集》，列入"中山大学杰出人文学者文库"丛书中，是对董家遵的最好纪念。

董滔，黄埔军校毕业。

董琨，硕士，中国社会科学院副教授。

董好官，军校毕业，处级干部。2019年12月18日由福建省司法厅委员会任命为福州司法强制隔离戒毒所委员会委员、书记，福州司法强制隔离戒毒所所长。

董政秀，名聿田，长乐区纪委副书记。

董礼平，福州协和医院主任医生。

董东堡（1942—1994），又名美磊、敦堡。1962年福安农业专科学校毕业，分配到福鼎工作，1973年加入中国共产党。1981年2月，调任中共店下公社委员会副书记，1983年任中共店下区委书记。1984年2月，任福鼎县代理县长，同年7月在福鼎县第九届人民代表大会上被选为县长。1987年再次被选为县长。1975—1981年，先后两次领队赴海南岛试制杂交水稻良种，获得成功。先后建成点头、杨岐围垦工程，新建双溪口和续建大峨等6座水库；修建、续建前岐—矾山、石竹坑—荻阳等81条县乡（村）公路；新建桐城苗圃、溪头等10座水电站；架设福鼎—柘荣、桐山—沙埕、桐山—秦屿的输电线路。1991年1月和1994年1月，在福鼎县第十一届、第十二届人民代表大会上被选为县人大常委会主任。

陇西世泽流芳远　吴航苗裔衍庆长

长乐金峰董朱董氏宗祠

一、地理概况

金峰董朱董氏宗祠位于长乐区金峰镇胪峰社区董朱村，又称董朱公婆厅。金峰镇位于长乐北部，濒临台湾海峡，辖区面积29.88平方公里。东与文岭、湖南两镇毗邻，西与鹤上镇相连，南与漳港镇交界，北则与潭头镇接壤，属海洋性季风气候，常年雨量充沛，气候温和。

金峰原名甘墩，别名炉峰，百年前有人在胪峰山西侧的千年古刹"皇恩寺"上作"鸦池通玉井；镜石照金峰"对联，后人遂以金峰取代甘墩、炉峰。金峰是千年名镇，素以地理优越、物产富庶、商贸鼎盛、人文荟萃而饮誉八闽。历史上曾与涵江、石狮、石码并称福建四大名镇，享有"小上海"之美誉。改革开放以来，金峰更是加快前进步伐，被中

金峰董氏宗祠内景

国著名经济学家费孝通称为"草根工业发源地",是长乐纺织与钢铁行业的发源地。

金峰董朱村,古称"金墩董厝",属二十三都,董氏自宋乾道五年(1169年)迁入金峰,迄今已建村850多年。如今,金峰交通更加便捷,四通八达。而董朱村又处在金峰振兴路与第三公路中心地带,是庐峰大道、振兴路、金港路和东南绕城高速金峰段的交集处。它距长乐城区13公里、距福州长乐国际机场8公里、距长乐松下港深水码头20公里,又是镇政治、文化、经济与商贸中心。

二、宗祠大观

金峰董朱宗祠位于金峰旧街董朱老宅区,坐北朝南。宗祠构造为四进三廊四厅:第一进为积德厅,宽4.2米、长8.6米;第二进为励志厅,宽4.8米、长11米;第三进为思祖厅,宽11.5米、长14米;第四进为祖厅(神龛厅),宽4.6米、长13.6米。整座宗祠进深近60米,占地面积400平方米,建筑面积310平方米。据统计,一共用了120根落地木柱。相传宗祠约建于明末天启年间(1621—1627年),其先祖由苏州经商返回,与其他姓同往南平材场购买木材,大木被他姓抢先运走,于是只运回百多根圆木,连夜雇人竖立起这120根木柱,起盖了三进四厅的宗祠。其神速与魄力

传遍周边的村庄,一时成为美谈,故有"漏夜竖柱百二根,三落透后起祠堂"之说。

宗祠前原为一石埕,有一半圆泮池。祠前设有门楼,飞檐翘角,灰塑精巧。据老人回忆,古时有两对旗杆石,为族人清康熙六十年(1721年)黄岩总兵董应龙所立。宗祠第一进积德厅,原作为花厅(客厅),为迎客或准备用的,备有茶水。第二进励志厅,原壁两旁张示祖训(家规)或宗族溯源、祖上名人格语,训导后人勤奋励志,耕读传家,荣宗耀祖。第三进思祖厅,为族中规模较大活动的举办场所,如正月"摆暝"、婚丧酒席摆放及演戏等活动。据说若将前厅厅门拆卸,即可搭台做戏,真乃一厅多用。第四进祖厅,厅后设有"公婆龛",即神龛,供奉着列祖列宗神位,供族人春秋拜祭。建祠几百年间未改变祠堂旧址、范围、规格,迄今能完整地保存原貌,实属罕见。

三、家族繁衍

董玠十三世董康于宋乾道五年(1169年)由前董迁入庐峰金墩,即今金峰董朱。延至八世国仁(名希孟)于宋咸淳丙寅年(1266年)出赘曹家。国仁生四子,长子崇德回金墩复祖姓董,次子崇庆回前董姓董,三、四子乃承继曹家归曹姓,名君礼、君辅。于是董曹两家往来亲密,传为佳话。董朱村现有

金峰董朱门楼

300余户900多人（包括旅居海外35户），已传32世。

金峰董朱郡望为"陇西"，堂号为"正谊堂"。

金峰董朱昭穆行第与董玠支系相同。

其简明世系图如下：

12世	13世	14世	15世	16世	17世
缙	康	武	庚 和	麟	德载（东房） 德英（西房）

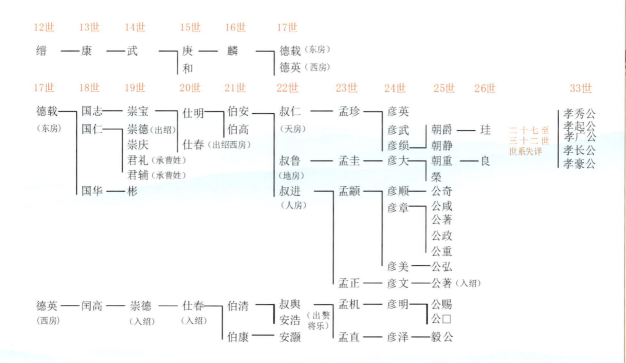

17世	18世	19世	20世	21世	22世	23世	24世	25世	26世	33世
德载 （东房）	国志 国仁 国华	崇宝 崇德（出绍） 崇庆 君礼（承曹姓） 君辅（承曹姓） 彬	仕明 仕春（出绍西房）	伯安 伯高	叔仁 （天房） 叔鲁 （地房） 叔进 （人房）	孟珍 孟圭 孟颐 孟正	彦英 彦武 彦缏 彦大 彦顺 彦章 彦美 彦文	朝爵 朝静 朝重 榮 公奇 公咸 公著 公政 公重 公弘 公著（入绍）	珪 良	孝秀公 孝起公 孝广公 孝长公 孝豪公

二十七至三十二世世系失详

17世	18世	19世	20世	21世	22世	23世	24世	25世
德英 （西房）	闽高	崇德 （入绍）	仕春 （入绍）	伯清 伯康	叔舆 安浩（出赘将乐） 安灏	孟机 孟直	彦明 彦泽	公赐 公□ 毅公

中保庵

《金峰董氏族谱》为打印装订本，修于 1999 年。据谱志载，金峰董氏乃始祖董康于宋乾道五年（1169 年）由鳌峰前董（另说十七都蔡宅）迁入金峰董厝，当时有否谱系无记载，族史亦无留传。经 250 多年后，于明洪熙元年（1425 年），董岱之子孟圭为本宗族世系纂谱并续行第，后又中断。1996 年，由金峰董朱老人会召集有关编谱人员，广征博采，从实际出发，反复调查论证，去伪存真，探本究源，重新编修，故而新修族谱融思想性、资讯性、科学性于一体，具有历史意义和现实意义。族贤董高斌在谱序中对新修族谱表达无限崇敬和高度评价；编修人员董政铭、董江水、董长城也在谱序中表达欣慰之情；老会长董文瑞亦为新谱写了编后语，希望新谱除了能慰先祖之灵，更能启迪后昆，世代传承。族谱共 36 节，包括

序跋、凡例、源流、世代名贤、概况、名人名言、传说轶事、乡规教育、名人乡贤、宗人迁徙情况、世系及编后语。现存金峰董朱老人会。

四、习俗传承

（一）中保庵"摆暝"

按金峰当地习俗，正月初九日起金峰地区有几个姓氏轮流为保境护民的中保庵神明"摆暝"。金峰董朱定为正月十四日，是日董朱善男信女携供品、鲜花、香烛等置于供桌，拈香拜祭。

（二）放岁笼

金峰董朱正月初一日尚有放"岁笼"习俗。岁笼为长圆形的笼子，笼中盛着供饭。正月初一日凌晨，天蒙蒙亮，各家各户都捧着特制的岁笼，将之摆放在

宗祠的供桌上，寓意着孝敬祖上从年初供饭始，以表孝恩。

五、祠堂楹联

金峰董朱宗祠与文化中心有多副祠联，大多用黑漆描在朱红的厅柱上，许多语意深刻，蕴含丰富的典故。

先祖丰功伟绩代光国史；
后裔继往开来世笃家风。

织缣偿债孝道感天动地；
种杏成林医德震古烁今。

源溯陇西晋国千秋留直笔；
脉承江都汉廷三策表鸿儒。

怀先祖光辉业绩昭华夏；
看后辈俊秀人才振家邦。

李唐防御使世胄；
大汉江都相家风。

陇西世泽流芳远；
吴航苗裔衍庆长。

德业传家益子弟；
文章寿世课儿孙。

肇开文明新气象；

克绍孝悌旧家风。
强项令名垂竹帛；
防御使威震闽疆。

医德感人称表率；
孝行传世足楷模。

春霜秋露隆祀典；
俎豆馨香焕宗祊。

勤政爱民仁德敷闽海；
功勋卓著神威震榕城。

其中两则祠联，信息量大，含有历史典故。其一为："织缣偿债孝道感天动地；种杏成林医德震古烁今。"上联典出东汉大孝子董永卖身葬父，后与天上织女结为夫妇，织锦偿债赎身的传说，流传后世；下联典出三国吴侯官（今福州地区）董奉，其为人治病不收医资，让治愈者种植杏树，数年间得十余万株，蔚然成林，故后世常用"杏林春暖"来称颂医家。

其二为："源溯陇西晋国千秋留直笔；脉承江都汉廷三策表鸿儒。"上联典出春秋时晋国史官董狐秉笔直书之事；下联典出西汉思想家董仲舒以贤良对天人三策。

六、逸闻轶事

金峰流传着伏虎保境的传奇故事。

相传近代金峰曾遭虎患，村民心存阴影。1946 年的一日清晨，大雾茫茫，视野模糊。上陈山下发现一连串老虎足迹，一只斑斓大虫正大摇大摆下山走在平原上。老虎经过金峰李村，村民李吓弟倒完溺器与老虎相遇，被老虎抓伤。接着老虎又窜到金峰董朱，被董朱村民发现，村民们群起呐喊，敲锣打鼓，老虎闻风丧胆，慌不择径跳入秧园里（即大王宫前）左窜右跳。这时，董朱村民十余人手持火铳和长矛将其团团围住。突然，老虎从土圳上跳出，村民董政雅随机应变，找个有利地形手持火铳打中老虎后腿，老虎顿时发威，顺着枪铳的烟窜到董政雅身旁。此时，董政雅浑身是胆，毫不畏惧，虽肩头、手臂被老虎抓伤，但仍用火铳顶住老虎头部。其他村民亦志同气合，同心协力擒虎，大家用长矛与老虎展开搏斗。老虎用扑、掀、剪三招发余威，但大势已去。老虎只得又跳入圳中，四脚朝天，村民趁机将长矛死死顶住老虎身子，董政雅再用火铳打中老虎头部，须臾老虎气绝身亡。过后村民将老虎放置公婆厅供桌上，供人观赏。董朱村平原打虎的消息传得很开，五乡八里的人都来参观，络绎不绝。

七、古代名贤

金峰董氏涌现出许多名贤，因旧谱失传，在此仅据县方志记述部分乡贤。

董岱，字叔鲁，明永乐元年（1403 年）贡士，广东琼州府崖州县令，富学文华，政清刑简。

董孟圭，董岱之子，明洪熙元年（1425 年）为本宗纂修族谱。

江都大厦

董应龙，字则康，清康熙六十年（1721年）任黄岩镇总兵，宗祠前立有两对旗杆石，以为纪证。

八、主要景点

（一）江都大厦

江都大厦地处金峰庐峰大道、振兴路与董塔路三岔路口，面朝金峰环岛，是金峰商贸中心及交通枢纽。江都大厦于1999年9月动工兴建，2000年12月竣工。高9层，建筑面积3050平方米，与此后动建的董朱文化中心两项工程共耗资500余万元。大厦取名"江都大厦"缘于纪念董氏先哲汉大儒江都王相董仲舒。江都大厦拥有多层商场及房间用于租赁，每年在经营中都取得不菲的经济效益。

（二）董朱文化中心

董朱文化中心地处董塔路、振兴路交会处，为金峰通衢要道。文化中心于2004年动工开建，翌年竣工。高4层：第一层是宽敞大厅，作为老年人活动休闲场所，设有茶座、棋牌室、开水间、厨房等，面积达960平方米；第二层为影剧场、会场、会议室，面积达1200平方米，可容纳千人观看影剧或参加会议；第三层为功能厅，面积达1140平方米；第四层为其他用房，面积约200平方米。整座文化中心总面积达

董朱文化中心

3500平方米。

（三）大王宫

大王宫又称保胜境，于清嘉庆戊午年（1798年）兴建，四扇三间，土木结构。天井西边两间小房，中间后面画一本境大王神像；东边为放龙舟处。清同治戊辰年（1868年）重修，献资者勒石立碑。大王宫曾被用作店面、肥料仓库、讲书场、化工厂等。

大王宫

（四）天德堂

天德堂坐落在门楼后，为明朝起建的建筑，在门楣上方有两个圆孔。堂内供有佛祖、猴将军等，通常亦称菜堂。曾做过生产队队址、面条加工场等，于1987年重修。

天德堂

九、前世今生

中华人民共和国成立初期，董朱村还是金漳平原上一个僻静的小村落。当时，全村只有40多户100多人，靠着有限的土地，过着传统的农耕生活。随着宗族繁衍发展，逐步成为有300余户900多人的村庄，但土地仅区区150多亩。由于缺乏水源，且田地错杂、交通不便，所以村民虽然常年辛苦耕作，也只能勉强养家糊口，生活过得很清苦。但董朱人天生勤勉，先祖开基创业时，曾有"漏夜竖柱百二根，三落透后起祠堂"之传奇。现代的董朱人也发挥自己的聪明才智，适应时代潮流。20世纪七八十年代，董朱人发挥制作线面技艺，在董朱村边路旁立起一排排面架，加工起线面。董朱村制作线面工艺精湛，质量上乘，于是声名远播，名扬省城。这样，村民也有了一定的收益，有的还盖了新房。

随着改革开放，金峰地区工业商品经济得到突飞猛进的发展，被誉为"草根工业发源地"。但发展的瓶颈仍然是土地，土地使用审批权尚掌握在镇、村中，村民只能"望洋兴叹"。20世纪90年代，金峰地区工业、商业发展尤为迅速，于是镇、村推出一系列土地开发计划，董朱村大量土地都在开发范围之内。然而，董朱村民原计划开放使用的土地审批得不到批准。镇政府只同意拨给土地补偿费每亩3000元，其中还被村级截留10%，也就是说每一亩土地只能拿到2700元。从此，子子孙孙就失去土地的供养，生活何以为继？这样就使董朱村陷入困境。

"逆境中奋斗，困境中崛起"，这是董朱村数百年来处世立足之道。村中有识之士不甘村庄从此落寞，在董文瑞率领下，四处奔波，盘桓于市县内外、省城上下；通过省董杨研究会广播人脉、善结人缘；造访相关人士、各级领导，利用一切机会说明广大村民诉求。历经多年，董朱村依靠坚持和团结的力量，最

董朱新村一角

终获得镇政府同意的 18% 土地的开发使用。经过认真勘测、规划、设计和施工，于是董朱村有了如今的董朱新村、董塔路两旁的高层建筑和商铺、江都大厦和董朱文化中心等。每年经营这些产业可以产生不菲的经济收益，助力于董朱村的腾飞。

董朱村利用区位优势，发挥了"天时、地利、人和"的有利条件，使整个乡村获得新生而英姿焕发。究其原因，除了迫于求生存、求发展的强烈愿望外，还与团体的团结奋斗精神，引领者富有胆略魄力和团队规范管理有关。例如，董朱老人会作为民间团体，在村民中享有很高的威望。原因在于：一、民主选举产生。每两年以无记名投票方式选出理事长、副理事长、会计、出纳和监管员。二、规范资金管理。有严格的资金收入、支出管理制度和救急助困的条例，特别是保证困难老人（50 岁以上）每人每年不少于 5000 元的救助金。这为老人提供了生活保障，减轻了家庭负担。三、制定老人会工作指南，指导村民参与公众事务，移风易俗。此外，金峰董朱理事会还热心于宗亲联谊交流，是省董杨研究会最早参与单位，是省姓氏源流研究会董氏委员会的发起单位。董朱理事会与省总会关系密切，在关键节点支持总会工作。平时，与全省各地董氏宗亲守望相助，保持密切的联系。

岁岽峰高开盛世　凤洋锦绣荡和风

福州鼓山远洋董氏支祠

一、地理概况

美丽而古老的乡村——远洋，属于福州市晋安区鼓山镇。鼓山镇位于福州市东郊，以境内"石鼓名山"而名。东邻马尾港，西连福州市区和台江镇，南临闽江，北临鼓岭避暑胜地。鼓山镇从北往东，群山蜿蜒起伏，形成半环屏障，最高峰是岁岽（俗称大顶峰），海拔919.1米。整个地势东北高，西南和中部低。境内河浦纵横，水源充沛。

鼓山远洋董氏支祠外景

远洋，地处巍巍鼓山之麓，悠悠闽江之滨，是晋安区鼓山镇最大的村落。1949年前分7保，后分3村管辖：东，远东村；中，远中村；西，远西村，亦称"三远"，共有2000多户近万人。村民有孙、林、徐、叶、黄、冯、李、许、董、陈、阮、郑等姓。

远洋地理形态如飞凤归巢、飞凤点水，因此也称"凤洋"。古时，福州东郊之外是一片水乡泽国，从闽江到鳌峰洲直通前屿、浦东、上洋直至洋里，呈一个两江汇合的大型江口。潮水一涨江水连天，碧波万顷犹如汪洋一片，故称"远洋"。这里生长着一片中国特有的古老留存植物水松的湿地森林。勤劳勇敢的远洋人历经几十代的拼搏，辛勤劳作，耕读传家，创造了丰富的人文成果，积淀了丰厚的历史。古谚语说："厝买龙岭顶，田买远洋鼓山边。"足以说明远洋钟灵毓秀、人杰地灵。

二、宗祠大观

据传，清乾隆戊子（1768）科董则对孙永建公读书入榜进士，翌年新建董氏祠堂。远洋董氏宗祠位于远西村，坐北朝南，东倚鼓山，西邻城区，北靠北岭，南临闽江分支光明港，周围树木郁郁葱葱。"文革"中曾被作为加工场加工大米、酿酒原料等，不幸于1972年发生一场火灾，祠堂所有文物如横匾、楹联、壁画等焚毁殆尽，一片残垣断壁、满地瓦砾触目惊心。

改革开放后，国家兴旺，百业俱兴。2005年元宵佳节，族人倡议成立筹建组，准备在原祠堂旧址上重建远洋董氏宗祠。全体宗亲纷纷响应，慷慨解囊，踊跃捐资。

宗祠面临环城路，通向机场高速的远洋路从祠堂前穿过，交通十分方便。宗祠三梯式土木结构，从外进内呈阶梯式逐步升高。占地面积1000平方米，建筑面积350平方米，土木结构，四面马鞍式风火高垣，前垣石刻"董氏支祠"，横匾两旁配"入孝""出悌"。前面迥照双层楼阁，大厅下面地室仍按原貌装饰。此外增建前墙彩雕龙凤呈祥、渔樵耕读4幅及青石影雕麒麟八宝；天井正面青石浮雕团龙，旁配刘海钓金蟾；两边青石扶栏前廊均是祥瑞八物，花鸟彩雕气象万千，富丽堂皇。厅中为楠木贴金卷书式横案供桌，后殿公婆龛双层结构飞檐翘角、滚斗叠井；前面浮雕龙柱，堂号横匾"三策堂"，龛内供奉历代董氏先祖神位。后耳房镶挂鎏金横匾楹联，雕梁画栋。整座祠宇人物绘画，古朴典雅，庄严肃穆，气象堂皇，令人目不暇接。

鼓山远洋董氏支祠内景

三、家族繁衍

明末清初，倭寇窜扰焚杀，掳掠奸淫等无恶不作，久则数月，短则一二天，祸及全县。震龙地处海边，盗匪频繁，常遭搅扰，经济滞后。后董村有董玠后裔二十八世董则齐、董则前、董则莞、董则对等4个支系携眷迁居凤洋浦尾（今福州鼓山镇远洋乡远西村）谋求发展，饱历沧桑，苦心经营数百年。现有东房董、十一头孝董、北社董、朝北里董，其中十一头孝董始迁祖董则对，清康熙五十八年（1719年）迁入远洋。北社董、朝北里董、东房董的有关始迁人名讳不详。今传14世，居村200余户600多人。

其简明世系图如下：

1世	2世	3世	4世	5世
召贤公（字则对）	道成公（字尔韶）	士烺公（字永光）	孝发（维扐）	述御（朝乾） 述芳（朝双） 述网（朝全） 述宝（朝喜） 述受（朝羿） 述乾（朝钟） 述文（朝杰）
则齐			孝藻（维挨）	述英（朝灿） 述昂（朝烘） 述盛（朝炽） 述理（朝烁）
则前			孝通（维推）	述尧（朝蒲） 述容（朝庄）
则莞			孝端（维拱）	述学（朝志） 述施（朝恩） 述凤（朝诚） 述超（朝波） 述维（朝堂） 述振（朝铎） 述兴（朝胜） 述攀（朝送）
			孝俞（维搏）	述圭（朝宝） 述显（朝荣）
			孝惠（维采）	述缪（朝升） 述淮（朝沂） 述军（朝营）
		士明公（字永健）	孝科（维擢）	述在（朝浚）
			孝斑（维搢）	述开（朝泰） 述扬（朝华） 朝烽 朝龙 朝清
			孝中（维择）	述波（朝柱）
			孝雄（维擅）	述嘉（朝祥） 朝桢
			孝为（维捨）	述礼（朝仪） 述远（朝标） 朝官 朝禄 述诗（朝言）

四、习俗传承

（一）祖菜由来

远洋先祖应霖公在顺治戊戌年（1658年）六月初六日被海寇俘虏埋沙身亡，尸骸无归。应霖公妣新池池氏，生二子，长为立贤（留在祖居），次为召贤，字则对。后为避兵荒，则对妻偕俩孙离祖背乡，迁居远洋，投靠本地杨家门下为下人，养家糊口。据传，当年祖孙穷困身无分文，大年除夕无力置办年货，只有一碗芥菜煮猪血过大年。历经艰辛，两个孙子长大成人，长孙永光生六子，孝发、孝藻、孝通、孝端、孝俞、孝惠。次孙永健清乾隆年间进士，生五子，孝科、孝斑、孝中、孝雄、孝为。故称十一头孝。十一个兄弟发达后各建大厝院落，为尽孝道买马尾中岐初坑山葫芦腹以建祖坟。为了牢记祖辈的艰辛，永不忘本，芥菜煮猪血作为董家的祖菜，由族人世世代代传继至今。

（二）祭墓习俗

远洋董氏两台祖墓位于马尾鸡头山（俗称海军火药库）南半坡，坐东北朝西南。左墓始建于清雍正四年（1726年）仲冬吉旦。葬则对（丹策）公偕池孺人、子道成（虞九）及周孺人、孙士烺（天三）及林孺人祖孙三代。右墓始建于嘉庆元年（1796年）孟冬吉旦。葬士明（干行）偕李孺人，子维㩗（如高）及姜孺人、侧室陈孺人。祖墓经几度修理至今仍完好保存。族中历来有祭墓习俗，每年分春秋两祭，清明春祭，秋祭定农历九月初八日。秋祭较为隆重。过去祠堂有公田，由各房轮年管理，每年的公田收入专供祭墓和祠堂各项开支。土改后仍由各房派人集资祭墓，供品中必须有麻饼、柿、青蛾。麻饼的芝麻寓意芝麻开花节节高，世代繁荣；柿中多核，寓意子孙人丁兴旺；青蛾吃后丢放在墓地不易分化，告知世人此墓有后人守护不容破坏。此祭墓习俗族人世世代代沿用至今。

五、祠堂楹联

大门：

　　一脉两地祖无分；
　　万源归宗原有合。

　　宗隆裔盛棠棣振家声；
　　祖训昭垂芝兰光甲第。

前柱：

　　苍穹祥半臻加震龙福禄；
　　乾坤瑞彩新添董氏寿喜。

　　巍巍鼓山拥祖居；
　　粼粼闽水绕村廊。

　　董祠南临闽江碧浪；
　　凤洋东依涌泉翠峰。

大门后柱:

祠宇南开带水纪春秋;

宗礽北望枕山长岁月。

上正:

持直笔存真而叙独振浩然史德;

述天人修治之传允称盛世儒宗。

正堂"三策堂":

春秋直笔晋太史;

西江儒宗相江都。

凤洋锦绣云蒸霞蔚仁里荡和凤;

岁崱峰高万象光华闽州开盛世。

堂庶焕重新家声丕振万代盛隆;

祖台列昭穆人伦继序千秋俎豆。

存忠孝心感天动地;

行仁义事益寿延年。

江都衍支派世泽长流根深叶茂;

凤浦振家声宗功绍述子地孙贤。

震龙崛起万千世界收眼底;

彩凤腾飞海阔天空存胸中。

鼓峰启瑞毓桂培兰乔木千枝秀;

闽水流长腾蛟起凤振基万代深。

允称良史修就醇儒八方仰懿范;

扶佐闽王力匡宗室千载耀家乘。

承先启后创大业;

继往开来展宏图。

六、古今名贤

远洋董氏族人人才辈出,硕士、博士、教授、高级工程师、高级讲师、主任医师等专家学者比比皆是。董氏望族,有目共睹。

永建公,乾隆戊子(1768年)科进士。

董作桂,国民革命军公英舰舰长。

董正伟,福建达道食品有限公司董事长、福州市企业与企业家联合会副会长、福州市台江区人大常委会委员、福建省姓氏源流研究会董氏委员会会长。

董增新,毕业于中国科学技术大学技术物理系,原航天工业部某所处长,高级工程师;主要从事集成电路技术研究并做出很大贡献,被誉为科技战线上的"铁人",1966年10月被安排上天安门城楼,与毛主席等中央、国家领导人出席国庆17周年庆典。

董发开,毕业于中国地质大学水文工程地质专业,先后主持20多项科研项目,有6项研究成果被评为国内先进水平,获得省部级科技进步奖。1991年晋升研究员,1992年开始享受国务院特殊津贴,1996年被引进福州大学,评为教授。

傅嘉媛,董发开夫人。毕业于中国

地质大学地质系，研究员。曾在西安地质矿产研究所和福州大学工作，先后从事水文地质、地层古生物、环境地质和环境工程的科研与教学工作。

董榕，毕业于福州大学，环境工程硕士。从事环境工程实验教学、环境影响评价和环境类调查与评估工作。

董正雄，毕业于厦门大学海洋物理专业，于福州大学数学与计算机科学学院任教，副教授；曾任福建省高等学校学生计算机应用水平等级考试指导委员会副主任、考试中心副主任等职。主编福建董姓史上首次出版的《八闽董氏汇谱》《福建姓氏志·董姓》《八闽董氏宗祠文化大观》3部著作。

董煜，毕业于福州大学计算机专业，硕士，教授级高工，博导，福建省公安厅科技通信处处长，公安部第一位通过美国网络专家论证（CCIE）的网络专家。

姜蕴，董煜夫人。毕业于福州大学

英语专业，福建师范大学外国教育史博士，美国威斯康星大学麦迪逊分校博士后，副教授，任教于福建教育学院、福建江夏学院。

董美斌，毕业于福州大学化学专业，硕士，曾任福建省顺昌县副县长、原德化陶瓷职业技术学院副院长等职。

董作棋，福建省林业机械厂车间书记，福州市劳动模范。

七、逸闻轶事

据传，清嘉庆五年（1800年），福建三四月梅雨多水，闽北山洪暴发，下泄洪水冲击福州城，山崩地裂，害田伤稼，坏公私楼宇、溺人畜不可胜计，民不聊生。董府开仓赈灾，煮粥、发粮，救灾民于水火之中。时任闽县知县兼海防同知的王绍兰为表彰董府之壮举，封送匾额"品行纯良"以示鼓励。

"品行纯良"匾

八闽董氏宗祠文化大观

防御使八闽开派　秘书郎东岱分宗

连江东岱董氏宗祠

一、地理概况

东岱镇位于福建省福州市连江县敖江入海口南岸，古名三沙镇。东岱镇历史悠久，宋代后属永福乡永贵里。明嘉靖年间，这里屡受倭寇侵掠，崇祯五年（1632年）建造铳城。民国三十三年（1944年）曾与晓澳、道澳合并为东澳镇。1956年并到敖江区，1958年属浦口

东岱董氏宗祠外景

人民公社，1988 年为东岱镇。

东岱濒临大海，水陆交通便捷。沿江水泥路直达县城，与 104 国道接轨，距离沈海高速公路 10 公里。敖江航运直达全国各港口，浦东大桥的建成使东岱镇的交通更加便利。

二、宗祠大观

东岱董氏祠堂位于福建连江东岱镇南门兜。明朝初年，由东岱董氏十世祖董文秀亲自勘定，首倡建祠于堡南。明崇祯年间（1628—1643 年）董祠焚于战火，十二世董慎思发起重修。清顺治丙申年（1656 年）寇烽围堡城陷，董祠再次焚毁。清康熙己末年（1679 年）董承易等于劫后重构复立董祠，清雍正年间（1723—1735 年）十五世董菁斋、董承标等重修扩建董祠。民国己巳年（1929 年）族长董祖应带领训桂、可福、可咸等再度扩建后座，宗祠粗具规模，形成格局。

1949 年后，东岱董氏宗祠曾作为镇公署办公场所、电影院、卫生院、粮仓等。1984 年宗祠回归，族人纷纷解囊，台湾地区宗亲亦鼎力资助，成立宗祠理事委员会。在一、二、三届理事委员会带动、倡议、领导下，至 1997 年底共集资 20 多万元，完成修缮工作，宗祠渐复原貌。

为扩大宗祠规模，提高祠堂文化品位，振兴祖业，第四届理事委员会和顾问委员会诚恳、热情地向宗亲再发扩修建倡议。经事业有成人士和各界有识之士慷慨捐资，族人踊跃响应，捐资总额达 200 余万元。历时 4 年认真仿古修改建，于 2007 年仲秋顺利竣工。新扩建后的董氏宗祠为砖木结构，坐北朝南，占地面积 1100 平方米，主体建筑面积 665.75 平方米。三进三厅三天井两回廊，逐座升高，回廊相连，天井间相接。

新修建的东岱董氏宗祠宽敞明亮，高大雄伟。祠前有 100 平方米埕地，紧接通村大道，埕边建花圃、植绿树。宗祠前墙上、下，龙图浮雕栩栩如生。大门上方三层亭阁式风火墙雄狮压顶，翘角突前。红色琉璃瓦下青石雕显得更加醒目。大门口一对雌雄石狮把守，避邪祛秽。"入孝""出悌"两仪门内侧两柱旗杆挺立，显示董氏自古至今科第蝉联，官贵屡出。花岗岩旗杆立于祠前，阅尽东岱堡 600 余年风雨沧桑，见证人世间无数兴衰。两口扇形蟸龙池注满活水，倒映前壁蟠龙之影，大有龙隐其间，势欲腾空而飞之象。大小不一、形态各异的龙的雕刻，组合成一个全新的龙的世界，使蟸龙世家、龙的传人"龙气十足"。猛回首，急步入大门，宗祠大厅富丽堂皇，令人叹为观止。

入大门见屏风，绕过走廊或前天井即到宗祠第一厅。六柱立地：厅前一合青石镂空大龙柱，龙首相对，白唇红舌，龙身缠柱高 4 米多，后接三合天然红漆大柱，边立四合水泥看柱。除大龙柱外，其余七合俱挂黑漆金字覆竹对联。

经修缮之后，第一厅面积为 266.45 平方米。厅内多悬挂东岱董氏现代获得"硕士""学士"学位的贤裔牌匾 23 面。牌匾按世次、年龄与获得学位时间排列。

宗祠二进大厅为"三策堂"，追思董公仲舒著《春秋繁露》等书，推崇孔孟之道，向汉武帝献贤良三策，以儒家学说为治国之本。二进大厅又立青石镂空龙柱一对，计十二柱立地。重建后的第二厅面积为 215.48 平方米。

厅中悬挂各兄弟宗祠送来的贺匾：吴航震龙后董"第世豢龙"，东鲁缪氏"友谊长青"，长乐董朱村"同气连枝"，长乐曹朱村"光宗耀祖"，长乐古槐、前董、金峰"攸叙彝伦"，琅岐董祠"克绍宗风""祖脉同源"，长乐前董宗亲"积善耀宗"，福州远洋董氏支祠"一脉同源"，罗源潮格董氏宗亲"枝茂同根"，琯头塘头董祠"庇荫滋润"，金门古坑董氏"弘济中兴"，福鼎沙埕大白鹭董氏宗亲"祖德芬芳"，泉州市董氏宗亲"敦族联芳"等，体现了东岱董氏与各地董氏宗亲和友好姓氏之间的兄弟情谊。

第二厅左墙镶挂第四届"两委会"名单、十先贤图说、董氏源流考碑文。右墙镶挂修建董祠献资榜、献款贤裔夫妻合影、宗祠碑志、宗祠平面图。

宗祠第三厅是新建大厅，依山形地势构筑，一层设门通董厝路，二层跨路而建，命名"敬爱堂"，为供奉董氏列祖列宗而建造了神龛。堂前天井左边为钟楼，右边为鼓楼。富丽堂皇的钟鼓楼真有"更上一层目天舒，高出百尺与云齐"的雄伟气势。新扩建的第三厅面积为 183.82 平方米。

第六届理事会，在董学顺理事长领导，全体理事共同协助，合族宗亲团结努力下，于 2016 年举办晋梓典礼，将从迁至连江东岱的董氏始祖至今的近 800 年间历代先祖考妣之灵位晋入本祠第二层大厅公婆龛。并于大厅两边设立节妇女贞与缺嗣祔席两神龛，使祖先灵有所依，后裔入祠登堂有所瞻仰。

"敬爱堂"匾居中高挂，为纪念佺公由宋秘书郎升任礼部侍郎的"侍郎"匾，安公"宣义郎"匾，由赐进士出身、文林郎、福州府连江县正堂加一级纪录三次的明永乐十八年（1420 年）连江知县董庸为董密公所题"文魁"匾，由赐同进士出身、文林郎、福州府连江县事加一级、丙辰同考官戚叕言于清乾隆二年（1737 年）为董兆莪所题的"鳌海儒宗"匾，由进士、知福州府连江县事加一级纪录三次的曹佩于清乾隆二十三年（1758 年）为董钟岳、董捷所题的"双贡士"匾，由进士、知福州府连江县事加一级纪录三次的曹建忠于清乾隆五十八年（1793 年）为董得寿千总所题的"武魁"匾，以及吴航震龙后董宗亲送的

"同宗共茂"、东鲁缪氏送的"缔结同辉"、福建省董杨学术研究会送的黑底金字和红底金字匾，相互辉映，把第三厅大堂衬托得庄严肃穆。堂前青石镂空龙柱，与前、中厅龙柱直线相连。一祠三合龙柱创下连江诸姓宗祠龙柱之最，形成东岱董祠的特色。

三、祠堂楹联

东岱董氏宗祠内有40余副对联，祠联精致，内容丰富。

大门：
> 陇西家声远；
> 岱江世泽长。

前屏：
> 源远流长董姓本支衍万世；
> 祖功宗德裔孙俎豆荐兆年。

后屏：
> 竹报平安全祠福；
> 花开富贵满堂春。

屏边：
> 勉读书前程无量；
> 创事业后起有人。

前天井：
> 尊宗积德名留世；
> 敬祖行仁孝为先。

第一厅：
> 勇壮山河万里雄风扬我祖；
> 忠悬日月千秋义气普儿孙。

继往开来同心同德兴骏业；
承前启后和谐和大展宏图。

一岱粼粼护田抱村郭；
三台巍巍排闽拥祖居。

岱宗通地脉神龙顾祖孕孝悌；
江海聚风水彩凤呼儿育仁伦。

心存方寸土留给子孙耕；
按熄胸中火挑起祖宗灯。

瑞启祥云福满贤良门第；
光昭勋业德延吾族子孙。

崇祀值云山相对；
荐馐历唐宋而馨。

中天井：
> 存忠孝心能感动天地；
> 行仁义事可益寿延年。

父慈子孝遵圣贤遗训；
兄友弟恭本骨肉亲情。

第二厅：
> 宗祖遗规行善自然获福；
> 圣贤有教修身可以齐家。

春露秋霜正温藻流芳蘋蘩焕彩；
左昭右穆喜宗支繁衍灵爽凭依。

秉直笔举贤良八方仰懿德；

东岳董氏宗祠内景

佐闽王匡宋室千载耀家乘。

为孝子贤孙百代聆遵祖训；
行春祀秋尝四时敬仰先型。

家族重四民士农工商各发富贵；
诸房源一脉伯叔兄弟须念同胞。

建功树业男儿有志报家国；
敬老扶幼行藏无愧于先贤。

祠堂起秀楼座座宝阁层层喜；
祖宗换新居家家丰盈人人欢。

后天井：

海作师正其谊不谋其利；
潮为鉴明其道不计其功。

继祖功金炉不断千年火；
续悌德玉盏常明万岁灯。

钟鼓楼：

更上一层目天舒；
高出八尺与云齐。

卧龙坐土生百福；
存穴贵地纳千祥。

正殿：

祠对名山祥瑞腾万丈焰；
前横古水彩练涌百川雄。

祖训可遵千古礼义信；

家修能立万代忠孝贤。

岱水起青云，古堡生辉代有贤能彪史册；

旗山来紫气，新祠焕彩士多儒雅重诗书。

三策仰前徽，世德相承无忝江都令绪；

千秋留直笔，家风俱在敢忘良史芳规。

脉承闻喜派衍广川，豢龙氏溯本追根绳祖武；

系出陇西支分闽海，秘书郎拓疆安土贻孙谋。

豢龙绵世德，溯广川发族，闽山敫海宗风丕振；

旋马显家声，自宋代登科，高士俊才先绪缵承。

（注：正殿六联乃凤城秦淮梦所撰。）

后门：

祠满春光春满祠；

堂盈喜气喜盈堂。

东日高照祠常辉；

岱水长流堂永煌。

另有旧覆竹对联：

防御使八闽开派；

秘书郎东岱分宗。

豢龙赐姓陇右宏硕望；

由豫迁闽岱江发祺祥。

名行、字次联（由第二十世起）：

祖训可遵策学渊源聿成永久；

家修能立箕裘缵述丕发祯祥。

（注：第二十四世名行为"策"，字次为"箕"，今为了书写方便，"箕"多写作"其"。）

古联：

三策仰前徽，道阐纯儒学业渊源常念祖；

千秋留直笔，书传良史风规整肃永贻孙。

（注：此联由董箕伙先生回忆提供，原祠堂联之一，未曾制作覆竹联，特予记录。）

另有传统对联：

帝世豢龙氏；

江都旋马家。

西汉贤良裔；

南闽甲第家。

其中覆竹联"防御史八闽开派；秘书郎东岱分宗"蕴意深远，典史涵深。上联典出董氏开闽始祖董玠。董玠后裔于八闽大地集居于长乐古槐、后董、前董、金峰、三溪、梅花、石壁，连江东岱、黄岐，福州远西，罗源城关等地，许多董氏子孙后代迁徙海内外各地。据不完全统计，董玠后裔近 2 万人。下联典出董玠后裔第十七世董佺，南宋授秘书郎迁礼部侍郎。其事迹记载于民国《连江县志》第 232 页。佺公系南宋嘉泰二年（1202 年）傅行简榜赐同进士出身。宋末理宗年间，因世运变故，为避元患，董佺别震龙（后董）独自泛舟入迁连江县。该地离县城东门 20 里，为永福乡永贵里岱堡之南牛路下董厝角（现名董厝路），迄今历 790 余年。故董佺被尊为迁居东岱之一世祖，至今已传 28 世，居村 300 余户 700 多人。

第一厅一联曰："一岱粼粼护田抱村郭；三台巍巍排闽拥祖居。"此联道出东岱山川形胜，风景绝佳。"一岱"指岱江，敖江流经东岱的水域，又称岱水。"三台"指宗祠所对之云居山与旗山。东岱堡山围水抱，形胜天然，历来是兵家必争之地。

四、家族繁衍

东岱董氏族谱始修于明永乐二十二年甲辰年（1424 年），由五世祖董外主持编纂，此后明弘治八年乙卯（1495 年）、明嘉靖甲子年（1564 年）、明万历十四年丙戌（1586 年）、明崇祯甲申年（1644 年）、清康熙二十一年壬戌（1682 年）、清乾隆二十二年丁丑（1757 年）、清同治九年庚午（1870 年）、民国二年癸丑（1913 年）、民国二十九年庚辰（1940 年）及 1986 年相继续修，谱载历次谱序、修祠记、祠堂楹联、官宦录、名人录、学历录和分房世系、纪实。2009 年聘请谱师再次重修。族谱为印刷版本，现存东岱董氏宗祠理事会。

因东岱董别迁震龙年代久远，音信互失，以至世系表字另立行第。1990 年冬，东岱董邀请后董宗亲在连江会谱，双方核对行第世次排行，并载入宗谱，以密切震龙与东岱的亲缘。

元代至顺辛未年（1331 年），董氏族人曾为始祖董佺公在东岱石廊对面山购置墓山、山场修坟一座，当时墓葬盛况俱载于谱。今因政府修路便民，佺公及开成公、其辉公与姊等十余座古墓必须搬迁。第六届理事会理事长董学顺发动族亲献资出力，择地重建公园式祖墓一座，规模宏伟，气势雄壮，供后裔祭扫凭吊。

震龙董氏与东岱董氏行第世次对应表以及东岱董氏简明世系图如下：

震龙后董表字　→　继→汝→宗→彦→廷→建→有→善→则→尔→永→孝→述

东岱始祖佺公→长→良→安→外→珪→茔→万→元→大→天→应→承→世→兆→子→士
　　　　　　　　　　　载　琳璞琏珑　璞塾坌　　　　　　　　　　　　　　　　
　　　　　　　　　　　　　道生道立雍

震龙董氏行第世次　→　祖→道→谊→传→家→政→美→德→隆→积→庆→允→崇→文

东岱董氏行第世次　→　奕→祖家→训修→可能→遵立→策箕→学裘→渊缵→源述→聿丕→成发→永祯→久祥

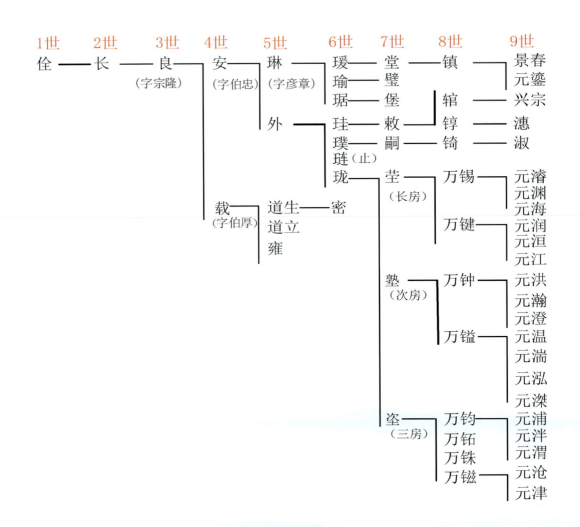

1世	2世	3世	4世	5世	6世	7世	8世	9世
佺	长	良	安	琳	瑗	堂	镇	景春
		(字宗隆)	(字伯忠)	(字彦章)	瑜	璧		元銮
					琚	堡	辖	兴宗
				外	珪	救	錞	漶
				璞琏	璞	嗣	锜	淑
					珑	茔(长房)	万锡	元濬 元渊 元海
							万键	元润 元洹 元江
			载(字伯厚)	道生—密 道立 雍		塾(次房)	万钟	元洪 元瀚 元澄
							万镒	元温 元湍 元泓 元㴸
						坌(三房)	万钧 万铕 万铢 万镃	元浦 元泮 元渭 元沧 元津

五、祖训内涵

东岱董氏祖训

　　东岱董氏祖先自三世良公起就立有家训示后，为世久无存。至宣义郎伯忠公知亢其宗，诚为董氏之白眉也，乃修葺家训，以贻其后。因后火于倭患，呜乎伤哉！兹修订家谱宗牒何以型世哉？乃取当今皇帝圣谕，先圣先贤遗言集为家训一篇，俾孙子训诵，庶不失为大方之家，是为宗训篇。

孝顺父母	敬老尊贤
和睦亲族	勤读诗书
诚实正业	早完钱粮
疏财仗义	节约持家
奋发图强	励精图治
与时俱进	任重道远
忠义仁厚	为人根本
明理是非	立事之本
执中行事	儒家思想
扬善积德	因果所得

六、古今名贤

东岱陇西董氏（宋至近现代）文武人才名录

世次	名	字号	生卒年	史志与族谱记载内容摘要
1	佺		约1172年生	南宋孝宗朝秘书郎，后擢升礼部侍郎
4	安	伯忠	1327—1386	宣义郎，明洪武间运粮进京，卒于京
4	载	伯厚	约1330年生	明洪武间军籍
5	外	义	1387—1457	纂谱作序使后世知所自出
6	珑	则明	1430—1500	邑庠生，吟《石郭山诗》一首传世
6	密	东州		字则几，1420年吴观榜举人，揭阳训导
7	莹	邦祯		乡宾
7	塾	邦用	1450—1519	邑庠生
7	坌	邦善		郡增生
9	元润	泽夫		举人，随姐夫李士文至任所，为官清廉
11	天赋	爱唐	1559—1637	时任族长，参与督造东岱堡铳城
12	应潮	廷仕	1590—1622	邑庠生
14	日吉	其旋	1639—1703	号惟一，岁贡生
15	家驹	君鼎	1624—1677	号里千，邑庠生
15	兆峻	于天	1659—？	邑庠生
15	兆崐	璧天	1666—1742	号性精，乡宾
15	兆莪	植夫	1671—1738	号菁斋，又字硕天，1731年岁贡生，著名塾师

世次	名	字号	生卒年	史志与族谱记载内容摘要
15	兆荃	全天	1674—?	号念一，邑庠生，著名塾师
15	兆峰	秀天	1674—1760	号芝山，乡宾
15	兆岩	履天	1675—1739	乡宾，号梦山，邑侯高君匾之"宪嘉乃德"
16	子球	大玉	1685—1714	邑庠生
16	钟岳	秀玉	?—1773	讳子琇，号觐岩，副举人
16	子珽	高玉	1698—1756	号仰山，邑侯叶公旌之"义协乡评"，乡饮宾
16	钟麟		1700—1745	邑庠生
16	捷	章玉	1711—1789	乡贡元，南安训导
16	钟凤	和玉	1713—1792	号鸣岗，邑庠生
17	得寿	而容	约1740—?	罗源把总，擢升千总
17	士宝	而珠	1770—1861	乡宾
18	朝升	振澄	1799—1889	乡饮大宾
18	登和	维介	1805—1877	乡宾
19	奕波		1841—1903	五品衔赏戴花翎
20	祖新	家言	1810—1881	乡饮耆宾
20	祖璋	家潘	1822—1904	乡饮大宾，获"年隆绛县"旌匾
20	祖灿		1862—1899	军功五品衔
20	祖秀		1867—?	邑庠生
20	祖定		1873—?	五品衔赏戴花翎（奕波四子）
20	祖金		1922—2008	自1987年修族谱起至2008年重修建宗祠，连续担任族长
21	训镛	修金	1858—1930	乡饮耆宾
21	训财	修贵	1866—1924	民国间省议会议员
21	训宽	增财	1913—1990	抗美援朝战争中荣立三等功
23	立正		1915—1980	民国间任中共连江县委委员

七、名胜古迹

（一）云居山

云居山位于东岱镇西南端，是连江县境内名山之一，自古以来就名声在外，有"天上云居，人间仙境""莲花台""狮子岩""童子拜观音"等景点。山上坐落有云居寺、灵岩寺等，年代久远，寺周边林木葱翠，洞穴玲珑，景色宜人。

（二）普光塔

普光塔，亦称望夫塔，位于云居山山顶。这座由花岗石修建的古朴精致的石塔，现仅存两层，高九米余，仿木构八角楼阁式建筑。第一层四面均有石门，四扇石门上匾额分别镌刻着"寂照""光明""无碍""融圆"字样。正门朝西，每两道门之间都有带着元代风格的武士

重建董佺公祖墓

雕像。第一层塔檐八个角，均向上翘起。石塔中间有一轴心，阶梯沿着轴心盘旋而上。第二层四面设有佛龛，但无佛像。二层正上方悬挂一青石雕刻石碑，即塔铭碑。碑铭正中竖行阳刻三个字"普光塔"。两边两行落款小字，上款"大元至正十年庚寅冬佛迦日主缘，比丘云丰、福荣立"，下款"永贵里东岱信女传云、清河里陈妙容共财造"。1961年，被连江县人民政府公布为县级文物保护单位；1996年，被福建省人民政府公布为省级文物保护单位。

（三）云居寺

云居寺位于云居山之巅，又名上庵寺。唐代即建寺于此，宋、元屡修，清康熙年间（1662—1722年）重建。到民国年间，年久失修，损坏严重，部分倒塌，寺僧着手修缮。

（四）旗福寺

旗福寺坐落于东岱镇内，背靠狮峰，面对旗山，青山环抱，垄野相依，风光秀丽。旗福寺是连江县较为古老的寺院之一，据县志记载始建于元延祐六年（1319年），乃一元朝古刹。本寺系伽蓝菩萨道场，现存有伽蓝菩萨灵签。古人云："祈梦要到福清石竹山，抽签要到连江找旗山。"

八、宗祠管理

祠堂是人们祭祀祖先的场所，是家族的象征。它通过血缘关系把本族的全体成员联系起来，通过祭祀祖先把先人的优秀品质发扬光大。因此，祠堂不仅是一种场所，也承载了中华优秀传统文化。改革开放之后，各祠堂多成立管理委员会或理事会，加强对祠堂的管理。东岱董氏宗祠亦从 1984 年起选举产生第一届理事会，并由 1998 年起增设顾问委员会，把前届从理事会中退下来的成员安排在顾委中，继续为宗事服务，贡献余光余热。

（连江东岱董氏宗祠理事会提供资料）

龙图腾

八闽董氏宗祠文化大观

<h1 style="text-align:center">地接琯江有正气　名扬合北荐奇才</h1>

<h1 style="text-align:center">连江龙塘董氏宗祠</h1>

一、地理概况

连江县地处福建省东南沿海、闽江口北岸，东与台湾岛、马祖列岛一衣带水，西傍省会福州，南扼闽江入海口。连江历史悠久，早在5000年前古闽越先民即在此拓土生息，于西晋太康三年（282年）建县，距今有1700多年历史，为福建最早设置的5个县份之一，始称"温麻县"。隋大业三年（607年）一度并入闽县，唐武德六年（623年）重置温麻县，当年改名连江县并沿用至今。历史上均隶属福州府。因县域形似展翅凤凰，得名"凤城"，雅称"闽都金凤"，寓意吉祥。连江县四季温和，物产丰饶，素有"鱼米之乡"的美称。

如今，连江全县总面积4280平方公里，其中海域面积3112平方公里，陆域面积1168平方公里，境内有"三湾（罗源湾、黄岐湾、定海湾）、三口（可门口、闽江口、敖江口）、五条通道（沈海高速公路、104国道、温福铁路、福州绕城高速公路和201省道）"，发展条件十分优越。

琯头镇是闽东重镇，位于闽江口北岸，南临闽江与琅岐岛对峙，北靠覆釜山脉，西连亭江。塘头村为琯头镇下辖的一个村，古称龙塘堡，今号龙城。龙塘董氏宗祠就坐落在塘头村。

二、宗祠大观

龙塘董氏宗祠始建于明洪武年间（1368—1398年），嘉靖年间（1522—1566年）董世道曾予扩修，至董应举仕

龙塘董氏宗祠大门

朝显名，予以修建，并改祠门为龙虎门。然经历史沧桑，"文革"期间曾遭破坏，牌匾楹联仪物散失殆尽，宗祠活动式微，乃至祠宇陈旧不堪。至1998年吉月，族中耆宿复议新之，居乡贤达竞献良策，海外乡亲闻风响应，慷慨解囊，族人共捐资200余万元，仿古而建。幸梁柱椽檩多保存明清故物，才保持了原来风格，呈古色古香。越三年竣成志典，阖族欢洽，一堂称庆，从此重兴祀典，再荐馨香。

董氏宗祠堂号"三策堂"，占地面积800平方米，建筑面积680平方米。砖木结构，坐东向西，雄踞芝山鹤峦，云光灿烂，恢宏壮观，揽怀九龙百洞灵气，规模远胜于畴昔。董氏宗祠曾被收入《中国名祠汇编》《中国祠堂大观》等辞书。2005年被列为连江县第五批文物保护单位。

宗祠周环紫红火墙，飞檐翘角，上盖琉璃碧瓦，画栋雕梁，前后厅堂三进。祠堂大门与众不同，有龙虎门之分，各有一块"董氏宗祠"石匾，相传分别为邑人宰相叶向高、状元翁正春题写。进大门前有祠前埕、天井、回廊等200平方米，均为条石铺设且都是明代石料留存。

前院青石浮雕九龙照壁，高1.5米，宽12米，背面精刻二十四孝立体图并附文字说明。照壁后小花园中有半月形龙池，池内蛰伏着一条栩栩如生的石雕潜龙，寓意始祖受姓典故。

进厅堂两侧是乡村活动中心。一侧是村阅览室，书架上存放着许多农业用书；另一侧是活动室，室内摆设着各种健身器材。

厅堂林立56株红漆木柱，配上20副黑底镂金覆竹对联，显得古香古色。香案上红烛高烧，炉烟缭绕，气氛肃穆庄严。祠堂建筑规制清楚，从祠堂楹联及大厅中"吏部侍郎"等7块执事牌，可知连江源自陇西一支董氏的发祥史。祠壁上镶嵌10幅高1.8米、宽1.4米的青石影雕，图文并茂，由始祖董父"西州劳绩豢龙封董氏"、董仲舒"上三策尊儒安天下"到董应举"弭寇患侍郎勤献策"等，详述10位董氏英杰历史功绩。

三、家族繁衍

唐贞观二年（628年），陇西董宁迁浙江兰溪，传至五世董念三、董四十由兰溪迁福州府。约在元末，董悦中由福州府迁闽县塘头堡（今琯头镇塘头村），悦中生3子：董喜（天房）、董嘉（地房）、董熹（人房）。明万历年间（1573—1619年），龙塘十一世孙董时用，字良桐，由琯头塘头村迁琅岐董安村。时用生文泰，文泰生4子：振纶、振纪、振綷、振级，衍分4房，今传15世，居村有30多户120多人；其后裔外迁中国

龙塘董氏宗祠厅堂

香港、台湾地区，以及侨居美国、西欧等地的有1500多人。清代，董章由塘头移迁川石，今传12世，居村有120多户600多人；董章裔孙移迁筱埕官坞，今传10世，居村有40多户150多人。现居秦川村董姓有50余户150多人，居琯头街有20多户120多人，居壶江村有20多户130多人，居苔菉镇后湾村有200多户500多人。

龙塘董氏原谱纪字行次：

悦士彦文

惟汝克崇德　乘时展大章

行思绍祖志　亦用圣贤书

续修谱牒行次：

尧舜敦本原　武周善继述

隆朝开景远　家道启其昌

新修谱牒行次：

官高嘉品位　历代显中立

万世传基业　宗支裕泽长

四、祠堂楹联

龙塘董氏宗祠配有20副黑底镂金覆竹对联。联语内涵丰富，多述董氏发源、迁徙历史、名人乡贤等，如：

三友岩存记陪二相历侍郎芝蕨

长留胜迹；

千秋祠立生惠群黎愢权宦扮御共挹高风。

溯陇原分闽峤长流致远望族发祥孝弟遗风绳祖武；

枕莲岳襟琯江巨浸扬清名峦耸翠贤能得气蔚人文。

陇原受姓承宗泽；

闽峤分支荫国恩。

龙降于庭勤饲晨昏尊始祖；

舜赐之姓远蕃胤胄发华宗。

祠联宏博精巧，大多用镏金覆竹，如屏门联之一：

理明三策道贯天人树千秋哲范；

学宪六经师承孔孟为一代儒宗。

前门联：

学亭名士翰苑方家书画负坛谱盛誉；

礼部尚书宸枢宗衮袍簪推廊庙奇才。

胜概甲闽锁钥大江日过千帆征远海；

名枢称合北梯航诸路地三邑扼通衢。

屏门联之二：

读书陪二相仕侍郎绩留芝刹；

汴垵捍诸亲御倭寇名纪龙城。

大厅联：

际时褒诏殷颁虎帐有余荣终博建文优恤；

开国征旄广与蛮弧曾屡克不害参将崇封。

朝堂上卧虎著称疆项蜚声桴鼓不鸣后汉；

山水余画龙素擅精心设色缣缃尤贵南唐。

贵州司布政名胄衍此蕙兰旷伐才钟左海；

永乐庆遴贤巍科掇如草芥亢宗名捷南宫。

名门竞擅丹青国粹传承旷代同宗三正轨；

华衮文章黼绂天骄翊赞举家两代五连枝。

恒郡弥氛边疆兵祸遇乱萌功晋开济臣执政；

流坑衍裔祠宇人文资景仰乐容联合国树望。

凿百洞名山供千人观光身离庙堂且消块垒；

开八闽景为东南越生色胸存丘壑兼福枌榆。

秉笔万钧直声长震宇书罪诛邪信千秋良史；

下帏三载绩学不窥园跻贤述圣称一代醇儒。

地号龙城赞当年跃马横戈听卑鼓亦思飞将；

海猖倭寇缅故里坚壁清野御刀兵曾筑高垣。

其中大厅一副祠联，史典丰富："秉笔万钧直声长震宇书罪诛邪信千秋良史；下帏三载绩学不窥园跻贤述圣称一代醇儒。"上联典出史官董狐。董狐秉笔直书："赵盾弑其君。"孔子赞董狐为千秋良史。下联典出汉大儒董仲舒。董仲舒性好学，垂帏苦读，曾三年目不窥园。

还有一副祠联亦激昂震荡，寓意深刻："地号龙城赞当年跃马横戈听卑鼓亦思飞将；海猖倭寇缅故里坚壁清野御刀兵曾筑高垣。"上联典出汉"飞将军"李广。唐诗人王昌龄在《出塞》诗中写道："秦时明月汉时关，万里长征人未还。但使龙城飞将在，不教胡马度阴山。"这是一首唐代七绝压卷之作，慨叹边战不断，国无良将，思念当年飞将军威定边塞之情景。下联描述塘头历史上勇敢抵御倭寇骚扰，筑高墙、清野坚壁，表达了中华民族保家卫国的大无畏精神。

龙塘董氏引以为傲的就是千古留名的爱国爱乡名臣董应举。当地与之相关的逸闻轶事、名胜古迹在"连江塘头董应举与董公祠"一节有详细叙述，在此不赘述。

衣冠清节传三世　词赋声名著两都
福州琅岐下岐董氏宗祠

一、地理概况

福州琅岐岛地处东海之滨，闽江入海口，素称闽江口的明珠，是福建省第四大岛，中国第二十一大岛。琅岐岛是福州市马尾区琅岐镇福州经济技术开发区和台商投资区延伸区，是著名的侨乡。东面临海，与马祖列岛隔海相望，其他三面环江；北面是连江县粗芦岛、壶江岛，西经琅岐闽江大桥与亭江镇东岐村毗邻，连接104国道，距福州市中心40公里；南出琅岐大桥距长乐国际机场26公里，同福厦高速公路相连，与长乐浮

下岐董氏宗祠外景

下岐董氏宗祠内景

岐洲接壤，和潭头镇、梅花镇隔江相望。全岛面积 92 平方公里，海岸线长 30 公里。岛东西长 15.3 公里，南北宽 8.1 公里。琅岐岛自然条件得天独厚，三面环江四季分明，全岛森林覆盖率为 20%，亚热带海洋性气候。每当盛夏季节，成群的海鸥、野鸭、白鹭、海鸟在这里栖息。据传刘氏家族是最早迁移琅岐岛的，所以这里俗称"刘岐"，后来又有许许多多姓氏的人家登上琅岐岛，共同开发这个宝岛，所以改名为"琅岐"。"琅者，宝玉也；岐者，水中之高地也。"

琅岐岛自"唐辟海陬，宋稠庐宇，明标宦绩，清振科名"，上下 1000 多年，是一个历史悠久的古岛。岛上人文荟萃，名胜古迹众多。自宋朝以来，琅岐岛上 15 个姓氏中进士、举人的共有 60 多人，其中，董氏一门就有 13 人。琅岐区级文物保护单位有金牌炮台、衙前陈氏宗祠、董廷钦墓、下岐董氏宗祠、董氏古墓群等。已开放的寺庙道观有白云寺、天安寺、南山寺、天竺寺、下岐天后宫、海屿天后宫，还有村前里堂、海屿堂及金砂、凤窝、云龙等基督教活动点。

二、宗祠大观

董氏宗祠是岛上面积最大、装饰最美的宗祠，坐落在下岐村牛屿山之麓，五进砖木结构，坐南朝北。始建于明嘉靖初年（约 1522—1530 年），前座（今祠堂中厅）重修于民国十年（1921 年）。1997 年又捐资 400 多万元重修，于 1999 年底竣工。祠面宽 14.5 米，纵深 43 米，占地面积 1385 平方米。整个宗祠融古今建筑为一体，气势恢宏，雄伟壮观，建筑工艺十分精湛，雕栏玉砌，富丽堂皇，1995 年 4 月被列为福州市郊区第三批文物单位。

宗祠临街依山而建，四周风火高墙，祠埕以磨光大理石砌就围墙，占地面积150多平方米。临街是八柱三间门亭楼，以黛青大理石构建，二重檐歇山顶，凌空翘角，巍峨壮观。门上方嵌"正谊堂"石额，正是下岐董氏宗祠的堂号。门亭楼前后两副门联分别为："仕宦历三朝辉煌史册；诗文光四辟景仰宗风""昔者起风云前贤已矣；今之扬盛美后辈思乎"。祠埕内盆花似锦，争芳斗艳。

祠堂大门漆成朱红，门前雄踞一对2.8米高的石狮，石狮两旁，竖一对青石双斗旗杆，高9米，精雕细琢，造型美观，工艺精巧。大门前6级石阶，边有石鼓，镌刻人物云图花纹；大门上方"董氏宗祠"4字楷书，苍劲有力；面墙镶6幅先祖事迹石雕，墙体突出青石圆柱2合，镌刻2联，中联述董氏门第："帝世蔡龙氏；江都旋马家。"边联为："晋国大书昭直史；汉廷对策表醇儒。"

入大门为门厅，插屏门上悬"节钺传家"匾，联为明武英殿大学士、兵部尚书黄道周赠董廷钦子孙三代的联句：

董公泉

"节钺传家"匾

"衣冠清节传三世；词赋声名著两都。"（这副联原为木刻，1949年后为闽侯县文化馆收存，今补书于石上。）匾的边缘镶嵌先祖传记碑文等4幅镏金石雕，极具文物价值。

前天井中有两只汉白玉石象，取"太平有象"之意，寓意歌舞升平，万象更新。两侧回廊分列20幅先祖官衔执事板，俗称"衔头牌"，显示着董家的无上荣耀，对研究古代官职有一定的价值。

自前天井登5级石阶进入二进中厅。中厅宽敞轩昂，雕梁画栋，绘彩描金，藻井精雕细刻，斗拱迂回繁复。厅中间一对盘龙石柱，穿云吐雾，头角峥嵘，直欲破空而出。上方藻井绚丽，令人眼花缭乱，顶部是两条金龙，翘首扬爪，蜿蜒盘旋。四周悬挂着"祖脉同源""荣宗耀祖""源远流长""明德惟馨""荣枝固本""进士""文魁""贡元"的匾额。两壁镶嵌汉白玉雕刻的明代名宦叶向高、翁正春、余孟麟、董应举、黄周星、林鸿、陈亮等人的诗词手迹8幅。厅内共有石柱6对，镌刻楹联，有"父子孙三代贤良兰玉阶前挺秀；宋明清累朝科甲簪缨堂上生辉""凤屿扬波父子联科世进士；嵩山衍派弟兄同榜双孝廉"等。

旁有怀贤楼，其实是座廊亭，亭内置些石柱石桌，供人消闲憩息，亭壁上镶嵌人物典故、碑文碑刻。

中天井两侧回廊建有钟楼、鼓楼，双檐歇山顶，钟楼下方开着一道门，可与怀贤楼相通，1997年前原是祠堂正门。门外还有一口井，是明嘉靖年间伯章公发掘、弘治年间叶向高命名的"董公泉"，饮水思源，寄托着后人对先祖的思念及敬仰。

过中天井登7级台阶进入三进正厅。正厅为明代木构建筑，由22根木柱木扇构成，穿斗式抬梁，厅前上方红杉木大杠梁长13.5米，尾径0.6米，实为罕见。厅内覆竹楹联13副，青漆镏金，琳琅满目。主联"豢龙传帝世溯范阳发族嵩山琅海喜联辉缵承先绪；旋马起家声自宋代登科名宦人才欣辈出丕振宗风"，由书法名家赵玉林书。厅两边壁上镶嵌青石影雕10幅，描述琅岐董氏历代名贤事迹，图文并茂。神主龛前上方悬相传是明崇祯帝钦赐董养河的"帝座纶音"

"帝座纶音"巨匾

巨匾。厅内还悬有"父子世进士""通远军节度使""布政使""朝奉大夫""进士""文魁"等29面名贤牌匾。

自正厅过厢房即后天井回廊，再登5级石阶，为第四进"妥遗堂"，奉祀董氏历代先祖宗亲失修遗漏的神主位。

绕边门登31级石阶进入五进"怀贤阁"，阁中陈列先祖遗像、传志、谱牒、诗词等族史资料，其中有明代叶向高、翁正春、林烃、董应举、董和、黄道周等人的手迹，还有出土的明代"董母程宜人墓志铭"等文物。

三、祠堂楹联

琅岐董氏祠堂有楹联60多副。祠堂楹联直接昭示先贤的美德以及他们在历史上的丰功伟绩，传递宗族思想及行为规范，弘扬正道，启迪后人，催人向上。

门第楹联：

帝世蒙龙氏；江都司马家。

西汉贤良裔；南闽甲第家。

门亭楼石柱楹联：

仕宦历三朝辉煌史册；
诗文光四辟景仰宗风。

昔者起风云前贤已矣；
今之扬盛美后辈思乎。

金装玉琢万家乐；
物换星移几度秋。

云影霞光相掩映；
艺林翰苑任遨游。

正面门墙旁柱联：

晋国大书昭直史；
汉廷对策表醇儒。

插屏门楹联：

衣冠清节传三世；
词赋声名著两都。

虎头北耸雄风起；
牛屿南藩佳气多。

前门厅楹联：

门号风炉巨舶三江来贾贩；
洋称竹浦良田万亩育儿孙。

祠外青山高樵唱曒蜂成往事；

溪边胜迹古书声罗阁说前朝。

三更灯火伴书声莫负弦歌故里；
千载蒸尝隆祀典共扬孝友遗风。

祖庙峙村中父老闲来消白昼；
梨园开岭上笙歌骤起闹黄昏。

前天井回廊楹联：

扬我宗风登斯堂能无愧否；
绳吾祖武履此地可勿思乎。

守望相扶世世同居交谊重；
晨昏存问家家邻里友情深。

得人之和栋宇凌云光祖考；
逢世至盛贤才济美勖儿孙。

农士工商合族孜孜勤本业；
父兄子弟一堂济济叙天伦。

中厅石柱楹联：

父子孙三代贤良兰玉阶前挺秀；
宋明清累朝科甲簪缨堂上生辉。

万里封侯西夏仰恩威名扬边塞；
一朝名将南闽隆绪续族重海疆。

凤屿扬波父子联科世进士；
嵩山衍派弟兄同榜双孝廉。

四会茸黉宫共拦贤令迁官去；
两粤珍墨宝不惜重金求字来。

范阳肇瑞四十代云仍家声无替；
琅海开基八百年功业宗史有光。

院前择地良水秀山明娱晚景；
马尾分支远兰馨桂馥绍先芬。

连饮三杯好客董公夸妙句；
长悬一榻爱才叶相重诗人。

瀛海感飘蓬叶落归根故乡最好；
宗祠欣焕彩衮成集腋游子堪夸。

中天井回廊楹联：

家学渊源备志艺林一册；
官勋炳烺犹留碑碣千秋。

福地绕祥光雕梁书栋；
房桄多瑞气镂玉泥金。

允武允文诒孙有谷；
以似以续率祖攸行。

院内余香似郑兰谢草；
前庭长物仿晋字唐诗。

父子大夫百粤政声光谱牒；
祖孙博士五经世业绍箕裘。

仕学兼优不愧江都世裔；
英贤辈出宜恢琅海家声。

岭峤握符政跻驯雉；
琅山聚族系本豢龙。

孝友传家开祖德；
诗书继世振家声。

正大厅漆木挂联：

廉勤饬范；恺悌绥氓。

卧寐启生初木本水源浩浩乎支
分派别；
旦明追旧德春霜秋露洋洋矣忾
见僾闻。

东临沧海西控大江巨泽烟波藩
此里；
南耸筹峰北盘龙岭名山秀气萃
吾宗。

春祀秋尝遵圣贤礼乐；
左昭右穆序世代源流。

汉代重鸿儒三策保邦业焕江都
荣黼黻；
明时崇硕彦五经魁士家传闽海
起风云。

豢龙传帝世溯范阳发族嵩山琅
海喜联辉缵承先绪；
旋马起家声自宋代登科名宦才
人欣辈出丕振宗风。

东粤树棠阴歌召父咏杜母五岭
口碑垂奕祀;
西曹标鲠节出震亨救石斋百章
手奏著千秋。

青眼识英豪一念抚孤尘里扶持
天子;
白云留翰藻两征辞聘山中吟眺
梅花。

对策上书炳炳文章标马史;
直书不改煌煌笔法灿麟经。

庆钺云霄咸瞻圣泽;
民安屏翰共仰恩光。

正厅后门柱楹联:

乔木发千枝岂非一本;
长江分万脉总是同源。

东阁冬梅西窗夏竹;
南华秋水北苑春山。

后天井回廊楹联:

高山仰止疑无路;
曲径通幽别有天。

祖德振千秋伟业;
宗功启百代文明。

身范克端绳祖武;
家规垂训翼孙谋。

知祖德永光柱国;
冀人文踵美琅山。

妥遗堂楹联:

妥先灵香火喜同欢亦已祀矣;
遗世系萍踪怅莫觅可无憾乎。

身世叹渺茫谱牒传中无记载;
云仍欣昌炽牛山岭下盛儿孙。

百代书香光俎豆;
千秋祀典肃冠裳。

酬功报德培植百年仁义;
法祖尊亲佑启万代兴隆。

严若思教孙有庆;
祭如在明德惟馨。

天地蕴丹青毓秀钟灵闽水回环
绵道脉;
渊源接西陇育才造士群山耸峙
炳文光。

怀贤阁仰芬亭石柱联:

文运天开奎壁联辉昭盛世;
昌明圣教兰馨桂馥振家声。

东大门以及怀贤楼石柱联:

江都荣黼黻;闽海起风云。

祖孙五经博士;父子两广大夫。

明月清风深有味；
左图右史交相晖。

世间清品至兰极；
贤者虚怀与竹同。

友如作画须求淡；
文似看山不喜平。

吸古镕今传笔阵；
扬芬启秀耀书林。

"衣冠清节传三世；祠赋声名著两都。"此联为宗祠插屏门楣联，为明武英殿大学士、兵部尚书黄道周所撰。上联典出北宋靖康年间（1126—1127年），金兵铁骑南下攻占开封，掳徽、钦二帝，史称"靖康之难"，随后宋室南迁，衣冠南渡。琅岐董氏九世祖董纯永于南宋绍兴元年（1131年）从河北范阳南下入闽避难，迁入琅岐，为琅岐董氏开基祖。下联指琅岐董氏文风鼎盛，涌现出许多享有盛名的人物，如董氏第十二世祖董烨，宋理宗绍定年间（1228—1233年）进士，官至湖南观察判官，其子董璜是宋理宗淳祐年间（1241—1252年）进士，父子同为进士，被传为佳话，荣称"父子世进士"。

"祖孙五经博士；父子两广大夫"为怀贤楼石柱联中的一副。琅岐董氏在明朝时为官最盛，但所有登第揭榜董家人中，以董廷钦一家最为突出。此联典出董廷钦和他的儿子董养河及孙子董谦吉三代联科的佳话。董廷钦，明万历年间江西金溪（今抚州市）教谕，因政绩显著被调升南京任国子监博士。在他任职期间，因平反一起冤案，得罪当地权贵，遭陷调往钦州。董廷钦在那里建平南浮桥，繁荣商业，招集流亡，发展生产，创办社学。三年后因政绩卓著，被升调为韶州司马，却因多次仗义执言、秉公执法得罪当地镇守太监被贬，调任湖南岳阳漕运。

四、家族繁衍

福州市琅岐董氏的肇始祖为五代后汉随州刺史、宋太祖赐朝奉大夫董宗本，其系涿州范阳（今河北涿州市）人。二世祖董遵海，五代后周世宗赐授骁勇指挥使，宋太祖时官迁通远军节度使。三世祖董嗣宗、董嗣荣录为殿直。其后至南宋绍兴初年，九世祖董纯永迁至闽海琅山（今琅岐），为琅岐董氏始迁祖。迄今已近900年，世泽绵延，子孙繁衍达41世。

琅岐董氏昭穆行第世序纪要如下：
前二十世（第十九世至三十八世）为：

　　冠名：文宗伯仲叔，德人世宜昌，道以君子有，学乃哲夫长。

　　学名：高火土金水，朝正国日

孔，文章兆一家，承须行是敬。

后二十世（第三十九世至五十八世）为：

冠名：仁孝知礼义，用举声名扬，位列群英会，泽如周夏坊。

学名：业真应常勤，守必进于为，廷策资贤士，前光尚迪余。

现在世的最大行第为第三十二世"子"，最小行第为第四十一世"知"，因此具"十代同堂"之美誉。

董纯永生2子，长董梓，次董桢。十七世董珠甡生2子，长董肇（禄房），次董良，董良生董亮（福房）、董亭（寿房）、董膏（康房）、董稿（宁房）；福房二十九世董文驹、董昌洁迁居琅岐云龙村。三十一世董君达长子董一尚和一尚长子有顺、君达第四子董子法、君达后裔三十四世依扁之子董金弟，福房德御支二十四世朝侍后裔，三十一世董兆芳次子董子贵，先后迁居霞浦县西洋。三十二世董子弼迁至台湾地区桃园中坜区和台北内湖区。寿房二十九世董天明、董天郁，迁居福州西门外关源区埔前（今闽侯县荆溪镇关源埔前村）。宁房二十五世董大宝、董大行，二十七世董宜绣，先后迁居马尾君竹，后移居马尾上岐村。现居祖地1500余户，历史上迁居闽侯（埔前）、马尾（上岐）、连江、霞浦（三沙、西洋）等地500余户。

据记载，琅岐董氏族谱集谱始于明弘治时期，董廷钦之祖宗哲始修，嘉靖二十一年（1542年）二十一世董伯章续修；万历二十九年（1601年）二十二世董廷镇主修；清顺治七年（1650年）二十三世董养河主修；雍正十年（1732年）、乾隆六十年（1795年）重修；光绪二十七年（1901年）重修福房谱图（历经祖孙三代，方得以成集）。因琅岐董家户数过千，无法总成，遂分房自行整理房谱。后因时代沧桑，许多房谱保存不慎，散失殆尽。修谱一事于1997年有了转机，在当时大队部杂物中，族人觅得院前房残谱一册，故该房得以先行续谱。继后福房又发现谱图一册，先世各支系统皆记载其中，因此各房方得以依次纂谱。当时，琅岐董氏因重修宗祠已成立宗祠理事会，便组织专职编纂小组。据谱序记，理事长董达敏"公而忘私，宽和以济，深孚众望"，副理事长董承铨"尊祖敬宗为念，案牍劳形"，编纂小组夜以继日，三年如一日，终于在2000年修竣总谱，改名《琅岐董氏总谱》。总谱为印刷本，现省、市图书馆及琅岐董氏宗祠理事会均存此谱。总谱分为谱序17篇、世次家传志、外传志、先贤神像、宗祠平面图、楹联、先祖墓葬、前贤遗事、家礼祖创、艺文、字辈、名宦诗作等部分。

其简明世系图如下：

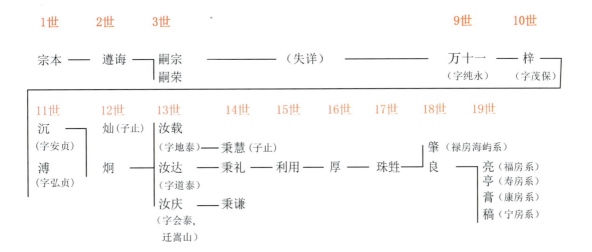

1世	2世	3世				9世	10世
宗本 —	遵海 —	嗣宗 嗣荣	—（失详）—			万十一 — （字纯永）	梓 （字茂保）

11世	12世	13世	14世	15世	16世	17世	18世	19世
沉 （字安贞）—	灿（子止）	汝载 （字地泰）—	秉慧（子止）				肇（禄房海屿系）	
溥 （字弘贞）—	炯 —	汝达 —	秉礼 —	利用 —	厚 —	珠牲 —	良 —<	亮（福房系） 亭（寿房系） 膏（康房系） 稿（宁房系）
		汝庆 — （字会泰， 迁嵩山）	秉谦					

五、逸闻轶事

（一）董宗本、董遵海父子与宋帝赵匡胤的故事

董宗本为琅岐董氏一世祖，其子为董遵海，赵匡胤为宋开国皇帝。董宗本原为后汉的随州刺史，是赵匡胤父亲赵弘殷的老朋友。赵弘殷出身将门，然时逢朝代震荡，赵家逐渐衰落，生活十分艰难。赵匡胤为谋取前程，来到随州投靠董宗本。董宗本重义多情，见他是老朋友的儿子，且相貌堂堂、谈吐不凡，于是收留了他，并安排一官半职。赵匡胤在董府逗留期间，尽管受到董宗本的器重，但察觉到董遵海的不齿，自知此地不可久留，于是离开董府。后来赵匡胤成了宋朝的开国皇帝，召见了董遵海。董遵海原以为难逃一死，主动请罪求死，但赵匡胤不仅免了他的罪，还重用了他，授予通远军节度使，并想方设法帮他将失散多年的母亲从辽国接回团聚。宋太

祖的不杀之恩，成就了董家之后几百年的繁衍生息，他们之间的故事也被董家人代代相传。

（二）董养河的故事

1."帝座纶音"

董养河（？—1643），字叔会，号汉桥，闽县琅岐人。其父董廷钦，字仲恭，号海门，明万历七年（1579年）举人，历官南京国子监博士、钦州知州、韶州司马、岳州通判、浔州知府等职，著有《剑首吟》诗集。董养河序四，他的三位兄长均为举人出身，都有一官半职，也都是文学家、诗人，均有诗集传世。

养河自幼爱好诗文，9岁便能吟诗作对，有神童之誉。他少负殊质，带粮入鼓山闭户攻读经史，后又在家乡天竺山罗溪之畔筑室而居，与永福才子黄文焕、鄢正畿，闽县才子林先春为友，经常在一起研究诗文，吟诗作对，一唱一和，留下不少名篇佳句。

明工部侍郎董应举，连江琯头人。琯头与琅岐一江相隔，董应举认琅岐董

家为本家宗亲，与养河乃世交，以叔侄相称。他时常到琅岐探幽览胜，住在养河家，见养河聪颖好学，才华出众，叹曰："吾家复见一江都郎也！"遂用心教导养河，使其学业大有长进。

相传明崇祯年间，养河赴京赶考，却因中途染病，贻误考期，流落京城。一日，养河在饭馆吃饭，恰与乔装察访的崇祯皇帝同桌。帝见他眉清目秀，文质彬彬，却又愁眉苦脸、唉声叹气，似有苦衷。得知他误了考期后，帝十分同情，便试其文才，论及诗文，问之安邦定国之策。养河满腹经纶，对答如流。帝爱惜人才，便向店家借了文房四宝，写了封信装好，叫养河把信交给主考官吏部林尚书。

养河觉得奇怪，半信半疑地带着信去碰运气。主考官见到皇上亲笔信，以为养河是皇亲国戚，果然破例给予补考。考卷送到金銮殿，皇上展卷阅之，见字字珠玑，文采绝伦，叹曰："真是人才，何出晚矣。"大有相见恨晚之感。皇上于是挥毫批赐进士，并下旨宣养河进殿见驾。养河这时才知道同桌吃饭之人乃崇祯皇帝。帝见养河，龙颜大悦，御笔题赐"帝座纶音"四字。就这样，养河以岁贡被崇祯皇帝特赐进士，授工部司务。

2. 蒙冤下狱

董养河才华出众，为人耿直，一身正气，与兵部尚书黄道周（福建漳浦铜陵人）、户部主事叶廷秀以及同僚黄景昉、倪元璐、蒋德璟等为金石之交，相

与忧愤时事，揣摩军国，过从无虚日。崇祯十三年（1640年）四月，因黄道周"纠杨嗣昌夺情忤旨勘问"，株连董养河及翰林编修黄文焕、吏部主事陈天定、中书舍人文震亨。皇上有意袒护重臣杨嗣昌，将这些平常与黄道周交往密切的人都胡乱归为"党羽"，牵连入狱。而叶廷秀与黄道周素不相识，只因仗义冒死论救黄道周，也被一同下狱。崇祯皇帝盛怒，欲处这些"党羽"以极刑。养河泰然处之，在狱中与黄道周、叶廷秀唱和，作《西曹秋思》。崇祯十五年（1642年），黄道周平反，又任兵部尚书，董养河也官复原职。皇上念养河忠直，人才难得，升户部主事。崇祯十六年（1643年），养河升迁户部员外郎兼兵科给事中，钦命监督九门，又监督芜湖钞关。

时李自成农民起义军攻城略地，清兵犯境，明朝江山摇摇欲坠。养河身为京城九门监督，深感责任重大，为防守京城，日夜操劳，领兵坚守城防。为加强京城防务，他密访民间智勇俊杰，可为疆场前驱者，得六七十人，推荐给朝廷，编入军中任职；并挑选列将一名，朝廷竟以布衣授户部主事。养河为防守京城积劳成疾，卒于崇祯十六年（1643年）秋，墓在闽县杜坞，墓志铭为严宗溥所撰。

董养河长子谦吉，字德受，崇祯末进士，初授建宁教授，官至陕西副使，致仕归，福王、唐王相继召之，俱不赴。

唐王亡，谦吉出家为僧。

3.《西曹秋思》

《西曹秋思》的"西曹"，是指刑部的狱讼机构。董养河因兵部尚书黄道周弹劾杨嗣昌受株连，与黄道周、叶廷秀同关在刑部天牢，三人互相唱和，所得诗集名《西曹秋思》，诗皆七律，共90首。该诗集初版于清顺治四年（1647年）。《西曹秋思》意图通过诗歌抒发忧国忧民情怀，倾吐心声，互相鼓励，具有一定的文学价值和历史价值。

《西曹秋思》卷首有董养河小儿子、广东惠州府河源知县董师吉撰写的一篇刻书前记。董师吉在前记中说其父董养河病逝于崇祯十六年（1643年）秋，他刊刻此书时，"作令赴粤，怆然数载之中，岸谷升沈，而先大夫又弃予五年所矣"。《西曹秋思》最早著录于清初黄虞稷的《千顷堂书目》，到了乾隆年间纂修《四库全书》时，仅列为存目。近年印行的《四库全书存目丛书》，也始终未能查到原刻旧本，只好以中国国家图书馆收藏的一部清代抄本为底本。

4. 才华横溢

董养河诗豪墨妙，才华横溢，为"闽中七君子"之一，除著有《西曹秋思》外，还著有《罗溪阁韵语》。慈溪冯元飙为其作序，称："叔会生闽琅岐海上，芙蓉树其骨，罗溪荡其胸，结庐水际，高阁倚天，日与四方文学之士，征文纠韵，笔墨精妙，魁然杰特，其于书

无所不窥，海内人士，至称为原丰小邹鲁，其人文有如此者。"

董养河在重游家乡琅岐罗溪天竺庵时留下一首诗《乡愁》，至今脍炙人口：

> 惟有溪山不厌贫，罗溪招友复携男。
> 曾蛟洞底鳞鳞动，不语峰天片片堪。
> 银瀑洗毫穿海怒，绿蕉栽蒿入霜酣。
> 廿年复听连林雨，愁说云深似旧庵。

六、琅岐董氏家族的最后一位进士

走进马尾区琅岐镇下岐村的董氏宗祠，祠内高悬着6块进士牌匾、7块文魁牌匾。其中，董文驹是董氏家族的最后一位进士。他曾任福宁府学、台湾府学教授，兼监台南海东书院，后升迁广东四会知县，赠文林郎，是一位为台湾地区文教事业发展做出杰出贡献的人物。

（一）幸遇恩师

董文驹，字道实，号罗峰，闽县琅岐人。他出生于一个贫苦农民家庭，少年师从本岛赤砂（今金砂）村郑跛先生，一聆讲解即通其旨，天生聪明好学，深受先生爱护。后因家贫如洗，交不起学费而辍学。先生不知原因，感到可惜，就到他家寻问，其母说家中实在困苦，要文驹拾柴以补贴家庭生活。先生十分同情，对其母说"你家柴薪由我提供，学费也免交"，因而文驹得以复学。

先生爱文驹如子，以后便带他往合北里授馆，主人有一女，年方二九，生得美丽端庄，又知书达礼，先生为之议婚。虽文驹一表人才，但主人嫌他家贫。先生对主人说："文驹天生聪颖，又勤勉好学，日后必金榜题名，出仕做官，吾敢叫令爱做一位七品孺人。"主人相信先生的话，因而令其女与文驹结成夫妇，夫妻相敬如宾。

（二）振兴台湾学风

董文驹于清乾隆三十一年（1766年）进士及第，初授福宁府学教授。福宁府交通闭塞，百姓生活艰苦，读书人很少。文驹在任五年，不辞劳苦，在府县广设学馆、书院，倡导兴学重教。他经常下乡，劝导闽东各县生童入学，以身作则，教化百姓，转变学风，使众多沿海、山区贫苦农民子弟有机会入学读书。文驹廉洁勤教，颇有政声。

时清政府在台湾府、县设有官学及官办书院，还有官民义捐的义学。学校成立以后，缺少师资，遂从福州及闽南地区抽调进士、举人及有教学经验、品行端正的府学教谕、教授赴台湾执教。乾隆三十六年（1771年），董文驹获选调任台湾府学教授，监管海东书院。海东书院位于台南，是当时台湾府规模最大的书院，有"全台文教领袖"之称。董文驹身负重任，在任上尽职尽责，献身教育，经常深入各县，劝令各家送子弟入学，倡导儒学，传播中华民族传统文化，教化百姓。他强调

以德行为先，忠孝为本，和气待人。他处处为人师表，经常到书院传道授课，诲人不倦，循循善诱。其督课认真，使生童在读书中得到乐趣；稽查甚严，不徇情面，对优秀生童给予鼓励，因此求学生童不断。他为振兴台湾学风建树颇多，受到当地百姓好评。

董文驹在台湾府学执教六年，为官清廉，为人师表，爱民如子，享有很高的威望。朝廷念其劳苦，又有才能，乾隆四十二年（1777年）升迁广东肇庆府四会知县。去任之时，两袖清风，只有几件简单行李和几箱书籍，百姓夹道欢送，依依不舍。文驹在四会任内，除暴安良、整肃治安，减轻赋税、发展生产、恢复经济、教化乡民，有善政，去后民有甘棠之思。

（三）墨宝精妙

董文驹少年时即有才华，四书五经、诗词歌赋样样皆通，且擅长书法，墨宝精妙，有来自省内外求其书法者络绎不绝。其喜欢与文人墨客一起吟诗论道，游山玩水，探幽览胜，乐山海之乐，有《白云观日》诗一首传世：

白云古寺白云巅，东望微茫水接天。
红日扶桑翻浪出，雷轰赤水火轮悬。

七、文风鼎盛，群星璀璨

在悠久的历史长河中，董氏名人辈出，风姿独立，在中华文化史册上谱写

了无数彪炳千秋的卓越篇章。琅岐董氏先祖文风极盛，涌现出许多享有盛名的人物，宛若璀璨的群星，异彩纷呈。

（一）世进士

董氏十二世祖董烨，于宋理宗绍定五年（1232年）登壬辰科进士，授知县，官至湖南观察判官。其子董璜，于宋理宗淳祐三年（1243年）登癸卯科进士，授中散大夫。父子同登理宗年间进士，擢显官，被传为佳话，故称"父子世进士"。

（二）明经举人

十八世祖董秀，明正统十年（1445年）举人，荐授古田训导，补宁德训导，升云梦教谕，被誉为"明经举人"。

（三）同榜双孝廉

十九世祖董宗道，为明宪宗成化七年（1471年）举人，荐为训导，迁朝阳县、镇江府教谕，授广东潮阳知县。与其弟董宗成为同科举人，被誉为"同榜双孝廉"。

（四）闽中文学世家、祖孙五经博士

自二十二世祖董廷钦之父奇阳公而下，四世之间能诗工文之士达十余人。董廷钦为国子监博士。其季子董养河系特赐进士，为古文学家。其孙董谦吉为进士，迁国子监博士。群丛森森，擅阶庭兰玉之秀，世称"闽中文学世家"。因其与孙均为国子监博士，故又有"祖孙五经博士"之称。

八、习俗传承

琅岐董氏大部分习俗与岛上其他居民相同，但董家每年固定日子的四大活动与其他姓氏不同。

一曰茶话会。琅岐董氏宗祠每年正月初五日都举办新春茶话会，邀请在外任各级领导职务的宗亲、退休的老干部老同志、乡贤后俊、企业家等社会贤达，共商乡是，向他们通报宗情乡貌，请他们关注家乡，出谋献力，共襄发展大计。

二曰"敬祖报喜日"。宗祠商定每年农历正月十五日为"敬祖报喜日"，琅岐董氏宗亲在当年有婚娶、添丁的家庭，当日可到祠堂登记，向列祖列宗敬告报喜，以表达感恩敬畏之情。

三曰"筅堂日"。琅岐董氏宗祠约定每年农历八月十六日，对祠堂进行"筅堂"（即卫生大扫除）。祠堂置办全套打扫擦洗卫生器具和梯椅，将祠堂里外上下、左右边角，厅堂梁柱、楹联匾额都擦洗干净，保持洁净如新。

四曰敬老节。琅岐董氏宗祠从2012年开始，于每年农历九月初十日（重阳节后一天）举办敬老节。宗祠理事会以此大力提倡敬老尊贤的道德规范，提出敬老爱老是中华传统美德，尊老助老是全社会共同责任。

九、古今名贤

（一）古代名贤

董宗本，五代，后汉随州刺史。宋太祖赐朝奉大夫。

董遵诲，五代，后周世宗赐授骁勇指挥使。宋太祖时官迁通远军节度使、罗州刺史，太宗命兼领灵州路巡检。

董嗣宗，宋太祖赐录为殿直。

董嗣荣，宋太祖赐录为殿直。

董烨，宋理宗绍定五年（1232年）进士，官至湖南观察判官。

董璜，宋理宗淳祐三年（1243年）进士，授中散大夫。

董汝庆，宋理宗朝以武阶授忠训郎。

董和，明永乐进士，历任户部主事、员外郎，官至贵州布政使司左布政使，中大夫。

董廷钦，明，南京国子监博士，官至钦州知州。

董养斌，明，官至光禄寺署丞。

董养洙，明，三宿州知。

董养泓，明，官至南雍直隶宿州同知。

董养河，明崇祯特赐进士，历官工部员外郎兼兵科给事中、监督九门、监芜湖钞关。

董谦吉，明崇祯授文华殿中书，唐王兵部职方司主事。

董师吉，清，官授广东惠州府清源知县。

董昌涯，清，授中书，候选知州。

董文驹，清乾隆进士，官至四会县正堂，赠文林郎。

据不完全统计，琅岐董氏家族从五代至清出仕授爵的达三十余位，其中封授各类官职的有：授大夫禄爵四人、刺史二人、节度使一人、副使二人、布政使一人、员外郎三人、知州四人、知县五人；登进士七人，国子监博士二人、教授二人、教谕四人、训导二人，及其他职位等等，不胜枚举。

（二）现代名贤

在现代，各类人才层出不穷，高级工程师、高级经济师、高级农艺师、主任医师、教授、博士等专家学者众多，具有中级职称和大学学历的不胜其数。

现代在国家机关单位中，担任厅处县团和高级职称职务的有：厅级干部五人，县级干部十五人、军队大校正师级军官二人、中校团级军官一人。

十、艺文类聚

送人之咸阳

赠奉直大夫钦州知州　董伯章

劳歌唱渭城，行子赴西京。

关月闻鹄落，秦云带雁横。

花香樊曲梦，柳色灞桥情。

莫令归期晚，秋风白发生。

送 客

赠奉直大夫钦州知州 董伯章

湖上初惊木叶飞，天涯远道怅多违。

已怜芳苹迷征路，况复秋风土客衣。

渺渺江天鸿影断，依依洲渚荻花微。

知君到处堪乘兴，叹我浮生未息机。

山 居

董养河

小渠分瀑夜溇溇，片月窥窗不可关。

烟水自来宜我辈，勋名终是属痴顽。

新松直上梢频剪，丛菊孤寒蕊半删。

却笑谢公徒捉鼻，区区江左负东山。

夏日游雪峰四首

董养河

雪峰高不极，贪奇冒炎景。

入径菀林绿，渐觉薜衣冷。

列岫豁平畴，龙池浸空影。

皈依梵相前，兀兀诸缘屏。

古殿郁苕峣，四壁生寒雪。

感彼塔下人，谁为不生灭。

水磨日喧豗，象骨空发棐。

独此一瓣香，拈向石中爇。

拂拂里上风，泠泠石间瀑。

入夜星纬低，凄然立寒谷。

不见弄洸人，但见龙藏木。

念此不能忘，月照禅床宿。

峰头望远海，有泉应潮汐。

呼吸信元气，高深复幻迹。

俯仰沧桑间，幻躯良足惜。

卷叶聊酌之，庶以沃大宅。

十一、名胜古迹

（一）琅岐董氏古墓群

位于福州市琅岐罗钟山石竺寺石阶道两旁。半公里内数座明墓，分别建于明洪武至嘉靖间，至今保存完好或基本完好。其中，十七世祖珠甡公字子玄，生于元至正元年（1341年），卒于明洪武二十八年（1395年），享寿五十五岁，配庄前朱氏，生卒未详，合葬于洋下山下部，坐丑向未兼艮坤，墓造于明永乐癸卯岁（1423年），重修于1981年夏。基石柱联曰："白云拥座翔飞凤；望族推源溯綦龙。"（里人冯捷撰）路左董氏十九世董文祉墓，始建于洪武年间（1368—1398年），已重修，尚保留古墓碑、墓面。路右文祉继妻陈孺人墓，修于宣德年间（1426—1435年），明代形制，保存

琅岐下岐董氏明代古墓群

较好。二十世董宗哲墓，明朝形制，基本完好。花岗石墓碑直书"董宗哲公寿域"，上款"时大明弘治庚戌（1490年）"，下款"冬至阳月吉日造"。二十一世董伯建墓，明代形制，基本完好，花岗石墓碑，额书"宁福百世"，直行"伯建董公之墓"，前款只见"弘治"二字，后款模糊。保存最好的是伯建之弟伯章之墓，典型明代形制，条石封土，半圆形护墙，弧形青石墓碑，中间双行直下"奉直大夫广东钦州奇阳董公佳城"，上款"嘉靖庚戌立（1550年）"，下款"崇祯戊辰修（1628年）"。据谱载，墓内存有叶向高撰的墓志铭。2006年3月21日公布为福州市马尾区第八批文物保护单位。

（二）董廷钦墓

位于福州市马尾区琅岐镇吴庄王厝前将军勒马岗，建于明万历三十二年（1604年）。墓为土石结构，坐西北向东南，三层墓埕，面宽7米，纵深16米。墓碑阴刻楷书："乡举人、奉议大夫、广东韶州府同知、前南京国子监博士海门董公墓。"墓前有石望柱1对。现经修复，1995年与下岐董氏宗祠同被列为区级文物保护单位。

（三）罗溪岩摩崖

罗溪岩摩崖"九龙洞"三字系明万历辛卯（1591年）董海门书，遒劲有力。

（四）罗钟山天竺寺

位于罗钟山东侧，三面山峦环抱。寺前罗溪潺潺，故有天竺听泉之说。寺始建于宋代，明时颇兴盛，经清嘉庆、民国年间及1986年3次重修。寺建筑面积2000平方米，坐西北向东南，由山门、天王殿、韦驮亭、大雄宝殿、观音阁、仙翁殿、伽蓝殿、千手观音殿及法堂组成。

（五）琅岐东境妈祖庙

琅岐东境天后宫俗称"妈祖庙"，位于琅岐岛下岐牛屿山南麓，依山临海，风光旖旎，景色宜人，是闽江口历史悠久、规模较大、修复最完整的在海内外有一定影响的天后宫。宋时，下岐东境为码头，是琅岐岛的通商口岸和渔港。岛上渔民和商人信仰天后娘娘，视之为海上保护神，因此集资在东境兴建天后宫，出海前都到天后宫焚香祷告，求天后娘娘庇佑海上安全，并在天后宫前开凿水井，作为出海船只补充淡水之用。于是，天后宫、妈祖道从此出名。

十二、宗祠管理

琅岐董氏作为岛上泱泱大族，多受世人的瞩目，可谓声名远扬。偌大一个家族，有多少祖上遗留的簿册、文书、谱牒需要整理妥为保存；有多少祠庙厅堂、牌楼匾额需要修葺。这些事项需要一个管理机构来执行，祠堂理事会应运而生。

据族谱记载，宗祠管理的沿革可分为三个阶段：

第一阶段（1997年前）为应对型管理阶段。董氏祠堂曾被作为社办粉干厂、供销社仓库、大队食堂等，土木俱废，濒临倒塌。由于尚未收回宗祠管理权，出于无奈，整个宗族由几位在族中有声望的长者来维持宗亲间、宗族中的事务，尚无统一的规划。

第二阶段（1997—2001年）为创建阶段。1997年7月1日，宗祠归还族内管理，此时人心思奋，举族上下空前团结，齐心协力求修宗祠、重修族谱，推举热心宗族事务、富有公心的宗亲担任宗祠理事会的会长、副会长、常务理事和理事。

董承铨副会长在《祠宇重光》一文中有详尽记述：1997年7月13日商讨重修董氏宗祠准备工作，酝酿组成班子，集族中之优秀者达敏、承铨、须海、承镜、承洪、家堂、存良、行枢、是淦、家俊、一和、行忠、须南、承雄、行夏、须相等开会，建议由须海侄出面邀请在琅董氏宗亲任职干部承增、存宠、守安、少华等20余人召开重修董氏宗祠班子组合会议，一致推选达敏为重修董氏宗祠理事会会长，组成由家堂、承洪、承镜、须海、是淦、家俊、承雄、须南、行夏、存良、行枢、行忠等组成的以15人为核心的常委会，和百人组成理事会，分工为文案组、建筑组、财务组、采购组、

筹资组，全面展开工作。

琅岐董氏宗祠理事会老会长董达敏，德高望重，主理琅岐董氏宗祠理事会期间，受宗亲推举，与其他7位退休或在职的干部担当起即将倒塌的宗祠重建筹备工作。首先碰到资金的问题，整个祠堂重建靠8000元起家。为了开展工作，当即发出倡议并召开会议，号召琅岐董氏后裔为了祖业尽心尽力，踊跃捐资，会议取得成功，当场筹集了60多万元。随后在家乡又筹集到30多万元，前后筹集了100多万元捐款，解决重建祠堂首期建设款项的问题。此后多年共筹到500多万元的捐款。

第三阶段为创新发展阶段。董达敏等老会长年事已高，为了宗祠长远发展，公推年富力强，爱乡、爱族企业家，热心宗务的董须旺为会长，董存良为执行会长。新一届理事会创新管理，具有特色。严格财务管理，如严格收支制度、公布制度，让宗亲放心、安心。加强姓氏文化研究，承继并完善上一届留下的项目：续办每年一次的敬老节、修竣通向祖墓的道路、维修并保管好祠堂一应器物与文物。继续全力支持和配合省董氏委员会的工作，加强与全省董氏宗亲的联谊交流活动。琅岐宗祠理事会的宗务管理是全省宗亲的典范。

承先业精忠报国　继传统忠孝礼义

马尾上岐董氏宗祠

　　马尾琅山董氏宗祠坐落于马尾区上岐村,是琅岐下岐村董氏宗祠的分祠,其风格与琅岐宗祠的相近。由琅岐董氏宁房二十五世与二十七世祖于清初先后从琅岐入迁至此,现传14世,海内外计有200余户1000多人。

　　1947年,以在沪经商的承桃等宗亲为主捐资动工组建宗祠,董承锜无偿献出良田以做祠址。族长董有康委托董有

俭、董学敏等18位理事负责施工。后因历史变革而中途停建。

　　1989年,族长董有忠发起新订谱牒成册,以旅美宗亲董承宽、董须国为主发动宗亲捐献巨资,二度动工修建宗祠。族长董承好带领董承彬等40名理事成员全面负责施工,隔年耗资百万元,前后两座465.3平方米的朴素大方的宗祠落成,并于1997年11月8、9两日举行了

上岐董氏宗祠外景

上岐董氏宗祠内景

庆典活动。

祠前立有一对雄狮并设有花圃，宗祠的两旁内壁上用大理石雕刻着"忠孝礼义"4个大字，二十四孝壁画栩栩如生。堂内有6根柱子，柱联有"汉代重鸿儒三策保邦业焕江都；明时崇硕彦五经魁士家传琅海"等，祠堂的大堂悬挂着"三策堂"牌匾。祠内共有18面牌匾、20副柱联。

岁月悠悠，上岐董氏宗祠与琅岐下岐董氏宗祠一脉相承，在来往中延续着宗族兄弟之情，使用的字辈也相同。"其中我们就用了'忠孝礼义'四个字为字辈，希望借此把优良传统融入名字中，让族人们都能铭记在心。"董行枝指着宗祠的组建概况碑说，"董氏族人素以忠孝礼义为本，这也就是我们的家训。"

关于"精忠报国"，董氏宗祠理事会副会长董须盛讲了一个小故事："我这一辈有位老人名叫董须茂，林祥谦参加汉口大罢工时，董须茂就在现场。当年他与林祥谦同住在汉口的福州街，军阀为了不放走一个，就把那条街上会说福州方言的人都抓了起来。董须茂与林祥谦就绑在一根木柱上，他亲眼看着林祥谦英勇就义。董须茂回乡后，时常会跟我们说起这段历史，也教导后辈一定要爱国。"

回望着静默伫立的董氏宗祠，族人们讲述的故事给它增添了一抹生气，董行枝说："我们后人都要记住这些故事，记住这座'根'一样的宗祠。"

三策挥猷垂世泽　双茅挺秀起人文

罗源起步潮格董氏宗祠

一、地理概况

罗源起步镇地处罗源县北部平原，东邻松山镇，西接洪洋乡，北与宁德飞鸾镇接壤，南距罗源县城关仅1公里，素有"罗源好起步"之称。全镇共辖21个村，总人口约3万人。潮格村位于《后汉书》记载的方术奇人徐登采茅炼丹成仙的双茅山下，罗宁古驿道旁，旧时属"徐公里"。潮格村三面环山，一面临海，罗源湾潮水可达该村，因唐代吏部尚书倪振随罗源湾海潮至此定居而得名"潮格村"。潮格村是一个千年古村落，村中有三宝：古厝、古味、古戏。

潮格村新门楼

二、宗祠大观

董氏宗祠原址创建于清嘉庆年间，1976年因建小学而被拆除。董氏原家谱也于清康熙六年（1667年）三月十八日午时焚毁。欣逢太平盛世，为缅怀先祖，族人于1999年集资兴建董氏宗祠。

潮格董氏宗祠

三、祠堂楹联

潮格村董氏宗祠及董家"三策堂"有较多副楹联，且内涵丰富，深含许多历史典故。

宗祠栋柱联诗：

祠坐三层堂名三策房系二三宗支愿应三三居九世；

礼原百寿诗咏百男书云八百祖德积由百百享千秋。

看柱联诗：

忠孝仁爱；礼义廉耻。

大门柱联：

河南荣迁春秋纪念；

潮格簪缨世代光辉。

其中，"圣代即今多雨露；文昌新入有光辉"，这副对联出自唐朝高适的《送李少府贬峡中王少府贬长沙》和白居易的《闻杨十二新拜省郎遥以诗贺》诗句，大意讲，圣明朝代就是像现在这样的了，

一定会多施雨露，勤奋刻苦总会有所成就。据统计，潮格村从唐至清，有进士17名，举人12名，秀才11名。

"三策挥猷垂世泽；双茅挺秀起人文。"此联出现在潮格董家"三策堂"古厝的中堂上。因董仲舒的"天人三策"，潮格村董姓人以"三策"为堂号，以志纪念。双茅山（又称仙茅山），位于罗源县起步镇北部，有大茅、小茅两峰，海拔分别为858.5米、712.5米，山峰秀峭，山色青翠。本联大致意思是董仲舒所提倡的儒家文化影响这一方土地的人，人们要把这份恩泽传承下去，塑造人文品格，培养人文精神。

"溯豢龙赐姓所来在周有良史；泊梦蛟入怀而始于汉为醇儒。"此联也在"三策堂"的中堂，且更典重。上联典指董姓得姓缘由和良史董狐。下联也用典故，《西京杂记》卷二："董仲舒梦蛟龙入怀，乃作《春秋繁露》词。"本联就是在颂扬董家先祖的不凡来历与贡献。

四、家族繁衍

据潮格董氏家谱记载，在唐昭宗年间，祖公生三子，长曰方福，次曰方禄，三曰方祯，福公在河南祀祖，禄公开枝罗源潮溪，祯公开枝兴化府莆田县。后裔祖公董锡公任宋朝丞相，钦奉带兵四十万征浙江温州等处，战后回罗源祖居地潮溪。祖公斌公始祖为河南开封府除授福州府太守，禄公子董忠公孺学生员，充为吏员，除授罗源县典吏。忠公之子思惠公，应招入赘，居潮溪繁衍后裔。

自始祖方禄公开枝罗源潮溪至今，支派繁衍23世，有皇信公支、皇道公支、皇能公支、南山下、长房、二房、大三房、四房，共计200余户1000多人。

其简明世系图如右：

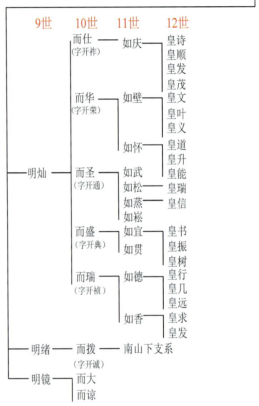

五、习俗传承

（一）活跃的民间娱乐文化

潮格村为起步镇大村，古来罗源湾大潮汹涌至此，北上的官道穿村而过，成就了潮格村的繁华历史，形成了丰厚的民间文化底蕴，闽剧、十番伬等落地生根，祖祖辈辈相传至今。

潮格村剧团演出以闽剧为主，兼民间小调、歌舞说唱等，其中十番伬相当流行。十番伬是福州地区特有的民间艺术形式，曲调高亢悠扬。剧团常年在闽东（宁德、福安、古田等）、福州（长乐、连江、福清）等地演出，颇有名气。

（二）非遗文化——肩头坪

肩头坪是由古装打扮的男童、女童站在大人肩膀上唱戏的演出形式，走步由大人控制，上下配合默契，曲调伴奏与闽调相同。这个肩膀上的民间艺术兼具闽剧与杂技的特点，主要在正月游神活动中演出。如果逢民间盛大节日或大型活动，肩头坪也是必备节目。

八闽董氏宗祠文化大观

潮格肩头坪是伴随着民间迎神赛会衍生发展而成的，始于明代。2006年元月，潮格肩头坪艺术文艺队代表福建省参加在广东举行的全国民间肩头坪艺术文艺会演，荣获银奖；2007年，潮格肩头坪艺术成为罗源县第一批县级非物质文化遗产，潮格村还被福州市人民政府列为"肩头坪民间文化艺术之乡"。

六、名胜古迹

（一）马鞍山

马鞍山位于潮格村背面，是一幅天然的山水画卷。一条溪涧从高山峻岭上蜿蜒而下，长约10公里，宽15～20米，翠绿的山野蒙上薄薄溪云，各种流水声伴着山光水色，让人流连忘返，乐不思归。

（二）虎齿头

潮格与溪塔自然村一溪相隔。连接两村的是一条2～3米宽的石墩桥，人称"溪塔桥"。桥上游约100米处的溪滩上，从前露出一排方形溪石，每一块间距一步宽，形似虎齿，村民习惯上称这里为"虎齿头"。在过去桥梁未通时，虎齿头是两村来往的交通要道，人来人往。20世纪60—70年代，虽然有简易木桥通行，但这里仍然非常热闹，是村里一道靓丽的风景线。

（三）白鹤岩

在潮格村上中自然村两侧，有一条水道从笔陡的山上径直而下。水道上部分是岩壁，宽度从上到下逐渐变大，至最宽处约20米，然后又逐渐变小，呈花瓶状。下部分是溪谷，全长约300米，其中岩壁部分约200米，占全长三分之二。上下两部分坡度略有起伏，岩壁陡峭，看上去显得特别高。由于整条水道贴在山坡上，河底都是被水冲得白白的岩石，远远望去，好像一只向上飞的白鹤，村民称这里是"鹤地"，所以岩石就称"白鹤岩"了。

（四）三层岭

三层岭处于潮格村境内，盘旋于崇山峻岭之中。从护国至圣殿，由东而北，顺山而上，经过仙人桥、水槽涧后，岭路沿着马鞍山上游溪涧边侧的山腰绵延，全长约10里，路面宽约1.5米。岭边草木丛生，阴凉幽静，时而飘来丝丝云气，缥缈如仙境。南宋理宗宝庆年间（1225—1227年），宁德主簿丁大全辟白鹤岭路与罗源叠石相接后，这里便成了福温古驿道的一部分。

（五）古碑

香炉冈位于潮格村东侧，"香炉月色"是该村的八景之一。香炉冈上发掘的"大培兰桂"古石碑，佐证了《罗源县志》的记载，潮格村于唐咸通年间（860—873年）立家塾于此，为罗源境内最早家塾，开罗源启蒙教育先河。另一块"天地吾庐"新发现古碑，与史书记载的两位高人隐居潮格村有关。一为宋陈元规处士，一为明诗人陈钧，具体事迹待学界进一步考证。

（六）古匾

潮格董氏有三幅匾额尤为珍贵。一为"武魁"牌匾，是清咸丰年间为武举人董兆荣立的，现仅存照片，照片上铭文"钦命兵部尚书太子少保　总督闽浙等处地方庆端　钦命署理福建巡抚印务布政使司布政使端瑸为武魁……"一为"望重乡评"匾，清光绪三十三年（1907年）为顶戴耆宾董新益立的。匾上部分油漆已脱落，但整体保存较为完整，字迹清晰可见，雄厚苍劲。匾铭为"赏戴花翎同知衔署理罗源县正堂　加十级记录十次朱葆慈"。"加十级记录十次"是清代对官员功绩的奖赏制度，被朝廷加过十次级、记录过十次的官员即被朝廷议叙。匾额的主人董新益是一位德高望重，深受邻里乡人爱戴之人。匾额一直留到现在，其蕴含的高尚品德影响着一代又一代的人。一为"耕读传家"匾，是民国时期福建省省长萨镇冰赠予晚清庠生董家文的。

（七）古厝

在潮格村，董氏祖屋数量最多。相传清乾隆年间，董氏12位兄弟就建了13座祖屋，每座长方形布局，结构与风格大致相同，土木建筑，火墙包栋。其中，潮格村65号祖屋为清代早期建筑，保存也较为完整，依次由前廊房、左右厢房、天井、主座组成。穿斗式木构架，悬山顶。建筑内木雕精美，前山墙为一字形，左右两侧山墙为马鞍形，围墙由长方形青砖砌成。这几年，潮格村采用"三策"使古厝重焕生机：一策是修缮保护使古厝添生气；二策是变身"书院""国学馆"增人气；三策是引资开放民宿积财气。

潮格董氏古厝

第二节　莆田地区董氏宗祠

莆田市是福建省下辖的一个地级市，位于福建省东部沿海中部，莆田市史称兴安、兴化，又称莆阳、莆仙，自古是闽中的政治、经济、文化中心。历史悠久，文化源远流长，素有"海滨邹鲁""文献名邦"之誉。莆田市现辖仙游县，荔城区、城厢区、涵江区、秀屿区4个区和湄洲岛国家旅游度假区、湄洲湾北岸经济开发区2个管委会。湾口的湄洲岛是海内外闻名的和平女神妈祖祖庙所在地、妈祖文化的发祥地。

莆田是著名的侨乡，共有侨胞150万人，分布在84个国家和地区。莆田盛产鳗鱼、对虾、梭子蟹、丁昌鱼等海产品，龙眼、荔枝、枇杷、文旦柚"四大名果"驰名中外。

莆田居住有董姓人口6400多人，多数分布在仙游钟山、涵江区后郭村和秀屿区东蔡村。现有秀屿东蔡和钟山兴泰两座董氏宗祠。

银青开派承祖德　玉笋传世振家声
莆田秀屿东峤东蔡董氏宗祠

一、地理概况

东蔡董氏宗祠位于莆田市秀屿区东峤镇东兴村东蔡自然村，其东边4公里处为东峤镇政府所在地；西边6公里处为秀屿区政府所在地；南面濒临平海湾海域，其沿海有著名的莆田盐场和中国·莆田国家级木材加工区，笏（石）埭（头）公路从村前经过；北靠五侯山顶"五侯秋望"景区（新莆田二十四景之一）及山下闻名遐迩的莆田老区革命"珠江支队"遗址。

二、宗祠大观

东蔡董氏宗祠始建于北宋徽宗年间，供奉、纪念一世董兴公、二世董道

东蔡董氏宗祠外景

东蔡董氏宗祠内景

公、三世董宗嗣公、四世董堰公、五世董鋈公。

　　因祠堂年久失修，几近倒塌，2010年在众多有识之士的倡议下，决定重建董氏宗祠，并成立了重建领导小组，由董天富、董文金、董金永担任顾问，董国庆担任组长，董玉阳、董文宗、董文杰、董金华、董文珍、董顺聚、董文球、董林春为小组成员。2013年12月在全体董氏宗亲集资捐款、投工投劳的努力下，新祠堂（坐北朝南，占地面积290平方米，建筑面积200平方米）竣

工落成，其中个人捐款1万元以上的有：董文洪、董国宣、董秋华、董亚元、董文金、董天富。

　　祠堂面墙精美，中轴线后墙为祖先神位，供一世至五世公。

　　宗祠前有三副对联：

　　　金山根植本源固；
　　　董水德藩枝自荣。

　　　孝友传家开祖德；
　　　诗书继世振家声。

　　　遇太平创伟业树万载丰碑；
　　　逢盛世建宗祠仰千秋功德。

神位上有一副对联：

　　　汉代方正名儒裔；
　　　宋代银青太尉家。

　　上方有一仙游武举人赠送金匾"识赞群侯"，因损坏，后人于丙申年（2016年）重题。

　　前代简明世系图如下：

5世	6世	7世	8世	9世	10世	11世	12世	13世	14世
鋈公	家元	明经	生耿	圣甫	福四	伯仁	逊初	维纯	敬由

15世	16世	17世	18世	19世	20世	21世
松谷	文振（居东蔡）					
	文吾	禄林（迁浔江）	拱北	智士	天相	
				禧士	天柏	
					天梓	
					天栋	
					天梁	
					天材	
					天桂	

三、家族繁衍

2009年，泉州石狮市永宁沙堤董氏宗亲到东蔡认祖，参观了宗祠、古墓，进行了座谈，认定两地董氏同祖。世行昭穆如下：

恭惟道明德，
日旭焕春光。
群伦欣帝觊，
孙曹敦孝友。
垂裕泽丰长，
奕世振家声。

先祖董兴公在宋庆历时因战功显赫，特进银青禄大夫上柱国太尉，分镇于闽，立籍泉州登贤里。二世董道公，封平凉郡开国伯。三世董宗嗣封平凉郡开国伯。四世董堰公为大观进士，封工部尚书、随州刺史。董偃公生五世董銮公，宋朝进士，敕封英济侯，后因战乱归隐兴化莆田五侯山，后开族启乡东蔡（石狮沙堤与前沁村董氏族谱记载相同）；明弘治三年（1490年），六世董家元官居府学岁贡；清朝年间，七世董愈为进士，八世董□郡庠；九世董圣甫为浙江嘉兴府桐乡县参军；十世董福四、十一世董伯仁为江西吉安府通判（在石狮沙堤与前沁村董氏族谱均有相应记载）。十五世祖松谷公生二男，长文振，次文吾，后起人物本宗祠族谱只作简记，其中十六世董文振长居东蔡开族，因族谱不慎失火烧毁，后人尚未续谱；董文吾初居东蔡村，后同其子禄林公迁浔江村（现东峤镇前沁村）。

繁衍至今，东蔡、前沁、岭口、吴厝自然村中计有董姓宗亲400余户2000多人。每逢清明时节，都有诸多炉下弟子到祠堂祭拜先祖，祈求家庭平安、家族兴旺。据不完全统计，自1949年后至2022年底止，董氏宗亲中有100多人外出参加工作，其中不乏科、处级干部，有各类大学毕业生120多人，还涌现出一批企业家和成功人士。

我们也不能忘记那些为莆田人民解放事业做出贡献的先辈们，如参加老区革命及中共地下组织的董阿路、董乌烈、董仁梦、董金泰、董玉辉、董金炼、董文汉、董乌粦等人。希望董姓后代不忘初心、牢记使命，踔厉奋发，勇毅向前，努力建设家乡。

云居殿后源流远　朗溪坝前世泽长

仙游钟山兴泰董氏宗祠

一、地理概况

莆田市仙游县濒临湄洲湾，紧临秀屿港，距省会福州 130 公里，距莆田市 44 公里，与祖国宝岛台湾隔海相望。仙游山川毓秀，气候温润宜人。它的地形顺着木兰溪，西北高、东南低。沿海平原、山区层次分明。东西乡平原是鱼米与蔗糖之乡，东北角的兴泰里和西北角的仙游山是著名珍稀林区。仙游唐属泉州，宋代历属清源军、平海军、兴化军及兴安州，元属兴化路，明清时期隶属兴化府，民国时期历属福建南路、兴泉省和第四行政督察区。1949 年后，曾属闽侯、莆田专区（地区），今属莆田市。

钟山镇位于风景名胜区九鲤湖山上，

兴泰董氏宗祠外景

是高山乡镇，下辖16个行政村，人口约3万。钟山镇东与城厢区常太镇相邻，西与象溪乡毗连，南依榜头镇，北靠游洋、石苍等乡镇。

朗桥村位于钟山镇东部，境内生态环境优美，有"闽南十八洞"之一的万蝠洞，有怪石嶙峋、奇峰突兀的云居秘景等。此外村中还有乡村公园、东坑古厝、尚书祠和云山书院等景点。村子因"洞幽、峰奇、林秀"而声名远播。朗桥村2018年被莆田市定为乡村振兴示范点和仙游县田园综合体示范村，2019年再次被列入莆田市乡村振兴高级版示范村。兴泰董氏宗祠就位于莆田市仙游县钟山镇朗桥村。

二、宗祠大观

因宋工部尚书董公安保的陵寝建在兴泰钟山朗桥东坑后塘，为怀念先祖、春秋祭祀之宜，兴泰董氏后裔在钟山鸣和九狮兴建了"董氏尚书祠"。初建祠的时间不详，尚书祠历经沧桑岁月，饱经风霜和风雨的洗刷，终因年久失修于20世纪60年代倒塌毁坏。为缅怀先祖，凝聚族人意志，鞭策后昆奋进而重振家声，族中有识之士共谋共策，一致呼吁重建宗祠。在全体族亲群情昂扬、群策群力之下，祠堂于1997年奠基动工重建，2000年12月主体竣工，实现了兴泰董氏后裔的共同夙愿。新祠建在朗桥宋钦埔，坐北朝南，占地面积2000平方米，建筑面积和488平方米。祠堂修筑及概况族人董玉锁记述于下：

新建兴泰董氏尚书祠屹立在朗桥宋钦埔，祠背负巍巍云居，气势磅礴，面临九鲤源头，波光激滟，蕴名山之气，蓄胜水之华。祠堂建筑为悬山抬梁穿斗结构，由上下厅二进、天井、左右两廊组成。上厅由正堂和左右两厢房组成。正堂面积120.8平方米。厢房上下两层，上为仓库，下为接待室、娱乐室。

正堂中央，晶莹的琉璃神龛中，端坐"安保公""毛氏妈"金身塑像，金碧辉煌。"公"浓眉关公须，雄壮威严；"妈"柳眉樱桃嘴，聪慧慈祥。数百列祖神位牌陈列在神龛两旁，供子孙后裔谒祖、祭祀。长廊、下厅两旁墙壁，嵌墨色大理石碑，刻建祠前言和为建祠慷慨解囊者芳名，石碑上方精心绘画"二十四孝"图，闪烁着文采、智慧和深情。天井中两个花坛，茶花争艳，异草飘香。堂中悬挂当代董氏六位杰出人物匾牌，熠熠生辉，令人肃然起敬。祠坐北朝南，前厅开三个大门。天井周沿、大门坛、上厅前沿均用厚条石铺设，平整、坚固、雅致。中门与旁门间壁及门坛左右两壁，嵌墨色大理石，刻有福禄图、鹿竹图、松鹤图。垂

兴泰董氏宗祠内景

莲、挑梁刻有"凤穿牡丹""鹊鸟蜡梅""鸳鸯戏荷"等花鸟图案，刻工精细，形态逼真。祠堂砖木结构，地铺红砖。中间十二对大石柱支撑。石柱及门窗旁刻十九对楹联，内容新颖，寓意深刻，构思新颖，真是墨宝生辉，妙联集萃，不愧董氏之子孙，尽现名家之风范。祠堂已具规模，管理亦上轨道。然则，堂内椽、梁、柱有待油漆、装修，设施需要完善，理事会呼吁有识之士、事业有成者及全体宗亲，克裔孙之孝道，尽自身之其力，同心合力，把董氏祠堂建成千古不朽、独具特色，集瞻仰、祭祀、游览于一身，高品位、多功能的建筑。

三、家族繁衍

魏晋时期，陕西董氏一支因避战火，相继南迁，安保公奇才英伟，胆识过人，率族远徙，跨山涉水，经千辛而不顾，历百险而无悔，迁至今仙游钟山朗桥一带。朗桥枕山临水，物产丰饶，兴泰董氏先祖遂定居于此，依水而居，靠山而建，僻壤之地渐成村成镇。

安保公系赐食五百户麟登赐儿公之子，原籍湖广襄阳县柳桥第十一都。元至正丙午年（1366年），元末义军陈友谅敕授安保公总管之职。友谅被擒，安保随明太祖朱元璋部队入闽。明洪武五年（1372年）八月，蒙豫章侯收集，充文原护卫，八年十月改设都卫，二十一年改设福州中卫所，转承君命，调拨兴化府仙游县同安乡兴泰里龙岊院开发废寺荒田，屯名董文香。永乐二年（1404年），敕授怀远将军，调拨兴泰里葫芦山，御赐耕牛一只，开辟田地，屯名董麟登。子孙后裔尊麟登赐儿公为兴泰董氏第一代，堂号为"江都流芳"。

辈字顺序，第六世开始为：

日仲应启殿，晋自仪于友。

从十六世始一致为：

永行仁义遵宗祖，多读经书绍甲科。

2000年，重建董氏祠堂时，经族人共商，第三十世始，续为：

文章道德传家宝，真理和平处世纲。

其简明世系图如下：

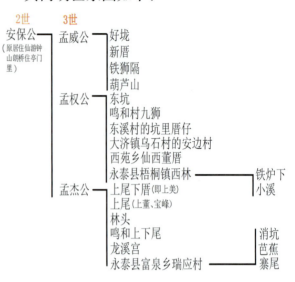

2世	3世	
安保公（原居住仙游钟山朗桥住亭门里）	孟威公	好垅 新厝 铁狮隔 葫芦山
	孟权公	东坑 鸣和村九狮 东溪村的坑里厝仔 大济镇乌石村的安边村 西苑乡仙西董厝 永泰县梧桐镇西林 → 铁炉下、小溪
	孟杰公	上尾下厝（即上美） 上尾（上董、宝峰） 林头 鸣和上下尾 龙溪宫 永泰县富泉乡瑞应村 → 消坑、芭蕉、寨尾

自董安保定居仙游朗桥葫芦下，至今已600多年，开发拓展20个村庄，族人5000个。安保公生三子：孟威公、孟权公、孟杰公。孟威公，原居住仙游钟山朗桥亭门里，开科今钟山镇朗桥村的好垅、新厝、铁狮隔等自然村。孟权公，开科钟山镇朗桥村的葫芦山，东坑、鸣和村九狮、东溪村的坑里厝仔等自然村，又开科大济镇乌石村的安边自然村，西苑乡仙西董厝，永泰县梧桐镇西林铁炉下村、小溪村。孟杰公，开科朗桥上尾

明工部尚书董安保墓

毛氏妈墓

下厝（即上美）、上董、宝峰，林头，鸣和上下尾，龙溪宫，永泰县富泉乡瑞应村消坑、芭蕉、寨尾。

钟山镇朗桥村、鸣和村，今传23世，居村700余户1600多人。

清代，董道俊由仙游钟山朗桥上尾迁入富泉乡瑞应村，今传9世，居村70余户200多人；董元润由仙游钟山朗桥上尾迁入富泉乡芭蕉村，今居村20余户50多人；董仪肃由仙游县钟山镇鸣和、九狮迁入梧桐镇西林村，今传11世，居村60余户200多人。

2011年，董玉锁主修《八闽兴泰董氏族谱》，谱载始祖董安保、世系等。谱为精装本1册，现存仙游朗桥兴泰董氏尚书祠堂理事会。

钟山镇朗桥村董寿富宗长家中还收藏着一本仅存的有上百年历史的族谱。这本族谱，每页都是用毛笔手抄楷书，字迹工整，字体有力。其记载着钟山镇朗桥村董氏渊源，同时也记载着传统节日冬至、清明节扫墓的方式，祖先墓葬地点，祭祀时的仪式等。

始祖古墓有：宋工部尚书董公安保墓（墓在钟山镇朗桥村东坑后塘）和毛氏妈墓（墓在朗桥新厝自然村后山）。

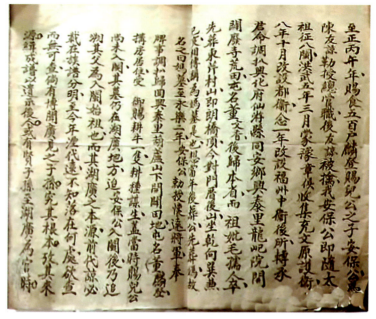

孤本族谱

四、祠堂楹联

兴泰董氏宗祠楹联有十九副之多，大部分是抒怀言志，颂扬宗功祖德、盛世昌明以及描述祖国及家乡大好河山和锦绣美景。

叙述辈分长幼有序：

　　永行仁义遵宗祖；
　　多读经书绍甲科。

　　文章道德传家宝；
　　真理和平处世纲。

描述氏族源远流长：

　　襄扬族衍遵先祖；
　　董父脉传仰哲身。

　　仲舒伯起炎帝裔；
　　上董下杨血脉联。

概述建祠意义不寻常：

董族祠堂重曜日；
江都世泽大兴时。

祖庙宗祠欣读史；
国邦家族庆长春。

重建祠堂择址：

宋钦埔秀财丁旺；
樵谷山高科甲兴。

云居殿后才人出；
朗溪绕前富贵长。

显示人才群星灿烂：

仲舒思想千秋耀；
必武精神万世扬。

双凤齐飞荣古屋；
群龙共舞誉霞园。

卧虎家声千载盛；
江都世弟万年香。

董氏子孙遍四海；
书香门第扬五洲。

巧取一字妙括繁衍：

东林好狮上新塔；
西坑瑞龙下山安。

寄托厚望展现盛世：

忠孝有声天地老；
古今无数子孙贤。

族亲互爱如手足；
邻里相敬似兄弟。

时逢盛世千家福；
天赐吉祥合族康。

林兴叶旺千家福；
武伟文兴万代传。

尊贤敬老万年福；
爱幼亲临百代春。

万众一心兴祖国；
满怀素志建家邦。

此外，莆田董姓宗祠通常有此联："一代儒宗留古训；千秋良吏著廉风。"上联典出西汉哲学家、经学大师董仲舒。下联典出明末清初莆田学者董国栋。董国栋，字隆吉，明崇祯十五年（1642年）乡试考取举人。其时，国势已倾，战火不息。董国栋尚能自持，以读书研史为务。俟至清顺治十二年（1655年）再开科取士，董国栋擢史大成榜进士第，官任武宣县主簿。任上勤勉奋进，劝农桑，修城垣，建学校，延名师，百姓信服，在史书上留下记载。

五、祖训内涵

兴泰董氏家训

先祖安保，征战八闽，功成身

退，归隐陇亩。开宗六百余载，地灵人杰，枝繁叶茂。

历览先贤，或耕或读，或居庙堂，唯其读书怡情，品高行端，是为不朽。因为此训，诫勉后人。处世立身，修德为先。居庙堂之高，勿恃宠妄为；怀万贯家财，戒骄纵淫逸；时运不济，不堕青云之志。须知"富贵不能淫，贫贱不能移，威武不能屈"，乃先贤之训。一言一行，当每日三省。兼听则明，忠言逆耳，利于修身；乖僻自是，悔误必多，祸及自身。持家须俭约。一粥一饭，常思来之不易；半丝寸缕，恒念物力维艰，所谓"静以修身，俭以养德"。忠孝系立身之本。勿论官盛位卑，常怀报国之心，济世之志。百善孝为先。祖宗虽远，祭祀不可不诚；父母既老，敬奉不可不勤。敬老慈幼，推己及人，"老吾老以及人之老，幼吾幼以及人之幼"。万事和为贵。居家宜邻里团结，兄弟友爱，夫唱妇随，婆媳和睦，父严子孝，母慈幼贤。仁义乃处世良方。外出勿饮盗泉之水，勿贪意外之财，勿恋风花雪月。待友宜诚信为本，视为手足，知恩图报。读书为成才之路。纵观族内

后彦，皆倡读书以至闻达。"读书可以医愚""知识改变命运"系至理名言。后学须志存高远，敬重师长，珍惜光阴，潜心攻读。科技知识，书山学海，唯勤为径，唯苦为舟。十年寒窗，终有一跃龙门之时；"双凤齐飞"，更期后学发扬传承。诚如是，则千秋万代。"卧虎家声大，陇西世泽长。"

谨为此训，以勉后人。

从以上祖训可知，董氏一族重教由来已久。清朝，族人将"祠堂田"分给有孩子读书的人家耕种，作为勉励；民国时期，家中若有孩子上小学，这个家庭可以分到一分田，上初中的则可以分到一亩田，待孩子毕业后再收回。

此外，在猪母山中，有座古朴清幽的小亭子，上方书有"书亭"二字，下方一副对联"亭踞半壁石山化土毓灵秀；冠凌绝顶宝峰为冕领风骚"。亭内供奉一尊孔子像，两侧分别挂着唐刘禹锡的

书亭正面

书亭侧面

体验农事，品尝美食。莆田市农业农村局、莆田市广告行业协会、莆田市美术家协会则组织"朗桥拾梦"农旅采风节活动，内容丰富，形式多样，贴近生活，满足各阶层人士游览、观光、美食、采购、采风等需求。

《陋室铭》和宋苏轼《念奴娇·赤壁怀古》的名家手书。

据传，清康熙年间，书生董先勤勉致学，他把书屋建在半山之中，潜心准备三年之后的科举考试。最终红榜有名，成就一段佳话，半山书亭从此得名。

六、习俗传承

（一）农民丰收节

仙游钟山朗桥每年九月秋收时都举办农民丰收节。丰收节场面宏伟，首先由开场舞《大鼓庆丰收》拉开序幕，随后举行开镰仪式，庆祝丰收，祈愿来年风调雨顺，五谷丰登。活动中农味十足，妙趣横生，吸引了许多游客、观众前来观赏，是该镇、村一年中难得的一次嘉年华。

（二）"朗桥拾梦"农旅采风节

朗桥村海拔600多米，是钟山镇的一个大村庄。村庄依托原生态山水、田园风光，吸引省内外游客前来观赏美景，

七、古今名贤

"卧虎家声大，陇西世泽长。"自开宗以来，董氏书香不断，人才辈出。现在，全族拥有高级职称的24人，中级职称的100多人。

（一）古代名贤

董殿余，号愧兼，讳希旦；董殿南，号愧山，讳策。仙游钟山朗桥上尾人。康熙丙午年（1666年）兄弟同榜武举人，御赐"双凤齐飞"金匾。

董兆焕，仙游钟山朗桥上尾人，清咸丰五年（1855年）中举人。

董先，字晋哲，号圩州，仙游钟山朗桥上尾人，清康熙五十二年（1713年）中举人。

董在庭，俗名典吓，后代尊称东坪公。仙游钟山朗桥林头人，诏赐脯帛。兴泰董氏第十三代传人，传四子十六孙。他个头小，志气大，至今本村老人常给孩子们讲述他的传奇故事，以他"发愤图强，艰苦奋斗"的精神教育自己的子孙。

兴泰董氏族系历代科举中式名录

朝代	科榜	姓名	字号	乡籍	最高职务	附注
宋	大观三年（1109年）贾安宅榜	董公偃		兴化县		太医局诸科
宋	大观三年（1109年）贾安宅榜	董梦麟		古县	卫尉寺丞	
宋	宣和六年（1124年）沈晦榜	董念		兴化县	贺州录事	
清	康熙丙午年（1666）	董殿余	愧兼	钟山朗桥		兄弟同榜武举人，御赐"双凤齐飞"金匾
清	康熙丙午年（1666）	董殿南	愧山	钟山朗桥		
清	康熙五十二年（1713）	董先		钟山朗桥		

（二）现代名贤

在钟山镇朗桥村，革命烈士董文智一家子的英雄事迹流传甚广，如今更是由后人编写成了爱国主义教育剧本。

董文智出生在一个革命家庭，其父董亦周和姑丈刘钦、舅舅刘灯等都是革命英雄，他们的英雄事迹早早地便在董文智幼小的心灵里扎根。

董文智 16 岁就参加革命，他常到敌占区侦察了解敌情，出色完成上级安排的任务。董文智常常与家人朋友传播革命道理，许多人受到影响也加入了革命队伍。中华人民共和国成立初期，部分国民党残余部分隐藏在钟山、游洋等深山老林中。1950 年 3 月，国民党残兵包围了董文智的家，在激烈的枪战中，董文智寡不敌众，光荣牺牲。如今村里正计划为董文智建一个纪念碑，以激励后人。

八、名胜古迹

（一）仙游九鲤湖风景区

九鲤湖风景区是国家 AAAA 级旅游景区、国家水利风景区，位于仙游县钟山镇，距县城 31 公里，海拔 590 米。这里以湖、洞、潭、石四奇著称，尤以飞潭为最，自古有"鲤湖飞潭天下奇"之誉。明代大旅行家徐霞客把它与武夷山、玉华洞并称为福建"三绝"。相传汉武帝时，有何氏九兄弟在此炼丹济世，丹成跨鲤升天成仙，九鲤湖因之得名。

九鲤湖荡青漾翠，碧澄一泓，是个

仙游九鲤湖风景区

秀丽的天然湖。湖的四周，林木葱茏，千岩竞秀，怪石嵯峨，瀑漈泱泱，兼具林泉水之胜，上游洞底遍布似瓮似井等奇形怪状的洞穴，传说为九仙炼丹的遗址。山间林野散立着无数奇岩怪石，诸如蓬莱石、瀛洲石、羽化石、玄珠石、龙擦石、枕石、天然坐等，蔚为奇观。

九鲤湖最著名的风景是九漈瀑布，各漈因状得名。九漈瀑布全长10余公里，沿途悬崖夹峙，蜿蜒曲折，十分引人入胜。人文景观众多，有摩崖题刻、道教名观、艺术建筑和文物古迹20多处。湖山间"任楷草题镌几无完石"，如有"天子万年""第一蓬莱""碧水丹山""观瀑""九鳍腾云""飞雨奔雷"等历代名人题刻。

湖滨古树浓荫，宫观道院依山而建，九仙观、水晶宫、玉皇楼、迎仙会馆金碧辉煌。九仙观又名显灵庙，在石湖北岸，祠建在一片巨石上，岩底中空，与湖水相通，古人称为"穴"。祠始建于宋淳熙年间（1174—1189年），宋孝宗赵昚赐给"仙水灵惠"匾额。这些宫观主要供奉九仙公。传说九仙公会给虔诚的香客托梦，指点迷津。朝圣祈梦可添六福，即添福、添禄、添寿、添财、添丁、添贵。九鲤湖是中国梦文化重要发祥地之一。

（二）麦斜岩景区

麦斜岩是莆田市仙游四大景之一，位于钟山镇麦斜村。这里山势巍峨，怪洞藏幽，奇石成趣，引人入胜，宋代著名理学家林光朝称之为"小武夷山"。

麦斜岩景区面积为6平方公里，现属省级旅游区九鲤湖的重要组成部分。境内遍布紫红色的石崖、石峰、石球，是一座花岗岩构成的山峰。主峰海拔1006.5米，常有云雾缭绕峰顶，因而麦斜岩也称"云居山"。

麦斜岩不仅风景秀丽，而且是中国工农红军一〇八团的革命诞生地。1930年10月，邓子恢同志就来到这里，组建工农红军一〇八团，点燃了仙游武装斗争的烈火。

据志书记载，南宋末年有个叫林璧卿的高士，精通星象学，名重朝野，隐居于此。忽必烈当上皇帝后，想请他出山，封之以官，遭林璧卿拒绝。元世祖嘉其气节，封他为"妙应道济真人"，并亲笔书写"樵谷山"三字赐之。

刻着"樵谷山"巨石的对面，有一块耸立的奇石，上有"祝圣道场，朝天福地"八个遒劲大字。不远处有一块黝黑的大石，上有"陈公池"三个大字。"陈公池"西边是玉泉洞，洞口书"玉泉岩"三字；此洞约百米长，直通麦斜岩寺的东侧，东边是印真洞，尚留"应真境"三个大字；洞的四周大树如华盖。穿洞而过，迎面而来的是梅花洞、环竹洞等天然石穴石洞。过诸洞，迎面就是背倚巨大石崖而建的麦斜岩寺。据说这座寺是一个叫自永的僧人于宋代创建的。世事沧桑，经过历代修复，成如

麦斜岩景区

今模样。

　　麦斜岩寺三面环山，飞檐翼然，气势雄伟。寺东北有条秘密小径，直通山顶，沿途怪石嶙峋，犬牙交错。麦斜岩顶峰，一块巨石凌空矗立，相传每当气候骤变，巨石都会发出恍若低沉的钟声，数里之外便可听见，人称"钟石"。因此这一带山区就叫钟山（现在叫钟山镇）。钟石附近有块巨石名叫"占星石"，相传宋代史学家郑樵当年曾在此留居，夜间在占星石上观察天象。此石上尚刻有"开创岩牌"四个大字和百来个小字，龙飞凤舞，年代久远，石受风化，难以辨认。

九、宗祠管理

　　兴泰董氏宗亲非常重视祠堂的管理和正常宗族活动安排。如每年有清明、冬至和七月半三次的祭祀活动，每隔两至三年全族会进行一次大规模的祭祀活动。平常宗祠有专人负责看护。宗祠成立理事会，并建立成套的章程。

　　理事会的祠堂管理章程既全面，又具特色。章程包括理事会的规则、任务、组织机构和财务管理。每一章都有细则。如组织机构，相关的宗谊活动，收集、记录和保存相关谱牒资料，财务管理及扶贫助困与宗族间团结和谐等细则，非常深入详尽。其中，财务管理制度设计细密，做到收入项项明确有监管，条条有公布，使之透明公开且公平公正。

第三节　厦门、泉州地区董氏宗祠

　　闽南地区主要包括泉州、厦门、漳州3个地级市，此外还包括漳平市、龙岩市的新罗区，以及大田县部分、尤溪县小部分。闽南地区总人口约1000万。闽南地区的泉州港在宋元时期是世界第一大港。闽南人分布广泛，海内外使用闽南方言的人很多。

　　厦、泉地区居住的董姓人口有18000多人，分布在厦门翔安区新店镇董水村，泉州丰泽区城东街道金屿社区及北峰街道马加埔村、洛江区双阳街道前洋村董厝及万安街道塘西社区杏内、石狮市永宁镇及沙堤村、南安市金淘镇毓南村、惠安县黄塘镇省吟村许厝及接待村庵兜、安溪县湖头镇产贤村、德化县有济乡林后村、永春县五里街镇埔头后山洋村。现存有厦门翔安董水董氏宗祠、安溪产贤董氏宗祠、南安金淘董氏宗祠、泉州金屿董氏家庙、石狮永宁董氏家庙、永宁沙堤董氏宗祠等10多座宗祠。宗祠建筑均为闽南风格。可见，泉州董氏宗祠较多，在此主要对泉州的董氏源流做个介绍。

　　泉州董氏宗亲分布于市区及周边县市。历史悠久，人口众多，聚集居住，派分于漳州、同安、晋江、石狮、南安、安溪、德化、惠安等周边地区。董氏初居泉州承天巷，其后居泉州的十三世孙端靖，后分支圣墓；端龄分支城东乌屿；以小姓分散杂居的有英林伍堡、陈埭四境、西滨、安海东大街、青阳董厝崎、桂山隘门头、深沪山头等处。

一、历史迁徙

　　唐光启元年（885年），董思安之父董章由河南光州固始随王审知入闽（入闽六十七姓之一），居莆田。董思安，为五代闽国莆田人，骁勇无比，官居闽国（景宗王曦）大将军，始落籍晋江登贤里（见《泉州府志·忠义》）。后晋天福七年（942年），朱文进弑王延曦自立，董思安与留从效、王忠顺同复王室。后晋开运二年（945年），南唐元宗李璟遣将攻打建州。先锋使王建封先攻城，在万分危急之时，董思安与王忠顺率兵救护，几战不利，有人劝他撤离，但他坚定不撤。部众感其忠诚，无一人反叛。建州城被攻克，王延政出降。王忠顺战死，董思安整众奔泉州，退隐泉州。南唐保大四年（946年），南唐主命董思安为漳州刺史，思安因父亲名"章"避讳而推辞，南唐主乃改漳州为南州。保大七年（949年），留从效之弟南州副使留从愿用毒酒杀害董思安而代之，自领州事。

宋庆历年间，先祖董兴历武魁、三班殿直，辅太祖，封银青光禄大夫、上柱国太尉，入闽落籍泉州。至三世祖董道，因战功奏补三班殿直，封平凉郡开国伯。四世祖董宗嗣，袭三班殿直，擢武经大夫，袭封平凉郡开国伯。五世祖董常，袭封平凉郡开国伯，掌三班殿直；其叔祖董偓为宋徽宗大观进士，官居工部尚书。六世祖董康民，宋宁宗庆元五年（1199年）进士，历迪功郎，迁潮州府知，封中宪大夫。七世祖董瑜，为漳州司理；其叔祖董琛为宋进士，任濮州知府。八世祖董以大。九世祖董凯子。十世祖董明保。十一世祖董纯道。十二世祖董重耳。十三世祖董端亮，居泉郡。

自董思安、董兴入闽算起，迄今已有一千余年。其后裔枝荣叶茂，子孙遍布泉、漳、厦、台、金门、龙岩、福鼎、广东、苍南、平阳、玉林、香港等地，以及菲律宾、马来西亚、印尼、新加坡等国家。世泽绵延，子孙繁衍达35世。

二、泉州董氏世行昭穆

广川大昭穆：

日正升腾达，宗明嗣永芳。诗书绳祖志，爵禄显荣昌。

孝友传家训，文章报国恩。田畴思世德，科第见经源。

闽省董氏大昭穆：

恭惟道明德，日旭焕春光。群伦欣帝贶，孙曹敦孝友。垂裕泽丰长，奕世振家声。

永春县五里街埔头后山洋董氏字行自十八世起，永宁董氏自六世起讳行，福鼎大白鹭董氏讳行，惠安黄塘镇省吟村许厝董氏自二世起讳行，安溪湖头山都寨边、宗成庙巷以及白濑下镇、寨坂等地董氏字辈也同上。

永宁董氏自十六世起字行：

祖孙昭统绪，名正福自昌。诗礼扬声远，勋成品望彰。

福鼎大白鹭董氏字行：

蜚声联祖曜，伟烈萃钟英。经作守仁义，立业树忠贞。

三、泉州董氏前代世系

根据沙堤董氏族谱，整理了泉州董氏前代世系简明图，如下：

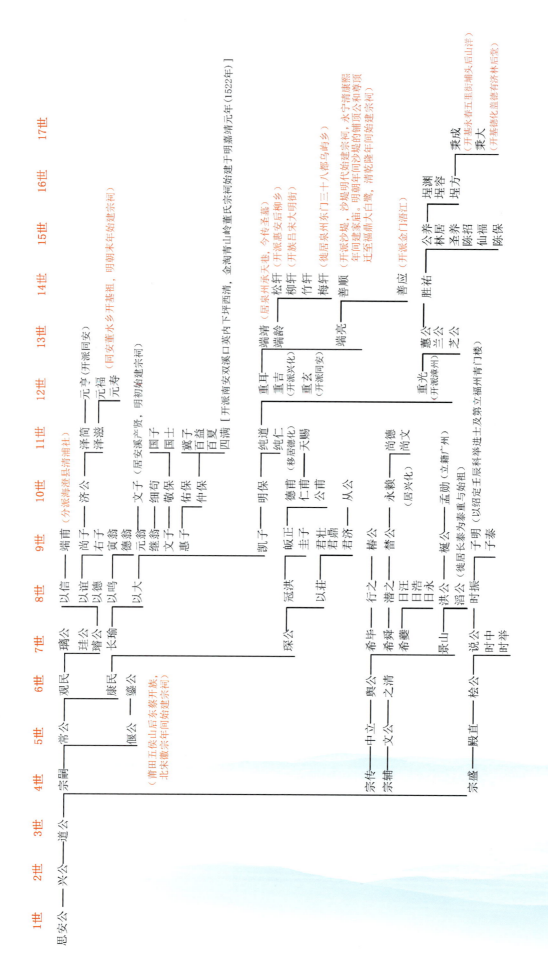

祖宇钟灵尝金屿　宗堂毓秀仰盘光

泉州丰泽金屿董氏家庙

一、地理概况

丰泽区地处泉州市区中心区域，晋江下游北岸，洛阳江下游南岸，与惠安县隔江相望。它西与鲤城区、南安市毗邻，南与晋江市相邻，北接洛江区，而东南濒临台湾海峡。全区总面积为129.6平方公里，下辖8个街道，常住人口72万。

城东街道金屿社区东临洛阳江畔，西靠安吉路，南与凤屿社区相邻，北接万安开发区，距洛阳古桥2公里。乌屿地处泉州湾腹地，洛阳江的出海口，曾经是泉州湾最大的海岛，后因"城东海堤"的南北大堤环绕，形成目前的丰泽区城东街道的金屿和凤屿两社区，而金屿、凤屿原来就是同一村，名为乌屿。文人雅士称其为"凤屿"，这其中有一段山海共叙的美好祝福。在洛江的桥南村

金屿董氏家庙外景

金屿董氏家庙牌匾

有一山首峰名为"岩山"，右边小山山顶有一巨石开关如凤冠，因名"凤髻山"，洛江口滩涂又似展翅的凤凰，大自然画下了这幅"凤凰入海"的妙笔丹青，凤屿由此得名。该岛屿周边江海交汇、滩涂湿地广布、山地植被茂密，自古就是泉州湾鸟类聚集地之一，大批候鸟到此越冬。每当渔业丰产之时，成千上万的海鸟聚集觅食，整个岛屿宛如一只巨大的黑色海鸟随起随落（闽南话"黑"和"乌"同音），因此这里的渔民就将其称为"乌屿"。

乌屿清代属三十八都万安铺，民国时期属东洛镇，1950 年属晋江县第四区、第三区，1956 年属新生乡，1958 年属东海公社，1961 年属渔业公社，1971 年属城东公社，1984 年改为城东乡金屿村。现为城东街道金屿社区，金屿居委会驻地董厝。社区面积 2 平方公里。原

为一座孤岛，形似鲤鱼嘴。社区居住居民大部分姓董，共有 700 多户 2500 多人，分为 6 个居民小组。

二、宗祠大观

金屿董氏家庙位于洛江出海口西岸、乌屿半岛东北角，始建于明正统年间（1436—1449 年），重建于民国五年丙辰（1916 年），2000 年进行内外修缮，2012 年农历十一月二十一日奠基翻建，2013 年仲秋圆满竣工。新翻建的董氏家庙面积 180 平方米，庙宇宽敞明亮，雄伟壮观。

金屿董氏家庙是一座二进三开间砖木结构，前后进厅堂以回廊、天井连接，燕尾脊硬山顶的双榻寿皇宫式建筑。家庙高于埕面三台阶，前堂为双榻寿，大门上镶"董氏家庙"青石匾，榻寿左右各开一扇仪门。柱上横梁配有八个用樟木雕刻的莲花吊筒及八仙，四个木雕雄狮斗座活灵活现，榻寿墙上下大小不一、

金屿董氏家庙内景

形态各异的龙的青石雕栩栩如生。花鸟、麒麟、双狮戏球等以及"董仲舒廷献三策""唐末董思安随王审知兄弟入闽"等历史典故青石浮雕，在红色琉璃瓦下显得更加醒目。

家庙厅堂雕梁画栋，用樟木雕刻而成的拱斗金碧辉煌，别有创意，令人叹为观止。多根石柱井然排列，石柱上楹联韵致饱满，充满浓郁的文化气息。南面回廊墙镶献资五百元以上族贤、宗女芳名录，新旧家庙图像影雕，菲律宾各宗亲庆贺团及个人，中国澳门宗亲会献资名录。北面镶献资一万元以上夫妇玉照影雕、筹建委员会人员名录等。

上落大厅左右两侧分别镶有凤江董氏源流考，旅居菲港族人献资芳名及夫妇玉照影雕、碑记，铭刻诗词"身居异国心怀乡，家庙重建献巨金。情系桑梓报家恩，功德彰显留黎心"，凤江董氏家庙翻建碑志，明崇祯丁丑（1637 年）科进士董飏先立的闽省董氏大昭穆。

家庙上落由大厅与后轩组成，后轩集木雕、彩画于一体，主要放置祀祖神龛，龛内供奉"闽泉始祖镇国将军思安公，二世祖银青光禄大夫上柱国太尉董兴公，十二世祖重耳公，温陵凤江启居祖文林郎端龄公，凤江二世祖松轩公、竹轩公，明正统年间进士官浙江处州府龙泉县主簿升龙泉县正堂梅轩讳信字一山公，凤江十一世祖皇清进士乘园公牌位"。后轩及大厅挂满了匾额，有铭记着董氏荣光的匾额，亦有兄弟宗祠送来的贺匾，除了彰显董氏家族精神的流传，亦体现了金屿董氏与省内外各地董氏宗亲之间一脉相承的兄弟情谊。

其简明世系图如下：

1世	2世	3世	4世	5世	6世	7世	8世	9世	10世
思安公 —	兴公 —	道公 —	宗嗣 —	常公 —	康民 —	长瑜 —	以大 —	凯子 —	明保

10世	11世	12世	13世	14世	15世
明保 —	纯道	重耳	端靖（居泉州承天巷今传圣墓）		
	纯仁	重吉（开派兴化）	端龄 —	松轩（开派惠安后柳乡）	
		重玄（开派同安）		柳轩（开族吕宋大明街）	
		重光（开派漳州）		竹轩 —	□□
					纯斋
					朴斋 —（传八世孙赵轰、晋轰居杏内）
					省斋（居前洋）
				梅轩 —	大舍
					二舍（徙居泉州东门三十八都乌屿乡）
			端亮 —	善顺（开派沙堤）	
				善应（开派金门浯江）	

三、家族繁衍

董思安后裔十三世董端龄，号真寿，诰封文林郎，明代迁居乌屿凤江，为凤江开基一世祖。二世祖松轩公居惠安后柳乡；柳轩公居菲律宾吕宋大明街；竹轩公居凤江；梅轩，讳信，字一山，明进士，官浙江处州府龙泉县主簿，升龙泉县正堂，有宦声，居凤江。竹轩公有子四，三世祖长名不详；次纯斋；三朴斋传八世孙赵轰，字声士，号孟园，康熙庚寅科补戊午中式第二十六名武举，乍浦参将，孙晋轰，字唐士，号乘园，康熙庚午科乡荐庚辰科进士，同胞登科第，载在郡志，居杏内；四曰省斋，居前洋。梅轩公有子二，三世祖长大舍，次二舍。自端龄公凤江肇基以来历 600 余年，传 23 世，居村 700 余户 2500 多人。双阳街道前洋村董厝居村 200 余户 600 多人。万安街道塘西村杏内董氏居村 60 余户 200 多人。

四、祠堂楹联

金屿董氏家庙及各分支家祠均有较丰富的祠联，许多祠联都蕴含着当地的典故，现摘取部分如下：

豢龙世泽；伏虎家声。

弓冶贻休不愧豢龙之统系；

箕裘继美犹有强项之宗风。

喜祠宇重开望族永赐其昌；
看神州奋起董氏再创辉煌。

承仲舒祖脉千秋才子扶社稷；
启思贤后裔万代豪杰助黎民。

沐宗恩后裔蠡斯衍庆永承公侯志；
继祖德耳孙忠孝贤良长昭汉儒风。

祖宇钟灵俎豆尝新铭祖德；
宗堂毓秀箕裘永绍仰宗风。

五、习俗传承

泉州素有"海滨邹鲁"美誉，非物质文化遗产项目不胜枚举，如：南音、拍胸舞、妆糕人、提线木偶等形态性的；当地城东的"祭十班公妈习俗"等精神性的。"祭十班"超越了一般纪念活动，具有深刻鲜活的精神内涵。

"祭十班公妈"习俗发轫于泉州城东。"十班"指的是泉州城东乌屿（金屿）等十个村庄，"公妈"指亡过的先人。"十班公妈"特指明嘉靖年间泉州城东一带参加抗倭斗争而牺牲的男女英烈，他们在当地民间拥有神灵的地位，世世代代祭祀不已。

这是一个悲壮的历史事件：明嘉靖三十八年（1559年）农历八月二十八日，一伙倭寇从惠安登陆，在泉州城东一带烧杀掠抢，对无辜村民进行惨无人道的屠杀。霎时，尸横遍野、血流成河。一方有难，八方来援，泉州城东周边十村的村民闻讯从四面八方赶来相助，官府也派兵前来支援，还有清源山东麓南少林寺武僧也参加了救援。众村民乡兵一齐杀向倭寇，刹那间，砍刀声、惨叫声不绝于耳。经过数小时拼杀，全歼入患倭寇。此后，倭寇闻风丧胆，不敢再染指城东一带。明爱国学者顾炎武在《日知录》里赞道："晋江沿海乡村，士民惯战，海贼畏之，不敢擅犯。"

"嘉靖末，天地暗，八月底，生悲案。百多逢难者，共穴相伴。""蒙难者共穴"，使"十班公妈"献身之地蒙上更多的悲怆色彩。后来，村民在此地盖了一方小庙，庙门上有一副楹联："卫乡御寇崇英魄；化骨埋名载道碑。"这座庙屡毁屡建，新的墓庙已迁至万安的岩仔山，与抗倭英烈纪念碑并峙。庙前的祭台上摆满三牲、水果、鲜花等供品。"十班公妈"的后裔通过祭拜来寄托自己的孝心，也以此来激励后辈爱国爱乡之心。而农历八月二十八日这一天，也成了泉州城东一带"祭十班公妈"的纪念日。

六、名胜古迹

（一）盘光亭与盘光桥

金屿社区有盘光亭、盘光塔两处古建筑物，最出名的还是盘光桥，这桥、亭、塔在当时被誉为乌屿"三宝"，是由僧道询在南宋宝祐年间（1253—1258年）主持修建的。

盘光桥，位于洛阳江出海口，乌屿岛北与陆地之间，俗称"乌屿桥"。它是继北宋建造的我国第一座海港大石桥——洛阳桥（又名万安桥）之后，在洛阳江的出海口又出现的另一座海港大石桥，被列为泉州宋代的十大名桥之一，曾在泉州的海外交通史上放射出灿烂的光芒。据《闽小记》的一则传说，盘光桥又名"娘子桥"。据载：泉州有娘子桥，视洛阳（桥）虽低而长过之。相传泉人入番，舶坏，其人得岛，见巨蟒夜出，有光如昼，乃插刀穴口。蟒出，为刀伤，性急直奔，胸破肚裂，遗下明月珠累累。其人归，遂得巨富。尝谋聘富家女为妇，富家翁怪其妄诞，告之曰："余女畏渡海风波，能作桥，又布金于桥满，当遣女。"其人作桥布金，因此当地人俗呼此桥为"娘子桥"。

传说，有一天晚上，僧道询正在为设计中的乌屿桥所存在的一个难题冥思苦想时，一阵疲劳袭来，在似睡非睡间，道询见一位同道和尚来找他，说自己是当年参与修建洛阳桥的义波。义波对道询说："你几年来建了不少桥，但欠缺能与洛阳桥比肩的石桥；今特来把我腹中尚未用完的建桥之心盘光给你，助你在洛阳桥外的乌屿再建一座岛陆相连的大桥，使洛阳江边好事成双，也让你在青史上留个好名声。"话刚说罢，他就从胸中掏出一颗还在跳动的红心，往道询的胸里塞了进去。道询猛然从梦中惊醒，思路豁然开朗，还真的找到了解决问题的方法。经过六年多的努力，共有一百六十坎，长四百多丈，宽一丈六尺的乌屿跨海石桥，就这样成功地建了起来。僧道询因念及义波和尚入梦来把他的未用完的建桥之心"盘光"给自己，

就叫此桥为"盘光桥"，并在桥头（盘光桥石塔下海边）的巨岩上，凿刻"盘光桥"三大字（字径有三尺多，深一寸许），字体古朴雄劲，后建海堤时被毁。

在洛阳江上，还有一座名桥洛阳桥，是北宋仁宗在位后期，由时任泉州知府的蔡襄主持修建的。桥建成后，蔡襄亲自撰记书写，刻石立碑。蔡襄是北宋四大书法家之一，此《万安桥记》的上下两碑，记文绝、书法绝、镌刻绝，世称"三绝碑"。洛阳桥也因有此"三绝碑"而名扬古今。盘光桥与洛阳桥隔海相望，如两条彩虹，又有"洛阳双虹"之说，是原洛阳八景之一。

盘光亭是为当时过桥人休息所建造的，现址尚在。盘光桥历代曾有修缮，有记载的是清乾隆间及清末曾重修。修缮盘光桥时，盘光塔塔顶镌泉州才子庄俊元诗曰："凤江常见水消消，磐光昼夜去还潮。波江坪现鱼鸟动，浪里尚见拉舟摇。只恨源山生不接，那堪隔断筑商桥。于今亭塔风雨落，可怜僧公建此桥。"盘光塔于1998年被列为泉州市第四批文物保护单位，有利于对泉州海外交通历史的研究。20世纪60年代，仍可见盘光桥的身姿。至70年代，城东人民创"万亩海域围垦"工程，就盘光桥旧址修建为北海堤。这座大石桥虽已成为历史的残迹，但在1998年3月还以"乌屿码头遗址"

盘光塔

盘光亭

的名义被公布为泉州市级文物保护单位。2012年，因道路拓建，城东海堤大部分被宽阔的水泥大道覆盖，盘光桥旧址埋入路下。现海堤两头，仅存一塔一亭原物。

（二）乌屿老街

乌屿居于僻壤一隅、江海一方，保留了相对完整的古村面容。大海就在乌屿渔村的前头。乌屿近海属于泉州湾河口湿地自然保护区，广袤的滩涂在常绿灌木和小乔木群的荫翳下，盛产着蛏、蚵、公代、蟹等美味海产品。红树林更是大自然对乌屿的馈赠，涨潮时分撑船饱览这片神奇的海上森林，是离凡尘最远、距心灵最近的时刻。

径直走入乌屿老街，低调的民居默默地呈现生活的原生态，却也刻画出渔村生命活力的发展轨迹。民居多为明清后的原物，是活态的渔村文化，一砖一瓦、一草一木，油漆斑驳但仍精致的家具，都是乌屿的生活。

前脚跨过古屋的门槛，后脚的鞋底还沾满现代都市的尘埃。沧桑，就只隔着一道门槛。

乌屿渔村见证了多少历史的荣辱兴衰，经历了多少岁月的更迭变迁；时至今日，所有沧桑、更迭早已离我们远去，但人们心底所保留的那一份记忆仍然鲜活。

"鲤城弓挂月初三，乌屿川横练正兰。"徜徉在乌屿渔村，穿越时光的羽翼寻访那个在俗世中莽撞出走的自己，那个被日常琐碎庸常秩序驱逐、掏空的心灵又重新回来，重新丰腴起来了。

（摘自泉州作家王树声文章）

七、宗祠管理

金屿董氏家庙在2014年设立家庙管委会，负责家庙的日常管理、每年春冬二祭事宜，参加各地宗亲举办的活动。在旅菲宗贤董伦润宗长的建议下，管委会利用家庙翻建剩余的资金设立家庙教育基金。自2014年至2020年共奖励考入大学本科的金屿董氏学子90人，研究生3人，共计134500元整。捐助乌屿小学添置教室窗帘，进行六一节、教师节慰问，期末奖励品学兼优学生共计20300元。

金屿董氏家庙2017年被泉州市文化遗产保护促进会发展为理事单位，2018年被泉州市闽南文化生态保护中心评为闽南文化生态保护示范场所。

（泉州丰城金屿董氏家庙理事会提供资料）

溯祖乌屿回桑梓　肇基前洋遍海寰

泉州洛江前洋董氏家祠

前洋社区前面小溪两侧的平坦地带，在宋元时期为一片汪洋，故取其义名之"前洋"。明、清为晋江县四十一都，民国时期称晋江县河市区前洋保，中华人民共和国成立初为晋江县三区前埭乡。1960 年双阳建场后始称前洋管区。下辖自然村：董厝，居民皆姓董，而称之董厝；张厝，因西部居民以姓张为主，而名之张厝；叶厝，因南部居民以姓叶为主，而称之叶厝；莲村。

董厝先祖原是乌屿人，已在当地成家。因先祖在前洋教书为生，迁居前洋，后又取了小祖妈，繁衍生息，董厝就有上董、下董之分。如今前洋董姓居村人口有 200 余户近 900 人，有一座家庙和两座祖厅。

史上，前洋董氏并未建有祠堂。现代前洋董氏宗亲组织筹备组，同心勠力，慷慨捐资，兴建家祠，于 2010 年动工，2011 年 8 月落成。

家祠坐落于前洋村内，建筑面积 278 平方米，石埕面积有 100 多平方米，加上其他家祠用地合计有 500 多平方米。家祠沿用传统的闽南祠堂建筑风格，双落式砖木结构，燕尾脊硬山顶。家祠瓦作是用筒形红瓦，红砖外墙。家祠外是

前洋董氏家祠外景

前洋董氏家祠内景

以石头构成藩篱，从大石埕上三台阶为家祠门面石廊。中轴线上由大门、厅堂和后寝组成。祠堂大门正中顶上是黑底金字青石匾额，上书"董氏家祠"4个字，庄重雍容。大门有门神把守，裙堵立面配有精美的瑞麟、龙凤浮雕和花卉青石影雕，还镶有一对青石透镂圆窗。大门之后为天井，天井两侧有东西廊与大厅连接围成庭院。3对6根磨光白色石柱支撑大厅，享堂大厅明间不设门扇，为敞口厅，是家族祭祀、聚会议事之所。在大厅后石柱间设有橱柜式木作红底贴金箔的供奉祖先的精美神龛。神龛之上悬挂红底金字额匾"银青柱国"，神龛供奉3尊神位牌。祠堂每年一（春）祭，祈求祖先保佑家族平安，人丁兴旺，万事顺意。

前洋董姓名贤在明代有董信，正统晋江岁贡，任浙江龙泉主簿署正堂。现代出现许多硕士、博士，为家族增光，为国家做贡献。

前洋董氏家祠的祠堂管理也很出色，家祠有专人管理，每天都开放，供宗亲聚会休闲。财务管理严格，收支账务公开。

前洋董氏家祠神龛、牌匾

八世袭封光祖德　五庚科甲振宗风

石狮沙堤、永宁董氏宗祠（家庙）

一、地理概况

石狮位于福建省东南沿海，西南面与晋江市的西滨农场及罗山、永和、龙湖等镇接壤，地势平坦，东面为台湾海峡，北面蚶江隔泉州湾与惠安、泉州对望，南为深沪湾，西面为晋江所围绕。相传隋代此处有一凤穴，故名凤里，后建凤里庵，建有石亭，旁立一对石狮，名为石狮亭，商旅往来以石狮为标记，久之遂成惯称。

石狮市为中国福建省下辖县级市，由泉州地级市代管。今辖湖滨街道、凤里街道2个街道，以及灵秀镇、宝盖镇、蚶江镇、祥芝镇、鸿山镇、锦尚镇、永宁镇7个镇。石狮是亚洲最大服装城、福建综合改革试验区、著名侨乡。

沙堤董氏宗祠

永宁镇，位于福建省东南沿海石狮市。永宁，状若鳌鱼，别称"鳌城"。唐时称高亭，宋初称凉恩亭，在海口一带则称"水湾"，又称"水澳"，是泉州海外交通的重要港口及海防要地。南宋乾道八年（1172年），为防外患，于此建水澳寨，称"永宁寨"，寓意永得安宁，因此得名。

明洪武二十年（1387年），为防倭患，朝廷于此置卫，作为泉南屏障，称永宁卫。下辖福全、崇武、中左（厦门）、金门、高浦5所，设3个巡检司，分置于祥芝、深沪、围头。明嘉靖年间，俞大猷曾率军民于此抗倭。永宁镇是座具有600多年历史的古卫城，因其特殊地理位置，历来为闽东南地区的重要港口及海防重地。

沙堤位于永宁镇之东端，濒临大海，北与郭坑、西南与永宁毗邻。地处沿海沙丘地带，长期经受潮水冲击，风沙卷扬，年久月深，终于积成一条天然白色堤岸，沙堤也因此得名。古时，村旁枫树成林，又称"枫边"。因闽南话"枫边"与"桑边"谐音，故俗称"桑边"或"霜边"。沙堤海边有一座观音山，三面环海。立于山上，放眼长堤，犹如一巨鲸卧于水中，是以又有"鲸江"之雅称。

北宋时期，即有蔡、李、黄、许等姓氏在此聚居。及至南宋嘉定年间，才有龚氏从晋江荆山村迁入，元初董氏从晋阳迁入，龚、董二姓分别在两个角落进行

开发，发展农业、渔业和海上运输业。董姓始迁祖善顺公生有三子传五房，为长盛房、东城房、祥芝房、中璜房、西轩房，自此人丁兴旺，各房繁衍生息，在沙堤历经700多年之繁衍，至今蔚成大族。

元明时期，沙堤渔业发达、风光秀丽，且有名宦龚名安等居住于此，引来许多文人墨客。如马速忽、王翰、夏秦等名流，均在沙堤留下许多优美的诗篇。明万历年间，东阁大学士李廷玑访沙堤时，曾赋诗：

鲸江美景赛天台，澳如洞庭石似阶。
百只渔舟梁上燕，采捕朝出暮归来。

二、宗祠大观

（一）沙堤董氏宗祠

沙堤董氏宗祠位于石狮市永宁镇沙堤村，此地临海，风景秀丽，人称："迷茫回顾青千顷，翡翠盈时碧一湾。"宗祠始建于明代，当时比较小。清嘉庆十年（1805年）重新拆除扩建，占地面积360平方米，为硬山顶二进五开间，大天井石木结构。坐北向南，翘脊屋檐上使用玻璃瓦片，屋檐下有水车垛，垛内有浮雕彩绘，红砖白石外墙，榉头墙上嵌有一块嘉庆二十四年（1819年）的石碑。民国十九年（1930年）重新装修，较完整地保留了清代建筑艺术风格。民国三十六年（1947年）再重新装修并举行晋主庆典。现存建筑为1982年耗重资修

建的。1986年再举行晋主庆典，2002年欣逢恭迎"董杨始祖"重新装修。沙堤董氏宗祠于2000年获"泉郡名祠"称号。

宗祠内东边房天井中有一块最令人神往的耸立的细长石柱。此石从地而生，天然神态，无斧凿之痕迹，形如石笋。此石越长越高，现高度为3.3米，最大周长1.5米，有"活石"之称，族人也称"石笋"。有明人诗吟："沙堤毓秀挺奇英，玉笋森严耸地生。为有章明通奏殿，干霄直欲上三清。"故此，沙堤董氏就以"玉笋传芳"作为传宗的雅称，千秋万代，永世流芳。迁居在外的沙堤董氏一脉，也依然将"玉笋传芳"刻写在大门的字匾上，作为对祖籍的尊重和怀念。宗祠内有一块1947年晋主时金门董氏宗亲赠送的"玉笋宗祠"匾，现保存完好。

（二）永宁董氏家庙

永宁镇董氏源于永宁的沙堤村，是端亮公后裔，同样有长盛、东城、祥芝、中璜、西轩五房。至明朝嘉靖年间，沙堤董氏移居永宁鳌城五房子孙心怀宏志，开拓卫城，使卫城成为一姓之城，并在东、西、南、北四门建筑三落大厝，周边各姓陆续居住一处，安居乐业。至清顺治四年（1647年），卫城沦陷，城内之大姓各自逃离，唯董姓族人同心协力，于清康熙年间建立董氏家庙，小宗、祖厝也陆续兴建，人丁兴旺。于清雍正八年（1730年）庚戌科董蘅高中进士，此外也有文魁、武魁、举人，如今永宁董

沙堤董氏宗祠的"石笋"

氏族人更是人才辈出，为永宁镇的腾飞做出巨大贡献。目前永宁董氏常住人口有1850多人。

石狮永宁豢龙董氏家庙，清康熙年间始建，道光十八年（1838年）重修，光绪十一年（1885年）重修护厝，1982年重修。2002年欣逢恭迎"董杨始祖"重新拓建，董氏家庙修成皇宫式建筑，长8.24丈，宽6.8丈，西有护龙，前有两支旗杆，二进三开间，建筑面积275平方米。时仰庙貌，气象维新，堂中瓷龙，藻绘辉煌，美轮美奂，辉煌堂构，嗣后先人，灵爽式凭，昆裔昌炽兴隆，钟灵毓秀，世泽绵长。

永宁董氏家庙正门

三、家族繁衍

泉州董氏族谱载，沙堤董氏入闽始祖董思安之父董章，唐僖宗时随王潮、王审知入闽。后晋开运二年（945年），董思安于建州勤王，封"镇国将军"，后忠于故主退隐泉州，居承天巷登贤里。

沙堤董氏认定董兴为董思安二世，北宋庆历年间荣立战功，封银青光禄大夫加上柱国太尉，分镇于闽，立籍泉南登贤里，为开基闽南肇基祖，现晋江市池店镇茂厝还保存着一座完整的董兴公墓地。每逢清明，董氏族人都相约到晋江茂厝扫墓。董兴之子道公因战功奏补三班殿直，晋封平凉郡开国伯，

世袭至八世，所以董氏宗祠内石柱上仍然保存着一副石刻对联："八世袭封光祖德；五庚科甲振宗风。"此后200多年，6人登进士榜。其北宋大观三年（1109年）偃公进士及第，官至工部尚书，赐建"尚书府"在青阳，就是现在的"董厝崎"。皇帝再赐府前立块"下马碑"，文官路过下轿，武官路过下马，鞠躬而行。

永宁董氏家庙外景

其简明世系图如下：

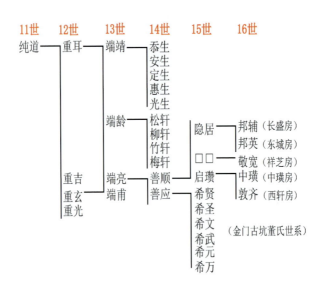

11世	12世	13世	14世	15世	16世

纯道—重耳—端靖—呇生、安生、定生、惠生、光生

端龄—松轩、柳轩、竹轩、梅轩

隐居—邦辅（长盛房）、邦英（东城房）

□□—敬宽（祥芝房）

重吉、重玄、重光—端亮、端甫—善顺、善应

启瓒—中璜（中璜房）、敦齐（西轩房）

希贤、希圣、希文、希武、希元、希万

（金门古坑董氏世系）

四、祠堂楹联

沙堤、永宁的祠堂中有一对相同楹联："忠垂汉史孝感天心惟先人克尽忠孝大节；文相江都武开国伯诸孙辈宜踵文武世家。"以下为各自特色楹联。

（一）沙堤董氏宗祠楹联

西汉贤良夸第一；
南闽甲第本无双。

汉廷方正名儒裔；
宋代银青太尉家。

汉廷对策而后代有伟人惟兹孙曹尚其睹玉笋而切凌云之志；
晋水分派以来世食旧德凡我子姓能勿履莨菅以敦报本之恩。

银青衍派以来八世袭封鹊起知祖德永光柱国；
玉笋传家而后五庚科甲蝉联冀人文再振沙堤。

（二）永宁董氏家庙楹联

八世袭封光祖德；五庚科甲振宗风。（明朝进士董飏先题）

帝世豢龙氏；江都旋马家。（明朝进士国子监博士董养河题）

南闽甲第家；西汉贤良裔。（明朝进士董飏先题）

五、祖训内涵

董氏家训（选录）

人生斯世，孝悌当先。
奉养父母，力竭心专。
友爱兄弟，手足比肩。

八闽董氏宗祠文化大观

其简明世系图如下：

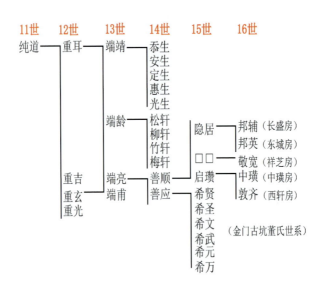

（金门古坑董氏世系）

四、祠堂楹联

沙堤、永宁的祠堂中有一对相同楹联："忠垂汉史孝感天心惟先人克尽忠孝大节；文相江都武开国伯诸孙辈宜踵文武世家。"以下为各自特色楹联。

（一）沙堤董氏宗祠楹联

西汉贤良夸第一；
南闽甲第本无双。

汉廷方正名儒裔；
宋代银青太尉家。

汉廷对策而后代有伟人惟兹孙曹尚其睹玉笋而切凌云之志；
晋水分派以来世食旧德凡我子姓能勿履莨菅以敦报本之恩。

银青衍派以来八世袭封鹊起知祖德永光柱国；
玉笋传家而后五庚科甲蝉联冀人文再振沙堤。

（二）永宁董氏家庙楹联

八世袭封光祖德；五庚科甲振宗风。（明朝进士董飏先题）

帝世豢龙氏；江都旋马家。（明朝进士国子监博士董养河题）

南闽甲第家；西汉贤良裔。（明朝进士董飏先题）

五、祖训内涵

董氏家训（选录）

人生斯世，孝悌当先。
奉养父母，力竭心专。
友爱兄弟，手足比肩。

敦宗睦族，裕后光前。
出就师傅，仁义志坚。
君臣朋友，不可党偏。
酒色财气，悉为除蠲。
力耕苦读，安命听天。
公门不入，弗受牵连。
国税早纳，何有催缠。
勤俭崇矣，奢华戒焉。
日用饮食，学古圣贤。
忠厚谨慎，家法流传。
扑作教刑，纠谬绳愆。
其各恪守，勿忘此篇。

六、习俗传承

（一）石狮永宁董姓七月半做十四

闽南有七月十五日做节敬奉祖先的风俗，而永宁的董姓却提前一日，在七月十四日做节。为什么呢？

相传永宁董姓原祖青阳（今青阳董厝崎），因历代封官，家庙门前竖有下马碑。文武官员经过都得下马或下轿步行。传至十一至十二世时，恰值元代，时有一位专横跋扈的武营（泉州）知州从董氏家庙门口经过，蛮横不下轿。董氏族人便叫孩子抛石袭击轿窗。恰恰有一块尖锐石头刺入知州的太阳穴，知州受伤血流不止而死。皇上闻讯大怒，遣兵前来抓人，董氏族人直到七月十四日才知道大祸临头，就急忙把准备七月十五日敬"公妈"的供品提前一天奉敬，当天晚上连夜分散外逃，北至福州、浙江、平潭、长乐、大白鹭等，南至同安、漳州、南靖、龙海、金门等沿海或深山，明保公及次子纯仁公就是避难于德化，直至明初十二世董重耳中进士后重返泉州奉职。现在青阳还有董厝崎的地名及砦石、下马碑、青石马槽等。

（二）洗街日

每年的农历四月二十三和二十四日，是永宁的"陷城""洗街"纪念日，各家各户必备草纸和香烛，祭奠阵亡的将士和遭难的乡亲。

相传明嘉靖年间，倭寇骚扰东南沿海。永宁卫作为泉州一带的重要门户，屡屡击退倭寇。后来，倭寇用重金收买了一个姓赵的守城官，要他献城投降，并订下协议，凡是姓赵的人，只要把脸对着墙壁为号，倭寇就不杀他。

那一年的农历四月二十三日，永宁城沦陷，死伤无数。老弱妇孺全都藏到水关沟中避难，但也被发现。其中有几个姓赵的人以脸对着沟壁，躲过一劫。旁边的人看了也纷纷学样。倭寇一看，哪来这么多姓赵的人，于是干脆把所有的人都杀了。水关沟中尸体堵塞，鲜血横流。恰巧那日开始，接连下了两天暴雨，将血迹洗净。此后，"洗街"的传统就保留了下来，倘若那一天没下雨，人们也要提水将街道冲洗干净。

七、古今名贤

（一）古代名贤

董飔先，号沙筑，沙堤人，明崇祯十年（1637年）丁丑科进士，官至广东按察司副使，为官清廉，明鲁王赠以"风高五柳"匾。郑成功岳父。

董扬，沙堤人，岁贡，明宣德朝任肇庆同知。

董信，沙堤人，岁贡，明景泰朝任龙泉主簿。

董灌，沙堤人，明弘治十五年（1502年）壬戌科进士，官至户部员外郎。史称其"诗文清古，字逼晋唐"。

董文衡，沙堤人，明万历四十六年（1618年）戊午科举人。

董西姑（1623—1681），沙堤人，一作董友，郑成功原配夫人。

董惟哲，沙堤人，明崇祯九年（1636年）丙子科武举人。

董惟卿，沙堤人，南明隆武二年（1646年）丙戌科武举人。

董胄飞，永宁人，南明永历朝任藩前将军。郑成功部将，从征复台。

董胄英，永宁人，清康熙年间任延平总兵。

董行（改名董衡），沙堤人，清雍正八年（1730年）庚戌科进士，任建德定陶知县。

董国儒，沙堤人，明万历二十五年（1597年）丁酉科举人。

董廷相，沙堤人，清雍正十年（1732年）壬子科举人。

（二）近现代名贤

董云阁（1908—1932），又名董光泰，永宁人，共青团福建省委书记，中共闽南特别委员会副书记，中共厦门中心市委常委、组织部部长，革命烈士。

董尚真，沙堤人，曾任菲华商联总会理事长。

董帝波、帝世，旅港族亲，昆仲二人心系家乡，秉承其父欣果爱乡亲护仁里的精神，捐赠沙堤董厝老人活动中心以及村间水泥路，并设立了沙堤村子弟助学基金。

八、名胜古迹

石狮永宁，地处福建东南沿海。涛声阵阵，岁月洗礼，演绎了这个闽南侨乡昔日的繁华和沧桑巨变。永宁，是一个尘封的近千年古镇，是一座有悠悠六百年历史的古卫城，是一条讲不完历史掌故的古街，是一家融中西文化的古民居博物馆，是一处正在崛起的海滨旅游胜地……让我们走进永宁古镇，领略这里浓厚的历史文化底蕴。

（一）东南第一卫城

明洪武二十年（1387年），为防倭患，朝廷于永宁置卫，作为泉南屏障，称永宁卫。与当时的天津卫和威海卫并称全国三大卫。

永宁卫管辖地域广阔，有福全、崇武、中左（今厦门）、金门、高浦（今同安）5个千户所，并设有祥芝、深沪、围头3个巡检司，统辖20万人。据《永宁卫志》记载：当时配以兵额6900人、18个衙门，"封家不下三万，官印七十二颗"。明嘉靖年间，俞大猷曾率军民于此抗倭。因其特殊地理位置，历来为闽东南地区的重要港口及海防重地。历经百年风雨，这里依然保留不少历史文化古迹。

（二）永宁老街

永宁老街是"中国十大历史文化名街"之一。沿着东西走向的中轴线在老街缓步前行，只见狭长幽深，一眼难望到底。4米多宽、1000多米长的老街，全部由青条石铺就。这条古街曾经商贾云集、人烟稠密、物产丰富、生意兴隆。清末富甲一方的商家，莫过于永进、霞源和兴源3个商号。永进开有商行，霞源开有当铺，兴源开有榨油坊兼磨坊，且三家都经营船队，从事海上贸易。

踏上光滑的石板路，古老的跫音在足下响起。如今沿街林立两旁的商铺早已失去了昔日的喧闹，看不出过去的富庶与繁忙，但紧闭的木板门背后仿佛隐约传来掌柜们吆喝伙计的声音，以及拨拉算盘的清脆声。这些从明清到民国时期的各种风格与特色的建筑承载着浓郁的闽南文化，以凝固的姿态委婉地诉说着一个个传奇、一个个故事：万通号布

行日进万金、锦绣如云；兴源号油坊彻夜加工，三只乌槽木船接力运输；永进号为显富贵曾把红绫一路铺到外高奥，张扬铺张让人瞠目结舌……西门外的"大夫第"主人林品元，是清嘉庆六年（1801年）诰授的"奉天大夫"。其人能文能商，他渡过海峡，在鹿港建立起自己商业王国，是古卫城对台贸易的代表人物。

在永宁老街入口处，有一座闽南地区少有的规模较大、保存较完整、涉台关系较久远的城隍庙，与古卫城同建于明朝。石狮宣传部领导介绍说，清朝时这里的城隍信仰随着人口的迁徙传到了台湾地区，先是分灵到鹿港，后又分灵到台中、台南、嘉义等地，至今台湾地区有大大小小上百座城隍庙宇。

（三）宁东楼

洋楼，是永宁侨乡独特的建筑，它们散布在各个角落。在永宁几十座洋楼中，宁东楼为旅菲同乡会长陈植鱼先生所建，是一个典型的欧陆风格建筑。它在永宁所有洋建筑中并不是最气派华丽的，只因它位置在最高处，抗战时期成为侵华日寇的指挥部。1940年，日寇登陆永宁，制造了惨绝人寰的"7·16"惨案，它见证了日寇血洗永宁的残忍。

（四）董云阁烈士故居

董云阁烈士故居位于永宁镇后山，故居东侧有一座始建于清代的闽南古大厝，烈士家族曾居住于此。1926年10月，董云阁受党组织委派，随北伐军入

泉州，参与党、团组织的组建，曾以故居作为据点，组织农民协会，宣传革命思想，直到1927年8月返回厦门工作。

1929年，董云阁的父亲董春气从菲律宾偕家眷回国。1930年，董春气、春魁委托其弟董春前、春志在古厝西侧兴建"董家洋楼"。洋楼系水泥框架结构，高两层，一、二楼大门与拱门富有南洋建筑风格，尤其是拱门及半月形门窗、细部装饰带有明显的西洋建筑特征。门楼最高处树立一横匾，上书"沙堤传芳"，表明后山董氏家族来自永宁沙堤。洋楼内部结构及布局充满闽南传统文化气息，使整幢楼房呈现出中西建筑文化互相交融的特色。

同年，董云阁奉母亲之命，再次返回故乡，与高秀真女士完婚，随后返厦门。至今，故居内还保留着烈士当年结婚使用过的古式木床。公而忘私的董云阁于1932年5月在厦门不幸被捕，不久被秘密杀害，再也没有机会回家乡与亲人团聚。

1949年后，烈士故居一直得到妥善保护。烈士遗像悬挂在二楼厅堂中，供后人瞻仰。记载烈士身世的家谱也长年被家族珍藏，视为传家宝。后来，永宁重建董氏宗祠，在祠堂内树碑纪念董云阁烈士的光辉一生，以垂范后人。

1998年12月，石狮市人民政府公布董云阁烈士故居为第二批市级文物保护

董云阁烈士故居

单位，使之成为石狮市又一处爱国主义教育基地。

（五）镇海石

在卫城南门的朝阳山，有座不高的小山坡，遍布大石。其中一块石头依山面海，高6米，基底宽3米，峻峭挺拔，非常显眼。石头上刻着3个苍劲有力的楷书"镇海石"。

相传，有一次俞大猷率部袭击倭寇，敌人不敢恋战，逃出永宁卫。俞家军穷追不舍，可追到海边时，倭寇已上船离岸了。俞家军一时找不到船只，只能眼睁睁看着敌人逃脱。就在这时，天边突然响起一阵雷声，原来是一块巨石从天而降，行如闪电，直往倭船砸去，转眼间把倭船悉数砸沉，然后呼啸一声，落在朝阳山上。而"镇海石"三个字，就是抗倭胜利，俞大猷告别永宁父老时写下的。此后，这座山也叫作"镇海山"。如今，镇海山已经打造成公园，供周边的居民与来往的游客游览。

（泉州永宁、沙堤董氏理事会提供资料）

伯高德厚留青史　义壑恩深荫裔孙

安溪湖头产贤董氏宗祠

一、地理概况

安溪县，隶属于福建省泉州市。古称清溪，后周显德二年（955年），小溪场监詹敦仁向清源军节度使留从效申请建县获准，以境内溪水清澈之意，命名清溪县。宋宣和三年（1121年），厌其名与浙江睦州青溪（今浙江淳安，方腊起义地）同音，取溪水安流才能太平之意，改清溪为安溪，属泉州。安溪以茶业闻名全国，号称中国茶都、铁观音发源地，还是"中国藤铁工艺之乡"。

湖头位于清溪上游，四面环山，中分一水，中部地势平坦、开阔，形似大湖，古称阆湖。宋初称湖山，相传南宋时朱熹路过此地，改名为"湖头"。湖头镇地处闽南金三角，位于安溪县域东北部，东与永春县接壤，西与湖上乡相连，是安溪县北部中心城镇，辖29个行政村和5个社区、1个村级单位。湖头镇是

产贤董氏宗祠大门

中国历史文化名镇、福建首批历史文化名镇、首批文化文物示范村镇、全国综合实力千强镇之一。

湖头镇历史悠久，人杰地灵，文化底蕴深厚，康熙年间文渊阁大学士兼吏部尚书李光地的故居就位于安溪县湖头镇湖二村。湖头米粉中外有名，已成为地理标志保护产品。湖头素有"小泉州"之称。

产贤村隶属于泉州安溪县湖头镇，明、清属修仁乡来苏里。民国三十五年（1946年）属清溪镇都贤保。董姓先祖于明朝初期为避战乱，自金峤迁入安溪湖头来苏里。因土地多是沙壤，种出的粮食不够吃，所以古代称产埒村，1998年9月22日，产埒村更名为产贤村。村委会设在下产埒自然村，辖5个自然村。村民主要为董姓。

二、宗祠大观

产贤董氏宗祠位于安溪县湖头镇产贤村中部，明初由董氏一世祖董伯义始建，史上曾几度修葺。2021年又集资210万元，当年4月在宗祠原地重建，2022年11月竣工。祠堂坐西朝东，砖混结构，占地面积约300平方米，建筑面积200多平方米。宗祠周边是都贤小学。

重建后的产贤董氏宗祠，为闽南宗祠建筑风格，宗祠前有宽大的石埕。由

产贤董氏宗祠门亭

门亭、阳庭、厅堂和后寝组成一进三开间布局。瓦作使用大红砖瓦，祖祠门亭、厅堂的屋顶中脊均为"三川脊"，中脊中部有鲜艳瑞麟、吉祥物彩绘，两侧配有"科甲连登""添丁增财"红底金黄字。中脊两端线脚向外延伸并分叉，曲线优美，美轮美奂。

大门前安有石鼓、门当。大门上用珍贵木材浮雕一对门神，左右两侧对联"伯公器识弘前哲；义理才情励后昆"，顶端是红底金字匾额，上书"豢龙衍派""产贤董氏宗祠"。宗祠裙堵立面镶有一对青石透镂双龙戏珠圆窗。立面、外围墙都配有精美的瑞麟、龙凤、花草、忠孝节义历史故事青石浮雕。

产贤董氏宗祠神龛

一对青石精雕盘龙石柱与大门墙面构成精美的门亭，门亭连接阳庭（天井），四周围墙铺砌青石，金字刻印建祠历史和捐资名册。围墙及厅堂内壁用红色瓷砖装饰，金碧辉煌。一对汉白石浮雕石柱和两对六根磨光花色石柱支撑享堂大厅（附边房一间），享堂大厅为明亮的敞口厅，是家族祭祀、聚会议事之所。在后寝石柱间设有橱柜式红木制作的供奉祖先的精美神龛"孝恩堂"，两旁石柱金字对联："伯高德厚留青史；义壑恩深荫裔孙。"

一世祖董伯义墓位于金谷镇大演村过溪龟子山（湖剑公路对面），葬于明。其妻陈氏墓，位于产贤村公梯林岭脚，同样葬于明。

产贤董氏宗祠后龛殿

董伯义墓

三、家族繁衍

明洪武十三年（1380年），董思安十六世孙董伯义自泉州金屿开派安溪，肇基来苏里产垵，为产垵董氏一世祖。后裔先后分迁湖头镇，白濑乡下镇村垵美、坪中，寨坂村中堀，凤城镇上西门等地。今传22世，居村900余户3000多人。在安溪各姓氏中，董姓人口居第44位，以湖头镇最多，白濑乡其次。

四、名胜古迹

泰山岩位于湖头镇东南隅，全称为"显应普济大祖师泰山寺"。明嘉靖年间《安溪县志》载："在感化里，即翠屏山岩也，道人黄胜惠居此，乡人为堂以祀。隆兴间，主簿叶延寿题云：'自昔吾泉出异僧，清溪今又两岩兴。'两岩，谓太山、清水二岩也。"

泰山岩始建于宋绍兴年间。因开山始祖黄惠胜在此山圆寂后，被宋高宗赐封为"显应祖师"，百姓为旌表他的功德而建。岩中风光旖旎，山清水秀，景色宜人，曾有"七佛春云"之景观，列为湖头十大景观之一。泰山岩大小山峰丛峙，连绵叠翠，幽谷流泉，绿树参天，在奇木异草环伺下，景态万千，充满诗情画意。

泰山岩还分炉多地，特别是台湾地区分炉每年都有组团返祖庙续宗，进一步弘扬祖师文化，传承两岸宗教、民俗等文化传统。泰山岩已成为闽南金三角旅游胜地。

（本组图片由安溪产贤董氏宗祠董明暖宗长提供）

南安董氏宗祠

居仁由义遵古训　睦德为善循正规

南安金淘青山岭董氏宗祠

一、地理概况

南安市，雅称武荣，历史悠久，人杰地灵。南安为福建省泉州市下辖的县级市，位于福建省东南沿海，晋江中游，素有"海滨邹鲁"之称。境内丰州金鸡古港曾是古代海上丝绸之路的起点。民族英雄郑成功，一代名将叶飞，知名爱国华侨李

光前、黄仲咸，祖籍地都在南安。南安是中国著名侨乡。

金淘镇地形以平原、丘陵为主，交通四通八达，省道307线贯穿全境。毓南村位于南安市金淘镇东部，山清水秀、村风文明、村容整洁，境中有楼房500多座，有旅居印尼、马来西亚、菲律宾、澳大利亚、意大利、日本等的侨亲3000多人，是著名的侨村。村中干道全部实

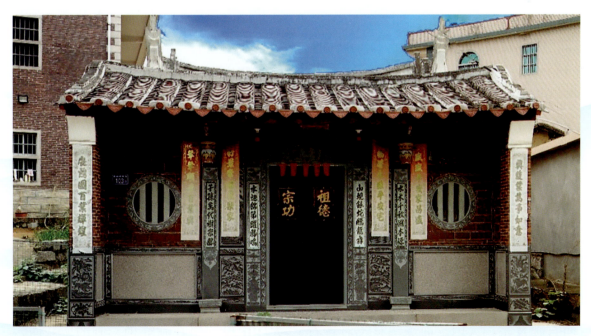

青山岭董氏宗祠外景

青山岭董氏宗祠神龛

现硬化并安上路灯，村民饮用自来水化，被泉州市、南安市授予宽裕型文明村称号。

二、宗祠大观

青山岭董氏宗祠始建于明嘉靖元年（1522 年），2002 年重建。祠堂坐落在毓南村口进村路旁，面水背山，坐东南向西北，砖混结构，闽南宗祠建筑风格，占地面积 300 平方米，建筑面积 200 平方米。祠堂建筑为双落式结构，二进三开间，中轴线由大门、天井、厅堂和后寝组成。红墙黛瓦，祠堂的屋脊采用闽南祠堂常用的燕尾脊。宗祠前有宽大的石埕，从石埕上 3 级石阶便是宗祠的门面石廊及宗祠大门。面墙镶有一对青石圆窗，正中两扇大门，镶有"宗功""祖德"，顶上青石浮雕匾额上书"银青衍派" 4 个字，大门一对青石立柱浮雕"山现银蛇腾龙舞；水回锦第耀凤鸣"。

大门之后为天井，与大厅连接围成庭院。由前而后，地面逐级升高，天井及其四周阶石以花岗岩白石铺砌。两根磨光花岗岩白色石柱支撑大厅，大厅为敞口厅，明亮宽敞，是家族祭祀、聚会议事之场所。

在大厅后石柱间设有横案桌、八仙桌和青石香炉。盖有橱柜式木作红底贴金箔的供奉祖先的精美神龛，神龛之上悬挂红底黑字横额"重裕后昆"，神龛左右木柱配有对联"桂茂兰香福曜春晖盈栋宇；山环水绕和风丽日美华堂"。享堂大厅中设一根画满鲜艳彩画的、截面六角形的灯梁。

三、家族繁衍

兴公六世璿祖公徙居晋江南门外屿头开族，传至十四世满公，其次子乔迁漳州龙岩洞源社，生二子，长仍住漳州，次子万五郎之子漳来公因乡里狭小，嘉靖年间（1522—1566年）仍归泉州择南安青山岭内菩提乡（今金淘毓南村）建立宗室开族聚处，以耕以读，子孙繁衍。现南安金淘毓南董氏已传13世（自漳来公起），居村90余户300多人。后裔侨居新加坡、马来西亚、澳大利亚、印尼等国家。

其简明世系图如下：

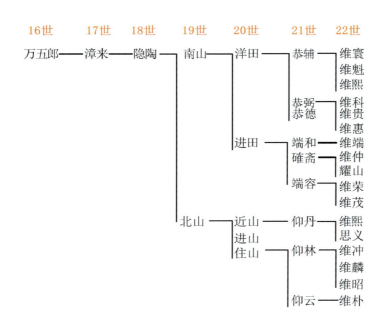

青山房史上外迁记录有：

漳来公次子前墩（兴公十八世）有子孙在泉州城内。

隐陶公（兴公十八世）长子移居兴化涵头，现有墓在后头寨号兴化。次子移居磨坑。五子迁安溪县。

洋田公（兴公二十世）三子良德分住泉州城内。

道艮公（兴公二十三世）长子明琨居厦门港巡司衙。

明汉公（兴公二十四世）五子德澄外出无可考。

明端公（兴公二十四世）一子德偏外出无可考。

明悌公（兴公二十四世）长子重美为泉州府生员。

明保公（兴公二十四世）次子德权，官名衡，字宣迹，号笋溪，清康熙年间举人、进士，任山东建德县令。

德偃公（兴公二十五世）次子日芳外出无可考。

德滉公（兴公二十五世）三子日葵

迁番邦（可能为迁马来亚）。六子日偶（二十六世）生旭景、旭的（二十七世），两兄弟同迁台湾地区。

德陶公（兴公二十五世）长子日梦住台湾地区。

德河公（兴公二十五世）次子日壮外出无可考。

德泰公（兴公二十五世）次子日瑶生子于台湾地区。

金淘镇毓南有《董氏开闽族谱》，清光绪四年（1878年）修。谱载始祖为万五郎，明嘉靖年间（1522—1566年）董漳来迁入，为始迁一世祖。谱为钞本，1册，现存南安市金淘镇毓南村董氏宗祠理事会。

四、祠堂楹联

青山岭董氏宗祠由于规模小，祠堂内外只有 7 对祠联：

大门：

> 山现银蛇腾龙舞；
> 水回锦第耀凤鸣。

前门两石柱：

> 水木千秋溯本源；
> 子孙万代树宗风。

厅堂石柱：

> 漳昆兴泉郡长扬；
> 发裔孙永振宗声。

> 居仁由义遵古训；
> 睦德为善循正规。

> 衍泽轩居兰桂馥；
> 传芳立德门风馨。

> 祖荣锦色江山秀；
> 宗灿曙光美景优。

神龛左右：

> 桂茂兰香福曜春晖盈栋宇；
> 山环水绕和风丽日美华堂。

五、宗祠管理

青山岭董氏宗祠由理事会管理，平时有专人管理，逢清明、祭祀及相关节日开放，供族人祭奠先人，祈求平安。

八闽董氏宗祠文化大观

沙堤根植本源固　董水德藩枝自荣

厦门翔安董水董氏宗祠

一、地理概况

翔安有行政建制开始于晋太康三年（282年），属于同安县翔风里和民安里，至今已有1700多年的历史，历史悠久，人文荟萃，是闻名遐迩的东南望郡、历史名邑。历史古迹众多，古宅十八湾、西林太监碑、曾山遗址、井头林君升和后滨李长庚的名人故居等各具风采。文化传承久远，保留着淳朴的闽南风俗人情，现存拍胸舞、宋江阵、车鼓阵、南音等闽台民俗文化资源。历史上，宋代著名理学家朱熹曾临香山采风，因此当地尊师重教之风盛行，"紫阳过化"让翔安享有"海滨邹鲁之乡""声名文物之邦"尊誉。

吕塘村原名"蓬莱保"，位于翔安区东南部，坐落在香山省级风景名胜区内，辖董水、董水前、林边、西林、中保、后树、尾头下7个自然村。居住有8个姓，以董、洪、柳姓居多。境内至今仍保留着传统文化印迹。村里保留有大量闽南古建特色的"九架厝"，朴实厚重，

董水董氏宗祠外景

董水董氏宗祠内景

色彩斑斓，积淀着先人的智慧，同时也记载了闽南地区古村落发展的历史。

董水自然村处于两溪流之间，为董姓居住地，故名董水，聚落呈长方形。董水前村在董水自然村之南0.5公里临海处，故名董水前，聚落呈三角形。

二、宗祠大观

董水董氏宗祠始建于明朝末年，曾于1992年重修。因风雨沧桑，宗祠破旧，宗亲屡议，集思广益，集资捐资，终于2008年6月动土，历时16个月，投资60多万元，于2009年竣工，2010年12月举行奠安重光庆典。宗祠坐东北朝西南，占地面积400平方米，建筑面积210平方米。砖混结构，气势恢宏，是典型的闽南宗祠建筑风格。

宗祠坐落于董水村进村路旁，面水背山，双落式结构，二进三开间，中轴线由大门、厅堂和后寝组成。大红砖外墙，祠堂瓦作是用筒形红瓦，红瓦质地佳者，红中泛着金黄色，在阳光下格外闪亮。祠堂大门、厅堂的屋顶中脊均为"三川脊"，中脊中部有彩色龙凤、瑞麟饰物，中脊两端线脚向外延伸并分叉，构成闽南祠堂常用的燕尾脊。古时，燕尾脊代表尊贵的地位，如今的闽南燕尾脊则已经成为闽南人性格不羁、勇于开拓的精神象征。燕尾脊上又加陶制的坐立状龙头吻兽作为装饰。

宗祠前有宽大的石埕，戏台面对宗祠而建，可供演戏和祭祀之用。从石埕上三级石阶便是宗祠的门面石廊。宗祠有一个大门、两个仪门，各门均有门神把守。大门前安有石鼓，裙堵立面配有精美的瑞麟、龙凤浮雕和历史故事青石影雕，还镶有一对青石透镂双龙戏珠圆窗。正中大门顶上是黑底金字青石匾额，上书"董氏宗祠"四字，庄重雍容。大门之后为天井，天井两侧有东西廊与大厅连接围成庭院。地面由前而后，逐级升高，红色地砖似红毡般一路铺进。天井及其四周阶石以细凿白石铺砌。三对六根磨光白色石柱支撑大厅，享堂大厅明间不设门扇，为敞口厅，是家族祭祀、聚会议事之所。在大厅后石柱间设有橱柜式木作红底贴金箔的供奉祖先的精美神龛"孝恩堂"，神龛之上悬挂红底金字额匾"银青柱国"，左右石柱配有对联"继承祖德崇古训忠孝永播；弘扬宗功秉时尚仁义长存"。享堂大厅中设一根画满鲜艳彩画的、截面六角形的灯梁。

青石红砖、白壁红瓦、斗拱举天、重檐如画，古韵悠扬的董水董氏宗祠给人们带来独特的美感。

三、家族繁衍

北宋中期，董思安后裔董简滋之子

元福、元寿，由泉州冷井迁居同安民安里十都董水社，董简滋为始祖，董元福、董元寿为开基祖。翔安区吕塘社区董水村又衍董水前村，现分为大六柱、小六柱、东树脚3个村落。今居村300余户1000多人。

董水有董姓100余户600多人。董水前有董姓30余户140多人。

《董水董氏宗谱》，2000年由二十四世裔孙董黄河编修。谱载始迁祖董简泽、董简滋情况、世系等。谱为铅印本，1册，现存厦门同安区图书馆和厦门翔安区董水宗亲董力业处。

四、习俗传承

（一）吕塘戏乡农家乐乡村游

正月初四日，吕塘社区开门纳客的"吕塘戏乡农家乐乡村游"，已成为厦门市岛外旅游的一个新亮点。吕塘凭其独具特色的古树、古厝、古戏"三宝"入选福建十大最美乡村之一，2007年开始起动"吕塘戏乡农家乐乡村游"项目建

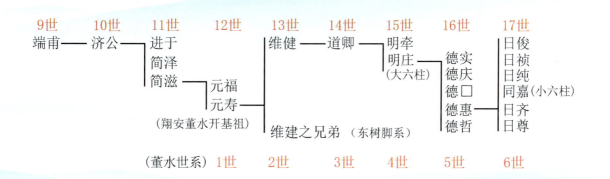

设。该项目充分体现吕塘村原汁原味的"农味"特色，游客可以到已有600多年历史的古松林去游览原生态的亚热带雨林；或去逛一逛闽南古民居；或从正月初四日起，每一天上午10时、11时和下午3时，到吕塘戏校的梨园世家演艺厅去看古戏、品茗茶、吃农家菜，感受远离城市喧嚣的那份宁静和悠闲。

（二）香山庙会

香山省级风景名胜区原汁原味的民间庙会，每年都吸引数以万计的香客和游客前来朝拜观光。特别是每年正月初六日香山佛祖诞辰日，上山游客多达五六万人。在庙会上都有民间神轿大会操和闽南民俗风情表演，引人驻足观看。

五、祠堂楹联

沙堤根植本源固；
董水德藩枝自荣。

西汉贤良裔；
南闽甲第家。

西汉贤良跨第一；
南闽甲第本无双。

汉廷方正名儒裔；
宋代银青太尉家。

尊圣重贤传正道；

光宗耀祖续宏图。

另有四联，其中内涵值得一提。

"冷井衍派源流远；福泉分支世泽长。"本联系家庙始建时原题的。其意渊源隽永，文采精湛，系董水祖先之佳作。本联撰记宗支由来及其灯号，启迪后裔饮水思源追溯源委，寻祖迹觅宗祧，知董水董氏是泉州分派源流，尊董思安为董水分派始祖。先辈亦力勉分支儿孙，扬美德毓精英繁衍生机，世泽延绵。

"临水集水集九曲涓粼锦水；傍山垦山垦八方绵沃灵山。"（二十四世裔孙董黄河书题）本联系重修时新撰，以家庙面水背山之地理位置题之，颂其优美绚丽的环境、磅礴壮观的气势。听九曲涓粼锦水川流不息，有声宛如甘露滋润桑田；观八方绵沃灵山巍峨葱翠，无隙恰似绿带护卫风沙。家庙钟灵毓秀令人赞赏不已，勉宗嗣以自然资源、敬业勤耕开拓美好未来。

"金庙披圣露封尉翰袍犹紫；银柱载先哲荫裔祖史垂青。"本联系重修时新作。宋代皇帝赐号兴公银青光禄大夫上柱国，累官金紫光禄大夫上柱国，故用贯头联形式题之，颂兴公才华横溢，功勋盖世，加冠晋禄蒙圣君衔封太尉，光祖耀宗。暨颂诸世先哲智勇双全，辛勤耕耘业绩勋昭，为后代创建美好家园，功德无量。铭刻祖先青史，弘扬祖德，继往开来，勤勉进取更上一层楼。

"继承祖德崇古训忠孝永播；弘扬宗

功秉时尚仁义长存。"本联系千禧龙年端月初三日编委会聚老辈暨旅台宗亲董伦庚先生于家庙堂中议事，审阅校对宗谱时集体赠撰，颂勤劳俭朴德智流芳之祖先，勉知书达理笃诚厚道之儿孙，听从先哲训示，识礼义知廉耻，以孝为本，把握时代契机，思前程行正道，以仁处世方能携手共建家园，再创辉煌。

六、名胜古迹

吕塘的人文历史底蕴厚重，文物古迹有20多处，现在保存完好的有：

（一）太监碑

立于明弘治十五年（1502年）的太监碑，位于西林村边道旁。碑为花岗岩石质，高2米，宽约1米，石碑刻有"南监重修柳氏先茔墓"。碑文共10行，每行46字。该碑记载着历经明代自英宗至孝忠五朝的"良监"柳智的生平事迹。柳智为吕塘人，自小被掠入朝为监，一生为民办了许多好事实事。

（二）古松林

位于吕塘的松柏林植于明洪武二十年（1387年），现存有260多棵，已有600多年历史，是闽南地区最古老最珍贵的松柏林。村在林中，林在村中。

（三）"九架厝"

全村保存闽南古建特色的"九架厝"有70多座，一排排古厝错落有致，依山而建。古厝群红瓦屋顶、燕尾翘脊，犹如宫殿古朴而壮观，美轮美奂。这种古厝通风透气，除潮凉快，又避雷防风防震，所以上了年纪的老人还是喜欢居住在"九架厝"里。

（四）提督衙

提督衙位于董水村，清代提督胡贵率军队驻扎在董水狮山上，当时董水设有汛口，为纪念胡提督而建此衙。

（五）七保塘

古代翔风里吕塘村7个保的村民共挖池塘，称"七保塘"，可灌溉近百亩农田，至今长年不涸。

（六）望洋阡

望洋阡位于董水前自然村，为牌坊式墓道坊，顶部刻有"望洋阡"三大字，是明代金门名宦蔡贵易之墓。"望洋阡"面向金门，与蔡贵易之父蔡宗德的墓隔海相望，表达了翔安与金门蔡氏宗亲的念祖之情。

（七）董水渡口

董水渡口位于董水前九溪出海口，是古代翔安通往金门、台湾岛和南洋的老渡口。如今渡口已随着翔安的开发而消失。

（八）石佛塔

董水前村东南面村边（刘水线公路旁），蔡贵易墓道坊"望洋阡"左前方30米处还完好地保存有明代石佛塔。

石佛塔为花岗岩石构方形三级实心塔，方形须弥座，塔高2.8米。须弥座为花叶形四足，边长1.05米，高0.25米；

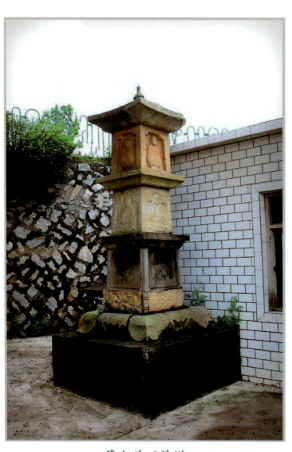

董水前石佛塔

第一层边长 0.6 米，高 0.8 米，其中下部立面浮雕万字纹、莲花纹，上部为新修水泥立面；第二层边长 0.45 米，高 0.64 米，四面浅浮雕坐莲佛像；第三层四面深浮雕坐莲佛像，边长 0.52 米，高 0.58 米；塔顶为四角庑殿顶及葫芦形塔刹。

石佛塔基座方形，为近年水泥重建，边长 1.6 米，高 0.8 米。据地方文史学家黄绍坚先生考证，董水前石佛塔应该是当年董水渡口边的镇水塔。

此塔具有明代风格，经重修后保存较好，1984 年被当时的同安县公布为县级文物保护单位。

（厦门翔安董水董氏提供资料）

第四节　漳州地区董氏宗祠

漳州位于福建省东南部，下辖芗城区、龙文区、龙海区、长泰区、云霄县、漳浦县、诏安县、东山县、南靖县、平和县、华安县。下设 121 个乡、镇、街道，2075 个村（社区），其中村 1556 个，社区 519 个。漳州东临厦门，南与广东交界，东与台湾隔海相望，是著名的"鱼米花果之乡"，中国的"田园都市，生态之城"。漳州系历史文化名城，是闽南文化的发祥地之一。

漳州地区居住的董姓人口有 4000 多人，分布在龙海区港尾镇沙坛村、云霄县云陵镇新兴社、诏安县南诏镇城关、南靖县梅林镇磜头村、长泰区武安镇金里村等集居地。现龙海沙坛村青浦四社和南靖县梅林镇磜头村各有董氏宗祠 3 座。

龙江光辉人才出　狮山秀丽甲第联

龙海港尾沙坛青浦四社董氏宗祠

一、地理概况

龙海区，福建省漳州市辖区。前身为龙溪、海澄两县。龙海自古以来就有"海滨邹鲁"的美誉，也是20世纪60年代闻名全国的"龙江风格"的诞生地，1985年被国家确定为首批沿海开放县之一。

港尾镇位于龙海区东南部，地处漳州市南太武经贸协作区中心腹地，毗邻厦门经济特区，处于厦门"半小时经济圈"内。境内山川绮丽、人才辈出、物阜年丰、经济繁荣，素有"鱼米之乡"之美誉，也是龙海著名的旅游风景区和侨胞祖籍地。

沙坛村原名青埔乡，位于港尾镇北部15公里处，地处九龙江口，面对厦门经济特区，东邻漳州开发区。

二、家族繁衍

沙坛村青浦四社董氏是明代从泉州石狮市永宁沙堤董氏迁徙来的，其肇世祖端甫公姚何氏生四子：伯钰（留鱼公）、仲珪（分派广东）、季琼（留霞公），另一失详。留鱼公有二子，开基霞美内（80多人）、田墘（300多人）。留霞公有二子，长文公开基后丰（300多人），次煜公开基后宅（300多人）。上述四地统称沙坛村青浦四社，已传8世，现有居村董氏族人800多人。还有散居于颜厝、榜山、紫泥、海澄、白水、东园、浮宫等乡镇和双第华侨农场的。其中田墘二房有的迁居台湾地区漳化二水，后宅有迁往华丰的。

三、宗祠大观

青浦四社有三座董氏宗祠。每年春节、三月十三日（近年因三月为梅收成季节十分繁忙而更改为七月十五日）、冬至祭祖。冬至是该村最盛大的祭祖日，是时董氏宗亲回到祠堂祭奠祖先，共同

田垱官路下社董氏宗祠外景

墙立面配有精美的瑞麟，还镶有一对青石透镂双龙戏珠圆窗。大门顶上是红底金字匾额，上书"董氏宗祠"四字，金光闪闪。青石外墙，配有精美的瑞麟、龙凤浮雕。祠堂瓦作是用筒形红瓦。祠堂大门、厅堂的屋顶中脊均为"三川脊"，是典型的闽南祠堂建筑风格。

祈祷安康幸福。

（一）田垱官路下社董氏宗祠

董氏宗祠位于狮山下田垱自然村，始建时间待考。在宗亲集思广益、集资捐资的集体努力下，在田垱官路下社董氏宗祠旧址上重建，于2013年癸巳十月十三日落成，堂号"仁德堂"。祠堂占地面积250平方米，建筑面积150平方米。坐东朝西，硬山墙砖混二进结构，中轴线由大门、天井、厅堂和后寝组成。

宗祠前有近百平方米的宽大石埕。从石埕上三级石阶便是宗祠的门面石廊。宗祠有一个大门，上有"祖德宗功"四个大字。大门前安有石鼓，裙

大门之后为天井，天井两侧围墙与大厅连接围成庭院，其中两个仪门在大厅两侧。地面由前而后逐级升高，红色地砖似红毡般一路铺进。天井及其四周阶石以细凿白石铺砌。三对六根磨光白色石柱支撑大厅，享堂大厅明间不设门

田垱官路下社董氏宗祠内景

扇，为敞口厅，是家族祭祀、聚会议事之所。在大厅后石柱间设有橱柜式铝合金玻璃制作的供奉祖先的精美神龛，神龛之上悬挂红底金字额匾"银青柱国一品夫人"。曾有台湾地区漳化二水董氏宗亲前来祭拜。

祠堂楹联有：

大门：

　　冷井衍派源流远；
　　福泉分支世泽长。

大厅：

　　龙江碧波迎日月光辉人才倍出；
　　狮山青松竞山川秀丽甲第蝉联。

　　金庙披圣露封尉翰袍犹紫；
　　银柱载先哲荫裔祖史垂表。

　　继承祖德崇古训忠孝永播；
　　弘扬宗功秉时尚仁义长存。

（二）后丰厚宅董氏宗祠

后丰厚宅董氏宗祠位于沙坛村狮山下后丰自然村中，祠堂占地面积300平方米，建筑面积150平方米。坐南朝北，土木上下房二进结构。祠堂前是大面积广场，两侧立有两对旗杆石。从广场上7级石阶进宗祠木大门，大门的上方悬挂着蓝底金字匾额，上书"董氏宗祠"。宽大的白色裙墙镶有一对透镂方格圆窗，显得简朴大方。祠堂瓦作是用筒形红瓦。宗祠主体由上房、下房及厢房组成，上房面阔五开间（六榀五植），正中为享堂大厅，左右两边各有两间厢房，下栋左右为厢房，中置天井，系木结构建筑，有围墙及门庑等连接围成家族庭院。祠堂中轴线由大门、下房屏风、天井、厅堂、神龛构成。天井三级石阶上厅堂，由前而后逐级升高。享堂大厅

后丰厚宅董氏宗祠外景

后丰厚宅董氏宗祠内景

为木质敞口厅，同样铺红色地砖，古朴典雅。家族每逢春节、清明、七月十五日、冬至举行祭祀、聚会。大厅后设有橱柜式木作的供奉祖先的神龛，神龛之上悬挂蓝底金字额匾"宋银青　上柱国　光禄大夫　一品夫人"。

（三）后丰董氏宗祠"仁和堂"

沙坛村狮山下后丰自然村中还有一座董氏宗祠"仁和堂"。始建时间待考，据传原先宗祠是建在现祠堂的后山上，因清朝政府需要用地，遂将祠堂搬移现址。现祠堂重建于民国，距今有80多年历史。祠堂为二进土木结构，占地面积200平方米，建筑面积约100平方米。祠堂由围墙、天井及大厅构成，相对低矮。后来在天井两旁又新建廊庑。大厅摆设横案桌、香炉，后设有橱柜式木作的供奉祖先的神龛。

后丰董氏宗祠"仁和堂"外景

后丰董氏宗祠"仁和堂"内景

启立湖洋铁橑祠　重建福德怀恩堂

南靖梅林磜头董氏宗祠

一、地理概况

磜头村是福建省漳州市南靖县梅林镇下辖的行政村，是其第三大行政村，位于南靖县西部，西与龙岩市永定区古竹乡毗邻，相距6公里，南、北是大山，东接双溪村（5公里），距梅林镇镇政府驻地8.5公里。磜头村与科岭村、双溪村、长塔村、背岭村、梅林村、梅兴社区相邻。2017年8月，被列入福建省第二批省级传统村落名录；2019年6月，被列入第五批中国传统村落名录。

磜头村附近有福建土楼（南靖）旅游景区、田螺坑土楼群、云水谣古镇、河坑土楼群、裕昌楼、南靖树海中共闽南地委旧址纪念馆等旅游景点，有南靖正冬蜜、南靖香蕉、南靖丹桂、南靖铁观音、南靖麻笋、南靖金线莲等特产，有南靖竹马戏、四平锣鼓乐、福建客家山歌、南靖客家土楼营造技艺等民俗文化。

二、家族繁衍

磜头村7个自然村，住有董、马、苏、刘、王5个姓氏，其中董姓有4个自然村，占总人口的三分之二。

据传550多年前，磜头董氏开基祖董大一郎公（磜头董氏二世祖，字国清），与周姓、范姓结为异姓兄弟，明英宗正统年间（1436—1449年）他们因身犯冤案，惹上官司离开玉宝村。三人一起迁居永丰里梅垅鸡笼角（现梅林松香厂），以农耕为生。因鸡笼角河床高，经常大水漫浸，后迁入撅兰坑（今梅林耕山队），又因交通不便，再迁入磜头老厝窠。初迁磜头生活艰难，周、范二人视大一郎之子为至亲，董、周、范共同经营大家庭。大一郎公因思父念母之心，安居磜头后，回到玉宝村将其父五九郎公金骸迁葬于磜头"湖洋祠"边竹园角，尊其为磜头董氏一世祖，其母留葬于玉宝村，由弟弟十二郎祭祀奉孝。

大一郎公娶吴四娘为妻，住在鸡笼

背头坪村

岭下村

下礤村

角，生有三子，维德、维益、维新。长子董维德生二子，永隆、永旺。当时永旺建"铁燎祠"，其后裔群居礤头河杵山、背头坪。次子董维益生六子，永寿、永善、永仲、永敬、永祯、永政，其中永善公在岭下建有"福德祠"，永仲公在古福坑建"福元祠"。维益公后裔群居礤头岭下、古福坑、大垅。幼子董维新生二子，永达、枫养，永达公建有"湖洋祠"。维新公后裔群居礤头的下礤、庵仔角。

磜头董氏今传22世，居村共有300余户1000多人，后裔分布在下磜、石尾、庵仔角、岭下、背头坪等村。部分后裔迁徙至马来西亚吉打州、新加坡等地，以及中国台湾地区。

其中，原居住在山仔边的一家族，曾因十八支打棍习武闻名，其后裔有迁往台湾地区白河镇的。2015年10月来自台湾地区的董来旺夫妇回乡寻根认亲，受到磜头董氏热情接待，多年来都和董日盛、董潘生乡亲保持联系。还有下磜自然村的二十世董南章，他的二子董健诚、董智诚事业有成，常年与董安远等保持联系。

其简明世系图如下：

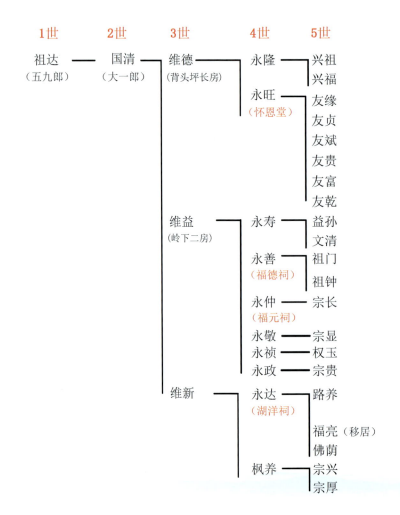

| 1世 | 2世 | 3世 | 4世 | 5世 |

祖达（五九郎）— 国清（大一郎）

维德（背头坪长房）— 永隆 — 兴祖、兴福

永旺（怀恩堂）— 友缘、友贞、友斌、友贵、友富、友乾

维益（岭下二房）— 永寿 — 益孙、文清

永善（福德祠）— 祖门、祖钟

永仲（福元祠）— 宗长

永敬 — 宗显

永祯 — 权玉

永政 — 宗贵

维新 — 永达（湖洋祠）— 路养、福亮（移居）、佛荫

枫养 — 宗兴、宗厚

三、宗祠大观

（一）怀恩堂

长房背头坪原永旺公建的"铁燎祠"，因年久失修，破损严重，于1967年间拆除，改建成土木结构的大圆寨"向阳楼"，供当地几十户人家居住，因此长房多年没设祠堂。1988年旅台宗亲董振迎回乡省亲，见状独自捐资在大路

怀恩堂

下建祠,取名"怀恩堂"。祠内有对联:"前有四世永旺公新建铁燎祠;后有十九代振迎重建怀恩堂。"该祠坐西向东,占地面积约600平方米,建筑面积200多平方米。属下传有裔孙400多人。

董振迎同时还建一座云海学校,供背头坪学生就地上学。他还独资建了一座石拱桥,叫彩英桥,该桥是以其夫人的名字命名的。 ·

(二)福德堂

二房(岭下)永善公建"福德祠",坐北向南,占地面积约400平方米,建筑面积100多平方米,经多次维修,祖祠犹在。属下传有裔孙200多人。

(三)福元祠

二房(苦笋坑,原名古福坑)永仲公建"福元祠",坐南向北,占地面积150多平方米,建筑面积80平方米。因多年失修,破废多年,现正筹备原址重建。该祠属下

传有裔孙50多人。因苦笋坑交通不便,居民已于1998年迁徙到大垅居住,与背头坪相邻。

(四)湖洋祠

三房(下礁、庵仔角)永达公建"湖洋祠"。据传因祠建在"湖洋"上,故名曰"湖洋祠"。"湖洋"在客家话中为"沼泽"之意,寓意祖上恩泽。

湖洋祠坐西向东,背靠后龙山,神主牌供奉四世祖永达公。明末初建,历代均有维修。2018年由族人倡议成立筹建组,准备在原祠堂旧址上重建。众族亲同心同德,纷纷响应,踊跃捐资,共筹集到100多万元。先拟在祖祠原址上投资80多万元重建湖洋祠,于农历2018年三月初一日动工,至2018年11月17日竣工。2019年又投资20多万元,新开辟500多米长、4米宽的直通湖洋祠的道路,使湖洋祠的面貌焕然一新,远近闻名。新湖洋祠占地面积900多平

福德祠

湖洋祠

方米，建筑面积300多平方米，宗祠大厅两边设有厢房，供大家议事和储放相关物品之用。宗祠前建有用石栏杆围成的半月池，周边还配备自来水和卫生间等实施，并有专人管理。属下传有裔孙500多人。

湖洋祠的对联如下：

宗祠大门：

入庙便知恩祖德；

登堂先要识人伦。

神祖牌：

万古斯文存正脉；

千秋心法启宗传。

中堂两边石柱：

四世祖宗长享祀；

五房支脉永流传。

宇启湖洋箕裘绵远；

庙修春令豆登升香。

自仁率亲自义率祖；

致悫则著致爱则存。

明堂敬慎衣冠肃；

清庙雍容俎豆香。

忾如有闻僾若有见；

临之在上质之在旁。

大门面上刻：加冠，进禄。

祖公牌顶横川左右上刻：左昭，右穆。

左右小门上刻：左门"出孝"，右门"入悌"。

四、逸闻轶事

南靖磜头董氏于明中期由开基始祖董大一郎公从龙岩玉宝迁徙而来。初始，

此处地广人稀，至明末人口渐稠密，方始开办学堂，培养子弟。据说仅董氏河杵山一族十八家，家家都有一担书笼，享有"十八书笼"之美誉。虽学风盛行，学子上进，但难以参加科考，故纵有满腹经纶，也难遂青云之志。系因明朝实行"黄册"制度，即朝廷将居民按籍贯、姓名、人口、田宅、地亩等逐一造册，分别上报县、府、省，再造册上报户部。因上报户部册子封面是用黄纸，故称"黄册"。朝廷以黄册为准，未入册者不得参加科考。董氏系移民，相当部分未入黄册。此时，十八士子中有一人名守良，字伯美，长房永隆公十世嫡孙。此人素有大志，不甘平庸，于是召集族中父老商议："处世立业，定当参加科考，方能出人头地，应须筹划造册开户。"族人一致赞同，随即委其赴县衙呈文，申请县令恩准。不料此事被奸狡之徒得知，大肆渲染，煽动乡中豪绅曰："董姓开户参考，增加参考士子名额，有碍他人仕途。"为此事诉讼公堂，上及县、府、省垣。延及数载，终因寡不敌众，董姓为首者守良主仆二人被拘牢役。每至更深人静，主仆二人因盘缠已竭，难以为继而长吁短吁。禁头闻之斥曰："董某何为此状？"主仆便请求禁头开一足镣铐，并借笔墨修一封家书。禁头奇之并怜，许开脚铐一足，董某用足夹笔直书，一挥而就。禁头称奇，遂问因何拘此。董某遂将因申请造册开户、报名科考被陷一事诉之。听后禁头亦为之不平，曰："此乃正事，何罪之有？今幸按察清正廉明，你速写诉状，择日呈奉，以期拨雾见天。"董某随即缮写冤状交由禁头。某日，按察判讼公务毕，禁头择机将董某诉状呈上，并禀告："董某因申请科考造册，冤屈数载，实属可怜，今以足书写诉状一纸，望予申冤。"按察亦奇之，接诉状披阅后，即着查官密查此案。逾月余，查官回禀，查明属实，并拘一并原告到庭。次日，按察升堂判谕："本司已派特差查明，尔等从实禀告，不得虚委，否则严办。"众原告胆寒，为求自保皆从实招认诬陷董某之情。此案明了，按察见董某一表人才，刚强不屈，即当堂判谕："国运兴盛，均自求贤。董姓申请开户造册，亦为参与科考，理所当然。尔等为塞贤路，诬告陷害，按法严办。"董某当堂释放，并赐"万盛"户名。尔后，守良参加科考，得中庠生（秀才），按"万盛户"缴纳董姓赋税。至今，每年春祭一世祖五九郎公时，另备一副牲仪祭奉守良公，为纪念其开辟"万盛户"之大功也。

五、名胜古迹

（一）双胞胎楼

背头坪自然村"振成楼""永安楼"两座方形土楼连接在一起，中间共有一堵土墙。因近几十年出生了十多对双胞

磜头土楼

胎，故而得名"双胞胎楼"，当地俗称"巴卵楼"。旁边还有一对紧挨着的圆形"姐妹楼"。整个背头坪自然村虽不大，但建筑十分紧凑，井然有序。

（二）七星伴月

永盛楼是20世纪60年代所建，土木结构，原计划建大圆楼，但当整楼土墙建到一层时，有一半楼因地基是沼泽地而下陷，建了两次，第二次这半边土墙体倒塌后就不能再建了，另半座圆楼建成后就呈弯弯的月亮形，美称"半月楼"。与汕仔头、岭下、庵仔角3个小组7座或方或圆的土楼，构成了"七星伴月"之景观，是县级土楼群文物保护区。磜头村现有土楼20多座，大大小小的土楼点缀在深谷之中，环绕着形如律动乐章的梯田，阡陌交通，屋舍俨然，犹如陶渊明笔下的世外桃源。

（三）白楼仔

原楼名"南宁楼"，土木结构，已有300多年历史。因为当年整座楼内外墙均用白灰粉刷，所以称"白楼仔"。据传，当年磜头董氏第十三代有三兄弟过番，发财返乡后，本想兄弟一人一宅，同时建造3座同样规格的土楼，只因有块约3平方丈（约20平方米）的地是外人的，无论怎么说价，甚至说用白银铺地两层为价，也买不下来，因此最后只建了一座"南宁楼"。此楼至今保存完好。建筑富有特色，当年楼的右边还建有学堂、习武馆。楼内设有防盗防火等配套设施。想当年在交通极其不便的条件下，还能建出形如别墅的此楼，实属罕见。

白楼仔

（四）土城

原名"永宁楼"，土木结构，当年董氏家族十分团结，为防盗防火，防敌入侵而建此楼。楼高4层（15米高），墙厚1.5米，大门钉铁皮，门顶可灌水防火，刀枪不入。因此，有了"土城"之称。但是，此楼近年已拆除无存，实乃可惜。

六、宗祠管理

（一）湖洋祠管理办法

一、任何人不得占用宗祠公共财物。

二、任何人不得在宗祠内、外放置私人物品。

三、祖宗神位已综合概括表述，任何人不得私自增加亲属名字。

四、确立日常巡视制度，配备一名宗祠管理员，确保宗祠财物安全及日常的维护清理。

五、有关宗祠的所有事务应由理事会或常务理事会全权负责。

六、在理事会的领导下每年祭祖活动由当年的新婚或新丁头家统一办理。

七、每年一次元宵节祭祖活动，头家须在宗祠内组织一次聚（餐）会活动，加强宗亲联系。

八、宗亲家庭添丁（新婚、新丁）时第一个元宵节前应向宗祠捐赠"添丁款"（金额由理事会商定），纳入宗祠专户，用于宗祠日常开支。

董氏湖洋祠理事会

2018年12月

（二）湖洋祠财务管理制度

为了加强湖洋祠财务管理，规范财务工作，促进宗祠事业，特制定本财务管理制度。

一、资金筹集和使用规定：理事会监督资金的正常使用，维护资金的安全，努力促进宗祠的管理和发展。

二、账簿审核规定：会计必须将每一笔收支入账，收支分开，理事会审核。每年正月十五日在祠堂张榜公布。会计同时做好会议记录工作。管理好银行账号密码的安全。每年的收支由会计结算入账后装订成册，经理事会审核通过后由会计封存。

三、现金收支规定：出纳做好现金账和原始凭证的管理，支出凭证必须由会长和副会长或三位常务理事签署意见方可报销入账。

四、工作补贴规定：会计、出纳、常务理事按实际误工进行补贴，由理事会研究决定。

五、年会召集规定：理事会每年正月十五日前由会长或副会长召集开一次年会，总结一年来财务工作情况，并研究当年正月十五日祭祖有关事宜。

董氏湖洋祠理事会
2018 年 12 月

（碟头董氏宗祠理事会董藩生、董日照、董日盛提供资料）

第五节　龙岩地区董氏宗祠

龙岩地区，俗称闽西地区，位于福建省西部。今龙岩市管辖新罗、永定、长汀、漳平、上杭、武平、连城，三明市三元、沙县、永安、尤溪、大田、将乐、泰宁、建宁、宁化、清流、明溪。闽西是客家人的起点、客家的宗源，是客家文化形成、发展和传播的故乡。因而，千年汀州府所在的长汀县被誉为"客家之都"，福建的汀江被誉为"客家母亲河"。而且，闽西地区是中央革命根据地的核心组成部分。

龙岩地区居住有董姓人口6200多人，分布在新罗雁石镇云山村、岩山镇玉宝村、岩山镇芹园村、铁山镇谢家邦村，武平民主乡高横村，长汀新桥镇叶屋村、石人村、新桥村、鸳鸯村和大同镇印黄村，连城莲峰镇城南村。现有5座董氏宗祠，分别是新罗岩山玉宝村董氏宗祠、新罗雁石云坪董氏宗祠、长汀新桥叶屋上董董氏宗祠和下董董氏宗祠、连城城南董氏宗祠。

据同治五年（1866年）玉宝董氏族谱记载，董万一郎公于元末明初自延平府沙县石鼻头宁家营移居漳州府龙岩县董邦（今龙岩市新罗区曹溪镇董邦村），如今其营建的宅宇、坟墓犹存。祖德垂佑，分处异地，拆籍开图，散居多地，诸府诸县，俱有所居。主要集居有新罗谢家邦、玉宝、雁石云坪、南靖梅林、永安小陶等地。其简明世系图如下：

云雾中玉宝村景

279

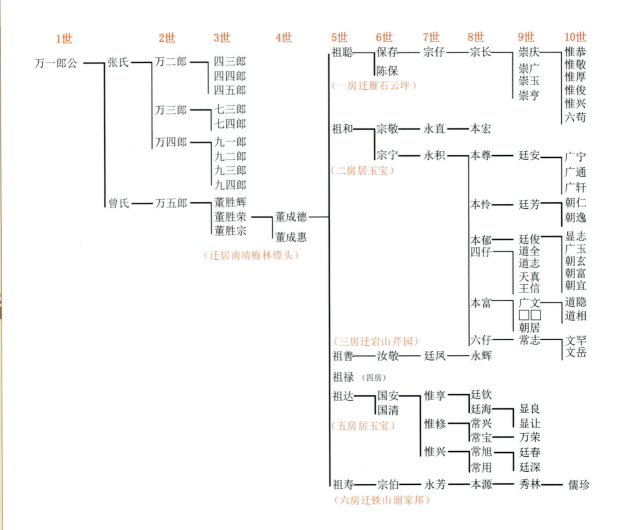

1世	2世	3世	4世	5世	6世	7世	8世	9世	10世

万一郎公 — 张氏 — 万二郎 — 四三郎 / 四四郎 / 四五郎

万三郎 — 七三郎 / 七四郎

万四郎 — 九一郎 / 九二郎 / 九三郎 / 九四郎

曾氏 — 万五郎 — 董胜辉 / 董胜荣 / 董胜宗 — 董成德 / 董成惠

（迁居南靖梅林磜头）

祖聪 — 保存 / 陈保 — 宗仔 — 宗长 — 崇庆 / 崇广 / 崇玉 / 崇亨 — 惟恭 / 惟敬 / 惟厚 / 惟俊 / 惟兴 / 六苟

（一房迁雁石云坪）

祖和 — 宗敬 — 永直 — 本宏

宗宁 — 永积 — 本尊 — 廷安 — 广宁 / 广通 / 广轩

（二房居玉宝）

本怜 — 廷芳 — 朝仁 / 朝逸

本郁 — 廷俊 / 道全 / 道志 / 天真 / 王信 — 显志 / 广玉 / 玄富 / 朝宜
四仔

本富 — 广文 — 道隐 / 道相
□□
朝居

六仔 — 常志 — 文罕 / 文岳

（三房迁岩山芹园）

祖善 — 汝敬 — 廷凤 — 永辉

祖禄 （四房）

祖达 — 国安 — 惟亨 — 廷钦
国清   廷海 — 显良
         惟修 — 常兴 — 显让
            常宝 — 万荣

（五房居玉宝）

         惟兴 — 常旭 — 廷春
            常用 — 廷深

祖寿 — 宗伯 — 永芳 — 本源 — 秀林 — 儒珍

（六房迁铁山谢家邦）

　　该世系现相对完整的宗祠有：玉宝 1 座、雁石云坪 1 座、南靖梅林 3 座、永安小陶 2 座。另外，各集居地还有祖屋、祖厅多处。

玉宝山前千古秀　翼燕堂中一家春
新罗岩山玉宝董氏宗祠

一、地理概况

龙岩新罗区位于福建西南部，地处龙岩中心城市，是闽西政治、经济、文化的中心。岩山镇地处龙岩中心城市的东北部。玉宝村位于新罗著名的红尖山脚下，地处岩山镇的东南方，东部和南部与漳平市永福镇接壤，西与铁山、曹溪毗邻，北与岩山镇莱山村相连。

玉宝村原名易婆村，"易婆"为地方方言，谐音"玉宝"，1949年后改名为玉宝村，距城区38公里，平均海拔960米。

玉宝村山多林密，终年云遮雾罩，犹如一位天生丽质的村姑，静静地伫立在红尖山的密林间。玉宝村是一个著名的老区革命基点村，是"新罗区十大魅力乡村"之一，有世外桃园区、原始森林区、观日出日落区、天然红豆杉林区等7个旅游景区，有"龙岩九寨谷"之

玉宝董氏宗祠

"正谊明道"牌匾

美称。全村单姓董，有 140 多户人家。

二、宗祠大观

玉宝董氏先祖开基肇业，风餐露宿，筚路蓝缕，围棚养鸭，以求生计。随着规模扩大，在积攒到一笔可观财富后，建造了"翼燕堂"。

翼燕堂始建于清代中叶，作为玉宝村的中轴线，左右诸峰环伺。坐西向东，砖木结构，占地面积 260 平方米，建筑面积约 130 平方米。经 1987 年、2018 年等多次重修，建筑完好，泥墙红瓦，大门石刻"山川毓秀"，一进一层，斗拱挑梁，燕尾脊。中轴线由大门、天井、厅堂组成。入大门即是天井，两侧由东西廊连接大厅，大厅由 4 排 12 根木柱组成不设门扇的敞口厅，正厅设神龛，供奉开

基祖考。正厅中央悬挂"翼燕堂"牌匾。祠堂修葺告竣后，古朴庄严，堂构增辉，重现古祠风采。

祠堂前有一片半月池，池前竖立两根彰显功名的石桅杆，分别立于清道光年间和咸丰年间。

2018 年 11 月 17 日，在细雨蒙蒙之中，福建省各地宗亲怀着虔诚的心情，拥簇着福建省姓氏源流研究会董氏委员会赠送的"正谊明道"牌匾来到翼燕堂，表达了董氏宗亲尊宗敬祖、缅怀先人、敦亲睦族，传承中华传统文化，弘扬中华传统美德的精神。

玉宝董氏除了开基祖的翼燕堂外，还有四房厝、三房横洋厝、五世祖和祖达祖宗之下祖厝。此外，还有董氏万庆堂宫庙、玉宝董氏五显宫庙和玉宝董氏翰林院。现存共 16 座古民居、祠堂、书

院、庙宇，其中明代建筑有 5 座。

三、家族繁衍

元代，董万一郎定居今龙岩市新罗区曹溪镇董邦村。董万一郎四子董万五郎留居，董万五郎三世董胜辉及后裔迁居浙江温州、台州地区，董胜荣迁居龙岩岩山镇玉宝村，董胜宗迁居江苏南京。四世董成惠迁居南靖梅林镇磜头村。五世董祖聪迁居雁石云坪，董祖善迁居岩山芹园，董祖禄迁居浙江杭州苦竹，董祖寿迁居铁山谢家邦。十二世董惟兴由云坪迁居永安小陶上湖口村。十五世董在祯迁居永安小陶镇中坂村，董逸田迁居三明市尤溪县。十八世董金华迁居永定区古竹乡水坑。还有后裔迁居马来西亚吉打州、新加坡等地，以及中国台湾地区。

追宗溯源，玉宝董氏肇基自明代，繁衍至今已达 600 多年。

四、家规内涵

为了宗族的和睦与发展，规范族人的礼仪和言行，董胜荣的后裔商议制定家规，经逐步完善，各房各脉达成共识，确立了董氏十条家规。

龙岩董氏家规

一、天伦父母务宜孝顺，不宜干犯；

二、兄弟叔侄务宜和协，不宜忤逆；

三、钱粮国课务宜早完，不宜拖欠；

四、和睦乡邻尊敬长上，不可简慢；

五、远近坟墓务宜照顾，不可侵夺；

六、子侄务宜勤耕勤读，不可奢赌；

七、有事务宜投公理取，不可打架；

八、为人务宜光明正大，不宜诡谲；

九、弱房务宜相辅相助，不可相欺；

十、无嗣务要本宗过继，不许混淆。

五、习俗传承

（一）粽子文化

端午节吃粽子是各地都有的习俗，但玉宝村却给粽子赋予了别致的文化内涵。

玉宝村人包粽子用的粽叶是去深山中特殊的树上采摘的，包裹着云雾山坑的梯田里产出的特色糯米。

制作前将一种叫"柿子柴"的枝干烧成灰，再泡水过滤成灰水；做粽子时，要先将糯米浸泡在灰水中；包成粽子后，再放到杂木柴火烧开的水中猛煮。这样做成的粽子完全是纯天然的灰水碱粽子。除了灰水碱粽子外，玉宝村的粽子种类更是花样繁多。

粽子在这里除自食和相互赠送外，还有其他用途。

村边有个瀑布深潭，人们称之为"黑龙潭"。每年端午节，村民们会挑着粽子和"三牲"来到这里祭拜，然后把一些粽子投入潭中。若遇着旱年，还会在香烛祭拜后，把一铁犁片连同粽子一起投入潭中，以求风调雨顺。

其他一些习俗也离不开粽子。新娘回门后，从娘家再回夫家时，要带回一对娘家送的红绳捆绑的大粽子和一大堆扎上红绳的小粽子，分发给男方亲戚，寓意种子种孙、早生贵子、儿孙满堂。新娘怀有身孕，娘家人来探望时，还是送粽子。婴儿出生后，娘家送的还是粽子，表明已达目的，真的"种子"成功。

（二）迎神赛会

玉宝村民间信仰丰富多样，庙宇神坛散布村落的山间地头，有万庆堂、五显宫、翰林院、民主公王神坛、五谷神坛、盘古神坛等。每年农历十月初九日，这里都要进行迎神赛会，把周边的各路神明一起请来接受祭拜，保佑村庄风调雨顺，四季平安，五谷丰登。

（三）戏曲表演

玉宝村素有好戏之传统，村里有竹马戏、汉剧、采茶戏、山歌剧、革命现代剧和新编古装戏。如竹马戏《八骏马》，每年正月初一到十五日，由8个村民每人骑一竹马而组成"八骏马"，配以5～6人组成的锣鼓队，唢呐吹奏1人，到每家每户巡游叩拜，寓意吉祥如意，宏图大展，拜完后再演出竹马戏。

（四）当地童谣

月公公

月公公，月甸甸；跑晚路，过田塍。

田塍一窟水，水上真溜溜，女儿过漳州。

漳州一条鱼，鱼头请亲家，鱼尾请女婿。

六、祠堂楹联

玉宝村古建筑较多，每座都有楹联，内容丰富，蕴含深意。

红厝是按闽南建筑风格建造的，"红砖白石双坡曲，出砖入石燕尾脊"。屋内一副对联"诗书世业实堪侍；孝友家风真可安"，彰显了主人清高的审美品位和孝道传家的家风。尚有一联可佐证主人儒学之风，即"仁义堂中无限乐；芝兰室内有余香"。

又如"内厝"有副对联："高大门闾容驷马；光辉黼黻列千阿。"黼黻，原指礼服上所绣的华美花纹，多指帝王和高官所穿之服，借指爵禄或辅佐，也喻才华横溢，均暗示着主人的远大志向。

村中其他"厝""堂"的几副典型楹联如下：

文章千古业；孝友一家春。

开春梅月白；歌枕竹风清。

几静云生砚；灵窗月映书。

门拱紫寰春富贵；
天开黄道日光华。

五伦之中有至教；
六经以外无奇书。

以上楹联无不昭示着主人对传统儒家文化的向往，表达了仁义之心、孝顺之心。耕读传家是这个村庄的一贯家风。

七、逸闻轶事

（一）天葬地的传说

万五郎公是龙岩董邦开基祖万一郎公之四子，相传万五郎公葬于龙岩岩山坑源（今芹园村）田螺形天葬地；妻饶氏葬于玉宝村罗畬饭盂岭石枋，名美女抛梭形地。传万五郎公安葬之日，灵柩既驾，扶梓至芹园村仰天螺，忽然狂风大作，暴雨骤来，扶灵柩者舍柩而去避雨，一旋踵间，风雨停歇，人往视其柩，则被泥土封堆，不假人力，居然一坟穴矣，故后人称之为"天葬地"。

（二）驿道边红杜鹃的传说

明清时期，玉宝村是龙岩通往漳平、漳州的必经之路，设有驿站。驿道边开设了一家客栈，店主有个独生女儿，名叫玉芳。她不仅长得如花似玉，人见人爱，而且端庄大方，天生一副好歌喉。

有一天，玉芳上山采茶，边采边唱起山歌，甜美的山歌引来隔河对面打猎的后生董宝的回唱。二人因山歌对唱而生情。董宝是个勇敢的打猎能手，而且乐善好施，经常接济村里的孤寡老人，带头捐资给村里的红厝书院。

经过一段时间的相知、相恋，董宝一家请人到玉芳家提亲，两家选定吉日正式定亲。之后，两家还商定来年正月春暖花开时举办婚礼。

不料，附近狂徒啸聚成匪，觊觎玉芳的美貌和玉宝村的财富，便绑架了玉芳的父亲，劫掠了玉宝村庄。而后，由于没有达到匪徒的条件，玉芳父亲被杀害了。玉芳为了拯救乡亲、为父报仇，毅然决然前去与土匪谈判而深陷匪巢。董宝为了解救心上人而夜闯匪巢，最后两人为爱殉情。村人将他们俩安葬在一起，驿道旁红艳艳的杜鹃花似乎也因此开得格外绚丽，董宝、玉芳的故事也由一代代村人口耳相传。

八、名胜古迹

（一）石旗杆

玉宝村有一宝——石旗杆，又称石桅杆，它是宗族荣耀的证书，也是民俗风情的标杆。凡是考取功名者，族人习惯为其竖造石旗杆，用于表彰科举题榜，激励后人刻苦读书。这对崇文重教风气的形成有着十分重要的意义。原来村中有许多石旗杆，如今村内一座祠堂前还竖立着两根清代彰显功名的石旗杆。一根建于道光十二年（1832年），高5米，杆刻蟠龙，顶部尖细，石杆刻有"吉道光十二年壬辰月贡生董金标竖"字样。另外一根建于咸丰三年（1853年），形制、高度与道光石旗杆相同，石杆上依稀可见"吉咸丰三年癸丑"字样。

石旗杆

（二）红豆杉林

玉宝村最有特色的是环绕村四周的3.19万亩的森林。其中距村1公里处有成片森林，约有500亩，最老的树龄有600多年，最大树径5.3米，需3个成年人才能环抱。而在村西北2公里的泮头坑，生长着一片世界上濒临灭绝的珍稀物种——红豆杉，它属国家一级保护植物，集观赏与药用于一身。这片红豆杉林约80亩，有3000～4000棵，最老的树龄有800年。

（三）红厝书院

玉宝村自北而南的小溪流的入口处，有一座精致古朴的两堂两横庭院式建筑，黄色的石砌外墙和青瓦白檐很是显眼，玉宝董家人称之为"红厝书院"。传说是

红厝书院

八闽董氏宗祠文化大观

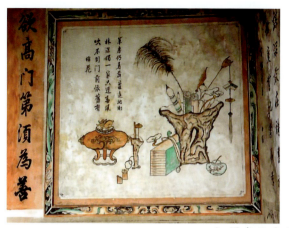

红厝书院大门两侧的壁画

一个马来西亚华侨的私塾，是玉宝村最早的私塾学堂。建于清代，距今260多年。书院大门两侧还各有一幅颇具书画功底的壁画。壁画已经有些年代，但还可以辨认出线条勾勒和运笔气韵，也可以辨读其配诗。

（四）红色基点村

玉宝村是革命老区基点村，是革命斗争的堡垒。由于地处深山老林，当年红军游击队曾在这里隐蔽、打游击。据不完全统计，当时村里80%的青壮年都参加了红军游击队，成为地下交通员和革命接头户，全家被杀害或在与敌人战斗中牺牲的有几百人，房屋被烧毁的有40多座。福建省许多党和政府的领导人，都曾在这片红色土地上留下深深的战斗足迹。

（五）龙漳桥

玉宝村地处大山深处，交通十分不变。从山这头到山那头，隔着一条水流湍急的赤榜溪。于是村里士绅出面，筹集资金，聘请工匠，造了石拱桥，即龙漳桥。

源自陇西家声远　脉衍云坪世泽长

新罗雁石云坪董氏宗祠

一、地理概况

雁石镇位于龙岩市新罗区东北部，因九龙江北段一尊昂扬于中央的巨型灰石外形神似大雁而得名，是新罗区的几何中心，是东方片的中心镇。东连苏坂镇，西邻江山乡，南接铁山镇和岩山镇，北与白沙镇接壤，东南和漳平市拱桥镇交界。

雁石镇辖区西北部崇山峻岭，平均海拔810米。

云山村是由云坪、金山2个自然村组成的行政村，位于龙岩市新罗区雁石镇南部山区之中，距雁石镇集镇6公里，村旁就是通往著名景区龙硿洞的必经之路。云坪村坐落在一片向阳的缓坡上，背靠青山，左右溪水环流，自然形成北高南低的地势走向，造就了既高低错落

云坪董氏宗祠树德堂外景

又相对平缓的宜居山村景象，是福建省的传统古村落。从高处俯瞰，整个村庄就像一只飞雁，在蓝天白云的衬托下，显得既古老又年轻。2018年12月，住房和城乡建设部会同文化和旅游部、国家文物局、财政部、自然资源部、农业农村部在各省（自治区、直辖市）推荐基础上，经专家委员会审查，将云山村列入第五批中国传统村落名录。

云坪村共有300余户800多人，村民以董姓为主。开基始祖祖聪由易婆村（玉宝村）迁至于横坑（云坪村）繁衍生息，已传26世，也兴建有许多宗祠。

二、宗祠大观

树德堂是云坪董氏来到云山村中建的第一座宗祠，建于400多年前，地处左苏坑林、石狮坑、白叶坑、香藤坑交汇处，右南尾壁、横林，前白边林、真人仑、马头迹，后大山，呈关公上马鞍之态，依山而建。由于年代久远，年久失修，顶破堂漏、柱腐梁朽，树德堂已然倒塌。

2011年春，董氏后裔锦山、益成、秋峰、建峰、仕宾等为缅怀先祖、激励后辈，发起捐资，在

原址上重建宗祠。新建的树德堂为砖木结构，占地面积600平方米，建筑面积350平方米。

树德堂坐落在602县道旁，依山而建。祠堂藩篱一米多高，用水泥筑墙将公路与宗祠隔离，藩篱中心是一青石雕刻的别致的龙岩雁石云坪董氏宗祠祠徽，青石隔栏用隶书雕刻"陇西董氏"字样。宗祠前有宽大的石埕，在堂前为了缅怀先祖、激励后辈，树八根旗杆。其中十分幸运的是，还有一根乾隆五十八年（1793年）所立的御赐旗杆保留了下来。

树德堂为歇山式砖木结构，典型的明清古建筑风格，双落式结构，中轴线由大门、天井、厅堂组成。红砖外墙，筒形红瓦。祠堂大门、厅堂的屋顶中脊中部有彩色龙凤、瑞麟饰物，中脊两端线脚向外延伸并分叉构成燕尾脊。屋脊工艺精湛，曲线优美。大门上有一对青石柱门联"树茂枝荣荫万代；德高望重传千秋"。

云坪董氏宗祠树德堂内景

大门之后为天井，天井两侧有东西廊与大厅连接围成庭院，中心地面是以鹅卵石铺砌成的八卦图，十分显眼。回廊两厢有耳房，设厨房与储存室。由天井上三级台阶便是大厅，大厅明间不设门扇，为敞口厅，有工艺精巧的一对盘龙青石柱。正厅神龛供开基祖考祖聪董公府君、祖妣蔡氏董母太孺人及历代列祖列宗神位，是家族祭祀、聚会、议事之所。

云坪村航拍

云坪村背山面水，整个村庄格局恰似一只展翅飞翔的大雁，南北向贯穿的道路就像雁脊，左右两侧建筑如两翼张开。云坪董氏家族继承祖上遗风，知书达理，和睦邻里，发枝建房繁衍至今。

随着岁月的流逝和董氏家族的发迹，云坪董氏后裔按照大雁的显形而建房，还先后建有种德堂、延庆堂、衍庆堂、承启堂、诒燕堂、诒德堂、绳武堂、婺德堂、衍厚堂等9座各具特色的董姓祖厅、祖厝。整体村落布局舒展，建筑与山水相谐，建筑材料多为传统的生土、砖、木，因地制宜，并表现出良好的依存性。

云坪村古民居和宗祠的建筑结构独特，土墙黛瓦，大部分是明清风格的土

木结构建筑。几乎每个院落都有上下大厅、天井、正房、后房，住家分布左右两侧，大厅建造气派，屋脊高翘、雕梁画栋，侧门关起来就是一个个小家庭，打开就是一整个大家族，家族中遇红白喜事，参事议事十分便利。

其中种德堂为云坪董氏十三世连夏公于明朝天启年间所建造的，占地面积399平方米，寓意长长久久，系明式标准二进四弄四合院，以木结构为主的土木结构，单层。大门两门扇上写有"加冠""进禄"4个字，脊檐高翘雄伟，厅堂通风明亮，内饰雕梁画栋。主厅分上、下两厅，左右各有边厅1个，上、下天井2个，边弄各有8个开间，各有1个天井。主厅左右分别是正房，其外形宏伟壮观，成为云坪董氏家族后人共同享

有的古民居和宗祠家庙。

三、家族繁衍

入岩董氏先祖万一郎公娶妣张氏，生三子：长万二郎、次万三郎、三万四郎；继妣曾氏，生一子，名万五郎。公自延平府沙县石鼻头宁家营移居龙岩县南门外离城十里地名董邦村处居住，建立屋宇一所。万五郎公娶饶氏，生三子：长胜辉、次胜荣、幼胜宗。一世祖考胜荣公，字泉机，乃万五郎公之次子，娶妣林氏，生二子：长成德、次成惠。公自龙岩县迁入易婆村居住，创立屋宇一所。后人立主奉祀，名其堂曰翼燕堂，

即今此支系董氏大宗祠。二世祖成德公，字俊甫，乃泉机公之长子，娶妣尤氏，生三子：长祖聪、次祖和、幼祖善；继妣李氏，生三子：祖禄、祖达、祖寿。三世祖考祖聪公，乃俊甫公之长子，即横坑（云坪）开基始祖，娶妣蔡氏，生二子：长保存、次陈保。公自易婆村迁至横杭，建置屋宇一所，址横坑内后坪，又建创屋宇一所，址横坑内禄存土穴，后人即以此立为大宗祠，名其曰树德堂。

本支系的七世祖崇庆公，字八郎，乃碧峰公之长子，娶妣范氏，生四子：一惟恭、二惟敬、三惟厚、四惟俊。继妣黄氏，生二子：长惟兴、次六苟，其中惟兴迁往永安小陶湖口繁衍发达。

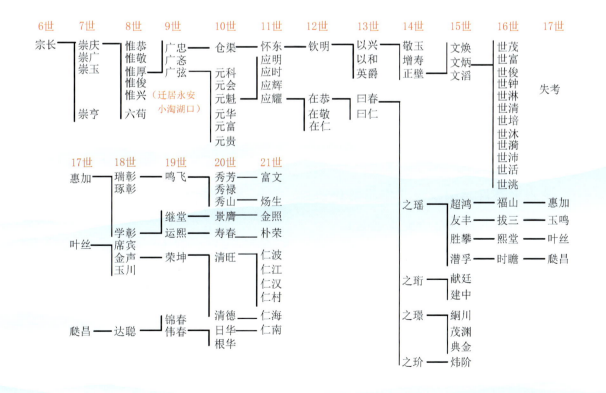

四、习俗传承

（一）祭祖

古时每年在祖宗考妣诞辰日举行祭祀，称"诞祭"。现云山流传的风俗是做"阴寿"，与"诞祭"有相似之处。凡上祖考妣逝世后，与在世的老人一样，岁数逢十必须做阴寿，一直做到百岁。由各子孙备办三牲、米粿，以及十几盘色样各异的菜碗，全家男女老幼带祭品到坟前祭祀，烧香焚纸，燃放鞭炮，以叩谢祖恩，祈求祖灵保佑子孙平安，发家致富。做完阴寿要备寿桃或米粿，分送各房亲戚。

（二）堂口习俗

在闽西，每一大户人家称作一个堂口。过去每个堂口在祖屋修建时，除了最重要的祭祀空间和日常的生活空间，一定会留出一个空间做私塾，从外边请来老先生教家里的孩子念书。这样的习俗世代相传，造就了云山村尊儒重教的良好风气。

（三）采茶灯舞

龙岩采茶灯是国家级非物质文化遗产，而云山村的采茶灯历史源远流长。

280年前，苏坂镇美山村林氏十七世祖自广东传入曲调，当地民间艺人从茶山劳动中提炼出舞蹈语汇，吸收当地的民间音乐，融合歌舞、说唱及民间小戏等艺术，经过几代人不断加工、提炼而成，从歌舞到服装，都保留了中原遗风。

由2个人饰演茶婆，领着9个采茶姑娘和1个丑角进行表演，配上8种乐器组成的乐器班子，共20人左右，便能上演一出精彩的采茶灯。

五、祠堂楹联

祠堂堂号为"树德堂"。

大门：

  树茂枝荣荫万代；

  德高望重传千秋。

正厅公婆龛：

  树茂自然枝叶盛；

  德高必定儿孙贤。

  祖德勋功常敬仰；

  聪明睿智永毓传。

  源自陇西家声远；

  脉衍云坪世泽长。

  舍粥三天行美德；

  扬名万古永流芳。

六、逸闻轶事

（一）有蝠之地

云山村内很多木构建筑至今已有三四百年的历史，仍保存良好。除了村民平时悉心修缮外，此地的蝙蝠也功不可没。蝙蝠会吃掉白蚁，所以有蝙蝠的地方，木头便不会被白蚁蛀掉。

（二）雁石镇得名传说

雁石镇原名渡口村，因为雁石河中有一尊灰石似雁而得名。相传很久以前，渡口村物产丰富，人们过着丰衣足食的生活。有一年夏天，稻子快成熟人们正准备开镰收割时，突然西方的天边出现一群漫天飞舞的蝗虫，吞噬着稻子，大片的稻穗全被吃光了。庄稼颗粒无收，人们艰难地度过了一年。第二年，当人们盼望着有个好收成时，没想到稻子刚抽穗扬花，天边又出现了那恐怖的一幕，眼看又一年的粮食收成没有指望了。

就在人们绝望的时候，黑暗的天空中突然划过两道闪电，只见东方的天空出现两颗金星，原来是两只大雁朝着蝗群疾速飞来，闪耀着金光，张开巨翅将蝗虫扫尽。全村男女老少为报答两只大雁，找出好吃的东西，举在头顶献给大雁，但大雁只是盘旋着向人们点头，便向东方飞去了。于是每当天上又飞来了一群蝗虫时，人们便想起金色的大雁，向着东方呼喊："神雁啊，快来除尽这万恶的害虫！"那两只大雁果然飞来，将蝗虫消灭了。

人们为了保护庄稼，请求两只大雁留在渡口村。大雁答应了，它们在龙川河中的一块礁石上安了家。这一年，渡口村五谷丰收，人们十分高兴，男女老少成群结队涌到龙川河畔，围着金色的大雁尽情唱

雁石河中的雁形灰石

啊，跳啊，感谢大雁的帮助。大雁见人们这样高兴，也亮开了金嗓子唱了起来。它的歌声悠扬婉转，好听极了。

渡口村飞来两只神雁的事传开了。有个外村的大财主知道了这件事，就派家丁趁天黑时来抓大雁。但没等那些人爬上礁石，两只大雁早已腾空飞走了。他们连续抓了三次都没有抓到，后来黑心肠的财主恼羞成怒，就下了毒手。他亲自带着家丁，在一个阴风惨惨的黑夜，摸到河边，向站在礁石上的雄雁放出了毒箭。雄雁中箭，落入河中。雌雁迅速打碎自己的雁卵，沿河飞行着呼唤落水漂去的伴侣。村里的人们听见大雁的呼叫，奔到河边，但已不见双雁，只见一堆乱石。人们在河边发现财主的弓箭，就四处搜捕凶手；后把那财主和几个家丁绑起来，丢进了龙川河。那只失去伴侣的孤雁在河面上盘旋，后来就伫立在河中的礁石上，巡视着天空，不时地回眸张望，盼望自己的伙伴重新回来。不知过了多少年，那只大雁一直站在那里，深情地注视着上游：原来，它已化为一尊雁儿一样的石头。渡口村民为了纪念这两只为民除害的大雁，就把村名改为"雁石"。

七、名胜古迹

（一）龙硿洞风景区

龙硿洞也叫龙崆洞，位于龙岩市新罗区雁石镇龙康村，距市区48公里。龙硿洞流水淙淙，景色秀丽，风物宜人，有着丰富的山林景观和复杂独特的喀斯特地貌，形成于3亿年前的古生代，经海洋3次地壳运动和间歇演变而成。

其是国家AAAA级风景名胜区，也是龙岩国家森林公园的主景区，素有"洞中桂林""华东第一洞"的美誉。四周群山环抱，苍松挺拔，修竹成林，云海飘缈，是原野型溶洞山林风景区。风景区面积为10平方公里，核心景点是龙硿洞。

（二）五谷仙庙

跨入云山村界，跃入眼帘的是五谷仙庙。村民视五谷仙为村里的保护神，保佑村庄风调雨顺、五谷丰登。

五谷仙庙屋脊高翘，飞檐（凤尾）翘起，若飞举之势，营造出古建筑特有的灵动轻巧的韵味，还雕有避邪祈福的灵兽——龙头。泥匠雕工堪称一绝，虽历经沧桑岁月，风雨冲刷，仍保持完好，栩栩如生。

（三）云中雁

在云坪村落里西南方向山顶上有一座红顶小庙——古天寺。从古天寺前空地俯瞰，云坪村宛若鸿雁展翅，翱翔在翠绿山谷间。这"云中雁"与雁石的"水中雁"、龙硿洞中的"洞中雁"并称为雁石"三雁"。饶有兴味的寻雁之旅将成为龙硿洞景区的延伸点，让人感受古村落的魅力。

（四）云山土窑

云山村长期以来都保持着传统的土

五谷仙庙

窑烧制工艺，始自哪个时期已无从考证，直到 20 世纪 90 年代末此工艺才退出历史舞台。至今在村落的周边还保存着几个土窑遗址。

当时烧制工艺都是在董姓本宗内传承，烧出的砖瓦品质好，除满足本村人需求外，在十里八乡也颇有名气。制作砖瓦用的黄黏土都取自本村，云山的黄黏土黏性好，依山分布。根据黏土的黏性分为两种：村东头的黏性小沙粒多，用于做砖；村西头的黏性大沙粒少，用于做瓦，故有"东砖西瓦"之说。制作时以松木头烘烧，封窑后用水冷方式冷却，假以时日，青砖黛瓦就破窑而出了。

长汀董氏宗祠

《八闽董氏宗祠文化大观》

理学新世第　良史旧家风

长汀新桥叶屋（上董、下董）董氏宗祠

一、地理概况

长汀县，别称"汀州"，简称"汀"，是世界客家首府，客家人聚居地。地处闽赣边陲要冲的福建西部边远山区，武夷山南麓，南与广东近邻，西与江西接壤。长汀历史悠久，是福建新石器文化发祥地之一，古闽族人在此繁衍生息，

全县有200多处新石器时代遗址。汉代置县，唐开元二十四年（736年）建汀州。自盛唐到清末，长汀均为州、郡、路、府的治所。这里千山竞秀，群峦叠嶂，是一座有着悠久历史、保存有诸多文物古迹和体现客家文化的古城，也是中国共产党的重要历史纪念地、客家大本营、海峡西岸经济区西部名城、中国国家级历史文化名城。2012年获"中国

叶屋（上董、下董）董氏宗祠外景

叶屋上董董氏宗祠正面

十大最具人文底蕴古城古镇"之一的称号。融人文景观与自然景观于一体,与湖南凤凰一起被世人誉为"中国最美丽的山城"之一。

新桥镇位于县境的东北部,距县城12公里。新桥境内汀江蜿蜒清澈,曲线自然优美,两岸绿树成荫,田园风光迷人,赞曰"两岸青山玉带水,十里田园入画廊",被生态环境部评为国家级生态乡镇,同时被列为福建省级乡村振兴重点特色乡(镇)。

叶屋村位于县境东北部,距县城10公里与余陂接壤,毗邻新桥镇政府。汀江绕村环抱,孕育着这块神奇的土地。叶屋村历史悠久,文风鼎盛,历史文化气息雄厚。茂才学校、董氏古祠、天后宫等历史景点吸引了不少外地游客。

二、宗祠大观

上董董氏宗祠、下董董氏宗祠两座宗祠紧密相连,均为坐北朝南。

上董念一郎公祠("长厅厦")建于清乾隆盛世,土木结构。宗祠于清末民初及20世纪后期大修3次,然终因岁月久远,受风雨剥蚀,墙裂、柱斜、木朽,面临倒塌。在这危急时刻,2017年长汀县董氏宗亲联谊会提议重建宗祠,宗亲无不欢欣鼓舞,踊跃参与集资捐款,齐心协力,垒起巍峨厅厦。其中,在港宗亲、龙岩市第五届政协委员董成宁先生,率先慷慨捐资20万元,为筹建念一郎公祠奠定了坚实的资金基础。

经过精心规划设计和施工,历时两

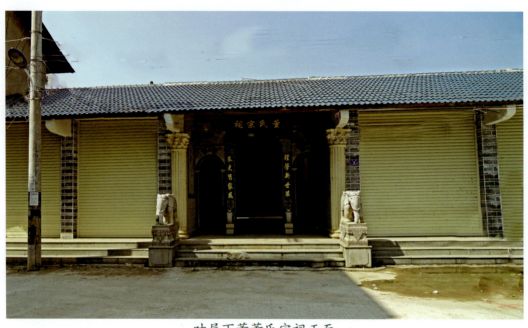

叶屋下董董氏宗祠正面

年，耗资百万，终于大功告成。新落成的董氏宗祠（念一郎公祠）占地面积300平方米，砖木斗拱结构，飞檐翘角，一色青砖琉璃瓦大理石门面，雕龙刻凤，更显宗祠庄严肃穆，气象万千。宗祠坐向不变，座基略高于旧祠，中为天井，全厅贯通。大气、宽敞、明亮，适于大型祭祀和喜庆集会活动。乘宗祠重建之机，特于东侧建"吊唁堂"一所，专供族人殡丧悼念活动。

三、家族繁衍

长汀县是福建省现有董姓人口较多的县市之一，全县董姓人口主要分布在新桥镇叶屋村、石人村、新桥村、鸳鸯村和大同镇印黄村，总计有3300多人。

南宋嘉熙年间（1237—1240年），董大郎由江西抚州乐安流坑入闽，定居汀州新桥叶屋汀江下游，故称为长汀新桥叶屋下董。其后裔中八世董子文迁居梁家庄，十一世董惟兰迁居李领口，十五世董其韬、其芳迁居汀城。约过百年，元至正十三年（1353年），有董念一郎定居于同村汀江上游，同姓毗邻而居，故称为汀州新桥叶屋上董。

大郎公后裔已传至24代，有人口900多人。

其世行昭穆从第六世起是：

仁、仲、文、尚、廷、惟、一、茂、汝、其、文、玉、必、学、元、长、兆。

其简明世系图如下：

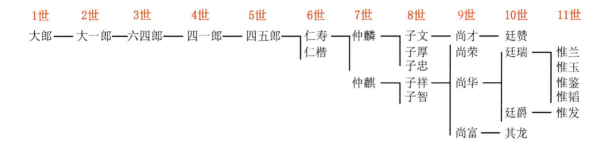

1世	2世	3世	4世	5世	6世	7世	8世	9世	10世	11世

大郎—— 大一郎—— 六四郎—— 四一郎—— 四五郎—— 仁寿　仁楷

仲麟：子文　子厚　子忠
仲麒：子祥　子智

尚才——廷赞
尚荣——廷瑞——惟兰　惟玉　惟鉴　惟韬
尚华——廷爵——惟发
尚富——其龙

下董外迁情况如下：

第八世子文公移居梁家庄（现为大同镇新庄村）开基。

第十一世惟兰公移居李领口（现为大同镇计升村）开基。

第十五世其韬公移居汀城开基。

第十五世其芳公移居汀城开基。

新桥叶屋上董董氏始祖念一郎公的世行昭穆如下：

原沿用字辈：

义、仲、均、贵、玉、文、元、子、德、景、云、世、上。

有、思、钦、能、以、成、惟、崇、仁、厚、培、其、基。

方、伟、吾、宗、延、泽、庆、万、荣、盛、锦、美。

要说明的是，十四世"廷""上"同用，十七世"钦""嘉"同用，十八世"能""锡"同用，二十一世"惟""为"同用。

新编字辈从四十世起至五十九世：

冠、宇、品、宜、贞、九、如、松、柏、青、岱、山、人、共、仰、忠、信、自、昌、明。

其简明世系图如下：

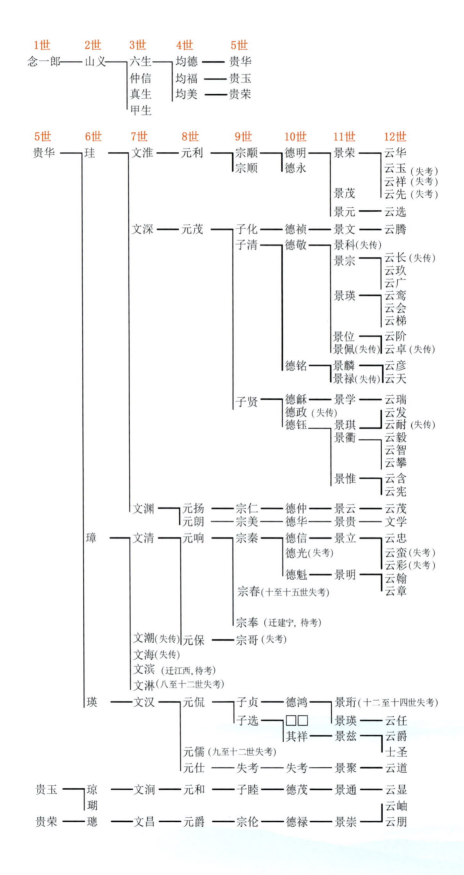

八闽董氏宗祠文化大观

四、祠堂楹联

长汀董氏宗祠门联：

理学新世第；

良史旧家风。

千秋良史；

百代儒臣。

下帷苦读真儒范；

执简争朝良史风。

五、习俗传承

（一）尊老敬老

村里建立了老人活动中心，俗称"幸福院"或"老人院"。院内设有老人活动室、日间休息室、图书阅览室；室外有活动场所和健身运动器械。这样保证了村中老人足不出村就能享受各种老人健身、文化活动，安度晚年。每年重阳节还开展以"九九重阳节，浓浓敬老情"为主题的文娱会演活动。演出各类节目，异彩纷呈，营造了爱老、敬老、助老的浓厚氛围。活动现场志愿者或家属还开展为老人捶背、洗脚、剪指甲等活动，传递了最朴实的孝文化。

（二）农耕文化节

每年农历二月初五日是传统的庙会——农耕民俗文化节。是日，集镇人

头攒动，人声鼎沸，热闹非凡。来自周边乡镇的群众也汇集在一起，载歌载舞，共同庆祝这个节日。群众自发组织的龙灯队和腰鼓队、船灯队及农民文艺队组成了踩街的队伍。

据传，农历二月初五日起始主要是纪念"三圣公王"，所以热闹的踩街活动是少不了的。现今，既是传统的农耕民俗文化节，也是传统的农具交易盛会。在集市中，传统的犁架、牛轭、簸箕、粪箕、扁担、犁头、箩筐、谷桶及各式农具，还有不少的日用品以及土特产、花卉、苗木等应有尽有，琳琅满目。所以周边县市及乡镇的民众都喜欢在这一天来到这里赶集交易，选购农具，为春耕夏收做准备。近年来，通过政府引导，民间主办，长汀新桥镇大力融入客家文化和当地农耕文化，吸引越来越多的游客前来观光，带动了乡村旅游发展。

（三）农旅节

新桥镇通过发展山水旅游产业，通过"农旅联姻"，依托本地特色农业产业，联合策划举办摄影节、农耕节和采摘节，逐步建立起"吃农家饭菜，住农家民宿，购乡土特产，游生态乡村，赏田园风光，采绿色果蔬，体农耕乐趣"的生态休闲旅游体系。诸如"新桥曲凹哩漂流"，让游客纵情山水，体验山水文化。

（四）稻草龙

新桥是汀州稻草龙的故乡。自元代流传至今，稻草龙成为具有新桥特色的传统

文化。稻草龙的骨架是用整根大杉木制作，然后再用稻草捆扎而成整条龙，堪称华夏一绝。

我国民间舞龙大多在春节、元宵等节日，而新桥擎稻草龙的时间是农历七月十五日中元节。新桥人认为龙是吉祥物，祥龙不与鬼魅同道，能避邪，所以开始要用香火清道。擎稻草龙开始时，鞭炮齐鸣，锣鼓喧天，旗幡飘飘。稻草龙从全村各家门口经过，祝福村民吉祥平安。

六、逸闻轶事

（一）抓阄断妣

传说始祖念一郎公曾娶四房，仅生一子，未知是哪位孺人所生。考证胡孺人葬西园里，属早卒；黎、雷两孺人葬上坪山；唯余孺人与念一郎公同葬陈竹冈，以此推测系余孺人所生。但恐推测臆断谬误，仍备香烛祷告列祖列宗，一众抓阄叩拜祷告：望列祖列宗有灵赐告，二世祖系哪位孺人所生。卜阄签断乃余孺人也。

（二）鸭嫲地的传说

璋公看养鸭嫲，寄居于鸳鸯埔之山上，不料在斯地各鸭每夜生双卵，心知吉地。求山主相逊，竟允诺。当时唯以一鸭易之，书有契记，定其山界。因为祖妣寿坟后三夕，璋公遇古窖得金，至今称此地为鸭嫲地。

七、古今名贤

（一）土地革命时期烈士

能鼎、以忠、以花、成瑶、成根、能台、以生、成美、成太、能经、以宁、天富生、日旺、为平、能柯、以芹、东哩、成敏、为俭、以瞻、以时、成忠、成华、为业。

（二）失散老红军、老游击队员

以东，男，1917年生。

以彬，男，1918年生。

成规，男，1914年生。

成芬，男，1912年生。

石玉，男，1920年生。

（三）古代名贤

世衡（1736—1795），清乾隆年间骑都尉，任职于台湾中营中军府。

恩俸，清道光年间举人，任广西南宁同知。

能敬，1850年生，清宣统庚戌（1910年）恩贡，茂材小学创办人。

（四）近现代名贤

以春（1919—1991），长汀县政协常委。

成禹（1913—1993），曾任公社党委书记。

以柱（1919—？），汀州医院主任医生。

以键（1935—　），教授，安徽省立医院主任医生，享受国务院专家补贴待遇。

香妹（1953—　），女，曾任宁化县副县长。

以贤（1953—　），工程师，龙岩公路局纪检书记。

连水（1957—　），广西民族音像出版社社长（正处）。

朝阳（1944—　），长汀中医院主任医生。

成葵（1928—　），中学高级教师，长汀一中化学教研组组长，福建省人大代表。

成南（1952—　），历任漳平、武平县人民法院院长，现任龙岩市中级人民法院审判委员专职委员（正处）。

成火（1948—　），县公安局副局长，党委副书记，主任科员。

成演（1954—　），县公安局交通管理大队副主任科员。

建文（1968—　），教授、博导，福建农林大学风景园林与艺术学院院长。

成政（1968—　），博士，日本早稻田大学国际法学专业毕业。

成渊（1966—　），美国哈佛大学博士、麻省理工学院博士，在台湾大学任教，发明双光子显微镜，为博士生导师。

文伦（1968—　），县纪委副书记、监察局局长。

为伙（1952—　），省煤田地质局纪委副书记。

惟誉（1935—2009），教授，省立医院主任医生、中华医学会核医学分会主任委员。

青松（1976—　），硕士研究生，福建师大党委组织部部长。

八、名胜古迹

（一）马尾滩瀑布

马尾滩瀑布位于新桥镇竹头岭。这里森林茂密，古树参天，层峦叠翠，山势奇特。瀑布落差大，水势跌落随着岩壁凸凹扭曲，犹如马尾随意摆动，故称"马尾滩"。逢汛期来临，山洪暴发，瀑布飞流直下，吼声如雷，蔚为壮观。

（二）"十里画廊"江坊胜景

在长汀汀江源国家级自然保护区内，有个美丽的村子叫江坊，它在"十里画廊"新桥镇内，是隐于山间的世外桃源：绿油油的田园就如油画一般，茂密森林翠绿欲滴，雄奇峻险的双鹰山，清澈蜿蜒的汀江，古朴而自然的山水画廊。人走其间，宛如画中行。

（三）石鱼廊桥

汀江源头，山重水复，江水潺潺。自古以来，长汀客家人就喜欢在江边建村，营造拱桥，然后在桥上建木结构廊桥。这既方便了两岸交通，又充分体现了客家人的聪明才智和鲜明的建桥艺术风格。总长110米的"石鱼廊桥"就位于新桥境内汀江上。一桥飞架，黛瓦红木，翘角连云，如诗如画，是客家人千年的梦境与乡愁。

河间望族扬冠豸　莲峰世家发董屋
连城城南董氏宗祠

一、地理概况

连城县，简称"莲"，别名莲城，福建省龙岩市辖县，地处福建西部山区武夷山脉南段，为闽、粤、赣三省交界。县境东邻永安市、新罗区，南接上杭，西接长汀，北倚清流。

连城县境内中部偏西是一片自北向南的串珠状河谷盆地，东及东南部为玳瑁山脉的梅花山中山区，约占全境面积的三分之二，西部为武夷山支脉的松毛岭次中山区。全境多为低山丘陵盘踞，是一个八山一水一分田的山区县。今辖17个乡镇：莲峰镇、文亨镇、庙前镇、新泉镇、朋口镇、莒溪镇、姑田镇、北团镇、林坊镇、曲溪乡、宣和镇、隔川镇、罗坊乡、揭乐乡、塘前乡、四堡镇、赖源乡，共248个村（社区），县政府驻莲峰镇。通行闽西客家话连城话。据《读史方舆纪要》，南宋置莲城县，因县治以东莲峰山而得名。元代改为连城县。

宋元符年间（1098—1100年）建莲城堡，属长汀县，绍兴三年（1133年）设莲城县。元至正六年（1346年）改名连城。历属汀州、汀州路、汀州府、汀漳道。1929—1934年先后在新泉、莲峰建立县苏维埃政府，曾一度改名明光县。1949年11月6日解放，历属龙岩专区（地区）、龙岩市。连城县是革命老区和客家文化名城，是客家人的聚居地和发祥地之一，既是福建建设海峡西岸经济区纵深连片发展重点区域，又是内地连接沿海的重要交通枢纽；拥有"中国优秀旅游县""中国红心地瓜干之乡""中国连城白鸭之乡""全国武术之乡""中国客家美食名城"等荣誉称号。

二、宗祠大观

南宋末年，董五十郎由直隶河间府任丘（今河北沧州任丘）入闽，其三世孙董德源以闽博士，在建阳考亭任教，后因元乱年间，以沈得卫于冠豸山灵芝峰西侧建造樵唱山房（当时的樵唱山房隶属于建阳考亭），而迁至汀州府连城县，居江坊头（后称董屋山），尊五十郎公为连城董氏开山祖。

董德源长子永贞迁至北团孙台村，次子永清迁至城关南门，三子永诚仍住江坊头。明嘉靖年间，董南山和董文山率族人，在其文川桥前九十九步之地建造宗祠。明天启元年（1621年）落成。

下录清康熙五年（1666年）丙午《连城县志》卷八《艺文·城南董氏宗祠记》：

《易》之萃，言假有庙。夫人已亡远，则其光灵涣于太清、黄垆，贵其子或孙有以萃之。故礼自九七之制，下逮寝室。萃之义大矣哉！董氏昉汉大儒仲舒，系既邈矣。有宋讳五十郎者，原河涧任丘籍，实为今始祖。三传德源公，以闽博士教于文公阙里，著节行；元乱，用

迁连城，家邑之东偏。四传永清公令安东，有政绩。嗣是族日蕃，乃迁居城南，以旧宅奉祠始祖以下。嘉靖末，燔于寇。至是后裔仰山率子姓，以乃翁南山、叔祖文山所遗文川桥前地，鸠材而事新之。或助赀，或纳币，乃简其才者综木石，计丹漆。既卜之龟，既逢之吉。阅泰昌改元、迄天启改元之腊，而祠成。中区岿然，妥先灵也；左栖附食，推爱亲也；右俨后土，答地脉也；登拜有等，序昭穆也；饮福有次，介用逸也；垣墉既勤，严藩卫也；门墙面阳，肃瞻对也。美轮美奂，宁独织乌兔而饮蛟鼋？其以敦仁，其以讲让，其以刑兄弟而御家邦，将见族日昌、化日远，出不愧簪绂，入不愧宗祐。其萃今日之子若孙者，非自祖宗之萃始哉？是役也，总督则仰山、文耀、玉台、楠等，分督则舜文、褒暨序班三策，青衿楷、大焜，皆孝而趋义，和而咸勤，即以追蓝田之约，景浦江之烈，何多逊焉。不佞辱在世讲，而乐观其成也。于是乎书。

明天启元年（1621年）宗祠建成后，以椿、模率子侄和永诚房

连城城南董氏宗祠

叔侄往闽南外迁。清道光十二年（1832年）壬辰孟冬月，从浙江台州回宗祠祭祖，送匾"德延永堂"，并在冠豸山石门湖（旧称崎岭头）为祖修墓。

1929年12月，朱德率领红四军进驻连城，当时五十郎公第十九代孙董成南为书记官。部队进驻连城县城南董氏宗祠。部队到新泉整训后，宗祠被国民党军烧毁。

2003年五十郎公二十世孙董辉出资，理事会在新修董氏宗祠旁，租用董启明和董雨霖的土地40平方米，建造两层的董氏文化活动室，家族恢复每年正月二十日祭祖的年例日。各地裔孙云集这里，向祖祠敬荐馨香。香烟缭绕，鞭炮轰鸣，热闹异常。

宗祠堂号"陇西"，自五十郎公传至二十三世，列其世系，序其昭穆，使尊卑序然不紊。

第三世董德源在连城江坊头立足后，定字辈（第三世起）为："德永祖荣，尚元崇文，木大其水。"明天启元年（1621年）城南董氏宗祠落成后，族人一致通过，从第十五世起字辈为："国家世盛，肇启书兴。"2003年董氏文化活动室落成，族人一致通过，从第二十三世起字辈为："志诚昭宪，业绩颖昌。瑞宁聪健，毓圣登强。"

现董仲舒公已传至八十三世，董五十郎公已传至二十三世，集中居住在莲峰、揭乐和北团3个乡镇，经有序外

迁，还有族亲定居我国台湾、辽宁、福建厦门和泉州等地，以及澳大利亚等国。

明天启年间《城南董氏族规十条》旨在"教子之方，要于读书。必能读书乃能明理，能明理始能成器，始能保家，至进取成名"，其十条为："奉祖先；孝父母；和兄弟；睦宗族；和乡邻；教子弟；戒习染；奖名节；慎婚嫁；急赋税。"

三、逸闻轶事

相传古时董埔一少女出嫁，其姑赠田一丘陪嫁，传为美谈，当地由此得名姑田。董五十郎和其子董值，宋时合葬于姑田镇董埔岭古神坛。至正六年（1346年）汀州罗天麟起义，董氏后人也参与其中。朝廷派人来视察时，发现董氏祖坟有天子王霸之气，便将其夷为平地。后这里成为每年正月十四日"姑田游大龙"之地。

2008年6月，连城县"姑田游大龙"传统客家民俗文化活动被列入第二批国家级非物质文化遗产名录，2012年成功挑战最长游"龙"吉尼斯世界纪录。

四、现代名贤

董成南（1898—1931），又名董友炎，字弼臣，连城县城关（莲峰镇）南门人。1922年考取福建法政学校，在福州就读期间接受革命思潮的熏陶，立志投身革

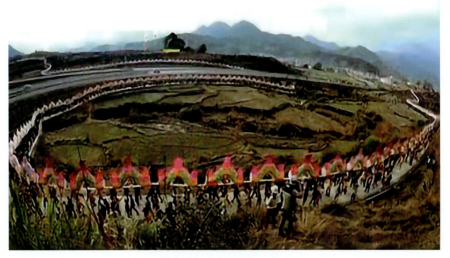

连城县"姑田游大龙"

命。1925年毕业后受聘为县立中学教员，由于向学生宣传进步思想，不久便遭解聘。随后到新泉，与张瑞明、张育文、俞炳荣等取得联系，秘密开展革命活动。1928年经李云贵介绍与上杭傅柏翠接上关系，同年6月与傅柏翠等人共同组织蛟洋农民武装暴动后，便前往江西加入红四军，随军转战于井冈山革命根据地。1929年7月中旬随红四军二纵队进驻连城，积极宣传红军宗旨，发动群众，建立工人武装。12月调任第四纵队书记官。1930年4月转入地方工作，任连城县苏维埃政府主席，率闽西游击总队连南支队开辟新区。同年5月连南支队改编为红军独立第四团，任红四团政委。10月兼任新泉区委书记。1931年4月在闽西苏区"肃清社会民主党"冤案中蒙冤，4月22日在长汀南阳茶树村罹难。中华人民共和国成立后，追认董成南为革命烈士。

五、宗祠管理

2003年，《连城县董氏宗祠理事会章程》规定：理事必须全心全意为董氏宗亲无偿服务；理事必须服从会长的领导；理事会在工作中每次开支100元以上的，由会长召开理事会议决定，经参加理事会理事的三分之二以上表决通过。

（连城城南董氏理事会董炎星供稿）

第六节　三明地区董氏宗祠

三明，位于福建省中西北部，东依福州市，西界江西省，南邻德化县、永春县，北傍南平市，西南接长汀县、连城县、漳平市。辖三明市、永安市、明溪县、清流县、宁化县、大田县、尤溪县、将乐县、泰宁县、建宁县等。

三明市是一座新兴的工业城市，中国优秀旅游城市，中国百强城市之一，全国文明城市，国家卫生城市，国家园林城市，全国双拥模范城，中国特色魅力城市200强之一，中国南方生态乐园，中国绿都，中国最绿省份的最绿城市，素有"绿色宝库"之誉。

三明市居住董姓人口4500多人，分布在：永安市小陶镇上湖口村及中坂村、清流县龙津镇拔里村、宁化县石壁镇立新村及安远镇增坑村、建宁县溪口镇溪枫村及艾阳村、将乐县大源乡崇善村、沙县区高砂镇渔珠村及虹江街道后底村、尤溪县西滨镇三连村。现有8座董氏宗祠，分别是永安市小陶镇上湖口及中坂董氏宗祠、尤溪县西滨镇三连董氏宗祠、沙县虹江街道后底、高砂镇冲厚村和渔珠村董氏宗祠、建宁县溪口镇溪枫村董氏宗祠、建宁县溪口镇艾阳董氏祖厅，其中西滨镇三连董氏宗祠规模较大。

八闽董氏宗祠文化大观

陇西家风扬西滨　广川祖训昭三连

尤溪西滨三连董氏宗祠

一、地理概况

尤溪县地处闽中，始建县于唐开元二十九年（741 年），素有"闽中明珠"之称。地处戴云山西北麓，东南界邻闽江，为多丘陵山地。境内有尤溪、青印溪、华兰溪、后亭溪等 34 条河流，滋润着这片富饶的土地。尤溪历史比较悠久，文化积淀深厚，是福建省首个获得联合国地名专家组命名的"千年古县"。这里也是南宋

著名理学家、教育家朱熹的诞生地，素有崇文尚学的传统，著名艺术大师刘海粟曾题词："尤溪风月无今古，学海扬帆有后人。"

西滨镇随尤溪建县而设。20 世纪 80 年代，把尤溪县的西洋公社改为西滨公社，1992 年 5 月 1 日改为西滨镇。

三连村原名"山连村"，即"青山高耸，连绵起伏"的意思。因与西城镇的山连村同名，便把西滨镇的山连村更名为"三连村"。三连村位于尤溪河畔南岸，山

三连村新牌楼

清水秀，风景秀丽，是枕头山下美丽的库区移民村。2006年获省级"园林式村庄"称号。

西洋与三连之间，还有一座叫"连洋桥"的钢索桥。它是尤溪河下游的最后一座钢索桥，同时也是尤溪河最长、最宽的钢索桥，具有较高的历史文化价值。连洋桥下游30多米外新建了一座宽12米、长318米，总造价2860万元的钢筋水泥的连洋公路桥，2016年动工，2017年12月竣工并交付使用。连洋公路桥的开通把三连村装点得更加美丽。

二、宗祠大观

尤溪县董氏宗祠始建于明朝，1990年因建设水口电站，便将其搬迁到西滨镇三连村后山下重建，1990年先建正堂，2002年扩建下堂，2019年下堂再次扩建。堂号是"下帷堂"，引自董仲舒专心致志读书的典故。

三连董氏宗祠砖混结构，坐南朝北，占地面积近1000平方米，建筑面积710多平方米。宗祠背靠枕头山龙脉——寨仑山，面向潺潺的尤溪。正面是钢砖贴墙，大门上方是青石刻有"董氏宗祠"金字，两边分别是"入孝""出悌"两扇小门。祠堂为三进结构。正脊是两端线脚向外延伸并分叉成燕尾脊，闽南祠堂建筑风格。

以大门至神龛为中轴线，进入大门有一对青石精雕龙柱，天井两边是廊庑连接，登七级台阶进二进下堂，即是原先的下堂。堂上有三对磨得光亮的花岗岩石柱，并配有"尊宗敬祖苗裔蕃；进本寻根孙枝茂""陇西家风扬九州；广川祖训

三连董氏宗祠外景

昭佰代""丹心良史千秋敬；儒学宗师佰代钦"三对柱联。下堂天井内的两座假山格外别致。两边廊庑连接着正堂，正堂为三开敞间明厅，为议事和祭祀之场所。明厅两侧外加两间附房供接待和贮存物品之用。最后是宗祠的核心部件神龛，龛内供奉着先祖神牌。神龛上方是堂号"下帷堂"。整个祠堂整洁明亮、庄严，使祖先灵有所依，后裔入祠登堂有所瞻仰。

三连董氏宗祠平时有专人管护，逢年过节开放，开展宗亲祭祀和联谊活动。

三、家族繁衍

明万历年间（1573—1619年），董贵基（蒲十一）从江西广信府迁居福建尤溪县十四都官台村（西滨镇属地）。董贵基之子董永迁居十三都下墩村（今尤溪西滨镇下墩村）。六世祖董克耀、克广、克允兄弟三人从下墩村迁居十三都三连（今西滨镇三连村）。清咸丰十一年（1861年），下墩村部分董氏迁居尤溪联合东边村。

克耀公支居天井垅。克广公支生二子，长子子纪公，子纪生元良，元良生仲满，仲满生八子：长房禹钦公（立房）、二房禹丰公（修房）、三房禹銮公（齐房）、四房禹全公（志房）、五房禹珍公（存房）、六房禹贤公（忠房）、七房禹万公（孝房）、八房禹潘公（心房）。克允公支居下厝。董氏宗族繁衍至今，繁衍至今已传20世，现有300多户1400余人。

宗谱始纂于明代，至1963年再由十六世孙董诗晃主持重修。《三连村董氏族谱》为钞本，1册，现存三连董氏宗祠理事会。

西滨三连村董氏承高祖董琼公起五代取行派和字，定了"克、子、元、仲、禹、家、国、永、昌、隆"十代。后由过溪张腮公再取八代："诗、书、继、美、文、运、长、章。"别字取："祖、宗、维、训、宇、有、其、新。"1963年岁癸卯，正月吉日由十五世裔孙诗晃

（号祖辉，别字明如，书名文光）再取八代："财、源、茂、盛、世、代、光、荣。"别字取："仁、义、礼、智、敬、守、安、康。"其中联合村美支"仰、台、世、圣、振"五代自取行派和字。

其简明世系图如下：

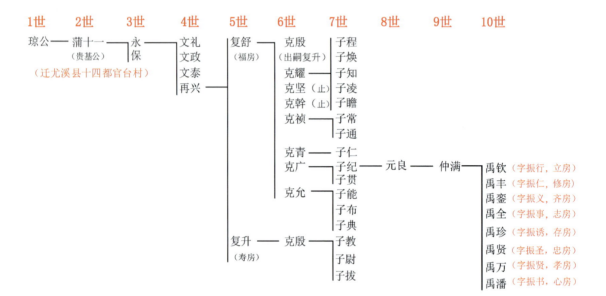

三连村村景

四、古代名贤

西滨镇三连村董氏从宋至清职官名录

姓名	乡贯	最高职务	任职时间
董 琼	浙江金华	代理宰相	明成化元年（1465年）
董贵基	尤溪	知府	明弘治年间
董再兴	尤溪	布政司	明正德年间
董念峦	尤溪	礼部侍郎	南明隆武年间
董念夏	尤溪	统兵大元帅提督	南明隆武年间
董克斡	尤溪	总兵	南明隆武年间
董邦光	尤溪	清流知县	清道光年间

五、名胜景点

（一）仙人谷

仙人谷在西滨境内，沟壑纵横，山谷幽深，四季常绿。仙人谷生态林总面积1.4万亩，有许多奇异景点，如仙人桥、九龙潭、下坑湖、大王石等，是闽中游览胜地，又一个"九寨沟"。

（二）尚农生态旅游区

西滨境内尚有一个旅游胜地，那就是尚农生态旅游区。景区总面积350公顷，旅游资源种类丰富，组合状态良好。已开发的旅游项目有坝上草原、四季采摘园、春赏园、丛林穿越等。景区森林覆盖率为90%以上。景区内峰峦耸峙，山丘起伏，既是山水秀丽清幽的旅游佳境，又是天然氧吧。

忆先世造庙妥灵　记后裔建祠祭祖

建宁溪口溪枫、艾阳董氏宗祠

一、地理概况

建宁是福建省母亲河闽江的发源地，位于闽西北武夷山麓中段，古为绥安县，唐乾元二年（759年）建镇，南唐中兴元年（958年）置县，迄今已有千年历史。

境内世界地质公园金铙山主峰白石顶海拔1858米，具有典型的花岗岩石蛋地貌。登金铙山可观雌雄飞瀑，乘皮筏艇可探漂流之险，走千年古道可品空谷幽然，游修竹荷苑可赏莲之神韵，是夏季避暑和生态旅游的绝佳之地。

建宁在第二次国内革命战争时期，为全国重点中央苏区县之一，是红军长征的发起地之一，在红军第五次反"围剿"过程中，被誉为"苏区乌克兰"，也是红军第二次反"围剿"最后大捷的决胜地，我军炮兵和通信兵建制诞生地。先后有7000多名建宁儿女为中国革命的胜利血洒战场，为中国的解放事业做出巨大贡献。毛泽东、周恩来、朱德、叶

剑英、杨尚昆等老一辈无产阶级革命家曾在这里度过了艰苦卓绝的峥嵘岁月。十大开国元帅中，除贺龙、徐向前外的8位元帅均在建宁指挥过中央红军作战，170位师（地）以上党政军干部在这里从事过革命实践。建宁是全国爱国主义教育示范基地，有国家级博物馆建宁县中央苏区反"围剿"纪念馆，也是福建省重点推介的5条红色旅游精品线路之一。

建宁县有两支董氏族人：一支居溪口镇艾阳村，郡望为陇西郡。另一支现居溪口镇溪枫村，郡望为广川郡。

溪枫村位于溪口镇西北部，距城区16公里，有7个自然村，全村360余户1500多人在村干部及村民的共同努力下，溪枫村新农村建设水平不断提高，公共基础设施建设进一步完善，农村生产生活环境条件进一步改善。2009—2011年度被评为县级文明村；2006—2009年度被评为镇先进党支部第二名。

溪枫村附近有红一方面军总前委、总司令部旧址暨毛泽东、朱德旧居，苏维

埃粮食合作社旧址，红一方面军无线电总队遗址，花墩桥列宁小学遗址，驻马寨阻击战遗址，红一军团司令部旧址等旅游景点，有建宁黄花梨、建宁水稻种子、桂阳萝卜、建宁通心白莲等特产。

艾阳村位于溪口镇南部，距城区10.4公里，有10个自然村，与桐元村、马源村、半元村、枫元村、杨林村、溪枫村、渠村村、杉溪村、高圳村、枧头村、溪口村、高山村相邻。

二、家族繁衍

溪枫村董氏先祖董仕高于元末避北

兵之乱流寓南丰，其子居安由江西南丰三十四都龙湖，迁入福建邵武府建宁县北乡蓝田堡排前（今溪口镇溪枫村）。该支董氏郡望为广川郡，现今传至23代，有200多人。其世行昭穆从第八代起字辈是：

文邦国明，世大永昌；

廷献天人，家传理学；

恢先以德，通道之原；

孝友升闻，贤良上举；

着书绍圣，秉义正君；

缵绪方长，乘时英发。

其简明世系图如下：

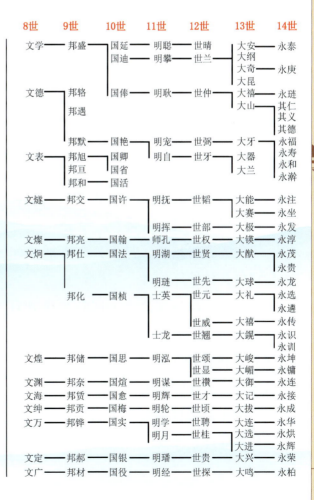

溪枫村董氏宗祠

其中有以下各房迁居江西省：

文炫公房世吉公支下居宁都州流白泉，又居赣州石城县屏山；

孟白公房文九公支下居宁都州二十七都丁田排塔下；

仲钧公房世仪公支下居宁都州二十七都小浦游家寨；

仲钘公房邦赁公支下居吉安市永丰县四十一都洪家山；

孟通公房国宝公支下居赣州兴国县高兴乡枫木坳组大路坳下；

文燧公房昌长、昌贵公支下居袁州分宜县桑林外环车岗；

文炯公房昌文公支下居新余市分宜县桑林外港背，又世贤支下居新余市分宜县桑林外环车岗，又永怀支下居新余市分宜县桑林外木笼冲；

仲珏公房世欑公支下居新余市分宜县桑林外环车坪坡；

文爆公房廷皋公支下居新余市分宜县桑林外环车岗；

文爔公房支下居上高县石黄桥举子团窑下；

文灿公房大凤支下居万载县大桥白茅冲，又永兴支下居万载县大桥白茅冲，又永升公与子昌明、昌来、昌禄父子寄居新余市分宜县桂村；

文德公房国艳支下居上饶市清水乡左溪陈茅坞及东茅窠；

孟宽公房大兴大寄支下居上饶市横峰二十都蒋林；

孟容公房大鸣支下居上饶市都毛坂及尖山；

孟白公房支下居上饶市石人殿。

艾阳董氏先祖董关甫是南宋嘉熙年间（1237—1240 年）由江西迁入建宁，定居在艾阳村董家自然村，郡望为陇西郡。

董关甫后裔从第十七世起排行字辈

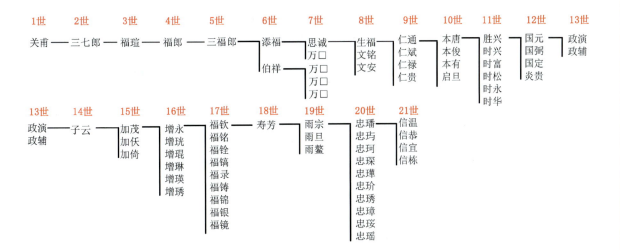

1世	2世	3世	4世	5世	6世	7世	8世	9世	10世	11世	12世	13世
关甫	三七郎	福瑄	福郎	三福郎	添福 伯祥	思诚 万口 万口 万口 万口	生福 文铭 文安	仁通 仁斌 仁禄 仁贵	本唐 本俊 本有 启旦	胜兴 时兴 时富 时松 时永 时华	国元 国弼 国定 炎贵	政演 政辅

13世	14世	15世	16世	17世	18世	19世	20世	21世
政演 政辅	子云	加茂 加伏 加倚	增永 增珑 增琨 增琳 增瑛 增琇	福钦 福铭 福铨 福镐 福录 福铸 福锦 福银 福镜	寿芳	雨宗 雨旦 雨鳌	忠璠 忠玙 忠珂 忠琛 忠瑾 忠玠 忠琇 忠璋 忠瑛 忠瑶	信温 信恭 信宜 信栋

为："福寿雨忠信，先德必兴隆。荣华光耀祖，绍胜金玉传。"

艾阳董氏后裔徙居溪口镇、濉溪镇、里心镇、黄埠乡和宁化县安远镇等。传至27代，有人口400多人。始祖董关甫墓坐落于艾阳西湖山上。其前代世系图如上。

三、宗祠大观

（一）溪枫村董氏宗祠

雍正八年（1730年）董氏族人为"八音会"饮酒于太阳庙中，见其栋宇将颓，几无所盖，推荐一人领头，众族人踊跃参加，遂于冬月出资醵金，于雍正九年（1731年）六月鸠工庀材，八月而新庙告成。族人说祀神、祀祖其意一样，庙已建成何不顺势建造祠堂，妥先灵？于是又于本年九月集资动工，次年冬月建成。

2006年在原址上重建，紧挨太阳庙。占地面积500平方米，建筑面积300平方米，坐北朝南。祠堂依山而建，砖混结构，从祠堂外到大厅逐级升高，二进为天井，两边廊庑连接，正厅为神主牌位，供奉列祖列宗。祠堂存放本族宗谱，按惯例平常只有上午祠堂才开放。每年清明，居住在各地的族亲聚集在祠堂，扫墓、祭祀先祖，以慰藉祖灵。

（二）艾阳村董氏祖厅

下图是艾阳董家人祖祖辈辈生活的艾阳村董家自然村。如今，村民都搬迁到县城居住，只留下已破损的董氏祖厅（图中电线杆处），艾阳董氏族人正准备修建祖厅。董家自然村至今流传着供他们生活的四方井和武官路过下马的七级台阶的美丽传说。这里的祖厅也记录着他们逢年过节团聚和祭拜先祖的情景。

四、现代名贤

释慈航（1895—1954），原名艾继荣，法号慈航，艾阳村人。18岁出家，1946年赴台，为台湾地区佛教文化做出历史

艾阳村董家自然村

性的贡献，在建宁千年古刹报国寺建有慈航菩萨纪念馆。

董海标（1899—1934），艾阳村董家自然村人。1899年3月出生于贫苦的农民家庭。1931年6月参加革命斗争，曾任艾阳乡工农赤卫队队长，参加了闽赣边区革命根据地的土地革命斗争和中央苏区的反"围剿"游击战争。1934年5月给红军带路，此后失去音信。1957年7月16日，人民政府追认董海标为革命烈士。

景观异五马落槽　人物杰寿可作人
沙县后底村、冲厚村、渔珠村董氏宗祠

一、地理概况

沙县，古名沙阳，简称虬，被称为闽中明珠，具有悠久历史。从东晋义熙元年（405年）设县起，有着1600多年的发展历程。沙县位于武夷山脉与戴云山脉、南平和三明市之间，闽江支流沙溪横贯全境，自古即为闽西北重要商品集散地，商贾云集，素有"金沙县"之称。2021年2月2日，福建省人民政府同意撤销沙县，设立三明市沙县区。

沙县山川秀丽，人文景观丰富，自然景观迥异，名胜古迹众多。有淘金山长达

38米的华夏第一岩雕卧佛、罗岩山风景区、省级名胜风景区七仙洞以及"十里平流""七峰叠翠""洞天瀑布""二十八曲"等自然景观。此外，沙县小吃闻名遐迩。

二、家族繁衍

沙县董姓是南宋末年从江西牛栏角来到福建延平府沙县渔溪湾的。始祖董

后底村新貌

沙县虬江街道后底村董姓祖屋

杨发，婆连氏，生有"五谷丰登"四个儿子，长子董绍五、二子董绍谷、三子董绍丰、四子董绍登。四个儿子分别到四个乡村安居落户：长子董绍五落户八都热水池（今虹江街道后底村）；二子董绍谷落户郑湖乡江连村；三子董绍丰落户高砂镇渔溪湾；四子董绍登落户高砂镇冲厚村。后底村的董姓是该村主要姓氏，而其他的只是所在村的小姓。

后底村董姓始祖董绍五，其子孙至今称绍五公为清五公。婆姓氏无法查找。第二代昭四公；第三代迥孙公，婆宋氏。从第四代起约有13代，因土匪抢劫，祖谱丢失，无法查找其名字。以前字辈有"柯、震、文、嘉"。从第十七代起字辈或昭穆为"昌、盛、振、兴、观、光、尚、国、鸿、书、济、世、永、治、金、邦、祖、宗、积、德、志、学、诗、礼"等。现董氏子孙按辈分取名已到"鸿"字辈。目前有"观、光、尚、国、鸿"共5辈。现有人口200多人。

后底村董姓祖屋是在清光绪年间，由董姓后裔振风公所建，坐落于后底村祖祠附近。坐南朝北，总建筑面积约300平方米，房屋主体由正栋、下栋及厢房组成，面阔五开间（六榀五植），深三间，正中为前、后大客厅，左右用于居住，下栋左右为厢房，中置天井，系木结构建筑，有围墙及门庑等。

每年农历八月十一日为董氏家族清扫祖祠及扫墓日，一年四户，轮流做东，负责办伙食。

振风公（1843—1901），年幼时勤奋好学，学识渊博，清光绪十八年（1892年）七月，被钦加知府衔准授八品，匾式的文字从右往左，右为"钦加知府衔即补分府直隶□署□□正堂加十级记录十次沈"，中为"寿考作人"4个大字，左为落款"给耆民董振风，准此 / 光绪拾捌年七月日给"。因振风公是文人家庭出身，终身以教书为生，没有种过地，收入微薄，生活较贫困，原计划在振风公六十大寿前制作好"寿考作人"牌匾，于寿辰之日悬挂在祖屋正堂上方的，但由于他体弱多病，于59岁时去世，牌匾便没有制作悬挂。

除这支董氏外，还有一支是永安迁入。永安迁入董氏有多少代已无法查找。至今取名字辈有"荣、华、福、贵、乾"5代，人口10多人。其也有简易祖祠堂。

沙县高砂镇冲厚村董姓始祖董绍登。字辈或昭穆为"德、盛、鸿、基、声、维、祖、光、华、广、运、邦、国、家、文、明、启、泰"。现有人口20余人。

沙县高砂镇渔珠村董姓始祖董绍丰。字辈或昭穆为"正、朝、绍、家、传、基、昌、永、盛"。现有人口200余人。

这两村的董姓也都有简易的董氏宗祠，规模都不大。

三、逸闻轶事

后底村最早叫"热水池"，不知何时改名的。相传南宋厉伯韶带着一些随从人员骑着五匹马从浮流（今永安市）至延平府（今南平市）路过此地时，看见路边的一口鱼塘冒着白烟、喷涌清泉，决定下马休息，去鱼塘喝水。此时正值冬季，而鱼塘里的水却是温热的，原来这是一处温泉。人喝完水后，接着五匹马也跟着去喝水，这时人们发现五匹马

后底村"热水池"

在鱼塘的五个方向喝水，正好与周围五座山脉的走向一致，发现这里拥有"五马落槽"的绝佳风景。于是厉伯韶将此温泉命名为"热水池"，"五马落槽"的典故也由此传开。

热水池在清康熙版《沙县志》"八都"图里有详细标注。据旧县志记载："其水夏冷冬温，晨起具氤氲密气，养鱼极佳。"经有关部门测定，即使在隆冬时其水温也不低于 16 摄氏度，同时池土肥沃，水草茂盛，给鱼类顺利过冬提供了得天独厚的条件。温泉出产的鱼类腥味小，肉质肥润，在民间有"后底鱼无骨"的说法。

沙县虬江街道后底村小董氏宗祠

沙县高砂镇冲厚村董氏宗祠

沙县高砂镇渔珠村董氏宗祠

众峰环伺风光美　绿树成荫两祠堂

永安小陶董氏宗祠

一、地理概况

小陶隶属于福建省三明市永安市，地处永安市西南部，东邻漳平市，南接龙岩市新罗区、连城县，西连罗坊乡，北靠洪田镇；距永安市区 45 公里，辖小陶、坚村、上吉、桐林、大陶口、下湖口、上湖口、长坂、上坂、中坂、美坂、五星等 34 个行政村和文川社区。常住人口 26000 多人。

二、家族繁衍

永安市董氏宗亲主要集居在小陶镇上湖口村和中坂两地。两处董氏宗亲均为龙岩雁石云坪董氏世系。

明代，始迁祖董惟兴由龙岩雁石云坪迁居上湖口，已繁衍至 27 代，有 500 多年历史。目前，上湖口村居村董姓 30 余户 100 多人。

清代中期，董在祯迁居永安小陶中

小陶上湖口村董氏宗祠

小陶中坂村董氏祖厅

坂村，为中坂村董姓始迁祖。现已繁衍至 15 代，也有 300 多年迁移史。中坂村居村董姓 30 余户 100 多人。

三、宗祠大观

初期迁徙时修建的上湖口村董氏祠堂早已毁，现存祠堂是在原址上于 1966 年修建的。祠堂坐东北朝西南，四柱三开间，木结构土墙，建筑面积约 120 平方米，占地面积超 400 平方米。祠堂正厅供奉有神主牌，神主牌背面小字写有始祖之后三代谱系。族无族谱，只有一家有简易家谱。

中坂村在大院落祖屋内设有董氏祖厅，是族中议事场所，也是族人逢年过节聚会、祭拜先祖之地。

永安小陶镇上湖口、中坂村相邻，两地董氏宗亲保持密切关系，经常友好往来。

四、名胜古迹

中坂、上湖口村周边有永安桃源洞、马洪中央红军标语博物馆、甘乳岩、永安霞鹤生态农庄、刘氏土堡、永安宝应寺等旅游景点。

（一）桃源洞

永安桃源洞在市区北面约 10 公里，因景区内有桃花涧而得名。景区内有桃源洞、百丈岩、葛里、修竹湾、栟榈潭等 5 个旅游景区，以及 73 处旅游景点。宋李纲有诗云："栟榈百里远沙溪，水石称为小武夷。"故又有"小武夷"之称。

（二）宝应寺

永安宝应寺坐落于吉山村口，东靠北陵山，西临文川溪。始建于北宋景祐四年（1037 年），距今近千年。它几经战乱焚毁，尔后又多次重建。宝应寺依山傍水，风光怡人，融自然景观、佛教文化于一体，与民俗风情交相辉映。

第七节　南平地区董氏宗祠

南平地处福建省北部,武夷山脉北段东南侧,位于闽、浙、赣三省交界处,俗称闽北,辖2区3市5县,即延平区、建阳区、邵武市、建瓯市、武夷山市、顺昌县、浦城县、光泽县、松溪县、政和县,是福建辖区面积最大的市,占福建省面积的五分之一,具有典型的"八山一水一分田"特征。

南平不仅山清水秀、气候宜人,而且自然风光优美、名胜古迹甚多,除武夷山国家级风景名胜区外,还有九峰山、湛卢山、茫荡山、溪源庵、归宗岩、三千八百坎、熙春山、梦笔山、和平古

镇等10多处省市级风景名胜区。同时南平也是福建省茶、果、食用菌、畜禽、淡水鱼、烤烟、油料等重要产区。

南平居住董姓人口6000多人,分布在延平区樟湖镇中和坊,建阳区徐市镇盖溪村岭下,武夷山市星村镇曹墩村,建瓯市玉山镇岭后村峡头,浦城县永兴镇永平村,光泽县止马镇水口村横南亲睦村和李坊乡石城村彭家边,松溪城关松源街道、渭田、柯田等地。现有樟湖坂董氏宗祠、松溪董坑董氏宗祠、光泽横南董氏宗祠等3座及若干祖厅(屋)。

旧里库区水为朋　新祠峰峦山作友

延平樟湖坂董氏宗祠

一、地理概况

樟湖镇地处南平、尤溪、古田、闽清四县（市）的交界处，区位优势明显。历来为闽江中游重要的商品集散地，距闽北政治、经济文化中心南平市54公里，与省会福州距离118公里。外福铁路、福银高速、316国道和闽江航道贯穿全境，水陆交通极为便利。

原樟湖坂是闽江中游的第一千年大镇，但已沉睡于闽江下30多年了。现今樟湖镇是水口水电站库区最大的移民镇，全镇面积198平方公里，其中山地面积24万亩，耕地面积1.2万亩，库区水域面积2.9万亩。全镇辖1个樟湖社区、14个行政村，人口2.3万。

漳湖坂董氏宗祠外景

二、宗祠大观

明成化年间（1465—1487年），樟湖坂董氏始祖董蒲十入闽，迁居福建延平府南平县垂裕乡（长安南里）湖峰境中和坊。自开埠以来，传18世。在水口水电站库区搬迁前，董氏家族唯建有祖厝，而无宗祠。先前族人曾于民国三十六年（1947年）筹建过宗祠。当时，择地本里印山书院前，土名"苍峡司"，伐丹山祖林做建构木料及建祠堂之资金。于当年破土奠基，工匠进场，木构件已基本完备。后时局动荡，故而首次建祠无果而终。

1990年水口水电站库区搬迁新镇，于是董氏族人逢机共襄盛举。1993年，择延平区樟湖镇上坂街东南山土名"牛岭"的地方筹建董氏宗祠。是年9月7日破土动工，历时一年多，于次年8月竣工。祠堂占地面积1360平方米，建筑面积308平方米，投入资金10余万元。

新建宗祠为歇山式砖木结构房，灰瓦白墙，飞檐斗拱，中轴布局。上下两落，上落为正厅，供奉先祖神位，两边回廊相绕，下落为大门庭与照门，内含天井。回廊两厢有耳房，设厨房与储存室，建筑格局具有闽派风格。祠堂后门

漳湖坂董氏宗祠内景

挖掘一井，泉源来于石缝间，源源不断，四季长流，水质甘甜清冽，沁人心脾。祠前建一牌坊，高大宏伟。

三、家族繁衍

董琼在朝为代理宰相，全家数十余口世居浙江省金华府金华县。明朝成化元年（1465年）遭朝中奸臣冒奏陷害遇故，全家出避，各奔而去。唯董母钱氏福娘同子五人遁入江右广信府贵溪县（今江西省贵溪市）离城六十里乌鸽桥孔家庄驻足，并置租业甚多，安居数载。此际母恐前事发，由蒲一公同母独居原址，其余兄弟四人迁至福建福州府长乐县后，蒲八公迁居建宁府，蒲九公仍在长乐县居住，蒲十公迁延平府南平县垂裕乡（今南平市延平区樟湖镇），蒲十一公迁居尤溪县十四都官台村（今尤溪县

西滨镇三连村）。

董琼前世世系图如下：

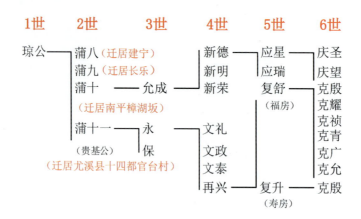

尤溪董氏和樟湖董氏各有一座相当规模的宗祠。

董蒲十为入樟湖始祖。蒲十公在此繁衍生息，开张生理朱漆为业，善脱胎漆艺，技艺精湛，艰苦创基丕振家业，并置建祖厝一栋，坐落于樟湖旧镇柴桥巷头，娶姚林氏福娘，生一男允成。后裔分枝散叶，有上董和下董之分。四世祖新德一公分居中和坊（俗称下董），四世祖新荣三公分居上坂坊（俗称上董）。

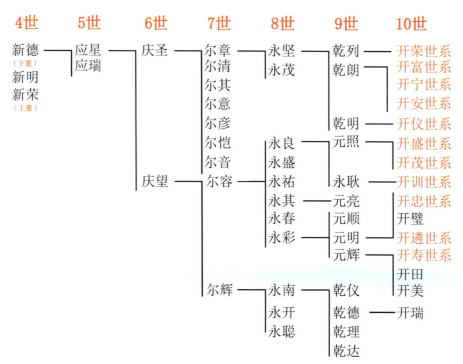

其中，下董在中和坊祖厝居住有20余户60多人；在中和坊官仓弄街面厝居住的有30余户110多人；中和坊磨房石对面大幢厝居住的有20余户80多人；中和坊大呈里大门对面厝居住的有30余户80多人。

四世祖新荣四公分居上坂坊（俗称上董），其中现有上坂坊居三层楼巷巷头侧厝居住 30 余户 130 多人；八世祖永瘦公分支上坂坊张氏祠堂上侧后山路上厝（俗称心善堂），居住 50 余户 320 多人；十二世祖运顺公分支上坂坊建设弄上等厝（俗称鸭墓仔），居住 40 余户 180 多人；十五世祖玉寿、如寿二人开支尤溪口镇，居住 6 户 20 多人。

樟湖董氏自高祖董琼公起五代取行派和字，为"永、元、开、隆、运、兆、世、发、光、昌、尔、文、行、忠、信、祥、钟、乍、乃、长"。

《樟湖镇湖峰董氏支谱》于 2012 年由董华松主修，董长盛书谱序，董光章、董毅、董长华汇编资料，董长华、董喜国校稿。谱载始祖蒲十由江西省贵溪县入闽等。谱为印刷本，1 册，现存南平市延平区樟湖董氏宗祠理事会。

四、祖训内涵

"欲治其国者，先齐其家；欲齐其家者，先修其身；欲修其身者，先正其心。"据此，许多家规祖训都是围绕着治国、齐家、修身来制定的。以下为樟湖董氏祖训：

人生斯世，孝悌当先；
奉养父母，力竭心专；
兄弟互助，手足比肩；
敦宗睦族，裕后光前；

出就师傅，仁义志坚；
君臣朋友，不可党偏；
酒色财气，悉为除蠲；
力耕苦读，安命听天；
报国爱乡，为民奉献；
国税早纳，何有催缠；
勤俭崇矣，奢华戒焉；
日用饮食，学古圣贤；
忠厚谨慎，家法流传；
扑作教刑，纠谬绳愆；
其各恪守，无忘此篇。

五、习俗传承

（一）樟湖坂的文化生活

樟湖坂的文化生活丰富多彩。春节是樟湖坂的文化节、狂欢节，各种活动时间长达两个月。迎神拜佛，各个姓氏各有崇拜的神明。春节迎神明的场面热闹非凡：打击乐"十番"、二胡、京胡、板胡、太平鼓，各式花灯、蛇灯，队伍长达几里。大厝小屋在门前供香鸣炮，祈求在新的一年里风调雨顺、五谷丰登。在春节，樟湖坂习惯请福州闽剧大戏班来演戏，连演数日，过去邻近乡村的村民夜里都举着火把来看戏，场场爆满。

端午节是樟湖坂的大节日，除了包粽子、挂菖蒲外，当今难以见到的是绣香包、香袋。赛龙舟是端午节一大活动，传统习惯按姓氏（如今大多按街区、队组）参加比赛。六七艘不同颜色的龙船在闽江中劈波斩浪，锣鼓喧天，各路健儿奋勇当先，竞赛激烈，蔚为壮观。

（二）非遗文化"蛇节"

七月初七日，又是樟湖坂的一个传统盛会。当地，每年都要在蛇王庙举行迎蛇活动，祈求蛇神永保平安。

蛇节活动含蛇文化渊源、蛇王的象征体、敬蛇仪式和放蛇回归四个部分，形成独特的春秋三祭崇蛇民俗体系。

六、祠堂楹联

匡时鸿文震汉室；
盛世良图壮家声。

世代源流远；
孙枝奕冀长。

身范克瑞绳祖武；
家规垂训翼孙谋。

祖功宗德流芳远；
子孝孙贤世泽长。

堂势尊严昭奕代祖功宗德；
孙枝繁衍承万年春祀秋尝。

春露秋霜本支衍百世；
萍繁藻洁俎豆祝千秋。

乔木发千枝岂非一本；

长江分万脉总是同源。

重建祠堂立匾有"孝悌家风""蒙龙赐董""陇西世泽"。

七、逸闻轶事

樟湖坂得名缘于镇前有一个漳湖，古称"碧洞湖"。传说若有鲤鱼跳出，樟湖当年就有登科的人。此湖为活水湖，雨季涨水与闽江融为一体，秋冬季节枯水期与闽江隔离成为内湖，是沿江居民的"大水缸"。湖边有樟树，樟树根系发达延伸数丈，保护着湖边百姓不受洪涝灾害，樟湖人称之为保护神。

八、古代名贤

樟湖坂的教育很发达。清末废科举之后，地方还发展新学，兴办女学。现今教育更是大有发展，各类人才辈出。

董元通，清乾隆十九年（1754年）进士及第。

董永茂，清乾隆三十三年（1768年）武举人。

董永良，清乾隆四十五年（1780年）例授解元。

董隆文，清道光十九年（1839年）例授举人，正八品衔。

董兆匀，光绪十七年（1891年）例授修职郎。

万寿塔

九、名胜古迹

（一）蛇王庙

樟湖蛇王庙，俗称福庆堂，也称连公庙，位于樟湖镇中坂街。始建于明代，1992年因水库建设迁至现址。大殿为单檐歇山顶，穿斗式木构架，减柱造，面阔三间。大殿新装饰的藻井采用大量蛇和蝙蝠图案，凸显出深厚的闽越蛇文化遗风。樟湖蛇王庙为闽越人崇蛇的代表性文物，是"闽蛇崇拜民俗"重要载体之一。

该庙与其他庙宇不同之处在于，其檐角处的仰头雕成蛇头，形态逼真。来到这座千年古镇，仿佛就到了金庸笔下的欧阳锋的白驼山。这里至今保留着古朴的民间文化活动——祭蛇。每年农历

七月初七日，镇上举行盛大的迎神赛蛇活动。2005年5月11日，樟湖蛇王庙被列为福建省文物保护单位。

（二）万寿塔

在樟湖镇东部，浮于闽江水面的白鸽岛上，有一座石塔——樟湖万寿塔。樟湖万寿塔被公布为县级文物保护单位。

这石塔是明代初年修建的万寿寺后院的镇塔。万寿寺庙早已荡然无存，而石塔却依然站立着。这座石塔像亭亭玉立的"含羞女"一样，站立在万波碧浪之中。万寿塔是一座石构楼阁式、七层八面的空心石塔，高16.3米，塔基周长16米。外部雕饰精美，内部石件粗糙，有石阶直通塔顶。须弥座八面，浮雕瑞兽仙禽、花卉莲叶等。每角浮雕力士金刚承托。塔面各层佛龛均雕佛像，塔顶无宝葫芦等装饰，有毁损迹象。

松源旧堂山水秀　董坑新祠人杰灵

松溪渭田董坑董氏宗祠

一、地理概况

松溪县位于闽浙交界处，武夷东南山麓。松溪县是福建省北部山区一个颇具特色的小县，古时沿河两岸多乔松，有"百里松荫碧长溪"之称，因此得名。松溪县辖1个街道、2个镇、6个乡。

松溪县气候宜人，山清水秀，历史悠久，地灵人杰。相传春秋时期，著名

铸剑大师欧冶子受越王之命，于湛卢山铸成名扬天下的"湛卢宝剑"，其剑列中国古代五大名剑之首。城西的九龙窑是宋代烧制贡瓷的遗址。松溪历代文风昌盛，人才辈出。宋代大理学家朱熹及元代学者杨缨等人曾先后在湛卢山建造"吟室"讲学授徒。历代共有28人考取进士，涌现出了众多仁人志士，宋代有刚正廉明的名臣吴执中，南宋有抗金

董坑董氏宗祠

护驾名臣陈戬，明代有政绩卓著的真宪时，抗倭献身的义士张德、陈椿，有著述十一部被誉为"百粤文宗"的魏濬，其研究易学巨著《易义古象通》被收入四库全书。北宋神宗宰相王安石的父亲王益和南宋高宗宰相李纲的父亲李夔均在松溪任县尉。现今相继复原生产的湛卢宝剑、九龙窑瓷品和民间版画被誉为"松溪三绝"。

二、家族繁衍

南宋绍兴年间（1131—1162年），进士董彦瑜（讳仁斋），浙江平阳人，任建州刺史，缘世纷纭不仕隐居，明珠投暗，避静清居，迁闽松邑，卜邻乐居。松源

董氏在这片沃土上繁衍生息，建设美丽的家园。

松源董氏分东西两族。仁斋公生二子，长海望公，讳仲珠，分东族，居县治；次子海文，讳仲玑，徙居董坑，分西族。至今在松溪董氏族人已繁衍1600多人，主要居住在旧县乡旧县村、游墩村，渭田镇东边村、董坑村、渭田村、竹贤村，溪东乡溪东村，祖墩乡岭完村、溪畔村。

其字辈为：

> 义烈钟嘉瑞，于斯毓哲启。
> 靖芳如玉树，庭宇永生春。
> 盛世明君正，定国佐良臣。

其简明世系图如下：

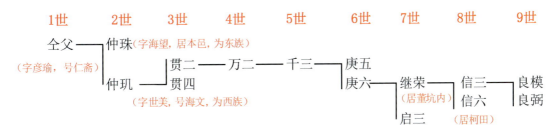

1世	2世	3世	4世	5世	6世	7世	8世	9世

全父（字彦瑜，号仁斋）—仲珠（字海望，居本邑，为东族）
仲玑—贯二、贯四（字世美，号海文，为西族）—万二—千三—庚五、庚六、启三—继荣（居董坑内）—信三、信六（居柯田）—良模、良弼

三、宗祠大观

松溪董氏西族原无宗庙，直到十一世祖文车公才在胶堂村建祠祭祀，经传数世裔孙，后康熙年间鼎新重建，咸丰八年（1858年）又遭兵燹仅存地基，直至同治年间由嘉壁、嘉傅、嘉谦等合力重建，至民国六年（1917年）裔孙瑞调、

斯贵、斯凤又重建改架，上下两栋，左右两廊，历经两年而告竣。据西族族谱记载，董氏宗祠坐落于柯田村内董溪仔边上。后由于人员大量外迁，居村人口不断减少，加上年久失修，宗祠渐渐腐朽荒废。

松溪董氏东族祠堂于康熙甲申年（1704年）创建，坐落在城内南街尾巷，堂号为"时思堂"，至今基址尚在。"时

思堂"的寓意是：其一，时记木本水源之训，思念宗功祖德之恩。其二，"常将有日思无日，莫待无时思有时"，旨在教育子孙后世忠孝为本，勤俭持家。现在董坑董氏宗祠亦引用之。后因风雨淋漓，遂有栋折榱崩之势，终于光绪壬寅年（1902年）围墙倒塌。族众无不触目伤心，遂合族商议迁地而建，派二十八世裔孙显生领头，携族内于思、于易、于巨、斯传、斯满等合力集资筹办，购买城内坐西向东陈家旧房一栋，重建董氏祠堂，甲辰年（1904年）竣工。但因时代变迁、物换星移，东族的祠堂也荒废已久。

渭田镇董坑村因是董氏最早定居开发的地方，所以命名为董坑。2010年左右，松溪董氏东族、西族宗亲发起倡议，重建董氏宗祠，选址在董坑村与董氏有历史渊源的三龙寺旁。董氏宗祠坐北朝南，占地面积150平方米，砖混结构，上下二层半，共计250多平方米。宗祠面临小溪流水潺潺，紧靠三龙寺，左右翠竹环抱。每年清明节，来自四面八方的松源董氏宗亲汇聚在此扫墓、祭祀先祖。并乘春阳照临，春雨飞洒之际，每人携带几棵树苗在宗祠后山种植，绿化家乡的山川。

四、名胜古迹

三龙寺位于松溪永宁里，寺前小溪流水，古木荫翳，树影参差，也是胜景之地。闽龙启三年（935年）胜光大师开基建寺。南宋绍兴年间，松溪董氏先祖董仁斋置地五百亩捐松源永宁里三龙寺，殿宇焕然一新。千年来，历经兴废，至今仍香火兴旺。

五、宗祠管理

目前，松源董氏宗祠有十人左右组成的宗祠管理理事会，处理宗祠日常事务，组织每年清明祭祀、植树活动。全体理事尽职尽责为董氏宗祠建设做了很大努力，取得卓越成绩。

八闽董氏宗祠文化大观

家规七项千秋吉　　祖训百代万世兴

光泽止马水口横南董氏宗祠

一、地理概况

光泽县位于福建省西北部，武夷山西南麓，富屯溪上游，西北分别与江西省黎川、资溪、贵溪、铅山等7个县市相邻。光泽自北宋太平兴国四年（979年）建县，距今已有1000多年。光泽是光荣的革命老区，1933年2月成立中共光泽县委，1930—1937年是中共闽赣省委机关所在地。如今光泽县辖3个镇、5个乡：杭川镇、止马镇、寨里镇、鸾凤乡、崇仁乡、李坊乡、华桥乡、司前乡。

当今光泽董氏人口有近400人，主要分布在止马镇亲睦村董家、水口村董家、止马村，李坊乡长源村、石城村彭家边，华桥乡石壁窟村，司前乡司前村、西口村、岱坪村岱下，杭川镇坪山等地。

水口村董家自然村是横南董氏集居地。村落位于县城西部、富屯溪上游，东面与鸾凤乡交界，北与李坊乡相接，西与本镇的止马村相连，距县城22公里。水口村是止马镇古时著名的水上交

横南董氏宗祠外景

横南董氏宗祠内景

通枢纽，设有码头、驿站，南来北往的船只经常在此停留，所以自古就有"上水口、下洋口"之说，是止马、李坊乃至江西东部地区进入光泽、邵武以及南平、福州的水上必经之路。水口这条河流可称得上是光泽的"大运河"。

二、宗祠大观

横南董氏宗祠坐落在水口村董家自然村，始建于清嘉庆二十五年（1820年），原宗祠木结构，三进两天井，道光十六年（1836年）稍微重修。同治庚午（1870年）重新集资修建。"文化大革命"中被毁坏。2008年在原址上重建宗祠。现今宗祠为硬山式砖木结构，建筑面积近200平方米，坐西北朝东南。周边翠竹环抱，进了宗祠大门，就是天井，天

井连接着由8根木柱组成的三开间敞口明亮大厅，沿着宗祠大门中轴线最后是祖先神座。每年清明节宗族祭祀活动都在大厅进行。

三、家族繁衍

水口村董家自然村的董氏祖先董荀于明洪武年间（1368—1398年）由盱水琴城（今江西抚州临川董家堂）迁入。今传19世，居村20余户50多人。

光泽横南董氏字派，从荀祖以下五世，即"太、文、孟、佛、恩"未定派，至七世"仁"字起定派如下：

仁义礼智信，贤良忠德正。
熙惠长元吉，福应万世兴。
绍先承祖荫，云礽庆维新。

其简明世系图如下：

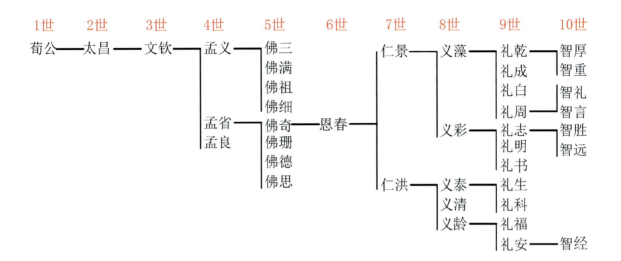

1世	2世	3世	4世	5世	6世	7世	8世	9世	10世
荀公	太昌	文钦	孟义	佛三		仁景	义藻	礼乾	智厚
				佛满				礼成	智重
				佛祖				礼白	智礼
				佛细				礼周	智言
			孟省	佛奇	恩春		义彩	礼志	智胜
			孟良	佛珊				礼明	智远
				佛德				礼书	
				佛思		仁洪	义泰	礼生	
							义清	礼科	
							义龄	礼福	
								礼安	智经

《杭川董氏宗谱》于清嘉庆三年（1798年）首修，道光二十五年（1845年）、道光二十九年（1849年）、光绪十年（1884年）、民国八年（1919年）、1997年重修。谱载始祖董荀、董芳由江西抚州临川董家堂迁入等。谱为刻本2册，现存光泽县止马镇董元寿处。

四、家规内涵

止马镇水口村横南董氏宗祠有7项家规：

家　规

一、孝亲敬长之规。孝顺父母，尊敬长上，百行之首，万善之源。人能得此道，天地鬼神相之，亲戚邻里重之。凡有父母兄弟在，前者不可不及时勉勗。

二、隆师亲友之规。凡家素清约，自奉宜薄，然待师友则不可薄也。切不可因己无成而不教子也，又不可以家事匮乏而不从师，务要益加勉励，则所闻者尧舜周孔之道，所见者忠信敬让之行，渐摩仁义，身日准于仁义而不有知也。若为利所使，违弃师友，则与不善人处，所闻所见无非欺诬诈伪奸盗邪淫之事，身日蹈于刑戮而不自知也。言之痛心，各宜自省。

三、待人接物之规。凡与宾客及尊长卑幼君子小人相接，仪节固有不同，咸不外乎敬而已矣。若待尊长，必须言温而貌恭，情规而意洽，尊长或我爱益加敬谨可也。待卑幼又在自敬其身，苟能尊严正大肃矩整规，则为卑幼者修饰畏慎之不暇，孰得而上犯之耶？一或琐碎亵狎，便无忌惮矣。

四、鞠育教养之规。古有胎教，凡妇人妊子，寝不侧，坐不偏，立不跸，不食邪味，割不正不食，席不正不坐，目不视邪色，耳不听淫声，此道也。今之妇人乌得知之夫？当预与之言。

五、节义勤俭之规。节义之人，凡天地正气所钟，光祖宗荣亲族莫大乎是。后世但有男子伏义而穷妇人守节而苦不能自存者，岂可不为之虑而使之失所耶？合族俱当义处赀级以成所大美，不得轻慢靳啬。勤俭为成家之本，男妇各有司。男子要以治生为急，于农商工买之间务执一业，精其器具，薄利心，为长久之计。日用所需当量入为出，慎勿侈靡骄奢，博弈饮酒，自就荒淫而废正道矣。妇人夙兴夜寝，黾勉同心，执麻枲，治丝茧织纴组紃，以供衣服。不事浮华，惟甘雅洁。凡有重务，兄弟姒娌分任其劳。主妇日至厨房，料理检点，如此则衣食常盈而先业不坠矣。

六、出处进退之规。人生天地间，智愚贤不肖，固有不齐，或出或处，或进或退，要当皆以古人为鉴，斯无咎矣。

七、保守身家之规。保守身家之道无他焉，第一不可奸骗人家妻女；第二不可赌博宿娼；第三不可拖欠包揽，谋领侵欺钱粮；第四不可炼药炼丹，攘窃诓骗；第五不可强横健讼，斗狠逞凶及打帮教唆，生事害人；第六不可交接无籍之徒，花哄游荡，不务本等生理，及纵容尼姑卖婆于内室往来；第七不可傲人慢物，好胜夸能，逆理乱伦，骄奢淫逸；第八不可为贪心所使，专行峻险之途。吾人能依得此诫，每日战战兢兢，循规蹈矩而行，则上不玷祖宗辱父母，下不累妻子害亲邻朋友，明无人非，幽无鬼责，一家安乐，为何如哉。

第八节　宁德地区董氏宗祠

　　宁德，又称闽东，是中国大黄鱼之乡，素有"海上天湖，佛国仙都，百里画廊"之美誉，是国家园林城市。位于福建省东北翼，东临东海，与台湾地区隔海相望，西邻南平，南接省会福州市，北与浙江接壤，是福建省与长三角地区及日本、韩国最近的城市。

　　宁德市下辖蕉城区、福安市、福鼎市、霞浦县、古田县、屏南县、寿宁县、周宁县、柘荣县等9个县（市、区）。据统计，现居住在宁德地区的董姓人口约12000人，主要集居在蕉城区、福安市、福鼎市、霞浦县、柘荣县等地。现存有福鼎缙阳董氏宗祠、福鼎沙埕大白鹭董氏宗祠、福鼎店下东岐四斗董氏宗祠、霞浦溪南下砚董氏宗祠、霞浦柏洋董墩董氏宗祠、霞浦牙城麂岩下董氏宗祠、霞浦盐田董岭头董氏宗祠、霞浦松城宝福里董氏宗祠、柘荣城郊仙源里董氏宗祠等9座宗祠。

八闽董氏宗祠文化大观

富基择地良水秀　福厝迁址远兰馨

福鼎管阳缙阳董氏宗祠

一、地理概况

根据谱考及传说，缙阳先祖好武，略擅骑射，研易经。元大德三年（1299年），创迁安仁村（今管阳西阳村），居住40多年后，传4代，人丁不旺。先祖认为此地非"阳"之地，不宜人居，再者西阳村属于"客"地，遂思迁宜居之地，便以骑马射箭的方式来选址。有一天马骑至箭阳坪（平时习箭之地），向西

北方向连弓三箭均落一洋（现缙阳村），间隔不远成"品"字形。经实地观察后，决定迁此居住。村名以"落箭之洋"取名"箭洋"。"箭洋"之名一直沿用至清代中后期，约在道光至光绪年间，改名为"缙阳"。当时缙阳人丁兴旺，习儒学练功者参与府试、国试选拔的很多，而真正入选仕宦之才甚少。当时族人以为"箭洋"地名不吉，有误后代仕途，亦想更改村名。"箭"即武器，是杀伤人类及畜禽的凶器，"洋"作田庄、平原，也作

新修缙阳董氏宗祠外景

水流、水域、海洋。箭和洋相克，箭落洋中或淹没或漂流，不利也。"缙"乃"彤"和"赤"也，代表红色，古代称官僚或做过官的人是"缙绅"，因此"缙"是仕途顺利的象征。"阳"乃明亮凸出、明显，代表阳光，是积极向上的象征。恰巧缙阳开基始祖董万彤，字赤阳，将"箭洋"更名为"缙阳"，亦可纪念开基始祖。后人亦用晋阳。

缙阳村位于福鼎市西北部，距市区约40公里、集镇管阳10公里。三面环山，一面临溪，村内溪水自北到南与西阳溪交融。东与徐陈村接壤，西南与西阳溪相邻，北与西阳村连接。村落面积约3平方公里。改革开放后，基础设施逐步完善，水、电、路、广播、通信等"五通"齐全，族人安居乐业。通往外界的公路四通八达，距管沈线公路仅1公里，农副产品外运极为方便。山水资源丰富，北有目鱼冈、虎蛇山、天顶冈、龙井溪、北坑溪，西南有西阳溪。天顶冈大峡谷龙井溪（3个龙井）谷深幽静、瀑布飞溅、流水清澈、森林繁茂，是人们游览避暑、休闲度假的好去处。

缙阳村历史悠久，始于元初，徙（建）村有近700年历史，古时属于十七都之一。人们以传统农业为主，经商、传统手工艺为辅，生活达到小康以上水平。村内有近700年的古井，200多年的古民居多栋和古苦槠树30多棵，等等。

二、宗祠大观

宗祠位于缙阳村西南村口，坐西南朝东北，堂号以祠堂坐落之地形如向日葵取名"葵花堂"。当年族人刚入籍新居，以山田农耕为主，人力物力财力缺乏，无暇顾及修建宗祠。欲创建宗祠者有之，虽萌发决心，终未付诸行动。后约在元末明初，族人已安居乐业，兴建祠堂是族人的共同心愿，也是董氏家族人财兴旺的象征，遂选址于祖屋南向不远的湾墩之地，首建土木结构宗祠一座，坐西朝东。后因该地环境阴潮，不善管理，最终连同族谱毁于焚火。清嘉庆甲子年（1804年），族内十九世孙董周儒、董周加、董周楷，二十世孙董振顺诸公，带头集资献力，在族人的共同努力下，选异址重建。于是构木积瓦，昼夜展力，阅岁成功，前立三透及左右两庑后损于蚁腐。至同治丙寅年（1866年），族内二十一世孙董大昌（字光平，庠名其邦）首倡改建二进，虽木朴而鲜华，规模宏旷。

历民国戊辰年（1928年）、丙子年（1936年）以及1949年后数度维修，仍存隐患。至2014年二十五世孙董廷兴族内后裔10多人进行重新改造扩建。总占地面积近3300平方米，建筑面积400多平方米，文化广场面积约2900平方米。祠堂为二进，较以往的规模有很大变化，防蚁、防腐、防火、抗风雨功能更强。四周为砖混结构，连成一体。祠内上下厅16根石柱和风火墙撑起数十根大梁，承载着整座400多平方米的堂顶，16根石柱摹刻8副金黄色楹联，堂内装修更为辉煌亮丽，各种人物画像、简介、祠（族）规等应有尽有，让人耳目一新。祠堂迎面上方正中为净空法师题写的"缙阳董氏宗祠"青石雕镌金字；整个正立面用青石嵌贴而成，刻有"二十四孝"，图文并茂，栩栩如生。中大门、左右小门分别镌刻有3副门楹对联。堂前左右竖立4对旗杆夹，门前雄踞一对石狮，文化广场配有绿化、水池、景观等，丰富村民的文化生活，作为民间传统文化和群众体育文化两用场地。

三、祠堂楹联

宗祠楹联虽数量少，但安排有序，内涵丰富，敦亲睦族，弘扬正道，启迪后人，催人向上。

正前中大门楹联（横批"陇西世第"）：

沐宗恩后裔繁荣永承侯伯志；
光祖德儿孙忠孝长照汉儒风。

左侧门楹联[横批"祖德宗功"（"入悌"）]：

规模鼎峙迎虎蛇见云龙风起；
堂势尊严竞葵花乃甲第蝉联。

右侧门楹联[横批"培兰毓桂"（"出孝"）]：

敦一脉之宗友敢忘水源木本；
崇百代之祀典毋忽春露秋霜。

新修缙阳董氏宗祠内景

正堂石柱楹联:

祖之秀寒窗研读试仕履府治;
宗以明长途跋涉解甲历吾邑。

妥先灵香火喜同欢亦已祀矣;
遗世系萍踪怅莫觅可无憾乎。

富基择地良水秀山明娱晚景;
福缙迁址远兰馨桂馥绍先芬。

天井回廊石柱楹联:

左侧:

祖德振千秋伟业;
宗功启百代文明。

右侧:

身范克端绳祖武;
家规垂训翼孙谋。

前堂石柱楹联:

前中:

福地绕祥光雕梁书栋;
房枕多瑞气镂玉泥金。

前左:

乔木发千枝岂非一本;
长江分万脉总是同源。

前右:

春祀秋尝遵圣贤礼乐;
左昭左穆序世代源流。

其中,"祖之秀寒窗研读试仕履府治;宗以明长途跋涉解甲历吾邑"一联挂于宗祠正堂神主龛前首对立柱,旨在敬崇纪念始祖。上联为本氏肇基始祖董万彤公,出生在浙江泰顺吴屿(今洲岭乡华荣村),是进泰始祖董良委公第二十世孙。自幼聪颖好学,寒窗苦读,于宋末以俊秀之才选入国子监,太学生考拔时,廷试果称上意,授陕西西安府华州同知,任职期间忠正以廉,诚挚为民。下联为本祖彤公任职期间,时逢宋末元初,天下扰攘,群盗并起,遂脱簪解组而归,长途跋涉,托迹山林岩泉,于元大德三年(1299年)入闽创迁安仁村开基置业,后迁箭洋。

四、家族繁衍

缙阳董氏的肇基始祖董万彤公为豢龙世裔,源于陇西郡。据记载,先祖一世董轩,字志昂,官大保,于周威烈王时(?—前402年)肇基陇西(今甘肃东南),历经甘、晋、苏、粤、赣、豫、鄂、浙、陕、闽等十省辗转后,后裔中一分支于元初入闽迁鼎,在今福鼎管阳缙阳繁衍成族。

(一)缙阳董氏源流简述

董轩的后裔十三世董可迁西境村(山西文水县);十七世董昌登偕子董会迁崇村(广东清远市);到二十四世董掌敬同子董通景迁河京村(广东龙川县);三十一世董则梁同子董国(字广成,兵部侍郎)迁居流平村(江西贵溪市);三十八世董政豪(布政使司)迁部境村(浙江海盐县),其子董坚显时任金华同知,因爱兰溪山明水秀,又迁兰溪

（浙江兰溪市）定居，其长子董均普（字文祥）迁彰德府（河南信阳市），其长子董信光从信阳迁万岁里（山西永济虞乡），董坚显的次子董均远（字文宝，校书郎，四十世）有5子，其第五子董尧机（四十一世，礼部尚书）居湖北黄陂，董尧机的次子董舜抱（四十二世）于742年任永嘉郡（浙江温州市）太守，其第三子董景（四十三世）开基新河巷（温州龙湾区）。传至四十六世董宣和兄董安迁董家墺（平阳水头镇），到了五十二世董良委、董良英在唐末自董家墺又迁宋溪（泰顺秀溪村），传到五十八世董则元、则利、则恭、则敏同父叔辈再迁吴屿。

在吴屿时，则敏五世孙董禄有3个儿子（隆、全、旺），三子董旺（六十三世）移居泰顺罗阳交垟口墺底（今发展成族），后裔分布各地。次子董全，无考。长子董隆仍居吴屿。董隆于神宗熙宁二年（1069年）科第，官封临安府（杭州市临安区）知府，其有五子。长子董灏的后裔（七十一世）董万彤于元大德三年（1299年）从陕西西安华州辞官肇基福建福鼎安仁村，传至四世董兰二、董兰四于元至正二年（1342年）复迁缙阳安居。现尊董万彤为缙阳支开基始祖。世泽绵延，子孙繁衍达30世，现有后裔500多户2200多人。

（二）缙阳董氏昭穆行第

1.前（泰顺吴屿）行第

名：良善成（敬）□　大小则元

享利（安）□□　宜必□维

2.近（福鼎缙阳）行第

名：千载万年　桂兰培植

方园惠钦　僯章仁温

名：礼可元文　周振大邦

肇启廷俊　学延崇庆

字：万以国子　如必光克

志世策秀　衍致登正

3.续（浙南、闽东五县联谱）行第

名：诗书（文）经典　共举允升

积善修（存）信

字：昭穆宏达　万系永昌

紫（瑞）光普照

名：立章（荣）传（垂）名

融和崧睦　博爱素平

字：禧象维贺（祝）　格勤朝夕

怀抱古今

名：刚毅坚（致）志（士）　孝悌忠纯

字：芬芳雅趣　琴瑟联英

名：德（礼）为孝本　义依勇行

才冠泰斗

字：江山会合　门第光明

座扬金凤

名：道（仁）思子（孔）孟

叔侄昆仲　智贤毕亲

字：堂满玉麟　椿树盈碧　松鹤度龄

名：鸿图勃展　靖启（慧）汉民

川泽呈秀

字：敦厚廉洁　敬长有恒　居安畅值

名：辉胄同登　时赐胜景

乐爱进成

字：肃清求真　千祥广集

　　百福惟增

目前，在世最大行第是"肇"字辈，为缙阳二十三世，最小行第是"庆"字辈，为三十世，有"八代同堂"之称。

董万彤家族定居福鼎安仁（福鼎西阳），后复迁箭阳（今缙阳）。一世董万彤生一子董普年。二世普年生二子，长桂四、次桂五。三世桂四生兰二，桂五生兰四。两兄弟于元至正二年（1342年）移迁缙阳架屋兴居。四世兰二生二子，长培二，次培五；兰四生三子，长培三、次培六、三培九。五世培三生二子，长植一、次植五。六世植一生二子，长方二、次方五；植五生二子，长方三（名方山）、次方六。据史料记载，董方山生于明正统年间（1436—1449年），卒

不详，行第三，号方三。于明天顺年间（1457—1464年）科考入选处州府（浙江丽水市）任职，因不满时政朽腐，于明成化十二年（1476年）弃官回乡济世为民，培育一代代后人精通医术，时被誉为缙阳儒医世家。七世方二生二子，长园一、次园三。八世园一生二子，长惠三、次惠四。九世惠三生子一，钦四。十世钦四生三子，长僆四、次僆六、三僆八。十一世僆八生子一，章二。十二世章二生子一，仁五。十三世仁五生三子，长温三、次温五、三温七（十四世至三十世略）。此后缙阳人丁兴旺，事业有成。

其简明世系图如下（二十至三十世篇幅太大略）：

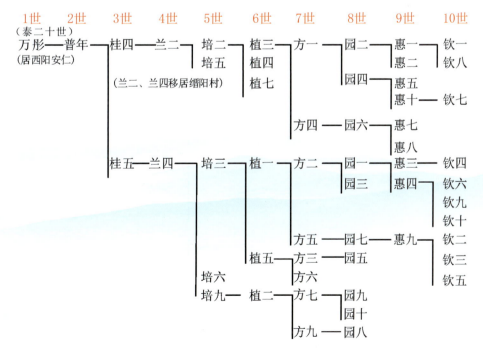

八闽董氏宗祠文化大观

10世	11世	12世	13世	14世	15世	16世	17世	18世	19世

钦八 ─ 偻三 ─ 章四 ─ 仁七
　　　　　　　 章十 ─ 仁十
　　 偻九
　　 偻十

文熹 ─ 周南 / 周箕 / 周全 / 周鸿 / 周鹤 / 周鸢 / 周鹊

钦四 ─ 偻四 ─ 章五 ─ 仁一 ─ 温一 ─ 礼三 / 良二 ─ 义一
　　　　　　　　　　 仁四 ─ 温九 ─ 义二
　　　　　　 章八 ─ 仁二 ─ 温四 ─ 礼义
　　 偻六 ─ 章一 ─ 仁三
　　 偻八 ─ 章二 ─ 仁五 ─ 温三 ─ 礼一 ─ 可举 ─ 元胤

文勋 ─ 周风 / 周鸳 / 周儒 / 周恩 / 周火 / 周湿

文清 ─ 周鹏 / 周鹣 / 周雁

温五（徐陈清水垅支）
温七 ─ 礼二

（缙阳里支）
礼七 ─ 可生 ─ 元孟 ─ 文庚（吴社公）
礼八　 永昇 　　　　 文彦（居六家头）
　　　 永祯
　　　 永琨
　　　　　　　 元胤
　　　　　　（嗣可举公清水垅支）

文庚（吴社公）─ 周锜 / 周锡 / 周铭 / 周志

文彦（居六家头）─ 周镕 / 周钧 / 周铨 / 周锦 / 周钡 / 周钻 / 周志 / 周志涵 / 周模 / 周兰 / 周冕

对面山(祖屋支)
礼九 ─ 永旭
礼十 ─ 永祈 ─ 元盛 ─ 文炜
　　　　　　 元盛 ─ 文陈
　　　　　　　　　　 文万

文炜 / 文陈 / 文万 ─ 周竟 / 周博 / 周吉 / 周加

钦二 ─ 偻一 ─ 章三 ─ 仁六 ─ 温二 ─ 礼五
　　　　　　　　　　 温八
　　　　　　　　　　 良五 ─ 礼五
　　　　　　 仁八 ─ 温十 ─ 礼四
　　　　　　　　　　 良一
　　　　　　　　　　 良四
　　　　　　　　　　 良七

　　　　　　　　　　 元禄 ─ 文梅
　　　　　　　　　　　　　 文质
　　　　　　　　　　　　　 文声
　　　　　　　　　　　　　 文煌

文梅 ─ 周然 / 周垣 / 周可 / 周济
文质 ─ 周榜 / 周模 / 周楷 / 周栋 / 周桢
文声 ─ 周礼 / 周孔 / 周熙 / 周淮 / 周薛
文煌

钦五 ─ 偻二 ─ 章七
　　　 偻五 ─ 章九 ─ 仁九 ─ 温六 ─ 义六
　　　 偻七　　　　　　　 良三 ─ 义九
　　　　　　　　　　　　 良六
　　　　　　　　　　　　 良八 ─ 义七
　　　　　　　　　　　　 良九 ─ 义八
　　　　　　　　　　　　 良十 ─ 义十

元信 ─ 文发 ─ 周冕
元和 　 文芳 ─ 周养
　　　 文茹 ─ 周逊
　　　 文万 ─ 周连
　　　 文焰 ─ 周欣
　　　 文辉 ─ 周行
　　　 文贵 ─ 周敬 / 周行 / 周惠 / 周遴 / 周翟

元成 ─ 文龙 ─ 周博
元友 ─ 文显 ─ 周英 / 周华 / 周俊
　　　 文连 ─ 周颐 / 周潘 / 周桑

永裕 ─ 元泰
　　　 元盈
　　　 元渭 ─ 文案 ─ 周霈 / 周履 / 周增

（三）聚居地及繁衍外迁

管阳缙阳村 元大德三年（1299年）创迁安仁村（管阳西阳村境内），传4代至兰二、兰四兄弟复迁缙阳村架屋兴居。后裔族人尊董万彤为晋阳始祖。传30世，居村300多户1200多人。

管阳镇徐陈村 清康熙年间（1662—1722年）十世董可举及子孙自缙阳迁清水垅自然村（今管阳徐陈村境内）安居。传11世，居村20多户近100人。

管阳镇七蒲村 清嘉庆戊午年（1798年），十八世董文彦之孙董振叙自缙阳山后湾移至陆家头厝基仔（今管阳镇七蒲村境内）定居。传8世，居村10户50多人。

清中后期（1755—1856年），周锜派振起之长子大朝、大廷支后裔先后不同年代自缙阳山后湾迁栏栅湾（今管阳镇七蒲村境内）居住。后裔孙分迁管阳、白琳、秦屿、三明沙县、广州等地。传10世，60多户200多人。

民国时期，大朝支裔孙自缙阳迁七蒲居住，传5世。传至董廷裳迁白琳翠郊居住，后裔转迁福鼎桐城。董廷滫迁白琳集镇居住，后裔转迁福鼎桐城富民社区居住，至俊赫、俊济兄弟转迁太姥山镇东埕村居住。

清末（1866—1896年），大廷子邦材与邦框子兆糇，自缙阳经七蒲东埕，转迁广州小南门居住（后裔未考）。

清光绪年间（1875—1908年），大廷

支邦柜之子兆伦自缙阳经七蒲转迁秦屿川头鼻（今太姥山镇东埕村）居住，后裔转迁本村桥头建房居住。1958年廷坤又转迁沙县居住。

清末（1855—1911年），周锡后裔大波之孙兆协自缙阳迁七蒲村缸瑶坪（牛角岭）居住。传6代，20余户100余人。

太姥山镇东埕村 清光绪年间，董大朝、董大廷的后裔自缙阳村经七蒲村迁太姥山镇东埕村居住。传8代，10多户50多人。

民国时期，周锡派董振顺支大瑛的后裔俊泡、俊治、俊泗先后自缙阳迁福鼎桐山福全山（今桐山街道福全社区）居住，传3世，6户30人。大波的后裔廷照自缙阳迁福鼎中山路348号（今桐山街道溪西社区）居住，传4世，4户20人。大波的后裔俊宏于1946年迁海尾（今前岐镇岐阳社区）居住，后又转迁福鼎城关，传4世，8户近40人。

民国庚午年（1930年），周志派振飞之子大时的曾孙董启滚迁居溪西桥（今桐山街道溪西社区）。传4世，6户30人。

霞浦县溪东（霞浦崇儒乡左岭村） 清咸丰五年（1855年），周铭五子董振泽的次子董大椿自缙阳迁居霞浦溪东（霞浦县崇儒乡左岭村）。后于2003—2004年间整村移民安置在县城东关（今霞浦县松港街道东关社区龙泉新村），传9世，90余户300多人。

清末（1899—1911年），周铭派振义

支大纪三子邦柯、四子邦士迁霞浦城关居住。孙董启雄，字仕雄，因工作居福安城关（官埔91号）。传5世，7户30多人。其余后裔仍住霞浦。

福安千诗亭 清末（1837—1878年），大渊子邦净偕子兆括、大玧子邦谁偕子兆抽先后自缙阳迁居福安千诗亭（今福安市潭头镇千诗亭村），传6世，5户20多人。后裔移居福安城内及永安市。

（四）宗谱

《缙阳董氏宗谱》，确切始修时间不详，由于历史沧桑，诸多变化，加上祖屋逢灾遭火，老谱灰尽，元明时期的谱牒一概无存。现存旧谱有清乾隆二十七年（1762年）、道光十三年（1833年）、光绪壬午年（1882年）、民国丁巳年（1917年）、1949年、1983年和2000年数度续修的《缙阳董氏宗谱》10多卷。旧谱保存完整，存福鼎缙阳董氏宗祠理事会。谱载始祖董万彤入闽定居福鼎管阳缙阳村等，还载有重修谱序多篇、家传、寿跋、历代先祖墓葬、前贤遗事、艺文、昭穆行第等。

五、祖训内涵

缙阳董氏祖训

孝为百行之先，苟能敬身以事，父母虽菽水亦欢。若为非而遗累，即甘旨奉养。经文云五刑之属三千，而罪莫大于不孝，为子孙者可不戒哉。

兄弟同气而分，自当受敬。或听是非而至相争闻者，当以不悌罪治。

本族世远支蕃，不无强弱众寡之别，以祖宗亲之皆为子孙，若挟势欺人，不思同宗共祖之谊是忌本也，务要酌理原情，分是非，别轻重，以公议处。

夫死之妇守节为上，倘不能守，嫁之最当。如有稚子幼女，须于亲房抚养，再无所依，听其携育，长大归宗，不得招赘异姓，引奸入室。

嫖赌乃破家之兆，盗贼之由，一入于此，必罹其害，一至十，以十到百，自为人误，仍复误人。其有犯者，尤宜重究。

凡有子者，少时必严，延师课督，先器识而后文艺外，此则维有力田。若游手好闲，不务生业，而归咎于风土之薄，其暴弃不既多乎。

元旦、清明诸节及婚姻庆吊之事，所以合同族别亲疏办，尊卑也，此相近之族尤宜一一遵行。尊尊亲亲，老老幼幼，和宗睦族之大，概云尔。

六、习俗传承

（一）民间"五节"

三月三、端午节、中元节（七月

半）、中秋节、过年（大年二十九），中午十二点过后，家家户户备筵（五果五菜及主食、酒）及香烛、纸箔等，肩挑、手捧到祠堂大堂设宴，祀请祖先，保佑家庭平安，来年丰收，也是一种孝祖尊宗的体现。近年来从"五节"简化为三月三、七月半、过年等"三节"。

（二）"吃新"

每秋收来临之际，家家户户把当年收割的稻谷晒干碾成大米，首次尝新米，煮成饭先祭奉天地、祖宗和灶神（俗称灶公灶婆），祈求风调雨顺、来年丰收。

（三）初一讨糖

初一日一大早孩子们（有的孩子由大人带着）到做寿者（五十岁初寿以上）的家门前祝寿，讨要糖果等。

七、古今名贤

（一）古代名贤

缙阳董氏历代名贤不断，有"西昆孔、缙阳董"之说。

由宋至清历代名贤名录

姓名	生卒时间	朝代	科举	宦绩	学府	备注
董万彤	生卒不详	宋末	国子监	府同知	国学	授陕西西安华州府同知
董方山	生卒不详	明朝	国子监	府宦	国学	授处州官宦
董元禄	1644—?	清朝		耆寿		字国典，讳润亭，《福鼎旧志集》第167页有载
董周锜	1732—1783	清朝		冠带耆宾	县学	嘉庆丙寅（1806年）林宗师奖以"德劭堪隆"匾
董周锡	1735—1816	清朝		冠带耆宾	省学	省三中校长首题"三荣传家"匾
董周铭	1739—1825	清朝		八品冠带	府学	嘉庆年间林府尊奖以"德绍箕裘"匾
董周志	1754—?	清朝		国学生	国学	恩学宪奖以"式谷风高"匾
董周欣	1782—?	清朝		冠带耆宾		字如乘，讳周殷
董振起	1761—1831	清朝		冠带耆宾		字必商
董振顺	1765—?	清朝	嘉庆癸亥科	县学第三名	县学	恩学师取进县学，字必和
董振远	1766—1831	清朝		冠带耆宾		字必通，号质庵
董振义	1769—1850	清朝		冠带耆宾		字必彰，号恭庵
董振国	1773—1856	清朝		冠带耆宾		字必诚，号正庵
董振钫	1775—1837	清朝	嘉庆癸亥科	县学第一名	县学	恩学师取进县学，字必佩
董振泽	1781—1857	清朝		冠带耆宾		字必膏，号润庵
董振丰	1783—1844	清朝	嘉庆癸亥科	府学第六名	府学	号左庵

姓名	生卒时间	朝代	科举	官绩	学府	备注
董振飞	1787—1841	清朝	嘉庆丙寅科	县学第三名	县学	字光树
董振豪	1792—1862	清朝	道光丙午科	冠带耆宾	县学	张宗师取进，赵邑尊奖以"古道是敦"匾
董大琼	1795—1863	清朝		冠带耆宾		册名冠三，字光树
董大玻	1805—1875	清朝	道光癸巳科	武庠第四名	进邑试	庠名安邦，张宗师取进
董大诗	1807—1875	清朝		冠带耆宾		册名冠三，字光言
董大琮	1804—1884	清朝		冠带耆宾		官名履邦，字光玉
董大渊	1807—1875	清朝		冠带耆宾		册名吉邦，字光沧
董大道	1811—1884	清朝	道光庚寅科	县学第三名	县学	陈宗师取进县学，官名联邦，习武教练
董大椿	1805—1880	清朝		冠带耆宾		字光灵，号东山
董大时	1815—1858	清朝	道光甲申科	县学第三名	县学	官名大邦，字光习，李宗师取进
董大恭	1821—1859	清朝		府学第四名	府学	官名彦邦，黄宗师取进
董大昌	1814—1859	清朝	道光茂申科	府学第四名	府学	官名其邦，号少伶，彭宗师取进
董大煜	1820—1889	清朝	道光辛亥科	府学第六名	府学	官名汉邦，号云屏，黄宗师取进
董邦静	1814—1841	清朝	道光丁亥科	府学十四名	府学	官名龙章，吴宗师取进
董邦炼	1828—1921	清朝	同治癸亥科	县学第一名	县学	庠名国璋，章宗师科取进
董邦睿	1830—1885	清朝	咸丰丙辰科	府学第十名	府学	庠名国霖，吴宗师岁取
董邦实	1825—1895	清朝		冠带耆宾		字克录，号容轩
董邦洲	1827—1903	清朝		乡饮宾		字克瀛
董邦对	1849—1892	清朝		冠带耆宾		字克联，号南大山
董邦宰	1837—1910	清朝		冠带耆宾		册名邦治，字克臣
董邦华	1842—1889	清朝	光绪乙亥科	府试第四名例国子监	府学	官名国桢，例授国子监
董邦培	1842—1917	清朝	同治乙丑科	例授贡生	府学	官名桂芳，由俏生例授贡生
董邦椐	1844—1912	清朝	同治乙丑科	县学第五名	县学	官名焕章，曾宗师取进
董邦岁	1850—1919	清朝	同治甲戌科	府学第八名	府学	官名永清，冯宗师取进
董邦禁	1857—？	清朝	光绪乙卯科	例授国子监草榜第八名	府学	官名焕帷，陈宗师备取草榜
董邦颂	1862—1896	清朝	光绪甲申科	府学第九名	府学	官名永年，冯宗师取进

八闽董氏宗祠文化大观

续表

姓名	生卒时间	朝代	科举	宫绩	学府	备注
董肇挺	1853—1927	清朝	光绪甲申科	县学第七名	县学	官名德崇，冯宗师取进
董肇怡	1848—1921	清朝	光绪辛巳科	拟取俊生	县学	庠名德声，县学宪科试
董肇协	1855—1911	清朝	光绪乙亥科	县学第六名	县学	庠名德同，冯宗师科补廪生
董肇恬	1850—1920	清朝	光绪乙酉科	县学第五名	县学	庠名德观，冯宗师取进
董肇操	1852—1912	清朝		俊生	县学	俊名德存
董肇凭	1856—1926	清朝		例贡生	府学	官名德纯，字志倚
董肇墩	1872—1945	清朝	光绪丙申科	府学十二名	府学	庠名德良，王宗师取进
董肇宙	1961—1915	清朝	光绪任申府试	安仁区副议长	府学	官名辅卿，秦宗师凑奖五品衣顶
董启罩	1868—1934	清朝	光绪庚寅科	俊生第二名	县学	庠名广业，乌学宪岁取
董启复	1874—1936	清朝	光绪辛亥科	中等第十名	霞浦中学	官名正业
董启阙	1880—1951	清朝	宣统庚戌科	奏奖岁贡生	福宁府中学	宫名乐业，省提学使司姚考

（二）革命烈士

董邦雷（1894—1936），福鼎市管阳镇徐陈村人。1934年5月参加革命，任交通员，1936年10月在柘荣县岔门头被敌杀害牺牲。

董启石（1900—1937），福鼎市管阳镇缙阳村人。1936年6月参加游击队，1937年1月在浙江泰顺县樟坑被敌杀害牺牲。

董兆老（1906—1936），福鼎市管阳镇徐陈村人。1936年参加革命，同年11月在柘荣县对敌作战时被捕后杀害于西阳。

董廷矢（1906—1936），福鼎市管阳镇缙阳村人。1935年参加游击队，1936年7月在浙江泰顺县对敌作战中牺牲。

董启夜（1917—1936），福鼎市管阳镇缙阳村人。1936年5月参加游击队，同年往柘荣送信途中被敌杀害牺牲。

（三）现代名贤

缙阳董氏自明代起就创办私塾，周边地区的子女都到缙阳的私塾来读书，培养了一批批人才。

现代有县处级干部6人、科局级干部10多人，有大学教授、高级技术职称20多人，有大学本科、硕士、博士生100多人，其他人才不计其数。

八、艺文类聚

（一）居地题诗

缙阳董氏历代迁居始祖及后人在所

居之地都留有诗句。

鳌龙世纪

粤稽始祖赐姓封，炎帝华胄恩九重。
郡锡陇西号鳌龙，肇基瓯川瓯夷中。
一本同源流各派，支系东西南北分。
裔孙蘋繁蛰声振，特立耸峙万世宗。

陇西世纪

帝舜受姓流芳古，父公相承四海绵。
支出瓯水肇符广，派演鳌龙世泽长。
左昭右穆绳祖武，本茂支繁贻孙谋。
欲知祖代流源事，启牒明道贻后昆。

西境世纪

从来谱牒本相同，汇集流源一姓中。
系出陇西知不紊，支分南北庆无穷。
未习韩柳搜罗力，慢学欧苏编造功。
欲览各地新望族，庶几兰桂振家风。

崇村世纪

山本天根水本源，欣然尽是董家贤。
前街后巷吾公子，南北东西太保孙。
蛰蛰流芳松竹茂，诜诜衍庆桂兰鲜。
任吾讲论同宗话，叶播支繁不计年。

河京世纪

河京村内百万家，向阳风景族烟霞。
龙蟠虎伏天边福，秀水青山地物华。
别祖抛宗如接木，怜新弃旧若春花。
他恋故乡生处好，受恩深处便为家。

流平世纪

夏尺峥嵘厌严谯，登临如在五云头。
四边广际天河近，中有清虚景自幽。
月散寒光千里夜，雨含凉风八窗秋。
蟾宫此去无多远，好蹑丹梯作胜游。

部境世纪

四山如画水连空，江上楼居百尺雄。
半榻晴分杨柳月，八牕凉透菱荷风。
笼开鹤放青天外，琴奏鱼听碧浪中。
醉把紫箫吹一曲，清声直到水晶宫。

新河巷世纪

荣公笃学俊英英，赠祖酬亲显姓名。
西阁堂中棣萼茂，东间姓内桂兰青。
芒垂北极文星烂，光照西江霁月明。
伫看揽辔澄清后，双拜龙颜沐宠荣。

董家墺世纪

连墙接屋住村庄，老稚躬耕化日长。
千古文章师孔孟，四时事业讲唐虞。
郊源雨过稻麻绿，畎亩勤耕粟满仓。
官府清平徭役少，含哺鼓腹乐时康。

宗溪世纪

溪上安居静不哗，四边清趣鲤鱼虾。
龙吹雨气纱窗湿，鸟踏平砂篆字斜。
流水向春云母碓，好风香送石楠花。
已回分咐堤边柳，莫占渔郎系钓槎。

吴聚世纪

峥嵘豪屋出群英，董姓原来在此兴。

八闽董氏宗祠文化大观

千载山川钟间气，四时风月乐怡情。
犀牛望月形无异，狮子抛球景亦真。
澄清拆补经纶手，指日东欧显姓名。

缙阳世纪

吴屿迁居缙阳村，肇基始祖远高瞻。
苍松翠竹添锦绣，广润一片好田庄。
虎踞龙蟠今胜昔，人才辈出慨而慷。
仁义烈宗善集德，支繁蕃衍炽其昌。

（二）建筑题记

鳛潭桥记

原鳛潭桥是石木结构的人行廊桥，不幸在咸丰三年（1853年）遇特大洪水冲毁，无法行走，村民只是涉水过境。直到公元一九九一年辛未岁，经创事人兆栋献计献策，发动群众，齐心协力再建鳛潭桥，赵州桥式交通石拱桥一座，长三十四米、宽三点五米，石条栏杆中心刻着一目了然的"晋阳桥"和"友谊桥"六字，通达管沈公路，自桥头到茶亭的原有人行道基础上再拓宽。拓宽的田地是由董族中村洋董廷卫责任田，与族协议同意兑换农山地，是由董族向孙族现金购买（水田是从桥头到孙族宗祠，农山地是从孙族宗祠到茶亭）。

公元一九九九年岁次己卯腊月

象山寺檀樾记

本处象山寺创于唐天祐二年（905年）厥后重兴。万彤公与刘千、张权三同为檀樾。至清康熙乙亥年（1695年）再建前座，首事君茂、君秀、君修率侄以瑞、以越、以善、以贤诸公，同施银壹拾两又舍苗田贰号一，坐落本处土名上山坑受种七斗一，坐落墺里洋受种壹箩共田壹箩七斗正。

民国三十二年（1943年）癸未八月，泰顺县国民兵团副团长俞士雄过境，讹言本寺窝藏大刀会匪，遂被纵焚。幸前堂扑救得免，越四年，僧世淳重建，征工输捐，我董氏善信亦与其力焉。

重建象山寺记

窃维丛林古刹得以传垂久远者，无不赖各施主高厚之力，借以维持也。本寺始建于唐天祐二年（905年），赖以刘董张三姓主力檀樾，称为"白象湖寺"。宋宝庆丁亥（1227年）重修。元末改为"永国寺"。明弘治至嘉靖，三姓集资进行二次重修。清康熙乙亥年（1695年），集合同人，询谋众议，捐金而佽助，策划图成，再建成前廊，改名"象山寺"。光绪三十年（1904年）加以完善，在当时亦为各胜之地，远闻遐迹。不幸在民国三十二年（1943 年）癸亥八月间，被浙江泰顺兵团副团长余士雄带兵过境烧毁，势将变成一片荒土，后经世松法师重建大殿。1949 年后被学校借用多年，似此弃之而不顾。思前人创业之维艰，伏思度世度人之事莫过于佛祖师也。经市佛教会由"昭明寺"清芝大法师委派世匡法师来寺主持，睹之佛殿云壁毁污、金身剥落，势将不可收拾，如若长此以往，何以申礼佛之心。倘欲从事修饰，则四大皆空，何处来建筑之资？经原檀越主和各地大施主缙绅之第、闽闾之中慈善之辈不乏敬佛之善男信女，倘蒙略解仁囊，聚沙成塔，集腋成裘。

谨取公元一九九三年癸酉岁二月初一日动工，坐亥向己，于一九九九年九月廿九吉日上梁。瞭见鲜艳佛殿刻日兴建，庄严佛像显赫，神威昭彰显著，辉生宝殿，使晨钟暮鼓唤醒迷梦。

有苍南县长春师大学生于一九九九年二月十五日在寺避静，是为记。

九、名胜古迹

缙阳地处福鼎西部山区，人杰地灵，风景优美，历史悠久，历代先贤造就了无数古建筑和历史文化遗产。由于历史沧桑，大部分遭人为和自然的损毁，荡然无存。村内有古苦槠树 30 多棵，有几百年的历史。象山寺有"千年古刹"之称。

武馆建于 1810 年，至今有 200 多年的历史，为二十一世董大道习武及传授武技之所。

古井建于 1342 年缙阳迁居之时，后修变样。

十、文物遗辉

（一）"德劭堪隆"

清嘉庆丙寅年（1806 年），林宗师奖缙阳荣房祖董周锜（1732—1783）荣誉。公为董文庚公长子，字如迁，号迁园，冠带耆宾。配吴氏生子五女二。匾额存老厝厅堂。

匾额释义　林宗师赞公是一个品德高尚美好的人，足以让人尊崇和尊敬。

（二）"三荣传家"

民国时期，福建省立第三中学校校长同里周梦虞敬题，以记缙阳华房祖董周锡（1735—1816）。公为董文庚公次子，字如圭，号丰山，冠带耆宾。配袁氏生子一，程氏生女一。匾额不存。

匾额释义　周梦虞校长赞公是一个能将孔子"仁、义、礼"三荣教授、传承给后代的人。

（三）"德绍箕裘"

清嘉庆年间（1796—1820 年），林府尊奖缙阳富房祖董周铭（1739—1825）荣

缙阳董氏宗祠全景

誉。公为董文庚公三子，字如题，号华庭，授八品冠带。配历氏生子六女二。匾额不存。

匾额释义　林府赞公是一个品德高尚、品行端正，足以传承父祖伟业的人。

（四）"式谷风高"

清嘉庆年间（1796—1820年），恩学宪奖缙阳贵房祖董周志（1754—？）荣誉。公为董文庚公四子，字如新，号日轩，国学生。配徐氏生子四女二。匾额不存。

匾额释义　恩学赞公是一个风仪高超、善于教子使之为善的人。

（五）"古道是敦"

清道光丙午年（1846年），赵邑尊奖董振豪（1792—1862）荣誉。公为董周志公四子，字必杰，号左庵，冠带耆宾。配张氏生子三女一。

匾额释义　恩学赞公是一个厚道实在，待人诚心诚意的人。

十一、宗祠管理

缙阳董氏宗祠在福鼎三座董氏宗祠中属历史最久远的一座，始建于元末明初，因地理位置、结构、管理等原因毁于一旦。后至1804年，异地选址新建一座宗祠，历代数次维修，仍存隐患。在族人的努力下，于2014年进行重新改造扩建，以成如今的规模。但由于资金紧缺，二期内部装修工程萌而未决。

为了加强宗祠管理，在原来宗祠管理筹备理事会的基础上，对成员做了进一步调整充实，成立了福鼎市缙阳董氏宗祠理事会。会长由董廷兴担任，配副会长若干人，理事若干人，顾问数名。经研究，决定在修族谱的同时，再次动员族亲集资捐款用于内部装修，完善设施，堂前文化广场再扩大再布局，使之成为村民平常文体和节庆活动两用之地。

（福鼎缙阳董氏宗祠理事会供稿）

寻根溯本沙堤地　牧海耕山白鹭天

福鼎沙埕大白鹭董氏宗祠

一、地理概况

大白鹭地处闽浙交界的福鼎市东南沿海，距市区近50公里，三面环山、一面临海，是沙埕镇管辖的一个行政村。东出水澳，南接王谷，北连小白鹭，西通店下镇溪美村，为沙埕沿海下半片辖区与店下镇交通往来的主要通道。

大白鹭古称"白露"，其悠久的历史可追溯到唐宋时期。据宋代状元、曾入阁任右丞相、后出任福州知府的梁克家在他主纂的《三山志》中记载，"白露"隶属于长溪县劝儒乡望海里，这是大白鹭有史料记载以来最早的村名。清乾隆四年（1739年），由原属霞浦县劝儒乡之望海、育仁、遥香、廉江等4里划出设置福鼎县，"白鹭治归四都，原州育仁里十二都"（《福鼎旧志集》卷一"疆域"，第20页）。民国三十六年（1947年）设称"翠露堡"，隶属于福鼎县玉溪镇，辖水澳、官城等9个村。中华人民共和国成立后，一度隶属于店下镇，后划归沙埕镇辖区，大白鹭作为官方村名沿用至今。

自古以来，大白鹭就是福建海防重地。据《福宁府志》记载，"烽火门居霞鼎之交，当浙闽之冲"，"烽火门水

大白鹭村一景

大白鹭董氏宗祠

寨……内有白鹭、南镇、黄岐等汛。与沙埕、三沙相为犄角，甚为冲要"，"沙埕汛当福鼎港口，孤悬海外，与南镇、白鹭对峙，上接关山，下连烽火"（《福宁府志》卷三"地理志·海防"，第43页）。"烽燧即烟墩。明初设三十九处……南岭、白露、水澳、十九都"（《福宁府志》卷七"建置志·烽燧"，第155页）。《福鼎县志》记载："明洪武年间（1368—1398年），在鼎邑之南金、全家山、三石、大峰、黄岐、白岩、南岭、白鹭、水澳、沙埕等10处筑有烽火燧，由福宁卫拨军哨守"，"清康熙八年（1669年），白鹭防治归桐山营之四分防南镇汛所辖"，乾隆四年（1739年）福鼎置县后，作为紧要澳口的"大白鹭汛额设外委一员，兵丁十四名，潋城巡检就近巡防缉捕"（《福鼎旧志集》卷五"海

防"，第109页）。福鼎置县时"在福鼎的硖门、秦屿、白鹭、南镇、前岐、点头等6个埠设置税埠，六埠年征埠税白银130两"，其中白鹭埠税银30两。20世纪80年代初，在大白鹭村设立福鼎县白露边防派出所。

大白鹭村面海靠山，其地理环境与祖籍地沙堤村多有相似，为董氏先祖迁徙和定居提供了便利条件。这里有远近闻名的沙滩，号称"银滩"，宽数十米、长数百米，可供泊船和旅游观光。现有海域面积965亩，紫菜养殖面积3460多亩；山林面积1335亩，森林覆盖率85%。村居有董、曾、高、陈、王、林等近30个姓氏，人口1200多人，董姓占三分之二强。2016年，大白鹭村被国家确定为全国旅游扶贫重点村，是福鼎市美丽乡村建设示范村。

二、宗祠大观

古人云："祠堂之建所以承先灵，亦以启后裔。"200 多年来，大白鹭董氏先辈后裔族人感念先祖开疆拓土之艰辛、创业兴族之功德，一心筹建董氏宗祠。1986 年，老辈族人积极倡导，得到祖籍泉州沙堤、永宁等宗亲的关心支持和大力帮助，与旅居海外的宗亲多方联系，牵线搭桥。1987 年冬，永宁董氏旅菲宗亲董清耀先生不顾八十高龄，不计路途艰辛，来到大白鹭探亲，使大白鹭和川石、水岙、跳尾头的董氏亲人备受感动和欢欣鼓舞。董清耀宗亲在经过实地走访和勘察后，独资筹建大白鹭董氏宗祠及大白鹭村至溪美村的简易公路，总投资 10 万多元港币。董氏宗祠在建设过程中更是得到沙堤、永宁众多宗亲的鼎力相助，特别是董伦助先生亲临现场出谋献策数十次，长乐董氏宗亲董东其先生亲临大白鹭为宗祠选址，其弟董东堡时任福鼎县县长，负责接待董清耀先生，并关心过问宗祠兴建工作。经过董氏族人的共同努力，董氏宗祠于 1988 年始建，1989 年竣工，并举行晋祖大典。

董氏宗祠坐落在村居南丘山下，地处沿海，初建时为砖木结构，因其常年遭受台风侵袭，造成大部分屋顶梁木腐烂，墙体漏雨，加之年久失修，宗祠破败不堪。2000 年后，经宗亲理事会研定，在原址重建董氏祠堂，再次得到沙堤和永宁宗亲大力支持，及在外工作的董氏族人鼎力相助，共筹集修建资金 80 余万元，于 2002 年动工，2005 年冬竣工。2006 年 1 月 7 日，农历乙酉年十二月初八日，举行新祠落成典礼和祭祖活动。2018 年又对祠联进行重新整装。2019 年着手完成宗祠埕地硬化、花草绿化、小孝思堂披瓦及食堂杂间重新修建等项目。

董氏宗祠坐南朝北，为砖混结构，五开间三进式，内中设有天井，分上下两层，上层设置神龛，供奉董氏列祖列宗神位，下层为宗族议事厅。宗祠占地面积 2226 平方米，建筑面积 456 多平方米。宗祠背山面水，埕地开阔，根基稳固，翘檐碧瓦，雕梁画栋。白露溪自马家山一路缓缓流来，经过祠前，直入东海。

三、家族繁衍

大白鹭《陇西郡董氏族谱》记载，清乾隆年间，沙堤董氏肇基祖善顺公第十三世孙旭艺公、第十一世德廷公、第十二世孙日姜公和第十世孙明抛公先后由泉州石狮永宁乡沙堤相继迁入白鹭，至今已 200 多年。其中，旭艺公为善顺公长子铺顶公长子邦辅公（沙堤、永宁长盛房）之星房十一世孙，于乾隆初年从泉州晋江永宁二十都沙堤乡迁大白鹭，开派乾房，在福鼎经商，传 10 世。德廷公为铺顶公次子邦瑛公（沙堤、永宁东城房）之八世孙，于乾隆年间从泉州晋江永宁二十都沙堤乡迁大白鹭，开派坤房，传 11 世。日姜公为善顺公次子西山公（原谱记载为尊顶公）长子邦号公（沙堤、永宁中璜房）十世孙，于乾隆年间由泉州晋江沙堤来迁福鼎大白鹭，开派东房，传 11 世。明抛公为西山公（原谱记载为寻顶公）次子邦霸公（沙堤、永宁西轩房）八世孙，于乾隆年间自晋江县二十都永宁沙堤乡来迁福鼎大白鹭，开派西房，传 11 世。目前大白鹭董氏分支乾、坤、东、西 4 个房派，昭穆行第依循董飏先公立闽省董氏大昭穆。

名行：

应惟道明德，日旭焕春光。

群伦欣帝觊，孙曹敦孝友。

垂裕泽丰长，奕世振家声。

字行：

蜚声联祖曜，伟烈萃钟英。

经作守仁义，立业树忠贞。

肇基陇西起，中华万世兴。

由于大白鹭地处闽东北偏远沿海，彼时交通堵塞，出入不便，加之文化教育落后、经济发展欠缺，族人较为贫穷。为图生存发展，先后有十四世焕题公（乾房）于清嘉庆年间（1797—1821年）自大白鹭移居川石村，为川石乾房世祖；十五世春淮公（东房）于清道光年间（1821—1851年）移居水岙，为水岙东房世祖；十六世光星公（乾房）于清同治年间（1863—1875年）移居水岙，

为水岙乾房世祖；十一世德党公（坤房）于清乾隆年间（1737—1796年）移居跳尾头，为跳尾头坤天房世祖；十一世德四公（坤房）于清嘉庆年间（1797—1821年），移居跳尾头，为跳尾头坤文房世祖。目前，大白鹭董氏人口主要分布在沙埕镇大白鹭村、水岙村、川石村、黄岐村和店下镇跳尾头村等地。在分派乾、坤、东、西四大房中，乾房（即乾星房）共分 3 支，分为乾星房一、乾星房二和乾星房三（川石）。乾星房一又分为 8 派，分别为匏房、土房、革房（革房一、革房二两支居水岙）、木房、石房、金房、丝房、竹房。坤房共有两大派，各分 4支，一派为惟攀公派下，分坤天房、坤地房、坤玄房、坤黄房，其中坤天房分为坤天房一、坤天房二，坤黄房分为坤黄房一、坤黄房二、坤黄房三；另一派为惟平公派下，分为坤文房、坤行房、坤忠房、坤信房。东房共分 5 支，分为东仁房、东义房、东礼房（水岙）、东智房、东信房（水岙）；西房共 2 支，分为西房一、西房二（黄岐）。

四、祖训内涵

大白鹭《陇西郡董氏宗谱》记载着世代相传的董氏祖训。

孝父母 锡名揆度，莫忘孺慕；洵赖充间，讵同行路；戏彩登堂，椎牛祭墓；大本偶亏，身名已误。

和兄弟 一脉所生，具迩钟情；八龙竞爽，三凤齐鸣；兄当爱弟，弟宜恭兄；埙篪协奏，和乐有声。

别夫妇 男女大伦，月老联姻；缘结秦晋，谊笃朱陈；结缡义顺，交颈情亲；鸿眉举案，白首如新。

严内外 桑中示贬，帏房必辨；男不内窥，女不外践；杂坐避嫌，异居守典；授受不亲，逾阈绝鲜。

训子孙 后生继起，蒙养宜先；误趋陋习，多起少年；行惩燕僻，志勉家贤；有典有则，孝悌力田。

明义利 物各有主，非有莫取；浊富一时，廉名千古；兔窟徒劳，象焚奚补；利孔弗争，问谁敢侮。

恤宗族 瓜绵椒蕃，族谊须敦；千支万派，一本同根；何远何近，谁卑谁尊；相亲相睦，分润推恩。

序长幼 少长无争，相让和平；名尊长者，礼重先生；负剑辟咡，隅坐随行；应对进退，宜戒骄盈。

信朋友 里巷嬉游，正士所羞；心盟金石，愿表车裘；道同志合，声气相求；孙周总角，高义常留。

争戒讼 合礼亨嘉，血气奚夸；争消蛮触，讼戒齿牙；相依仁里，莫结冤家；行惟强恕，不欲无加。

勤职业 隶卒优娼，非民之良；士期经国，农务助公；通财在贾，执技维工；各循尔职，上报国家。

敦伦纪 各敬尔身，无相夺伦；

混宗耻郭，盗嫂笑陈；梁防荷敞，河戒台新；名也必正，语不欺人。

大白鹭董氏族人秉承"正谊明道"，重视耕读传家，弘扬家道家风，其祖训内容包括"孝父母、和兄弟、别夫妇、严内外、训子孙、明义利、恤宗族、序长幼、信朋友、争戒讼、勤职业、敦伦纪"等，共有12条。这些祖训上及宗族和父母，下至兄弟与子孙的人伦亲情，同时兼顾社会的义利、诚信、职业、戒讼、伦纪等道德观，内容广泛，针对性强，饱含着董氏先人对子孙后裔的教育培养与期许。历代董氏先贤先进良善之举堪称楷模，为我辈树立了典范。如乾匏房董光侯公"为人勤俭，待家乡人重"；坤黄房董光石公"居家俭约，孝悌为人，乡人咸称赞焉"；水嚞乾革房董群圣公"秉性坚刚，居家节俭，乡里评月旦者，以君孝友一庭内外无闲言"；乾金房董群纯公有"官章良臣"之褒奖。

五、习俗传承

大白鹭董氏源自泉州永宁，其传统民俗节庆多与闽南相同，虽历经200多年的岁月烟尘，依然保持着古朴、庄重的闽南风气。在此，简述其特殊的普度习俗。

大白鹭董氏规定每年农历十一月十五日这一天为"普度节"。

相传，其先祖旭艺公、德廷公、日姜公和明抛公等先后于清朝乾隆年间由泉州永宁乡沙堤移居鼎邑白鹭。当时，董氏先人经由海上一路北来，海途中险风恶浪突起，遂跪祈海神妈祖护佑，历经千难万险，终于平安抵达闽东海域，择居大白鹭村。而后，董氏先人和后裔为还愿神灵，缅怀先祖，超度亡魂，祈愿海上生产安全，全村保家安境，每年农历十一月十五日举办传承于闽南的"普度"这一活动。普度节已成为大白鹭村的传统民俗文化节之一，几乎家家户户都供有妈祖神像，董氏宗亲都会举办祭祀活动，作为地地道道的闽南董氏后裔，普度节更像是大白鹭董氏子孙的一个胎记，一个文化记忆。

普度节最重要的一个仪式就是"祭海"。通过"送神船"等祭祀活动，祈求海神妈祖保佑全村平安。

人们在天后宫神庙和海边沙地上，设置香案，摆上"五荤""五素""五谷""五果""五香"等供品。主祭者带领信众焚香跪拜，诵读祭文，祈求妈祖保佑来年风调雨顺，海上生产生活平安。此外，每逢农历三月二十三日、九月初九日，宫内也会搭台唱戏，妈祖出巡，热闹非凡。

普度节期间，村民们自发抬着泗洲文佛、海神妈祖等民间神像巡游，全村人参与游境。其间穿插着一些秧歌、龙灯、旱船、腰鼓及"坐刀轿""跳大神""舞刀人"等民俗项目，与《八仙过

妈祖巡游

祭送神船

海》《西游记》等社戏曲目沿街表演，场面热闹非凡。

此外，董氏族人还会制造一艘神船，用木片做成骨架，船身长2米、宽0.9米左右。人们还为神船"化装"：全船由色纸粘糊，船身绘上彩画，船头和船尾各插一面红色令旗，船头两边画上一对船眼，船舱顶上绘有罗盘图案，船上竖立双桅杆，上面分别写着"风调雨顺""国泰民安"等字样，并依顺序安放身穿梭衣、手拿渔具和捕获大鱼的渔翁、水手、艄公等纸人像，即船头水手、船中渔翁、船尾艄公等。

普度节长则半月，短则五天，世代沿袭，历久弥新。其间，董氏族亲和村人走亲访友、敦亲睦族、和谐邻里，既丰富了农村文化生活，又保护了传统文化遗产。

六、祠堂楹联

2018年，大白鹭董氏宗祠理事会对原有宗祠遭损毁的老旧祠联进行了重新整修，组织族内文化人先后南下永宁沙堤，北上浙南地区，走访董氏宗祠，精心编撰祠联。本次重修祠联20对，历时半年之久。修葺一新的祠联与宗祠相得益彰，展现祠宇气派与文化底蕴。

> 沙堤铺筑长，木荣花馥争春色；
> 白鹭腾飞远，子贵孙贤立世铭。
> 横批：银青柱国。

这是悬挂于大白鹭董氏宗祠围墙大门头的一副对联，由网络上通用联整改而来，采用二复合句式，五七言相加的十二字联。

横批"银青柱国"，典指董氏宗族先祖宋代董兴以军功受封太尉，银青光禄大夫上柱国，赐"开国伯"爵位。其子孙八世相袭，且科第蝉联。故祖籍地泉州沙堤董氏宗祠现仍保存一副对联："八世袭封光祖德；五庚科甲振宗风。"

上联意思是：沙堤，唐代专为宰相通行而铺筑的砂石大路。此句意指大白鹭董氏先祖从永宁沙堤村迁来，沙堤祖地源远流长，枝繁叶茂，万古长青。下联意思是：董氏祖先于清乾隆年间从闽南迁来白鹭村后，耕山牧海，生息繁衍，壮大扩展，子孙贤贵，立世名望，播惠四方。

> 姓赐启畎川侯董；
> 宗开承闽国将臣。
> 横批：正谊明道。

这是悬挂于祠宇大门头的一副对联。本联是自撰联，属于七言联。

横批"正谊明道"置于门楣之上，语出汉代大儒董仲舒。董仲舒为江都王相后，提出了著名的儒学思想，"正其义（谊）不谋其利，明其道不计其功"，简谓之"正谊明道"。说的是做人做事不要谋求一己私利，不要贪图一时近功，合乎"正义"的利，乃公众之利，是最长远之利；合乎"规律"的功，乃天下之公，是最大之功。董仲舒把正谊不谋利、明道不计功和大谊大利、大道大功结合起来，这对个人和国家来说，都具有一定的积极意义。

上联典指董姓起源很早。相传黄帝裔孙飂叔安生子董父，为帝舜驯养龙，许多龙会表演各种舞蹈，帝舜很是喜欢，就赐封他为畎川侯豢龙氏，还赐他以董为姓，其后代便以董为姓。下联典指福建董姓开宗源头。入闽始祖董思安，河南光州固始人，唐末随王审知入闽，是五代十国的闽国十八部将之一，距今已千年。大白鹭董氏是从闽南泉州永宁沙堤村迁徙来的，沙堤一世祖善顺公是董思安十四世孙。

悬挂于祠宇室外的对联共有6副：

> 华宇祥光披万代；
> 崇祠紫气聚千秋。

> 汉廷方正名儒裔；
> 宋代银青太尉家。

> 绳祖武承先启后；
> 振家声继往开来。

> 第一儒尊荣汉后；
> 无双郡望赫闽南。

> 勤俭传家敦孝悌；
> 信诚处世效贤良。

> 忠孝仁和承祖训；
> 诗书礼乐构家风。

悬挂于祠宇室内上下厅的对联共有11副：

> 堂思祖德，天高地厚恩隆祀典；
> 祠缅渊源，水远山长孝振宗风。

海展宏图，敬业兢兢绳祖祢；
峰擎梦笔，殷期切切授昆仍。

宗族昌盛，龙腾鲤跃声名远；
祖宇辉煌，桂馥兰薰天地长。

沿袭宗规，春秋献礼，蒸尝祈福祉；
遵循梓俗，鼓乐娱神，普度佑平安。

直笔著三河，岂待他年追直史；
鸿文超二汉，当思此日继鸿儒。

对策衍天人，佑启千年孙子辈；
题门逢圣主，远追两代帝王师。

子孝孙贤，承祖德慎终追远；
兄和弟睦，续宗功积厚流光。

寻根溯本，沙堤渥泽竹苞松茂；
牧海耕山，白鹭翛翔天广地高。

韶年滋名士，美好家园同划策；
盛世沐英贤，和谐社会共谋篇。

日曜乾坤，上下五千年，应为共祖；
月明山水，东西三万里，皆是同宗。

儿孙贵盛，宗功佑默钟麟趾；
桃李芳芬，祖德潜扶萃凤毛。

同时，在祠宇左侧"孝思堂"悬挂着一副自撰对联：

崇仪祀典，当孝思不匮；
笃理伦常，以明德唯馨。

七、祖坟墓葬

大白鹭董氏先祖现有四座祖坟，分布如下。

（一）乾房祖墓

旭艺公祖墓宗谱中记载位于村居"野猫墘"，即"无嗣宫"附近。祖墓重修于2010年，重立的墓碑上刻有"旭艺董公之墓"文字，此为乾房祖墓。旧碑石置于墓园一角，青石质地，长方形状，长约50厘米，宽约30厘米，厚度约6厘米。碑石正面镌刻有文字，字迹清晰可见，上方两端刻有"沙堤"二字，中间竖刻有"长六董公"4个大字，别无时间记载，难以看清是哪个年代的物件。

（二）坤房祖墓

宗谱中记载位于八十丘水库顶。重修于2017年3月，墓碑上正中竖刻"第九世祖考明志、妣王氏董公佳城"等文字，左右两边分别刻着"附葬第十世祖德点，德挺妣吴氏；第十一世祖圣义，圣九妣王氏"和"附葬第十二世祖旭早、习、此及妣郑、侯、林氏"。旧墓碑置于墓地一角，旧碑文记载详细："陇西郡清祖考府君明志董公、妣王氏孺人董妈，父德挺公、母吴氏孺人同葬，阳孙日信、曾孙名早此十同奉祀，嘉庆十八年腊月廿七辛时葬。"

（三）东房祖墓

宗谱中记载位于村居"花蕉头"。重修于2011年，安葬着东房迁居始祖日姜公及妣龚氏。旧祖墓原为简易坟，位于花蕉头路下，内葬两口棺木。因2010年新修白鹭到水岙乡村公路需要拓展路基，遂将旧坟迁于现在位置，迁移时未见有旧墓碑。

（四）西房祖墓

宗谱中记载位于跳尾头"企南石"。重修于1987年冬，2006年春重立墓碑，安葬西房迁居始祖明抛公及吴氏，太上高祖德石公及薛氏，太高祖日木公，附葬太祖旭乾公，高祖焕臭、焕反及妣孙氏，曾祖春芳及妣杨氏、春交及妣王氏，以及光、群等辈先人。据说墓是从别处迁移而来的，未见旧墓碑。

八、逸闻轶事

大白鹭村地处闽东北沿海，是一个村民常年与大海打交道的渔村，历来就有信仰妈祖的习俗。有关天后宫的来历，有两个传说。

其一：据说村民铺顶公的后裔（也可能是第十二世旭艺公）梦见南飞一石炉，辰时果见此炉降落在白鹭东面距海不远的村头，于是便在古石炉落脚处建宫塑像，而后从莆田湄洲妈祖祖庙分灵而来。200多年来，宫庙几经兴废，香火不断。现在的天后宫于2010年经过改建，规模扩大，占地面积1080平方米，宫内有妈祖等像，原来的古石炉现存在宫庙里，作为历史的一个见证。

其二：董氏先人于清乾隆年间从闽南永宁沙堤漂洋过海而来，迁居于此，繁衍生息。据说，东面村头即今天后宫原址原是一丘水田，年景好时可收割谷子一大箩筐。一日，村民董旭艺（即董氏迁始祖之一、铺顶公派下第十二世孙）在此耕田时，犁头突然碰到一块石头，挖出来一看是一个貌似炉子的东西，清洗干净后，石炉上刻的"妈祖娘娘"四字赫然醒目，便在此建庙塑像供奉。

（福鼎沙埕大白鹭董欣潘、董帝雀供稿）

脉聚雁山派衍乌石　龙来太姥枝繁四斗

福鼎店下东岐四斗董氏宗祠

一、地理概况

四斗，系福鼎市店下镇东岐村下辖的一个自然村，因地田仅能产谷四斗而得名，是浙江苍南乌石岭祠下一支迁鼎董氏的聚居地。苍南乌石岭、繁枝宗亲及邻近村民概称该支董姓族人为"四斗董"，遂成固名。其实，本支董姓族人早已在1979年前继续迁址山下的山兜鼻构架筑屋，开辟新居，四斗古村现已淹没在萋萋芳草之中。四斗与山兜鼻位于东岐村东北面，东临龙安开发区玉岐村，西接店下镇店下村，背靠冈头坪与沙埕镇台峰村相邻，面对店下镇屿前村和龙安龙华村。通村公路东达龙安杨岐码头，西至店下接228国道，海陆交通极为方便。山兜鼻在四斗旧村之下，两地相距不足1公里，这里依山傍海，资源丰富，四斗董氏先祖筚路蓝缕，在此耕山牧海，辛勤劳作，渐成望族。店下洋、龙安洋未围垦前，山兜鼻临近海岸，村前有大片滩涂。清末，店下、龙安围垦后，这里的滩涂渐成良田。清末民初，四斗董氏六世祖东兴公购得山兜鼻附近地产，开始在此建屋安居。中华人民共和国成立后，东岐村将东岐洋靠近山兜鼻、白垄塘一带的洋田180多亩，分给缺田少地的四斗生产队。为便于耕作和生活，村人陆续移居山兜鼻。1979年，最后一户董姓宗亲在族人的帮助下落户山兜鼻。至此，四斗董氏完成整村搬迁。从某种意义上讲，四斗董氏是现在"造福工程"的早期实践者。

二、家族繁衍

四斗董氏是董姓得姓始祖豢龙氏董父的后裔，系陇西董氏的一支，尊西汉大儒董仲舒为远祖。据《浙南董氏宗谱》载，先祖董成是唐高宗李渊御封的开国公，为河南光州固始董氏之始祖。五代时期，河南光州固始县董成公后裔随王朝、王审知兄弟入闽，始居闽南，继迁闽西。宋庆历年间，固始董氏后裔银青光禄大夫、上柱国太尉董兴公分镇福建汀州，后裔播迁闽西北及闽南一带。明洪武二年（1369年），董兴公后裔七郎公自汀州龙岩迁漳州南靖县梅林镇礤头，浙江苍南乌石岭祠下董姓尊七郎公为一世祖。七郎公裔孙发旺公，于明嘉靖元年（1522年）举家移居泉州府南安县。发旺公生青泉、青隐、青峰三子，世居南安。青峰公生子三，长子敦和失详；次子敦荣兼承青泉公，大约于明隆庆年间（1567—1572年）由南安县迁居浙江平阳二十三都大岙心（今苍南县金乡镇大岙心）；三子敦义移居广东。敦荣公生子二，长经丰、次经坡。次子经坡公不久偕子明祖转迁浙江平阳二十五都云岭下（今苍南县钱库镇乌石岭村）；长子经丰公之曾孙君显公迁居平阳二十六都繁枝（今苍南县藻溪镇繁枝村），另一曾孙君助公移居温州玉环岛，繁枝、玉环董氏尊经丰公为始迁祖。君显公第十子国生公于乾隆癸未（1763年）举家迁居福鼎五都四斗（今福鼎市店下镇东岐村四斗），为四斗董氏肇基祖。君显公第五子国聘公及子文汉、文智不久也迁居福鼎二都龟岭小岙（今福鼎市前岐镇龟岭村）。文智公之孙世游后亦迁居至福鼎店下四斗村，与族亲团聚。如今，四斗董氏已传12世，居村50余户200多人。后裔播迁店下东岐、筧笃、石牌、沙埕南镇、后港、岙腰、嵛山芦竹，福鼎城关等地。

四斗董氏为浙江苍南乌石岭董氏祠下衍派，未单独纂修谱牒，历次修谱均依宗祠例修。据浙江苍南乌石岭董氏宗谱载，乌石岭董氏自明隆庆年间（1567—1572年）由闽南南安迁居浙南平阳以来，凡400余年，共修谱牒10次。首修宗谱于清乾隆年间（1736—1795年），谱为手写本，存温州玉环董氏宗祠；次修宗谱于道光二十年（1840年），为首次铅字排版，正式印刷版本；其后分别于同治八年（1869年）、光绪二十五年（1899年）、民国二十六年（1937年）、1958年、1969年、1981年、1996年、2007年，8次续修。除2007年宗谱为正十六开本，电脑排版印刷版本外，其余历次谱牒均为铅印排版刻本。谱牒纂修悉遵欧苏二公之法，支图世系五世一提，九世再提，雁行序次。宗谱由修谱首事名录、凡例、族规家训、谱序、记传、行第、各衍派世系等构成。谱载平阳乌石岭（今苍南县望里乌石岭）董氏一世祖七郎公、繁枝始迁祖经丰公、店下四斗肇基祖国生公等。总谱存乌石岭宗祠，房谱分存各房各派。

2007年版繁枝董氏宗谱载旧定行第如下。

名行：

明宗君国应，朝世有东南。

诚怀其邦良，奕思齐家昌。

克明学圣道，孝敬治宗祥。

字行：

心存士天文，正日成廷扬。

锡汝桂煌坦，熙尧锦浚林。

源椒煌培录，境铭济荣灯。

新颁行第：

南诚怀其，煌良奕庆。

新颁浙南闽东董氏统一行第（自"庆"字辈统一排行）：

名行：

诗书经典（世），共举允升。

积善修信，立章传名。

融和崧睦，博爱素平。

刚毅致志，孝悌忠纯。

礼为教本，义依勇行。

才冠泰斗，道思子孟。

叔侄昆仲，智贤毕亲。

鸿图勃发，端启汉民。

川泽呈秀，辉胄同登。

时赐胜景，乐受进成。

字行：

照穆宏远，万系永昌。

瑞光（紫气）普照，禧象维祝（贺）。

恪勤朝夕，怀抱古今。

芬芳雅趣，琴瑟联英。

江山会合，门第辉明。

座扬金凤，堂满玉麟。

椿树盈碧，松鹤度龄。

敦厚廉洁，敬长有恒。

居安畅值，肃清求真。

千祥广集，百福惟增。

山水

八闽董氏宗祠文化大观

其简明世系图如下：

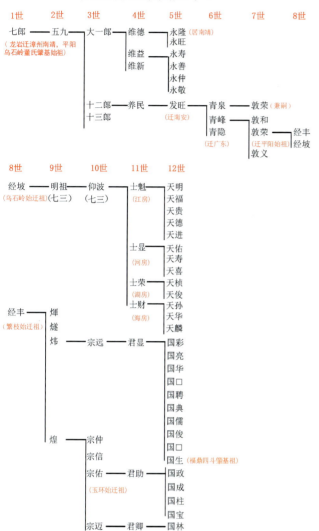

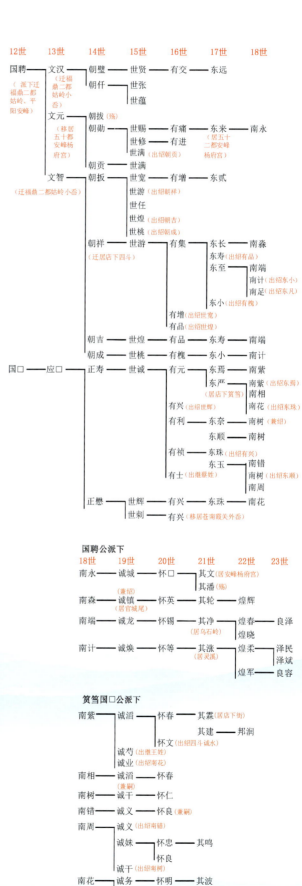

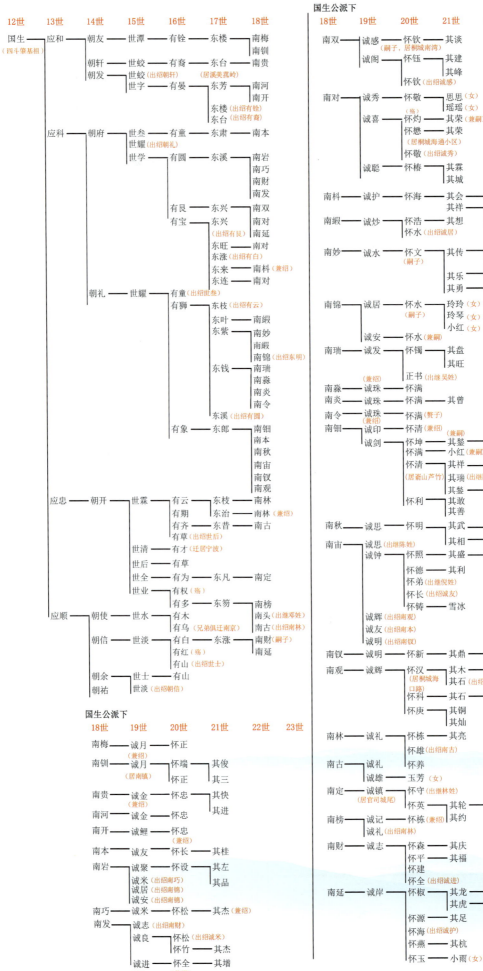
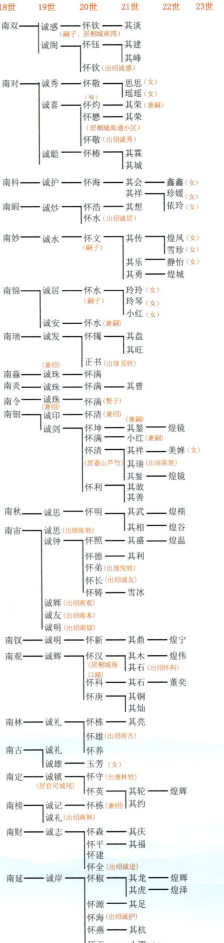

国生公派下

12世	13世	14世	15世	16世	17世	18世

国生（四斗肇基祖）— 应和 — 朝友 — 世潭 — 有铨 — 东楼 — 南梅／南钏
朝轩 — 世蛟 — 有裔 — 东台 — 南贵
朝发 — 世蛟（出绍朝轩）（居溪美菰岭）
世字 — 有晏 — 东芳 — 南河／南开
　东楼（出绍有铨）
　东台（出绍有裔）

应科 — 朝府 — 世叁（出绍朝礼）／世耀 — 有童 — 东肃 — 南本
世学 — 有圆 — 东溪 — 南岩／南巧／南财／南发
有艮 — 东兴 — 南双
有宝 — 东兴（出绍有艮） — 南对／南延
　东旺 — 南对（出绍有白）
　东涨
　东来 — 南枓（兼绍）
　东连 — 南对

朝礼 — 世耀 — 有童（出绍世叁）
有狮 — 东枝（出绍有云）
　东叶 — 南缀
　东紫 — 南妙／南缀／南锦（出绍东明）
　东钱 — 南瑞／南淼／南炎／南令
　东溪（出绍有圆）
有象 — 东郎 — 南钿／南本／南秋／南宙／南钗／南观

应忠 — 朝开 — 世霖 — 有云 — 东枝 — 南林
有期 — 东治 — 南林（兼绍）
有齐 — 东昔 — 南古
有草（出绍世后）
世清 — 有才（迁居宁波）
世后 — 有草
世全 — 有为 — 东凡 — 南定
世业 — 有权（殇）
　有多 — 东笏 — 南榜
应顺 — 朝使 — 世水 — 有木／南头（出继邓姓）
有鸟（兄弟俱迁南京） — 南古（出绍南林）
朝信 — 世淡 — 有白 — 东涨 — 南财（嗣子）／南延
有红（殇）
有山（出绍世士）
朝余 — 世士 — 有山
朝祐 — 世淡（出绍朝信）

国生公派下

18世	19世	20世	21世	22世	23世

南梅 — 诚月（兼绍） — 怀正
南钏 — 诚月（居南镇） — 怀端 — 其俊／其三
　怀正
南贵 — 诚金（兼绍） — 怀忠 — 其快／其进
南河 — 诚金 — 怀忠
南开 — 诚鲤（兼绍） — 怀忠
南本 — 诚友 — 怀长 — 其桂
南岩 — 诚聚 — 怀设 — 其左／其品
诚米（出绍南巧）
诚居（出绍南锦）
诚安（出绍南）
南巧 — 诚米 — 怀松 — 其杰（兼绍）
南发 — 诚志（出绍南财）
诚良 — 怀松（出绍诚米）
　怀竹 — 其杰
诚进（殇） — 怀全（兼绍） — 其增

国生公派下

18世	19世	20世	21世	22世	23世

南双 — 诚感（嗣子，居桐城南湾） — 怀钦 — 其谈
诚阁 — 怀钰 — 其建／其峰
　怀钦（出绍诚感）
南对 — 诚秀（殇） — 怀敬 — 思思（女）／瑶瑶（女）
诚喜 — 怀灼 — 其荣（兼嗣）
　怀懋（居桐城海通小区） — 其荣
　怀敬（出绍诚秀）
诚聪 — 怀椿 — 其霖／其城
南枓 — 诚护 — 怀海 — 其会 — 鑫鑫（女）／珍媛（女）／依玲（女）
　　其祥
南缀 — 诚炒 — 怀浩 — 其想
　怀水（出绍诚居）
南妙 — 诚水 — 怀文（嗣子） — 其传 — 煌凤（女）／雪珍（女）
　　其乐 — 静怡（女）
　　其勇 — 煌城
南锦 — 诚居 — 怀水（嗣子） — 玲玲（女）／玲琴（女）／小红（女）
诚安 — 怀水（兼嗣）
南瑞 — 诚发 — 怀镯 — 其盘／其旺
正书（出继吴姓）
南淼 — 诚珠（兼绍） — 怀满
南炎 — 诚珠 — 怀满 — 其曾
南令 — 诚珠（兼绍） — 怀满（赘子）
南钿 — 诚印（兼绍） — 怀清（兼嗣）
诚剑 — 怀坤 — 其鏊 — 煌镜
　怀满 — 小红（兼嗣）
　怀清（居箬山芦竹） — 其祥 — 美婵（女）
　　其瑞（出继陈姓）
　　其鏊 — 煌镜
　怀利 — 其敢／其善
南秋 — 诚思 — 怀明 — 其武 — 煌襁
　　其相 — 煌谷
南宙 — 诚思（出继陈姓）
诚钟 — 怀照 — 其盛 — 煌温
　怀德 — 其利
　怀弟（出继倪姓）
　怀长（出绍诚友）
　怀铸 — 雪冰
诚辉（出绍南观）
诚友（出绍南本）
诚明（出绍南钗）
南钗 — 诚明 — 怀新 — 其鼎 — 煌宁
南观 — 诚辉 — 怀汉（居桐城海口路） — 其木 — 煌伟
　　其石（出绍怀科）
　怀科 — 其石 — 董奕
　怀庚 — 其铜／其灿
南林 — 诚礼 — 怀栋 — 其亮
　怀雄（出绍南古）
南古 — 诚礼 — 怀养
诚雄 — 玉芳（女）
南定 — 诚镇（居官司城尾） — 怀守（出继林姓）
　怀英 — 其轮 — 煌辉
南榜 — 诚记 — 怀栋（兼绍） — 其约
诚礼（出绍南林）
南财 — 诚志 — 怀森 — 其庆
　怀平 — 其福
　怀建
　怀全（出绍诚进）
南延 — 诚岸 — 怀椒 — 其龙 — 煌辉／煌泽
　　其虎
　怀源 — 其足
　怀海（出绍诚护）
　怀燕 — 其杭
　怀玉 — 小雨（女）

三、宗祠大观

四斗董氏，自国生公迁鼎肇基以来，凡250余载未建宗祠。历代族人每逢春秋二祭，阖族跨闽山、越浙水，往返浙江苍南乌石岭宗祠拜祭宗祖，疲于奔波，非长久之计也。21世纪以来，四斗宗亲发扬董姓族人勤劳、勇敢、睿智、拼搏的宗族精神，凭借邻近福鼎龙安开发区的地域优势，农商工贸齐头并进，各行各业共同发展。通过多年艰辛拼搏，多数族人家业兴盛，事业有成。宗亲为报祖德，聚议倡建分祠。2013年正月，举族共推怀懋、怀英、怀新、其武、其会诸叔侄，组建四斗宗祠筹建小组，着手祠堂修造诸事。初时，欲谋与同处店下的店下街董氏、文侯山董氏合建宗祠，后因种种原因作罢。嗣后，四斗董氏自力更生，举全族之力，合力创建宗祠。此举得到乌石岭宗祠及其祠下宗亲的大力支持。旋即择定山兜鼻对面白垄塘祖地建祠。凡族中有水源木本之思者，俱量力捐资。新祠于2013年正月动工，是年12月主体落成；2019年夏，进行内外装修，新祠告竣；农历九月初九日巳时，举行晋祖仪式。建祠耗资420多万元。

祠宇砖木构架，辅以混凝土，左右厢房，前庭中院后重楼，占地面积3亩，建筑面积700多平方米。殿宇分东西轩房，四围垣墉，翼以两庑，绕以周垣，气势恢宏。前院飞檐，置青石双狮镇宅显威；后庭高耸，敬宗祖神位表其诚。置银銮，设神龛，尊奉神主，高古肃穆。祠立64柱，柱柱镌刻对联；建厢房8间，间间画扇为窗。刻山于节，画藻于棁，旁植秀木，甬道石阶，制度雄伟，规模广大。宗祠巍然参列，肃然整齐，雕梁

四斗董氏宗祠内景

四斗董氏宗祠外景

画栋，美轮美奂。

四、祖训内涵

规禁小引

窃维齐家治国，其量殊，其理一。宗之有规犹国之有劝也；族之有禁犹国之有罚也。劝罚明而国以治，规禁饬而家以齐。朱子所由作家训欤？今纂谱告成，纠集族之长者，议立规禁若干条，俾子子孙孙世守之，循斯规也。上可以承祖训凛斯禁也，下可不坠家声。此固余等规禁之意，亦即余等规禁之望也夫。

宗规六则

敬祭祀 孝莫重于报本追远，庶民不能备礼，而春秋祭于其家。是子孙以其恍惚，与祖宗交而跂倚，以临神其吐之。愿我同族敬以将军，斯可矣。

整祠墓 祠为先灵所依，墓为祖骸所藏。入祠宇必内外清洁，扫墓茔必少长咸集，污秽坍坏神其安乎？愿我同族岁时修整，斯可矣。

孝父母 孝分大小，不分难易，要惟尽其诚心，以体亲心，各随分量而已。父母岂过求于子乎？愿我同族行孝为先，斯可矣。

宜兄弟 敦行苇彼葛藟难概期也，惟分财必均，劳逸不较，衣食不争，便是相宜之道，角弓反张可乎哉？愿我同族重念手足，斯可矣。

正继嗣 宗祧攸关，律有明条必昭穆，相当伦序不失先。尽同父周亲，次及大小功、缌麻，即择贤择爱，亦必会族公议，与律意相符方可承继。彼无子者以财靳，承嗣者以财争，最可恶也。愿我同族宗祧为重，斯可矣。

联亲族 派有远近，遇有穷通。譬如大木枝叶纷披，其中不无枯槁，而本根则一耳。以亲欺疏，以贵凌贱，是秦越相视也。愿我同族联为一体，斯可矣。

族禁六款

一、刑属三千，莫大于不孝不悌。如有梗顽教之，教之不率，合族攻之。

二、大宗小宗均置，祀产以备祭扫，或轮流或归众，不得妄起争端。如有盗卖者，合族攻之。

三、家贫非病，勤俭尽可养活。如有丧志甘为鼠窃鹰偷，发觉之日，合族攻之。

四、族中公事，如祖坟、祠宇、祭器、谱牒等项，难以枚举，各宜随众乐从。倘有梗顽、挡众、鄙吝、挠公，谱内除名不许入祠。

五、士农工商，各有本业。如有游手好闲，身充贱役，上愧祖宗，下误子孙，谱内削名麾出族外。

六、藏谱家必择诗文人存焉，毋许典当私押。或每年热暑候晒一二日封藏，尤恐风雨鼠伤，蠹虫所啮也。

五、祠堂楹联

整座祠宇立有64根柱子，柱柱镌刻含有董氏源流、发祥地、祖籍地及先祖嘉言懿行等内容的联语，用词言简意赅，以达不忘祖先、不忘故土、不忘根源之目的。具体包括寻根溯源联、弘扬祖德联、训勉后昆联等。现选若干副，以飨读者。

神主牌龛大厅祠联（3对）：

> 脉聚雁山，承宗祖栉风沐雨，
> 肇基创业，派衍乌石岭；
> 龙来太姥，保儿孙立地顶天，
> 济世扬帆，枝繁四斗洋。

> 尊祖敬宗，岂专在黍稷馨香，
> 最贵心斋明而躬节俭；
> 光前裕后，诚惟是簪缨炳赫，
> 自当家礼乐而户诗书。

> 祖遗世泽长新，礼乐诗书先哲，
> 燕冀须发扬光大；
> 宗留家声勿替，衣冠文物后裔，
> 蝉联要继往开来。

天井楼道祠联（4对）：

> 澄澄水映千江月；
> 淅淅风筛一岸蒲。

> 祖德流芳思木本；
> 宗功浩大想水源。

水源木本承先泽；
春露秋霜展孝思。

先代贻谋由德泽；
后人继述在书香。

祠宇正面柱联（3对）：

宗祠对名山，左青龙右白虎，
祥瑞上腾万丈焰；
门前环古水，襟东江袖西洲，
彩练直涌百川雄。

千秋良史流芳远；
一代儒宗世泽长。

富贵显然，必忠孝节义，
自认数端，方可无惭宗祖；
诗书美矣，但农工商贾，
各专一业，便非不肖子孙。

六、碑记祠志

宗祠碑记

盖闻一族之大事，莫过于修建宗祠。祠者先人安魂之宸，后人祭祖之堂也。祠立则遗泽显，孝行彰，岂可不为？

吾村董氏，自肇祖国生公于清乾隆癸未（1763年）迁居以还，迄今二百五十六载矣。得地兴丁，瓜

瓞绵延，所憾者，未立一祠，以妥亡灵，裔胄能无赧颜？

兹逢盛世昌期，休养生息之际，族人倡议建祠，精英崭然向前，宗亲哄然响应，推选怀懋宗亲为首事，怀英、怀新、其武、其会等宗亲为执事，筹谋盛举，旋即相度基址。公元2013年正月兴工起造，当年冬月主体落成，今春重整修饬，粗粝暂毕，历时七年，耗资肆佰贰拾万元人民币。己亥大利，择谷旦九月初九巳时举行晋祖典仪，闽浙比邻董氏宗亲及本村族人五百余众出席，祗奉明祀，必佑后昆。

本祠坐丙向壬加午子分金，背元宝之垵，倚灵龟之峦，面黡耗之畴，对笔架之峰，左扶太姥名山，右揽沙埕良港，可谓聚山川之精华，纳天地之浩气耳。其建筑风格古朴庄严，院埕敞阔，围墙回合，檐前两旁立青石双狮；阶台正中，置赤铜烘炉，三扇门户入堂奥，U形廊庑抱天井，拾级更上，主殿宏廓，大厅横摆祭奠几案，后壁陈列神主牌龛，俨俨然若圣庙焉。

铭曰：祠宇聿新，昭穆序分。虎踞龙蹯，祥绕瑞缠。宗祧一体，祖武克继。唯德世务，自享其福。人文蒸蔚，才俊荟萃。俎豆千秋，世泽悠悠。

修建祠堂，全族共襄。不论簑

富，慷慨倾囊。量力所能，锱铢熠光。捐者勒石，族史流芳。

薛宗碧撰

四斗董氏宗祠志

祠者，祭也。祭先祖之神主，习宗族之规制，怀先人之恩德，勉阖族之苗裔。四斗董氏，予之族宗，同根同源，至亲至情。己亥金秋四斗新祠告竣，怀懋族叔嘱余记之。

吾族先祖五代自河南固始随王氏入闽，始居闽南继迁闽西。明季，始祖七郎公自汀州龙岩徙漳州南靖，裔孙移居泉州南安，再徙浙江温州平邑廿六都繁枝（今苍南县藻溪镇繁枝村）。迨清乾隆二十八年（1763年），国生公肇基闽省鼎邑五都店下四斗（今福鼎市店下镇东岐村），筚路蓝缕，开基创业，生齿日繁，瓜瓞延绵，世代其美矣。然自国生公肇基迄今凡二百五十六载，四斗丁口数百，未有建祠。历年春秋二祭，阖族跨闽山越浙水，往返浙南乌石岭宗祠拜祭宗祖，疲于奔波，非长久计也。

夫吾祖有百世不忘之德，我辈崇报之典当有百世不迁之庙。兹逢盛世，族旺丁兴，农商工贸，多有节余。为报祖德，族人倡建分祠，推怀懋叔为首事，怀英、怀新、其武、其会诸叔兄为执事，旋即相址

度基，凡有水源木本之思者，俱欣欣然，量力捐金，征工鸠材，经营规度，计仗数，揣高低，虑材用，循序渐次，厥功就矣。新祠肇造于共和癸巳正月，是岁冬月主体落成，今夏重整修饰，耗资肆佰贰拾万元有奇，历时七年，新祠告竣，邦人咸称庆焉。己亥大利，择谷旦九月初九日巳时，举行晋祖典仪，祇奉明祀，必佑后昆。

盖是祠也，坐丙向壬兼午子分金。取天地定位之卦，得河洛相生之数，清流潆洄，灵秀之气蓄聚。背倚官山，福脉绵延；面迎文笔，才俊辈出。左扶太姥名山，右揽沙埕良港，聚山川之精华，纳天地之浩气。殿宇双重，左右厢房，砖木构架，前庭中院后重楼，占地三亩有奇，建筑七百余平方米。翼以两庑，绕以周垣，东西轩房，四围垣墉，气势恢宏，堂堂皇皇者矣。前院飞檐，置青石双狮显其威。立六十四柱，柱柱镌联以对；建房八间，间间画扇为窗。刻山于节，画藻于棁，旁植秀木，甬道石阶，制度雄伟，规模广大。咸以金碧绘饰，光彩炫耀。巍然参列，肃然整齐，雕梁画栋，美轮美奂。后庭高耸，敬宗祖神位表其诚。高古肃穆，置银銮，设神龛，尊奉神主，于此明其昭穆，谨其节序，族人近斯，泊

然而起孝心。人人亲其亲，长其长，幼其幼，蔼然有恩，粲然有文，亲睦敦而风化善矣。于是，祖有所依，则扶舆磅礴，郁积淑气，贞元会合，祖之灵，然也。故春焉而告者在是，秋焉而报者在是，所以彰宗祖之令德，垂后裔之鸿伐，耿耿不磨，昭昭可见。

予乐祠之克成，不揣浅陋，铭曰：脉聚雁山，承宗祖栉风沐雨，肇基创业，派衍乌石岭；龙来太姥，保儿孙立地顶天，济世扬帆，枝繁四斗洋。

（福鼎董其勇、董帝雀供稿）

大白鹭村海边一景

古迹留溪南遗御旨　远洋开下砚扼台澎

霞浦溪南下砚董氏宗祠

一、地理概况

下砚村旧为安东乡连海里四十九、五十都，今隶属霞浦县溪南镇下砚村委会，为村委会驻地，辖下坑、树兜、上砚、岭尾、天岐等自然村。下砚村为董姓聚居村。

下砚村前是一片广阔的浅海滩涂，在村的右前方滩涂中凸出一巨大礁石形似砚台，古人称之为"砚"，滩涂因称"砚石滩涂"，俗称"砚石海埕"。砚石海埕属东冲口内海区，涨潮时称"砚江"（《福宁州志》《福宁府志》《霞浦县志》均有记载），为官井洋北侧浅海区。明嘉靖《福宁州志》载："砚江，与霞浦接流，江中有屿平如掌，上有石拱立，随水出没。"《民国县志》载："旧时礁上有石如墨，前清时

为洋人所取。"道光七年（1827 年）修《砚石董氏宗谱》谱序也载："涨为砚江。"其北岸村庄古时也因称砚石村。砚石村是历史古村，在宋代已经是长溪县（霞浦古代县名）安东乡连海里的中心村，宋《三山志》安东乡"连海里"记两个村名，砚石村是其中的一个。砚石村（含上砚村）在旧时曾被改称"砚江"，不久复称"砚石"。中华人民共和国成立后，分别称左右两个村为下砚村和上砚村。

下砚村背枕章峰山南支来龙山脉，

旧下砚董氏宗祠内景

旧下砚董氏宗祠外景

前视官井洋。村左右两条溪，左称兜溪；右称遮（一作"寨"）岐头溪，溪旁有旧时用石头铺设的"鲎头"。鲎头侧边原有一棵大榕树，树龄达500年左右，其两根并排伸溪面，形似鲎须。两根自然形成了过溪桥，民国版《霞浦县志》载称"根桥"。两溪之水分别流入海面，汇合于官井洋。砚石地方在古代是沿海海防战略要地，五代时期沿海都巡检驻上砚村址，兵船泊村前海面。下砚村董氏祠堂前的右侧有"虎（或说'鼓'）头门"，虎头门前有呈"几"字形古土堡。虎头门前向道路，小蛮石铺面，左右两旁有土堡墙（俗称"台墙"），中间宽约4米。虎头门前向道路100米处称"台当"，也称"火炮埕"。台墙至"台当"左右分开，包围古村庄前方。台墙高1.2～2米不等。其构形和高度，在本县境内众城堡中独有。虎头门至台当仅存约200米长的古台墙，在5年前水泥硬化村道时拆除。

下砚村，左隔溪邻树兜村，右接上砚村。上砚村在五代时为沿海都巡检驻地，巡检使许光大与江寇作战牺牲后，当时乡人即在岸边建祠祀之，神名许大夫。在宋时许光大被朝廷追封为"忠靖侯"。

二、家族繁衍

下砚董氏属陇西郡，入闽入霞始祖董期公，与淮公唐末随王审知入闽，淮公落脚于浙之七莆，期公独入长溪县，拓居长溪县西北，乾化元年（911年）卜居魁洋（今柏洋乡政府所在地，距董墩村以西大约1公里处，今南洋村址），越两年迁董墩地依墩建屋居住，而后称董墩村。数传至淳免公［谱载公生于宋仁宗天圣戊辰年（1028年），卒于哲宗庚辰年（1100年）］，据明崇祯二年（1629年）修谱序载，公授"银青大夫"，娶吴安人，魁洋谱为二十七代祖。淳免公生崇建、崇禧［谱载崇建公生于宋仁宗嘉祐丁酉年（1057年），卒于徽宗崇宁甲申年（1104年）］。崇建公生晟公、昆公［昆公生于绍圣甲戌年（1094年）或说绍圣四年（1097年），谱载生于绍兴二十四年（1154年），疑有误］。昆公31岁，移居芦洋继迁砚石（今下砚村）拓基立族。据族谱载，砚石至五世孔昭公生七子

（次子胡弟公分迁罗源县麂铺村），又传2世至砚石第七世，立仁、义、礼、智、信五房（不含麂铺支）。砚石董氏迁此，至今近900年。目前，下砚董氏在村有400多户1600多人。又据族谱记载：清代，砚石四房十二世如壁分迁宁德县福口村，据福口谱载，为十一世孝九公迁福口。

由于族谱在明代被倭寇烧毁，今只见明崇祯己巳年（1629年）修谱序，并清道光七年（1827年）修《砚石董氏宗谱》，昱公后裔是否还有迁他地发派的不可知。

三、宗祠大观

据《砚石董氏宗谱》记载，始祖昱公于宋代迁入下砚村。董氏宗祠后枕章峰山南支来龙，面向官井洋，坐东北向西南。旧祠建于清乾隆年间，面宽15.4米、进深32.57米，建筑面积480平方米，为砖木硬山顶结构，大门灰壁匾额"董氏宗祠"，左右楹联"乔木发千枝岂非一本；长江分两派总是同源"。祠门前为祠埕，入祠内依次为：一进戏台，左右两层耳房；二进天井，天井中为上二进走道，天井左右两层回廊房；三进神龛前为神厅，神厅左右是两层厅房。祠内悬柱分别镂雕花卉。董氏宗祠历来是家族议事场所和祭祀祖宗场所。

祠前并排立4对石旗杆座，高1.53米、宽0.45米、厚0.2米，其中两通分别镌刻：道光壬辰科中式第一名董长藩立；道光甲午科中式四十二名董长洲立。明清以来下砚董氏子弟学文练武成风，这里不仅出了董姓三举人，还有武庠生达20多人。董氏宗祠也是董家子弟和其

新下砚董氏宗祠晋祖大典外景

新下砚董氏宗祠晋祖大典内景

他师兄弟练武的场所。祠厅分别悬挂着楷书"解元""节孝可风"等官府嘉赠匾额。"节孝可风"匾左右落款:"圣旨钦加道衔福宁府正堂郑钧准霞浦县陈卯报各学法部";"节孝妇董门谢氏立,道光十一年岁次辛卯葭月谷旦"。

旧宗祠后座四扇木结构毁于 2017 年春节的一场大火。当时族人闻讯,有爬上屋顶切断火路的,有提水灭火的,保留了前座未毁。族人于 2019 年初重新扩建宗祠。新建宗祠面宽 19.2 米、进深 37.3 米,建筑面积 716.16 平方米,占地面积 3148.27 平方米。栋面为重檐歇山顶,前后两进,中天井和廊房。整座屋架梁柱枋系进口木材,仅柱直径达 0.5～0.55 米,结构严谨,整体视觉雄壮大方。祠前有祠埕,左右并排 4 对旗

杆石,上台阶为祠前走廊,走廊左右立两龙柱。前座为四大扇,进深 11.2 米、面宽 19.2 米,其吊顶装饰长形藻井,分别装嵌"龙凤呈祥",其间采用二层梁枋雀替,对称浮雕飞凤、牡丹、花卉等,通高 12.8 米。进入二进,中间为天井,约 120 平方米,左右回廊各有 40 平方米。从天井上 9 级台阶进上座,上座四大扇,中为神厅,前为众厅,后是神座,进深 13 米、面宽 19.2 米。厅面装饰八角藻井,中装嵌悬龙柱,四角配以丹顶鹤,四周装嵌"飞天乐伎""八宝葫芦",正面间隔三枋及雀替,分别雕刻老寿星、棋盘、仕女等人物、禽兽、名贵花卉,以艺术特色展示大殿,呈现华构生辉、家族兴旺的场景。祠外青砖斗墙,青砖是特从苏州进购的。

四、习俗传承

（一）大聚餐习俗

每年正月初二日中午，全村各户的户主带领自家孩子，自备酒菜，集中到本村董氏祠堂聚餐，邻近村庄也派代表（有租借砚石董族山场田园和海面生产的邻村村民和渔民）参加聚餐。聚餐时不吵不闹，不说不愉快的话，说生产、议村上新一年"众事"。大聚餐也预示新一年全村群众团结和睦、与邻村村民和谐相处之意。此俗于20世纪60年代中期停止。

（二）"烧火炮"习俗

每年正月初五日上午，村上会有两名年轻人自发上山砍回两根毛竹，两根毛竹合在一起节节捆扎鞭炮，插在村前火炮埕中间（火炮埕地面鹅卵石铺设八卦图形）。而后，年轻人纷纷上山割柴草，你一担我一担的将毛竹一层又一层团团围住，叠三层、七八米高，在柴草里又塞进许许多多鞭炮。傍晚六时许，众事头人集中村前大宫里面，由道士"请神"，小孩子们手拿自制的干芦叶"火把"守候在宫内宫外，道士一边"请神"，一边"叫杯"。"叫杯"收杯（意为菩萨点头准许）时，放神铳五响，并烧大量元宝香烛，小孩子们纷纷将手里的火把点燃，向火炮埕方向冲去，谁首先点燃火炮堆的柴草，谁就能领到两份红

包，以示特别吉利，后面拿火把的小孩子到达时也都能领到一份红包。火炮堆柴草点燃后，鞭炮声、毛竹爆裂声以及柴草燃烧声汇集在一起，加上燃烧的火焰，场面非常热闹壮观。小孩子手里的火把点燃火炮堆后不能扔掉，而是用手上的火把从火炮堆火焰中接火回家，当晚烧汤煮点心吃，称"接火种"。并将灶内烧红的木炭用草木灰盖住，初一日起火煮早饭吃，保佑新的一年大发财，有好运气。次日凌晨众事头人早早地就把火炮埕柴草灰收集起来撒到村前海上，祈求新一年海业好。相邻的树兜、上砚、天岐三村，在这天晚上也有"烧火炮"习俗。2022年11月17日，霞浦县人民政府将其列为县级非物质文化遗产。

（三）"菩萨走轿"习俗

下砚村每年正月十六日做神节，即"菩萨走轿"。砚石第七世立五房，族里给每房分配一尊保护神"菩萨"，村上其他姓氏和长房崇拜同一尊菩萨。五尊菩萨平时供奉在大宫里，每年的腊月三十日晚上众事头人为菩萨换上新衣衫，抬（请）到董家祠堂看正月元宵戏（今戏台改建在菩萨大宫）。正月十六日上午，经"请神"结束，每房由七八个身强力壮的年轻人轮流抬本房菩萨，由祠堂出发，先有顺序，出了门后你追我赶，争先恐后。小孩子们扛着旌旗、龙头杖、拳头杖，还有大刀、宝剑等仿制的古代兵器，随菩萨轿后追跑。人们抬着菩萨从村东

"菩萨走轿"习俗

到村西各小宫走一遍，意为查访，最后回大宫坐镇，保佑村民新一年安康发达。相邻上砚、树兜村，每年分别在正月十四日、十五日也举行此传统祭神习俗。

五、古代名贤

下砚董氏家族历来重视后代培养教育，也因生存在沿海地区，年轻人自觉学武。古代经常有海盗、倭寇出没，抢劫掠夺。明嘉靖年间，日本倭寇到砚石村搜家、掠夺，董氏家谱被倭寇抢夺，在族人众目睽睽之下被烧毁。倭寇刀枪架在族人面前，有族人不怕死，抢得只字片纸。因此，古代族人特别重视后生练武。在农闲时节，都要请拳师授徒，让年轻人集中祠堂练武。清道光年间就培养出一家三个武举人：董长藩，生于嘉庆壬申年（1812 年）。清道光壬辰（1832 年）科中式第一名解元，即补同安营把总。赴任三年后调台湾南路营把总升噶玛兰（现宜兰县）千总委署台守备。旋调兰营都阃府，奉旨即升兴化右

下砚村海面

下砚村董长藩家所获得的圣旨

营都阃府,未赴任卒兰营官廨,时人称"统带大佬"。其弟董长洲,甲午(1834年)科中式第四十二名举人,即补督标中营把总,有剿匪有功等记载。其弟董长洪,生于道光辛巳年(1821年),己酉(1849年)科中式第五十七名举人。下砚董氏家人为守卫祖国疆土、保家卫国做出了贡献。

六、遗物古迹

(一)圣旨

由于镇守海疆有功、鞠躬尽瘁,在清道光、咸丰年间,董长藩家分别获得皇上四道圣旨及一札付。四道圣旨是褒扬曾任台湾噶玛兰千总委署台守备董长藩和提标中营守备董长洲的叔父董振镐、

叔母叶氏的。

(二)名人故居

董长藩三兄弟大厝,又称董氏"大佬宅",位于祠左侧前方。面宽15.5米、进深40.5米,建筑面积628平方米,为六扇四透、四进三天井砖木结构,双层硬山顶大厝。故居前为照墙,有道光年间民族英雄林则徐题写赠予董长藩的"福"字。大门上有"花萼联辉"匾额。进入故居第一进天井两边回廊房木壁有精致艺术雕刻,跨入二进门楣上有刚劲书法"四维堂"匾额。董长藩故居为福鼎现存较完好的难得的清代守卫台湾武将居所。现正在申报省级文物保护单位。

民国福建公立政法专门学校本科毕业生、民国溪南镇镇长董宗禧古居,坐落于董氏祠堂右侧。建筑面积336平方米,为六扇三层砖木结构,二进前后天井,汉式厝。整座用料硕大,结构严谨,特别是前厅梁枋超过一般跨度,工匠系采用明代减柱法设计,内厅明亮通风。1949年后,下砚乡公所及之后下砚大队部设置于此。

(霞浦溪南下砚董兆世供稿)

籍开溪南承祖德　裔播董墩继宗功

霞浦柏洋董墩董氏宗祠

董墩村位于霞浦县柏洋乡政府南向约1公里。全村有董、刘两姓，人口500多人，其中董姓人口200多人。在宋代，有一刘姓男子到董家为上门女婿，而后发展成族。今董、刘两姓和睦相处。

董墩村董氏属陇西郡。据《下砚董氏宗谱》记载，迁始祖董期公于唐末随王审知入闽，拓居长溪县西北，五代乾化辛未年（911年）卜居魁洋（柏洋乡政府所在地），越两年，梦见神人指示，遂移董墩地依墩建屋居住，后称董墩村。自魁洋公乾化辛未而后世代无考，数传至淳免公，淳免公孙董昂公为下砚始迁祖。董昂公后裔孔昭公，谱作砚石五世祖。孔昭公生七子，砚石第七世立仁、义、礼、智、信五房。据1990年修《砚石董氏宗谱》记载，清早期，信房九世天泽公于清乾隆间回迁柏洋董墩，后裔立乾、元、宁、利、贞五房，今传14世至"温"字辈。董墩旧谱20世纪60年代遗失，今存下砚大宗祠1990年修的董墩分谱。

董墩董氏祠堂，原祖屋大约清乾隆年间始建，三落两天井，汉式，木结构，硬山顶砖瓦栋面，前后左右出檐，规模宏大。中进大厅为神厅，前后进厅为族人活动场所，前后两庑和左右厢房作为家族成员住房。因年久失修破损，于1979年重建，二进中为天井，汉式，散厅，木结构，硬山顶砖瓦栋面，前后左右出檐。前两庑之间、后两庑之间均置天井。祠面宽、进深均在25米许。

因受2006年桑美台风严重破坏，祠宇倾斜，于2007年重建新祠。红砖实墙水泥饰面，两进。祠面宽12米、进深26米、高11.6米。第一进二层，水泥平台构建，后进为水泥梁柱，栋面灰色琉璃瓦，歇山顶出檐翘角。大门外走廊，廊沿立四柱，上为廊房，廊房前面墙包栋，栋宇琉璃瓦。祠前为祠埕，祠埕前置防火水池。从祠埕上走廊进大门，大门置于正面中，正面左右侧为出入小门。进大门隔1米许走道至戏台。戏台两侧水泥构造两层，上层为厢房，下层为走道。戏台前即二进为神厅兼众厅，神厅面上装饰八角藻井。神厅左右又各置出入小门。神厅后为神座，尊中董父、左田公元帅、右祖婆。戏台下存放一马槽，马槽两旁左刻"弘治十六年"，右刻"董

八闽董氏宗祠文化大观

董墩董氏宗祠

某某公"。

据考察，在董墩村东南向的山上有明代古墓，墓碑文左旁刻"弘治十七年甲子岁"，右旁刻"七月吉旦男董枝、董聪立"；中间左"考董公清齐三录"，右"妣张氏桂娘一女"。又见其旁有古墓，墓碑文左旁"嘉靖三年甲申十二月二十七日"，右旁"孝男董文广、文辉奉"，中左刻"董公惠五处士"，中右刻"王氏七孺人"。

又考察坐落于柏洋乡政府左侧之山地，有2005年重修清代古墓，据说是今董墩董家先祖，墓碑左刻"乾隆二十二年丁丑九月二十二日吉旦，坐未向丑加坤辰分金"，右侧刻有阳男阳孙曾孙名字，中上"陇西堂"，中下"清赠显考太医院董公十三学士"，左"妣慈忽许氏老

孺人"，右"妣勤穑林氏老孺人"。太医院董公十三学士，原为村医，因医术高明，被朝廷聘为太医。其弟同样是一名医术高明的董墩村医，也被聘入太医院，称十四学士。

村中还有蓁龙宫，建在董氏祠堂左侧大约300米，建于清代，2015年重建，面宽15米、深18米，祀五显灵光大帝、董父等。宫前有下砚族亲赠送的石狮一对，立于大门前左右两侧。

改革开放后，董墩董家年轻人紧跟社会发展潮流，董思春带领年轻人闯荡社会、进驻上海，实干一番事业。各家各户家底殷实，又在董瑞光主持下，重建了宗祠和护村宫庙。目前，董墩村董家人为建设家园，同心同德，继续共同努力。

（霞浦溪南下砚董兆世供稿）

敦亲睦族渊源远　尊宗敬祖孝心高

霞浦牙城麂岩下董氏宗祠

一、地理概况

麂岩下村，因背靠麂岩山而得名，隶属霞浦县牙城镇箩伍村，与箩伍村的北山里、罗伍、浮山头，后山村的后山、洋里，枣岭村的牛郎洋相邻。中华人民共和国成立后，因麂岩下与杞兰下方言同音，为方便书写，又名杞兰下。现牙城镇箩伍村与左岭村、前楼村村民同迁后山村延伸街道两旁，美其名曰"大后山"，四个村村民对外都说自己是后山

人。后山村主街取名麂新街，"麂"字即从麂岩下的"麂"字而来。

麂岩下村背靠麂岩山，此山高大雄伟，形状如钟，两旁山脉环绕，如一双手臂相抱，即所谓"仙人抱钟"。旧时有三兄弟名叫钱一、钱二、钱三，他们聚义山中，建起山寨，劫富济贫。如今，人们为了纪念他们，在前楼村（又名钱大王）建宫庙供奉他们。麂岩山中古时动物多，特别是麂鹿成群，岩石又多，因而得名。麂岩下村背靠麂岩山左边支脉，源起太姥山主脉，古代通京大道在三公里外依山

麂岩下董氏宗祠外景

麃岩下董氏宗祠内景

而过。

麃岩下村董氏村址，在 300 多年前乃福鼎市硖门乡石兰村邓氏财主山场仓楼。时过境迁，由日华公裔孙逢潮公买下邓氏山场仓楼，重整新屋。

屋宇后靠青山，毛竹成林，空气新鲜，春笋可食用，成竹又可制作器具。左右两旁枫林，可抵御台风，使房屋不受台风摧毁，冬暖夏凉。

二、家族繁衍

麃岩下旧属霞浦县下六都龙门境，今董氏聚居新村分属牙城镇后山、箩伍两村。据谱记载，族启陇西，而旺公系泰顺县罗阳启基始祖。派下第十五世仪公生四子荣、华、富、贵。贵公由泰顺南门平溪于明正德年间（1506—1521 年）迁居福宁州境崇儒。贵公一脉下第六世

有一品公，娶吴氏生二子，长讳日崇、次讳日华。因逢草寇郑国圣作乱，两兄弟于清顺治十八年（1661 年）辛丑岁秋九月间，随伯父世安公避乱于饭溪（即今后山村胡家井）。厥后，尚书苏纳海请旨命令李部院下海边除寇安民，日崇公偕伯父世安公及弟等寄居饭溪，为饭溪开基祖。数载后，娶吴氏生其镇、其铎、其锟、其锰四公。其镇公批承邓家山场屋宇迁居麃岩下地方。后来，逢潮公自买邓家山场仓楼重整新屋。自世安公开始传至今"传"字名行，已有 13 代 350 多年了。另一分支枣岭董振琳公，原系董氏同宗，其先祖居兴化莆田，后迁居福宁州砚石，因避寇乱又迁移至四都六斗坪，其后又因避虎扰，于清顺治元年（1644 年）迁居六都枣岭过桥岭。至今这两支董氏共 20 余户 100 多人。20 多年前麃岩下、枣岭、蒋百洋、竹兰头 4

村董氏宗谱联合成一册，现在蒋百洋村只剩一户董传夸，迁至闽南南安、竹兰头村董氏回福鼎巨口三坵田祠堂，2003年重修宗谱时麂岩下、枣岭合修成一册。

如今麂岩下、枣岭两村董氏族人，随时代发展，顺应历史潮流，后代子孙外向发展，董敷强、董敷清、董敷淡、董敷育、董敷伟、董敷甫、董敷煌、董直棠、董直通分迁霞浦县城区，董敷元分迁牙城镇区，董敷金分迁浙江龙港，董敷陆分迁广东中山，董敷燕（又名神平）、董值金、董值根分迁福州。

三、宗祠大观

据《麂岩下董氏宗谱》记载，逢潮公自买邓氏山场重整新屋，因麂岩下鸿基乃逢潮公派下独自改造，考虑将来长房香火无奉祀之祠，长房贴制钱二十四千文正，中厅永世合份（长房居住在后山街头）。

1976年，老屋破旧，拆除重建后，整理鸿基十五间，左边六间、右旁八间、中间为中厅，一字排列，瓦木结构。中厅左设神龛，供奉神菩，右供祖先，四时八节族人共同祭祀。

屋前场地平坦，长约50米，宽约10米，用于晾晒谷物、衣服、柴木等，夏季全村齐聚乘凉，谈古论今，说说笑笑，甚是热闹祥和。中厅正中外一条石铺主道，沿至围墙，呈丁字形两旁分开，方便族人行走。围墙"双折"形状，上折墙高1米，下折墙高近2米不等，总长约30米。下折墙西南向尽头处建一门楼，砖木瓦结构，长宽高各3米左右，门楼悬挂一皇赐牌匾。门楼于2018年夏重修。

2012年，麂岩下全村迁麂新街，为响应政府"旧村复垦"号召，将破损房屋拆除，地基复垦为农地。约定复垦的土地为原有全村董氏家族众地，不可各自使用，次年春已全部种上桃树。旧房拆除了，但宗族不能没有宗厅，族人与枣岭董氏宗亲商议，一起在后山马洋中黄益忠处买一块地整成鸿基，简单修建一间董氏宗厅，砖木瓦结构，面积约20平方米，暂时供奉神菩。祖先灵位（麂岩下"道"字辈、枣岭"正"字辈起之前祖先灵位）于2003年请往浙江泰顺南门总祠，年逢农历七月中元节，麂岩下委派2户（2人）、枣岭委派1户（1人）轮流同往总祠祭祀。之后又逐次买吴汝概、曾克松、董宏昌土地，地基不断扩大。

十几年来风吹雨打，此间宗厅逐渐破损，又受2018年台风玛莉亚袭击，更是破损严重。于是两支董氏宗亲共同商议，决定重建新祠。俗语说"聚沙成塔，众志成城"，族人热烈响应，筹集的资金近60万元。2018年在马洋中旧址处又动工扩建，经近一年施工，终于落成，并于2019年1月23日（农历2018年十二月十八日）举行落成庆典活动。宗祠厅高 5.5 米、宽 12 米、深 13 米，面积约 150 平方米。祠前埕三向围墙，围墙右侧出入大路，祠前埕进宗祠正中大门即为宗祠。宗祠系砖木瓦结构，硬山顶穿斗式，大厅正中上方藻井，工艺精巧，美轮美奂。厅内侧中央龛位供有先祖牌位两个（左为麂岩下，右为枣岭），厅左右各有龛位，左龛供奉神菩。厅联及匾额一应俱全，其中厅联"入祠朝先祖族望渊源追溯远；登堂报父母春晖寸草孝心多""宗祠彰显先祖德；福地启示后裔贤"，表达了后人尊宗敬祖、敦宗睦族之情怀。众友邻宗亲敬送匾额有"伯仲同辉""同宗共荣""同根连枝""敬宗睦族"等，均表达宗情厚谊、友好相睦之意。福建省姓氏源流研究会董氏委员会赠送匾额"盛族繁昌"，祝愿麂岩下董氏宗亲世世代代繁荣昌盛。

2018 年宗祠虽落成，但未装修完整，2020 年经首事倡议，由在外发展的年轻一辈数人自愿捐资近 10 万元，用于石板材铺设地板和杉木制作厅内扇门。油漆彩绘之事，待后再议。宗祠左右和后门护坡，2018 年只建一半，2020 年董值金、董值根将霞浦三中旧教学楼拆除下的块石运回砌建，从而保证了祠墙座基稳固。

四、古今名贤

董光前父辈其镇公等购买邓家山场屋宇，移徙麂岩下后，安居乐业，勤

俭储积，家称少康，送子（光前等）及孙（照荣等）读书。光前公年二十五岁进郡庠生，三十九岁补廪，六十四岁出贡。钦命提督福建学院、日讲官、詹事府右春坊右庶子、加一级纪录五次方振给"贡元"二字匾额，悬挂门楼，落款为"嘉庆十七年壬申岁仲春立"。此匾至今仍悬挂于麂岩下门楼。

董照荣，光前公长子，公年二十八岁入泮，三十一岁补廪。

董道柳，又名希陶，字美絮，生于 1921 年 3 月 9 日，卒于 1951 年 3 月 5 日。霞浦解放前任后山伪联保书记、保长等职，1949 年 2 月由城工部党组织领导张启章同志介绍参加了中共地下组织，为霞浦的解放做出突出的贡献，1951 年因城工部错案被错杀，时年 31 岁，1958 年 3 月平反。董道柳纪念堂也置于麂岩下董氏宗祠。

五、民俗传承

（一）鱼灯

麂岩下鱼灯始于何时，师承于何处，并没有相应的文字记载。鱼灯制作工艺和表演技艺，到"道"字辈失传，而鱼灯乐器等毁于"宏"字辈。

据说，麂岩下鱼灯的产生有几个因素：一是与宗教信仰有关，中国古代大多数的文化活动，一般都与祭祀和宗教有关联。鱼灯的制作和表演前，要求人

们沐浴更衣，保持洁净，不能触犯神明，类似于神戏。二是旧时农村通常是一姓一村，族人世世代代在村里耕耘发展，鱼灯不仅仅是为了娱乐，而且是族人用鱼灯形式的表演，来祈求和感谢神的保护，与人们的精神寄托和良好的愿望有关。如据鱼灯的舌上都要写上"平安"字样及鱼同"余"谐音等来推测，这与当时人们祈求平安、渴望丰收等淳朴愿望有一定的内在联系。三是与提倡淳朴民风和团结族众有关。麂岩下董家族人在历史上十分崇尚耕读传家思想，祖祖辈辈多数是本分的农民，日出而作，日落而息。生活富足后，有了闲余的钱，为预防族人养成赌博等不好的习性，于是先祖们商议请师学艺，用鱼灯的表演活动来充实族人的节日生活。鱼灯是一项比较大规模的集体活动，讲究团结协作，确实提高了族人的凝聚力，从而达到禁赌与团结族众的目的。

（二）其他民俗

随着社会、经济进步与发展，麂岩下董氏家族除部分族人外迁外，大部分也迁移到离村不远的牙龙公路沿线建屋居住，与后山、罗伍、枣岭、前楼、田家心等村混杂成一个村，形成一个人口达四五千人的中心村。麂岩下的一些传统文化民俗，随着搬迁也汇入一个新的文化圈，继续传承并融合发展。每年正月祝星和禳关，一年五次轮流为首祈福，四时八节祭祀神明祖先，中元节前往泰顺祭祖，后山宫七月初七日神戏，后山宫菩萨出巡，迎接外来菩萨巡游等，都丰富了族人的精神生活。

（霞浦董敩传供稿）

八闽董氏宗祠文化大观

立家训行为规范 建祠堂春祀秋尝

霞浦盐田董岭头董氏宗祠

董岭头村，是位于霞浦县城以西杨梅岭头再往北的偏僻山村，隶属霞浦县盐田乡杨梅岭村委会，旧属三十六七都。董岭头村今有董、林两姓，董姓有200多人，林姓只有10多人。

据《董岭头董氏宗谱》记载，清康熙乙亥年（康熙三十四年，即1695年），世祖婆廖氏领其子董珍养、董珍佳及房内侄子董珍乾，由泉州德化跋山涉水至福宁州境的宝福里（今属松城街道）。后廖氏及子珍养、珍佳徙居杨梅岭之董岭头，今属盐田乡。河南光州固始迁泉州

的兴公为一世，兴公后裔二十三世珍养、珍佳为董岭头二世祖。珍养、珍佳后裔立东、西两房，东房传至"忠"字辈，西房传至"庆"字辈。董岭头祖婆为一世祖，子孙讳为"珍瑞日旭焕天光坤伦丰帝庆忠厚奕祯兆应承肇裕俊昌"，字为"亲熙文景孔大亮起旺长泰秀茂振开方位志春科甲登榜"。

董岭头董氏宗祠坐落于董岭头村。始建时间未知，民国时期重建，屋架四围木结构，一榴两层、里外厅，栋面"人"字形硬山顶瓦房，宽约4.5米、深

董岭头董氏宗祠

约 9.5 米，祠厅外出檐廊。此时西房财富比较雄厚，由西房单独出资，两房共同出力。因年久栋瓦损坏，又于 1979 年重建，为四扇三榴二层，宽 11 米、深 9.8 米，中庭前为祠厅，祠厅左右两榴敞开。祠厅上栋瓦、下木结构，左右木壁，硬山顶前后左右出檐、"人"字形栋面。2017 年再次重建扩建，新建宗祠面宽 9.8 米、深 24.6 米，坐北朝南，砖混结构，四围红砖实墙，里外水泥饰面，檐下梁间斗拱重叠。整座为砖混结构，占地面积 430 平方米，建筑面积 200 平方米。前为祠埕，祠埕上 5 级台阶达祠前走廊，走廊前方立 4 根水泥柱，廊上出檐栋面左右重檐翘角，正中单檐之下两水泥柱间嵌"董氏宗祠"石匾。神厅正面八角藻井，神厅栋面硬山顶翘角、"人"字形前后出檐。进大门内为门楼厅，深两米许，门楼厅进入为长方形天井，天井两旁为走廊，上廊房，走廊 5 级台阶上神厅廊沿。又天井中上 5 级台阶上神厅，神厅廊沿走廊左右为出入小门。神厅后为神殿，神殿正中立祖婆并左右依立珍养、珍佳神牌，左排列东房先祖、右排列西房先祖神牌。

现宗谱修于 1990 年，有 1990 年重修谱序，并载清同治十三年（1874 年）谱序、1951 年谱序。谱载家训诲养心、训植品、崇实行、事父母、和兄弟、慎言语、择交游、勤学业、息争讼、务农业等十条，激励族人上进和规范思想行为，使家族兴旺发达。

明万历《福宁州志·版图》"温麻里"三十六七都下载有"董岭"，说明今董岭头村董氏祖婆和儿子珍养、珍佳迁此之前，这一带就已经存在董岭地名，有董姓居住的村庄。何时何董氏家族派系曾居住于董岭村，今不得而知。但据传说，本族董家人迁此之前，董岭头村曾出过县令。

董岭头村，过去以种粮食为主业，种植茶树为副业，家庭养猪羊鸡鸭为补助，当今董岭头村董氏家族成员大多到县城打工或经商，多数在城区买房居住，有的年轻人到大城市务工打拼，目前常在董岭头村居住的多是些老年人。

董岭头村水尾处建有兴隆宫，奉祀平水王。

（霞浦溪南下砚董兆世供稿）

迁福地安居乐业　建新祠天宽地阔

霞浦松城宝福里董氏宗祠

宝福里村位于霞浦县城西向，距县城大约3公里的郊区，隶属松城街道清福村委会。村前面向南峰山，墓斗村的靠山为宝福里村的前案山。村前是平坦良田。宝福里村董氏家族的生产生活和交通均十分便利。

村上有董、郑、黄、林等8个姓氏，全村有360多人，董姓人口占半数多。董氏入闽始祖兴公为一世，据谱载：十八世吾养公次子严公后裔二十二世师承公子珍乾公，吾养公三子童公后裔二十二世师满公长子珍养、次子珍佳，

宝福里董氏宗祠

于清康熙乙亥年（1695年）由世祖婆廖氏带领，自德化县有济乡县后埔迁福宁州宝福里（谱说堡福里），而后祖婆领其子珍养、珍佳两兄弟迁杨梅岭头之北董岭头。董珍乾（总谱二十三世）留居宝福里，为宝福里一世祖。宝福里珍乾公传至二十六世旭泰丰公，生德纯、德招、德金、德凤、德新五子，立仁、义、礼、智、信五房，今传至三十六世"明"字辈（谱为"纪"字辈），即宝福里14世，人口180多人。

宗谱编排名行：珍（二十三世）、瑞、士、旭、德、传、万、世、发、历、代、刚（三十四世）；新续编名行：祖（三十五世）、纪、碧、槐、树、良、佳、青、柏、松（四十四世）；字行：星、霞、之、远、矣、山、川、本、琪、祯。

宝福里董氏宗祠旧祠位于村内，始建于何年未知。新建宗祠之前的宗祠，建于2003年，一进单层，面宽约7米、深约6米、高约6米，祠顶红色琉璃瓦，硬山顶前后出檐"人"字形栋面，红砖实墙包栋，壁面水泥浆粉饰。随着人口增多，年节祭祀活动和众事议事之时，祠厅显得狭隘，而且祠前没有祠埕，是陡峭山坡，宗祠显得小气。因此，于2017年在宗祠前方坡面，挖出埕基建两层水泥平房，作为家族议事活动场所。当年，拆除原祠在原址重建并扩建新祠，面宽13.5米、进深9米、高8米。主祠一进单层、栋面硬山顶、"人"字形前后出檐，左右红砖实墙包栋，里外水泥浆盖面装饰。正面大门入内神厅，神厅正面墙前设神殿。后小门设置在后墙右侧。前座众厅二层面上，有50多平方米，利用作为祠前埕，一举两得。新建宗祠主殿和前众厅，总占地面积250多平方米，建筑面积160平方米。

宝福里董氏宗祠的主要祭祀活动有每年七月十五日祭祖。

村民祭祀活动，还有农历十二月初八日祭祀石翁仲公。传说石翁仲公原是距宝福里村西向七八公里外盐田乡暗井村民，出生于宋代。此人生来是皇帝命，有一天该要上朝，在自己门口等待两位将军来接驾，因将军误了时辰，翁仲公当不了皇帝而成为神。此后当地人每年在他的生日都要烧香祭拜，宝福里村也将此神请来作为村民保护神。石翁仲公石像立在村前，村中特地为他开辟了一个小公园。石翁仲公神没有宫宇，只能站在露天处等待接驾将军的到来。每年石翁仲公的生日，四里八方成百上千的信众都到这里祭拜。

（霞浦溪南下砚董兆世供稿）

柘荣董氏宗祠

春风秋露承先泽　云蒸霞蔚谱新篇
柘荣城郊仙源里董氏宗祠

一、地理概况

柘荣县在宋为长溪县灵霍乡柘洋里，民国三十四年（1945 年）10 月 1 日设置柘荣县。自古以来就是闽浙交界商品集散地，素有"闽浙咽喉"之称，人口不足 10 万，是福建省人口最少的县。

仙山村位于柘荣县西北部，距城关 3.5 公里，海拔 830 米，处于柘泰古道的必经之路。仙山村下辖 5 个自然村（仙山、仙源里、高山、山后、洋边），依山傍水，层层叠叠，错落有致，气候宜人。村中小桥流水，曲巷通幽，漫步村中，宛如涉足于一片梦中仙境。村内保存着较为完整的明清风格的古建筑

仙源里董氏宗祠外景

群，外观古朴，乡土气息浓郁。载于典籍的就有半边城、蒲源八景等；仙山村主要有董、郑、王、吴、陆、孔姓村民居住。

仙源里是仙山村的一个自然村。明洪武元年（1368年）董辅由浙江泰顺罗阳迁入仙源里。今传23世，居村30余户、100多人。

二、宗祠大观

仙源里董氏宗祠始建于明洪武年间（1368—1398年），年久失修，破旧不堪。为报宗功，崇祖德，举族同声，同心合力，筹资数十万元，重建宗祠。全村老小包括未出嫁的女儿在内只有126人的仙源里董氏，于2015年农历八月初八日开工修建宗祠，到十月十八日主体完工，前后只有70天就建成了，在这个偏僻小山村里真可谓是一个奇迹。农历十月二十五日晋主庆典，八闽董氏宗亲、浙南董氏宗亲近千人纷纷前来祝贺。是时，仙源里小山村顿时沸腾，

村外车辆成队，村内锣鼓喧天，沉浸在一片欢乐之中。

新建的宗祠坐北朝南，占地面积1000平方米，建筑面积200平方米，二进砖混结构。宗祠正面以黛青大理石构建，二重檐歇山顶，凌空翘角，巍峨壮观。门上方嵌"董氏宗祠"石额，金黄色大门在阳光下闪闪发亮。两对祠联更是耀眼。

春露秋霜当思德业由先泽；
云蒸霞蔚留得读书兴后人。

族势尊严昭奕代祖功宗德；
孙枝蕃衍乘千年旧谱新志。

在中轴线上的大门由天井连接厅堂，十二根大木柱构成三间敞口厅，厅堂宽敞明亮，方便族人集中议事、春秋

仙源里董氏宗祠内景

祀事之用。厅堂尽头是神主位，安放始迁祖辅公神主牌及历代董氏先祖神主牌。

宗祠四周翠竹环抱，白色风火高墙围绕。祠前有500多年树龄、围5米、高13米的银杏树衬托，还有备具神话色彩的仙源古井相伴。

三、家族繁衍

仙源里董氏先祖原居浙江泰顺罗阳交洋口。至明太祖洪武帝时期，开基祖辅公始迁入闽省长溪之仙源，递及增公。增公尝对弟曰：你我虽离家乡，而心尚念罗阳之祖先，理应筹备些钱款，以备他日回家修编家谱。一则先人之遗训，二则免致后代子孙对祖宗无从考究，在明永乐十二年（1414年）七月，兄弟俩同回交洋口，与向阳叔公等族人议修族谱。

仙源里董氏已六百余载。1981年春，族人推举二十四世孙启凤等向缙阳董氏同宗协商合谱编造。经双方协议，本族世次按上祖年代与缙阳世次相差三世。因缙阳迁居早于本族，所以按现今世次核对，本族十八世"国"字行等于缙阳二十一世"大"字行，此后即按缙阳世次排列，以明伦序，加强族谊。

仙源里董氏世行表

世行	一	二	三	四	五	六	七	八	九	十	十一	十二	十三	十四	十五	十六	十七	十八
讳	逸	开	士	逸	则	仲	日	维	逸	孟	逸	希	朝	茂	官	职	晁	国
字	良	右	玉	德	成	次	爵	一	显	逸	友	志	必	孔	即	仲	仕	
行	丹	元	恭（敬）	章	义	嘉	盛	富	逸	朱	梁（秦）	宽	整	信	爵	仁（慈）	琇璨	杞（宋）

世行	十九	二十	二十一	二十二	二十三	二十四	二十五	二十六	二十七	二十八	二十九	三十
讳	常	永	玉	枝	万	世	长	荣	华	乃	光	宗庆
字	守	尚	思	其	步	履	生	百	禄	尔	绥	盛
行	铺	桐	江									

四、逸闻轶事

马仙，又称马氏天仙、马元君等，是以柘荣为中心的民间崇拜地方神明，与妈祖、陈靖姑并称"福建三大女神"。

马仙信俗自宋朝传入柘荣后，成为弘扬孝德精神的载体乃至民众祈求健康平安的精神寄托。柘荣素有"马仙之都"之美誉。境内太姥山脉主峰东狮山被誉为"仙山"，是闽浙信众朝拜马仙的圣山、马仙信俗的重要道场。马仙信俗为国家

村中古井

非遗文化。仙源里的村口古井和银杏树是马仙信俗的标识。

这口古井，柘荣称之为仙源井，又称马仙井。相传为马仙玉簪挑拨泉眼而名，为十三境接仙定点用水，井水甘甜，冬暖夏凉，素有"万人饮用水不浅，千日天旱水不干"的说法。

传说由于马仙定用仙山村仙源里的水，所以凡接马仙都要至此地挑供水，此地因而得名"仙源"。村口的银杏又名白果，原始生长的全县仅仙源里有一棵，位于仙源井旁。经县林业局认定树龄500多年，被列入古树保护范围。这棵银杏树径围约5米，高约13米，上分三大权。树叶、根可配数十种中药原料，能治高血压、脑血管硬化等几十种疾病。村里人精心保护，不让外人随意乱挖乱摘根叶、树枝。

关于这棵银杏树的来历，也有一个传说。相传柘荣十三境联合在仙屿接马仙，轮到某境值日，挑供水的人偷懒，在半路上挑一担清洁水代替供水，等挑回仙屿打开盖子一看，全变成黄泥水了。次日，十三境福首就到仙源里的水井前右方约2米处种一棵银杏树，即种即活、3日出叶、9日分枝，此后凡到仙源里挑供水的人，一定要摘一片银杏叶置于桶中，再无人敢偷懒。每逢初一、十五、春节，都有人在树下烧香、许愿、还愿，祈祷幸福安康。

村中银杏树

篇后语

本篇共收集50多座本省现存的董氏祠堂、祖厝、祖厅、历史名人专祠。由于经济文化发展不平衡，地理环境优越的沿海城镇各地，其祠堂无论在数量还是建筑规模档次上，都优于山区、海岛。它们各具特色，星罗棋布，散布在八闽大地。其中有雄伟壮观的，也有小巧玲珑的；有造工精细的，也有古朴简易的；有年代久远，古色古香的，也有具有现代建筑风格，独具匠心的。

除此之外，八闽董氏还有些家族的宗祠在外省，例如福安社口董氏原祠在浙江泰顺，宁化县石壁镇立新董氏原祠在江西石城，福鼎市有很多董姓村落的宗祠在浙江浙南一带；还有一部分如将乐县大源乡崇善村，建阳区条岭，云霄，福清音西林中、西楼等董氏家族的宗祠由于历史原因倒塌尚未重建。适逢盛世，百姓安居乐业，董氏宗亲都在筹划重建宗祠，以帮后代留住记忆、留住根。

本篇从董氏集居地地理概况、宗祠大观、家族繁衍、祖训内涵、习俗传承、祠堂楹联、逸闻轶事、古今名贤、宗祠管理等诸多方面全面记述各宗祠历史与现状。内容丰富，史料翔实，图文并茂，可读性强。

参考书目

陈庆武：《福州十邑名祠大观》，福州：福建人民出版社，2000 年。

董正雄、董炎星：《八闽董氏汇谱》，厦门：厦门大学出版社，2014 年。

董正雄：《福建姓氏志·董姓》，福州：福建人民出版社，2019 年。

黄仲昭：《八闽通志》，福州：福建人民出版社，1990 年。

林庆忠：《良宦乡贤董应举》，香港：香港文学报社出版公司，2013 年。

卢美松：《中国地域文化通览·福建卷》，北京：中华书局，2013 年。

泉州市地方志编纂委员会：《泉州民间信俗文化志》，北京：中国文史出版社，2014 年。

泉州市文化广电新闻出版局：《泉州民俗文物博览》，泉州：泉州市文化广电新闻出版局，2013 年。

石狮市地方志编纂委员会办公室：《石狮市姓氏志》，武汉：武汉大学出版社，2016 年。

世界闽南文化展示中心：《世界闽南文化信俗文化篇》，泉州：世界闽南文化展示中心，2014 年。

王俊：《中国古代宗祠》，北京：中国商业出版社，2017 年。

徐杰：《〈闽都别记〉与闽都文化研究文集》，福州：海峡文艺出版社，2011 年。

杨清钦、杨清江：《二十五史董杨童人物传》，香港：香港闽南人出版有限公司，1999 年。

咏梅：《中华姓氏通鉴（董姓、于姓）》，北京：中国国际文艺出版社，2009 年。

臧励禾：《中国人名大辞典》，北京：商务印书馆，1998 年。

八闽董氏宗祠文化大观

后　记

　　"草木蔓发，春山可望"，春天的大地始终激荡着向上向善的磅礴力量。在这风和日丽的日子里，由福建省姓氏源流研究会董氏委员会组织策划的《八闽董氏宗祠文化大观》定稿，即将付梓。本书历经十多年收集和四年多勘编，其印刷出版，不仅让本书的编委会全体成员倍感欣慰，如释重负，也使得期盼已久的八闽董氏宗亲感到欢欣鼓舞。在本书出版之际，编者有诸多感想，在此向读者一一道来。

　　首先，本书编写的时间跨度之长、地域跨越之广，超越想象，编写难度也因此倍增。虽编写过程波澜曲折，但通过编写人员的努力，困难终于得以克服。我们要感恩这个时代，给了我们好的时机。古语曰："盛世方能修谱。"现今，中国许多领域实现了历史性变革、系统性重塑、整体性重构，展现了许多生动实践与累累硕果。我们也通过文字和图片，真实生动地呈现了八闽董氏宗祠文化的全貌。也只有这样才能让过往历史，让新时代的壮美画卷、新征程的恢宏篇章跃然纸上，让历史变化近在眼前，让文化传承激荡心间。

　　其次，应该感谢所有关心、指导、帮助本书编写的人们。他们是相关部门的领导、专家、学者和八闽董氏宗亲。在百忙之中，董文久将军为本书题写了书名；在事务繁忙之际，我省文史专家、省文史馆原馆长卢美松先生为本书作序；福建省积善书画院院委、福建省人大书画院特聘书画师、福州大学资深专家学者傅清祥教授为本书题词；我会耆宿、省民政厅原厅长董启清宗长，我会创会老会长董承耕宗长和首届董氏会会长董水观宗长等人都为本书题词，以资鼓励。此外，本书编辑部还收到我会名誉顾问、菲律宾著名侨领董尚真宗长发来的贺函和菲律宾和平统一促进会副会长兼秘书长董拔萃宗长的题词，在此一致表示谢意。此中，尤为感谢我会诸任会长：创会董承耕老会长，他是一位资深学者，由他提出"以文化兴会，以文化强会"的指导思想贯穿我会始终，由他主导修纂了八闽董氏谱牒《八闽董氏汇谱》，开创了八闽董氏修谱的先篇；继者首届董氏会会长董水观宗长全力主持修纂省总会安排的《福建姓氏志·董姓》，他也非常关心本书编写进程；本届董氏会会长董正伟、执行会长董立耀，二位更是亲力亲为、全心全意全过程指导本书的编写，在本书编写关键的节点，从人力、物力方面给予全力支持，大大加快了编写进程。诚然，本书能顺利出版，编者的努力和作用也不容忽视，他们是一批不计报酬、默默奉献的人群，其中尤以主编董正雄教授为首，他从 2009 年之始就担任《八闽董氏汇谱》的主编，当时手头无片纸只言可供参考，一切从零开始。凭着执着的意念，十易寒暑，跋涉全省 9 个地市、150 多个董姓集居点，收集到第一手资料。采访过程中，经历了从被怀疑、不理解，到广受宗亲欢迎与日后友好结交的过程，此中酸甜苦辣只有亲历者才能体会。数年来他仅凭一片诚心坚持了下来，此后又续编《福建姓氏志·董姓》和本书，耗尽精力。此中，他的挚友搭档董作钜校长，深有同样经历与体会。在这里，还要感谢多年来为本书提供材料和亲自编写的董文瑞、董玉铁、董炎星、董家樵、董兆世、董其勇、董敷传、董欣潘、董茸等一众宗亲；还有为编写本书而安排采访和导引的董解生秘书长及董斌森、董正敏、董亚成、董益成、董尧灯、董国华、董正安等宗亲。此外，特别怀念为八闽董氏宗务做出奉献的两位已逝的长者董承铨、董力业宗长。本书采访过程中，有些经历非常深刻，令人难以忘却。如采访惠安黄塘主持宗务宗长，时值当午，该宗长尚兴致勃勃地取出珍藏已久的家谱，滔滔不绝地讲述先祖轶事，而我们离开当晚，该宗长突然中风，我们深感惋惜。又如，某次往永安小陶上湖口董氏采访，该村地处深山，是三县市的交界，平常罕见来客。见我们来访，全村 18 户就聚齐了 17 户，仅 1 户因外出而未到场，他们聚集村口以示欢迎，我们一行殊感受宠若惊。这些都表明基层的宗亲对编写此书的欢迎。诚然，我们要感谢的为本书做贡献的人们太多太多，在此一并致谢，不再一一列举。

在编写本书过程中，编者看到宗祠大多存在于广大农村，尤显得宗祠文化是中华传统文化在广大农村的一个重要依托。因为几千年来，中国传统文化实际上就是家政与国政合一的文化。家政是国政的基础，国政是家政的延伸。儒家谈的"修身、齐家、治国、平天下"思想充分说明了这个问题，可以说家政文化对促进中国社会的和谐稳定起了极其重要的作用。尤其是改革开放之后，随着经济发展，许多地方都相继重修或重建宗祠，每一座祠堂都是一座精神与建筑的大观园。许多乡亲以家族和祠堂作为对故乡思念的依托和情感纽带。但随着城镇化发展，千百年来"暖暖远人村，依依墟里烟"的田园自然风光受到挑战。据有关资料，截至目前，我国城镇化率已突破 65%。所以，习近平总书记提出的"让城市留住记忆，让人们记住乡愁"，尤为深思远虑。正如《乡愁》歌词里所说的，"虽年深外境犹吾境，日久他乡即故乡"，但乡愁是一碗水、一杯酒、一朵云、一生情，魂牵梦萦，令人终生难忘。

本书由于采集的时间跨度长，地域分布广，编写资料来源杂，加之水平有限，疏漏与错误在所难免，切望专家、学者不吝赐教斧正，也期望八闽董氏后贤能续补后集，日臻完善。

本书编写过程中曾参阅许多相关著作或文献，特此向作者顺致谢意。

编　者

2023 年 4 月于福州